Peter Schmoll · Luftangriffe auf Regensburg

Peter Schmoll

Luftangriffe auf Regensburg

Die Messerschmitt-Werke und Regensburg im Fadenkreuz alliierter Bomber 1939 – 1945

MZ BUCHVERLAG

Bibliografische Information Der Deutschen Nationalbibliothek

Die Deutsche Nationalbibliothek verzeichnet diese Publikation in der Deutschen Nationalbibliografie; detaillierte bibliografische Daten sind im Internet über http://dnb.dnb.de abrufbar.

ISBN 978-3-86646-310-3

2. erweiterte und überarbeitete Auflage 2015

(www.gietl-verlag.de)

ISBN 978-3-86646-310-3

„Nichts wird Kriege abschaffen,
wenn nicht die Menschen selbst den
Kriegsdienst verweigern.“

Albert Einstein

Blick durch die ehemalige Heldengasse nach dem Luftangriff vom 20. Oktober 1944. Im Hintergrund ist das total zerstörte Stadtlagerhaus zu erkennen. (StAR)

Inhaltsverzeichnis

Vorwort

Vor nunmehr über 20 Jahren bat der (zwischenzeitlich leider viel zu früh verstorbene) damalige Leiter des Buchverlages der Mittelbayerischen Zeitung, Dr. Konrad M. Färber, den Schreiber dieser Zeilen, einen ausführlichen Blick in das Manuskript der Erstauflage dieses Buches zu werfen und auch ein kurzes Vorwort zu verfassen. Beiden Ansuchen habe ich damals sehr gerne entsprochen. Vieles von dem 1995 von mir Formulierten kann auch heute noch bestehen, dennoch ergreife ich auf Wunsch des Buchautors gerne die Gelegenheit zu einigen im Anschluß an den Auszug aus dem „O-Ton 1995" angefügten Ergänzungen:

„ (...) Das grelle Heulen der Sirenen gehört zu den prägenden Erinnerungen aller, die die Jahre des Zweiten Weltkrieges in den größeren Städten erlebt haben. Regensburg blieb jenes Inferno erspart, in dem viele Städte untergingen. Trotz schwerer Luftkriegsschäden und zahlreicher Opfer blieb die historische Substanz der Stadt weitgehend erhalten.
Eine Gesamtgeschichte Regensburgs im Zweiten Weltkrieg ist noch nicht geschrieben. Im Laufe der letzten Jahre sind einige wichtige Arbeiten erschienen – insbesondere Helmut Halters Arbeit über die Kommunalpolitik während der NS-Zeit „Stadt unterm Hakenkreuz" in der Reihe Regensburger Studien und Quellen zur Kulturgeschichte, erschienen 1994 im Universitätsverlag Regensburg.
Einen weiteren Baustein liefert nun Peter Schmoll. Mit Fleiß und Ausdauer hat er über Jahre hinweg Zahlen, Daten und Bildmaterial zusammen getragen. Insbesondere sind hierzu auch amerikanische Quellen zu den Luftangriffen auf Regensburg ausgiebig ausgewertet worden. Es handelt sich bei dieser Darstellung um keine wissenschaftliche Arbeit im strengen Sinne, dennoch bringt das Werk neue Erkenntnisse über die Geschichte der Stadt Regensburg im Zweiten Weltkrieg. (...)"

Auch zum Thema Regensburg im Luftkrieg sind weiterhin noch manche Fragestellungen ohne Antwort – beispielsweise, warum blieb Regensburg 1944/45 von einem Flächenangriff auf das Zentrum der Stadt verschont?

Nun erscheint diese überarbeitete und ergänzte 2. Auflage des Buches von Peter Schmoll, gleichzeitig wird auch das Manuskript eines Aufsatzes aus meiner Feder in den Druck gehen, der sich mit dem frühen Luftkrieg im rechtsrheinischen Bayern und speziell mit den ersten Angriffsversuchen 1940/41 auf Regensburg befasst[1]. Peter Schmoll hat mich gebeten, hieraus eine kurze Zusammenfassung an dieser Stelle einzufügen:

Entgegen mancher Regensburger Legende war Regensburg bis zum August 1943 keine „Insel der Seeligen", weit weg von allem Luftkriegsereignissen. Im Gegenteil – Regensburg stand vom ersten Tag jenes Krieges, der bald der Zweite Weltkrieg genannt wurde, ganz oben auf den Listen möglicher britischer (und bis Juni 1940 auch französischer) strategischer Angriffsziele. Jedoch nicht die Messerschmitt-Werke am Ort, sondern der Regensburger Ölhafen, westlichster Umschlagpunkt des für die deutsche Kriegsführung unverzichtbaren rumänischen Öls hatte das Interesse der alliierten Luftkriegsplaner auf sich gezogen.

Bereits in der Nacht vom 5. auf den 6. September 1940 flog die britische Luftwaffe einen ersten Angriff auf Regensburg – Wochen und Monate bevor München und Nürnberg zu konkreten Zielen der Royal Air Force werden sollten! Ein weiterer britischer Angriffsversuch auf den Ölhafen Regensburg folgte in der Nacht vom 12. auf den 13. Januar 1941. In beiden Nächten waren auch Bomben gefallen, jedoch weit entfernt vom vorgegebenen Ziel, im nördlichen Oberbayern bzw. in Oberfranken und der mittleren Oberpfalz. In dieser Phase des Luftkrieges war die nächtliche Zielfindung über weite Flugstrecken hinweg noch ein erhebliches Problem – Zielirrtümer und Fehlwürfe eigentlich der Regelfall.

Rainer Ehm, Regensburg, im Juni 2015

1 Siehe: Rainer EHM, Regensburg im Fokus der britischen Luftwaffe 1939-1941, eine Studie zum rechtsrheinischen Bayern als Zielgebiet im frühen Luftkrieg, speziell zu zwei mißlungenen Luftangriffen auf Regensburg 1940/41 sowie zu den Bomben auf Donaustauf im Oktober 1941, in: Verhandlungen des historischen Vereins für Oberpfalz und Regensburg (VHVO), Bd. 154 (2014), erscheint im Spätsommer 2015.

Einleitung

Mein Entschluss, über die Luftangriffe auf Regensburg während des Zweiten Weltkrieges ein Buch zu wagen, hat eine Vorgeschichte. Anfängliche Archivstudien hatten lediglich der persönlichen Information gedient. Oberarchivrat Korn, Hauptstaatsarchiv München, gab unwissentlich den Anstoß zu diesem Buch, als er einen anderen, an gleicher Thematik interessierten Benutzer an mich verwies: Prof. Dr. Thomas Childers, Professor für Geschichte an der University of Pennsylvania, in Philadelphia, USA. Er unterstützte mich maßgeblich bei zwei Aufenthalten am National Archiv in Washington. Hier konnte ich alle Unterlagen zu den Luftangriffen auf Regensburg einsehen.

Der Buchtitel „Luftangriffe" nimmt Bezug auf die weit über 40.000 schweren Sprengbomben, welche während der Jahre 1943 – 45 überwiegend von US-Bombern bei 20 Tagesangriffen im Bereich der Stadt und seiner näheren Umgebung abgeworfen worden sind. Dass dabei die Altstadt Regensburgs, im Gegensatz zu anderen deutschen Städten, nur geringe Schäden aufwies, lag an dem glücklichen Umstand, dass die englische Royal Air Force keinen vernichtenden Nachtangriff auf die Stadt flog. Erst am 20. April 1945 erschienen 100 Lancaster von der 3. Bomber Group der Royal Air Force über der Stadt und belegten den Ölhafen bei einem Tagesangriff mit einem schweren Bombardement.

Die Schäden, die durch die Luftangriffe verursacht wurden, nahmen bis zum Kriegsende stetig zu, sodass die gesamte Infrastruktur, wie die Wasser- und Stromversorgung, in den betroffenen Stadtgebieten für mehrere Tage ausfiel. Die Kanalisationssysteme hatten schwere Schäden zu verzeichnen, die bis Kriegsende auch nicht mehr repariert werden konnten. Es fehlte an geeigneten Arbeitskräften, Material, Fahrzeugen und Treibstoff, um die Schäden zu beheben. Im Winter 1944/45 brach die Kohleversorgung fast vollkommen zusammen. Die Luftangriffe auf die Einrichtungen und das Streckennetz der Eisenbahn wirkten sich immer katastrophaler aus. Bis zum Kriegsende kam das zivilisierte Leben in der Stadt so gut wie zum Stillstand, da auch die Lebensmittelversorgung ständig gekürzt werden musste. Hinzu kamen Seuchen, wie Typhus und Ruhr, die nachweislich durch verunreinigtes Trinkwasser verursacht wurden.

Bei allen Luftangriffen auf Regensburg gab es auch zahlreiche Blindgänger, Bomben, die nicht explodierten. Nach allen Luftangriffen wurde von den Behörden eine Suche nach Blindgängern durchgeführt. So mussten Gefängnisinsassen, Kriegsgefangene und KZ-Häftlinge in Regensburg Blindgänger ausgraben und auch beim Abtransport helfen. Besonders heimtückisch waren die abgeworfenen Bomben mit Langzeitzünder. Diese Bomben explodierten zum Teil nach wenigen Stunden, konnten aber auch erst nach drei Tagen detonieren. Diese Bomben waren der reine Terror und sollten die Rettungs-, Lösch- und Bergungsmaßnahmen behindern.
Heute werden im Regensburger Raum die belasteten Gebiete vor Baumaßnahmen konsequent nach Kriegsaltlasten abgesucht. 70 Jahre nach Kriegsende werden immer noch große Sprengbomben im Boden entdeckt und versetzen die Bevölkerung in Angst und Schrecken. Die Fundstelle muss dann vor dem Entschärfen des Sprengkörpers immer in unmittelbarer Nähe in einem Umkreis von bis zu 1.000 Metern evakuiert werden. Der Radius der Evakuierung ist abhängig von der Größe der Bombe. Blindgänger mit einem Zeitzünder lassen sich überhaupt nicht entschärfen, diese müssen vor Ort gesprengt werden.

Mit wichtigen Detailinformationen und Unterlagen beigetragen haben: Tom Childers, Daniel Studener, Günther Wagner, Josef Eimannsberger, Hans Wohlmuth, Hans Grimminger, Albert Reichl, Winfried Bock und Carl E. Carles, Matthias Kobler, Rudibert Ettelt, Dr. Helmut Halter, Frederic Müller-Romminger, Stefan Kuczmik, Heinz Lohmann sowie Ehrenfried Heller, der einen Beitrag über seine Zeit als Flakhelfer beisteuerte.
Fotos stellten dankenswerterweise zur Verfügung: die Herren Willy Radinger, Eduard Sack, Josef Herzig, die Städtische Bildstelle und die Hafenverwaltung Regensburg mit Frau Andrea Betz.

Herzlichen Dank!

Peter Schmoll, Sandsbach im Mai 2015

Mahnmal der Vernichtung. Eine bei den Luftangriffen am 25. Feb. 44 zerstörte Bf (Me) 109 G-6 auf dem Regensburger Industrieflugplatz. Die 109 trägt keinen Tarnanstrich und verfügt über keine Hoheitsabzeichen. Die Lackierung ist vermutlich teilweise im Farbton RLM 76. Rechts davon befindet sich eine weitere zerstörte Maschine desselben Typs. Das gesamte Flugplatzgelände ist von zahlreichen Bombenkratern übersät. (Sammlung Peter Schmoll)

Die USAAF

Am 7. Dezember 1941 erfolgte der vernichtende Luftangriff der japanischen Streitkräfte gegen den US-Stützpunkt Pearl Harbor auf Hawaii. Am 11. Dezember 1941 erklärte Hitler den Vereinigten Staaten von Amerika den Krieg. Darauf hatte der Präsident der Vereinigten Staaten, Theodor Roosevelt, nur gewartet und sofort entsprechende Kriegsmaßnahmen eingeleitet. Die USA mobilisierten ihr gewaltiges Industriepotential und stellten es auf Kriegswirtschaft um. Churchill und Roosevelt einigten sich dahin gehend, dass zuerst der Krieg gegen Deutschland Vorrang hatte. Bereits in den ersten Monaten des Jahres 1942 begannen die USA mit dem Aufbau einer Bodenorganisation und der Anlegung von Flugplätzen in England bzw. übernahmen dort Stützpunkte der Royal Air Force. Welche Schlagkraft die USAAF aufbaute, zeigte sich im Verlauf nur eines Jahres. Am 17. August 1942 flogen zwölf Bomber vom Typ B-17 „Flying Fortress“ einen ersten Luftangriff auf das europäische Festland. Ziel des Luftangriffes war der Eisenbahnknotenpunkt Rouen/Sotteville in Nordfrankreich. Genau ein Jahr später, am 17. August 1943, erfolgte der erste schwere Luftangriff mit 126 Bombern auf das Messerschmitt-Werk in Regensburg/Prüfening. Hatte sich die Royal Air Force, bis auf wenige Ausnahmen, auf flächendeckende Bombardements in der Nacht spezialisiert, flog die US-Luftwaffe Tages-Präzisionsangriffe auf die Rüstungs- und Mineralölindustrie (Oilstrike) sowie gegen die deutschen Eisenbahnanlagen.
Für die Besatzungen der US-Bomber bedeuteten die Einsatzflüge mit einer Dauer von 8 – 10 Stunden auch ohne Feindberührung eine unwahrscheinliche Strapaze. Die Bomber hatten keine Druckkabine und da die Einsatzflüge in der Regel in einer Höhe von 6.000 – 8.000 Metern Höhe durchgeführt wurden, mussten die Besatzungen ständig eine Sauerstoffmaske tragen. In den zum Teil offenen Kampfständen waren die Besatzungen einer Kälte von -25 Grad und mehr ausgesetzt. Zwar verfügten sie über heizbare gefütterte Kombinationen, welche aber die Bewegungsfreiheit stark beeinträchtigten. Ein Teil der Bordschützen trugen zum Schutz Westen, in die vorne Panzerplatten eingearbeitet waren. Eine ständige Gefahr waren die überfallartigen Angriffe deutscher Jagdflieger. Gegen diese Angriffe konnten sich die Bomber mit ihrer Bordbewaffnung wehren, gegen den Flakbeschuss gab es jedoch kaum eine Abwehrmöglichkeit, vor allem dann, wenn sich die Bomber im Endanflug auf das Ziel befanden. Hier konnten keine Ausweichbewegungen geflogen werden und die Bomberbesatzungen wussten nicht, wann und wo die nächste Lage der Flakgranaten explodierte. Da waren die Nerven zum Zerreißen angespannt und die psychische Belastung war enorm hoch. Hatten Besatzungen der 8. US-Luftflotte ihren 25. Einsatz überstanden, kehrten sie in die USA zurück. Bei der 15. US-Luftflotte mussten dazu 50 Einsätze geflogen werden. Die Verluste der Einheiten waren vor allem in den Jahren 1943 bis Mitte 1944 entsprechend hoch, sodass statistisch gesehen jede vierte Besatzung ihren dritten Einsatz nicht überstand bzw. nicht zurückkam und als vermisst galt. In den US-Dokumenten gab es dafür die Bezeichnung MACR: Missing Aircrew Report. Erst nach Kriegsende konnte dann der Verbleib der vermissten Besatzungen aufgearbeitet werden. Den US-Bomberbesatzungen stand ein rechnergesteuertes Bombenzielgerät mit einer erstaunlichen Treffergenauigkeit zur Verfügung, dessen Bedienung allerdings sehr komplex war. Seit dem Jahr 1944 flog auch die 15. US-Luftflotte, aus Süditalien kommend, ihre Angriffe gegen Regensburg und sollte bis zum Kriegsende ein ständiger „Gast“ über der Stadt sein.

Auch die immer wieder auftretenden Nebel- und Hochnebelfelder im Donautal, vor allem im Spätherbst und Winter, verhinderten nicht, dass die US-Luftwaffe ihre Bombardierungen in Regensburg durchführte. Der Grund dafür war zum einen das Vorhandensein eines Bordradargerätes vom Typ H2X und zum anderen der Einsatz von sogenannten PFF (Path-Finder-Forces). Das Bordradargerät der Royal Air Force vom Typ H2S hatten US-Spezialisten nochmals entscheidend verbessert, und speziell ausgebildete Besatzungsmitglieder in den PFF-Einheiten ermöglichten so eine genaue Zielfindung und einen Bombenabwurf durch eine geschlossene Wolkendecke. So unwahrscheinlich es heute klingen mag, aber diese Hochtechnologie hat verhindert, dass die Altstadt von Regensburg mit ihrem historischen Stadtkern bei der Vielzahl der geflogenen Angriffe ohne flächendeckende Schäden davonkam.
Die Angriffsstrategie der US-Luftwaffe ging so weit, dass sogar bei schönem Wetter die Zielerfassung nicht nur visuell, sondern auch mit Radarunterstützung erfolgte. Bei den Anflügen auf Regensburg wurde ein IP (Initial Point), ein Bezugspunkt für den Kurs zum Ziel, gewählt. In der Regel waren dies die Endpunkte von Bahnstrecken wie zum Beispiel Beilngries oder Rottenburg. Ab diesem Punkt wurden die Bombenklappen geöffnet. Der Bombenschütze steuerte mit dem Zielgerät den Bomber ins Ziel und löste die Bomben aus. Während des Anfluges musste eine konstante Geschwindigkeit eingehalten werden, und es durften keine Ausweichbewegungen bei Flakfeuer geflogen werden. Drückte der Bombenschütze in der Führungsmaschine den Bombenauslöseknopf, betätigten auch die Schützen in den anderen Flugzeugen der Kampfstaffel den entsprechenden Schalter. Die Folge war ein konzentrierter Bombenteppich, der an Zerstörungskraft nichts zu wünschen übrig ließ und am Boden die Wirkung eines kleinen Erdbebens hatte. Selbst in den Ortschaften um Regensburg war dann ein Zittern des Bodens spürbar, und durch die Druckwellen der explodierenden Bomben klirrten die Fensterscheiben.

Diese Aufnahme zeigt die Bombenlast, die eine B-17 ins Ziel schleppen konnte. Im Durchschnitt waren es 2,5 Tonnen an Bomben, die eine „Flying Fortress" nach Regensburg tragen konnte. Im Bild sind schwere Sprengbomben vom Typ GP 500 (227 kg) zu sehen. In den Behältern befinden sich mehrere tausend Schuss an Munition für die 12,7 mm Maschinengewehre der Bordbewaffnung. (USAF)

Eine B-17 F der 99. BG rollt über eine verschlammte Startbahn. (USAF)

Für einen Einsatz wird auf einem Flugplatz in Süditalien eine B-24 „Liberator“ betankt. Die Tanks in den Tragflächen konnten rund 9.000 Liter an Treibstoff aufnehmen. (USAF)

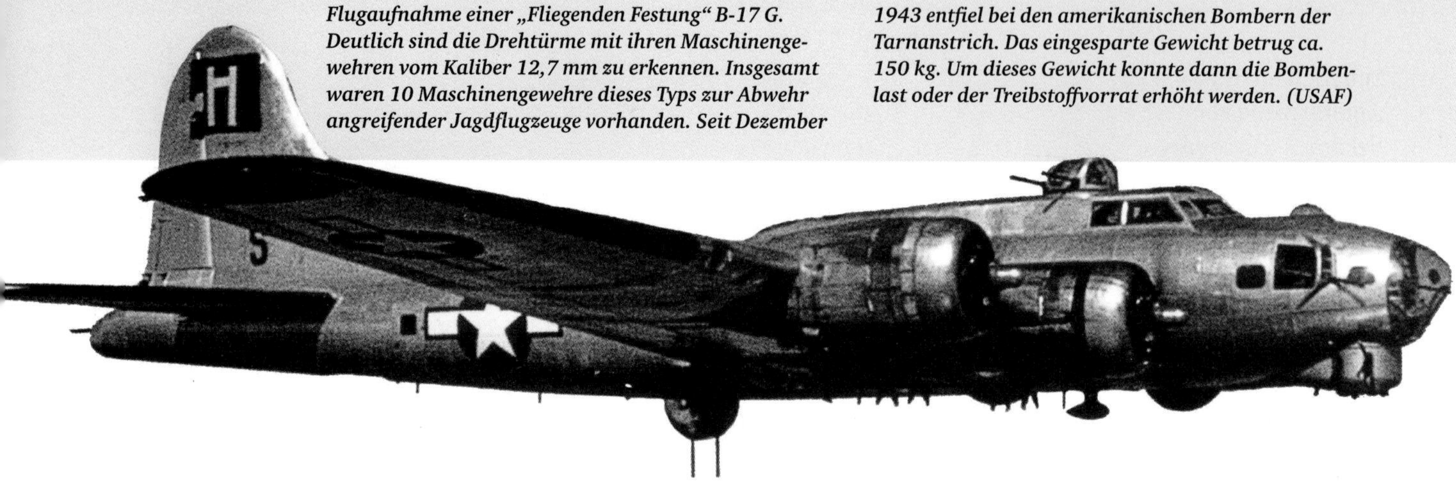

Flugaufnahme einer „Fliegenden Festung“ B-17 G. Deutlich sind die Drehtürme mit ihren Maschinengewehren vom Kaliber 12,7 mm zu erkennen. Insgesamt waren 10 Maschinengewehre dieses Typs zur Abwehr angreifender Jagdflugzeuge vorhanden. Seit Dezember 1943 entfiel bei den amerikanischen Bombern der Tarnanstrich. Das eingesparte Gewicht betrug ca. 150 kg. Um dieses Gewicht konnte dann die Bombenlast oder der Treibstoffvorrat erhöht werden. (USAF)

Da die Flak in Regensburg mit einem Funkmessgerät (Radar) ausgerüstet war, wurden die Bomber bereits im Anflug erfasst und die entsprechenden Werte wie Flughöhe, Flugrichtung und Geschwindigkeit an die Flakbatterien übermittelt. Dies bekam die US-Luftwaffe besonders bei den Angriffen im Februar ’44 zu verspüren, als zahlreiche Bomber von den Flakbatterien abgeschossen oder schwer beschädigt wurden. Als Gegenmaßnahme wurden bei späteren Angriffen Metallfolienstreifen abgeworfen, um das Radargerät zu blenden und somit auszuschalten (passive Störung). Dazu wurden Langstreckenjäger vom Typ „Lightning“ mit entsprechenden Behältern ausgerüstet. Sie warfen bereits vor Eintreffen der Bomber die Folienstreifen ab, um den Anflug der Bomber zu verschleiern. Einige Bomber verfügten auch über Störsender und beeinträchtigten so die Wirkung der deutschen Funkmessgeräte (aktive Störung). Diese Maßnahmen wurden von Seiten der US-Luftwaffe als RCM = Radio Counter Measures (elektronische Gegenmaßnahmen) bezeichnet. Nachdem die deutsche Luftwaffe Ende 1944 weitgehend niedergekämpft und ausgeblutet war, beherrschte die US-Luftwaffe den Himmel über Europa, was sich auch an der stetig steigenden Anzahl von Bombern zeigte.

Die Deutsche Luftwaffe

Die Jagdgeschwader der Luftwaffe hatten im Verlauf des Krieges von 1939–1942 dafür gesorgt, dass die restliche Luftwaffe mit ihren Bomber-, Sturzkampf- und Schlachtverbänden wirkungsvoll zum Einsatz kam. Die Luftherrschaft über den Fronten war ein entscheidendes Kriterium, was sich auch an den Verlustzahlen der Wehrmacht zeigte, welche in den Jahren von 1943–1945 dramatisch anstiegen. So verlor die Wehrmacht in den Monaten Januar – Oktober 1943 rund eine Million Soldaten. Der Ruf nach der Luftwaffe an allen Fronten nahm in dem Maße zu, wie die Materialüberlegenheit der Alliierten sich steigerte. Da die Anzahl der Luftangriffe über dem Reichsgebiet und deren Intensität ständig zunahm, sah sich das Oberkommando der Luftwaffe (OKL) gezwungen, neue Jagdverbände aufzustellen und Jagdeinheiten von den Fronten abzuziehen. Diese Jagdverbände fehlten natürlich dort und so ging hier die Luftherrschaft, sogar an der Ostfront verloren, was wiederum einen enormen Blutzoll bei den Bodentruppen bedeutete. Als im Dezember 1943 eine zweite strategische Bomberflotte, die 15. US Luftflotte in Süditalien, förmlich aus dem Boden gestampft wurde, geriet die Luftwaffe zwischen zwei Mühlsteine. Gelang es den deutschen Jagdfliegern bis in den Februar 1944 hinein, den US-Bombern empfindliche Verluste beizubringen, tat sich ein weiteres Problem auf, als die Bomber

zunehmend Begleitschutz durch das neue Jagdflugzeug vom Typ P-51 „Mustang“ bekamen. Dieses Jagdflugzeug hatte eine extreme Reichweite und war in der Lage, den Bombern Begleitschutz von England bis nach Berlin und zurück zu geben. Die P-51 waren aber auch technisch den deutschen Jagdflugzeugen mehr als ebenbürtig. Die Luftwaffe befand sich seit dem April 1944 in einem erhöhten Abnutzungsprozess, und die Verluste stiegen ständig an. Immer mehr bewährte und gut ausgebildete alte Piloten gingen verloren und mussten durch junge, meist unerfahrene Flugzeugführer, die eine Schnellausbildung durchlaufen hatten, ersetzt werden. Kam ein deutscher Jagdflieger zu seiner Einheit, hatte er auf dem Einsatzmuster Bf 109 oder FW 190 meistens nicht mehr als 50 – 60 Flugstunden absolviert. Das bedeutete, er konnte die Maschine landen und starten. Die Luftkampfausbildung dagegen wurde mit zunehmender Kriegsdauer immer weiter reduziert. Ein amerikanischer Jagdflieger hatte dagegen auf seinem Einsatzmuster 500 Flugstunden und beherrschte seine Maschine perfekt.
Die Reichsverteidigung kam im November 1944 auf die beachtliche Anzahl von über 2.000 einsatzbereiten Jagdflugzeugen. Göring hatte Jagdflugzeuge und nochmals Jagdflugzeuge von der Industrie gefordert und die Industrie lieferte. Allein die Messerschmitt GmbH Regensburg produzierte 1944 insgesamt 6.316 Bf 109. Nun standen zwar genügend Jagdflugzeuge zur Verfügung, aber die Produktion an Treibstoff war dramatisch eingebrochen. Die Luftwaffe benötigte im Monat mindestens 100.000 Tonnen Treibstoff. Bedingt durch die Luftangriffe auf die Hydrierwerke und Raffinerien sank die Produktion an Flugbenzin im September 1944 auf 12.000 Tonnen ab und konnte im Oktober wieder auf 18.000 Tonnen gesteigert werden. Im November stieg die Produktion auf 48.000 Tonnen Flugbenzin an, was aber für den aktuellen Verbrauch immer noch deutlich darunter lag. Die Einheiten lebten von den vorhandenen Reserven des OKW und ein Ende war absehbar. Oft dauerte es eine Woche bis die 25.000 – 30.000 Liter verfügbar waren, die eine Jagdgruppe mit ihren 30 Flugzeugen für einen Einsatz benötigte.
Anfang 1945 war die Reichsverteidigung zusammengebrochen. Die noch vorhandenen Jagdflieger flogen Tiefangriffe an allen Fronten auf die vorrückenden Alliierten. Nur noch die neuzeitlichen Turbos (Düsenjäger) vom Typ Messerschmitt Me 262 konnten gegen die feindliche Übermacht Erfolge erzielen, waren aber bei Start und Landung ständig durch die herumstreifenden amerikanischen und englischen Jäger gefährdet. Das Dritte Reich führte mittlerweile einen Krieg des armen Mannes, der mit einem unvorstellbaren Blutzoll bezahlt wurde. Die deutschen Städte waren den Angriffen der alliierten Luftflotten schutzlos ausgeliefert.

Ruhe vor dem Sturm. Eine mit Raketen bewaffnete Bf (Me) 110 wartet auf ihren nächsten Einsatz gegen einfliegende Bomber. (Sammlung Peter Schmoll)

Die Gräber vom Luftangriff am 17. August 1943 auf dem Oberen Katholischen Friedhof als Mahnmal für alle Opfer von Luftangriffen auf Regensburg. (Sammlung Maier)

Die Auswirkungen der Luftangriffe

Da die deutschen Jäger der zahlenmäßigen Überlegenheit, außer persönlichem Mut, fast nichts mehr entgegenzusetzen hatten, gingen die US-Jäger zu Tiefangriffen über und trugen damit wesentlich zur Lähmung des deutschen Transportsystems bei. Ab dem Februar 1945 störten sie die deutsche Kriegsmaschinerie auch im Regensburger Raum ganz erheblich. Alles wurde von den Tieffliegern unter Beschuss genommen. Züge, Fahrzeuge, Radfahrer und Bauern auf den Feldern wurden beschossen. Die US-Piloten hatten Befehl, auf alles zu schießen. Wer mit vollen Munitionsmagazinen zurückkam, wurde zum Rapport bestellt. Schließlich war Krieg! Bermerkenswert ist in diesem Zusammenhang, dass sich die Tiefangriffe nicht nur auf den Abwurf von Sprengbomben und Bordwaffenbeschuss beschränkten, sondern dass es gegen Kriegsende im Großraum von Regensburg auch zum Einsatz von Napalmbomben kam.

Die ständigen schweren Luftangriffe und die ungezählten Tieffliegerangriffe im Jahre 1945 hatten verheerende Auswirkungen auf die Bevölkerung. Die ständigen Fliegeralarme, die oft den ganzen Tag andauerten, wirkten sich äußerst negativ auf die Moral der Bevölkerung aus. Insgesamt wurde in Regensburg mindestens 440-mal Luftalarm ausgelöst. Vor allem in den letzten Kriegsmonaten gab es fast jeden Tag Alarm. Die sich laufend verschlechternde Versorgungslage und die nicht mehr zu übersehenden und zu behebenden Bombenschäden, ließen die Bevölkerung insgeheim nur noch auf ein schnelles Kriegsende hoffen. Offen durften diese Gedanken nicht geäußert werden, denn das bedeutete Wehrkraftzersetzung, und das wurde mit drakonischen Strafen geahndet.

Die Versorgungslage war 1945 derart kritisch geworden, dass wegen fehlendem Treibstoff die Milch bei den Bauern nicht mehr abgeholt werden konnte. Ein Teil des Milchtransports in die Stadt wurde mit der Bahn geleistet. Aus dem gleichen Grund war auch die ärztliche Versorgung auf dem Land nicht mehr gesichert. Es fehlte an Medikamenten und Verbandsstoffen. Die Kohleversorgung war Ende '44 so gut wie völlig zusammengebrochen, und die Brennstoffvorräte für die Haushalte waren in Regensburg auf ein beängstigendes Mindestmaß zusammengeschmolzen. Nachschub war nicht in Sicht, da es an Transportkapazität fehlte. Die Lebensmittelversorgung klappte mehr schlecht als recht. Unter der Hand blühte der Schwarzhandel mit Lebensmitteln. Die Verteilung von Lebensmitteln und der Milchtransport in der Stadt wurden Ende 1944 bis Kriegsende zu einem großen Teil mit der Straßenbahn durchgeführt. Die Zuteilung von Treibstoff, wie Benzin, Diesel und Treibgas, war für zivile Einsatzzwecke derart reduziert worden, dass die verantwortlichen Ämter ihren Aufgaben nicht mehr oder nur teilweise nachkommen konnten. Die Beseitigung von Bombenschäden hatte noch einen gewissen Vorrang, wenn es um die Reparatur von Gas- und Wasserleitungen oder die Kanalisation ging. Es dauerte aber oft mehrere Tage, bis Schadstellen beseitigt werden konnten.

Hinzu kam das Fehlen von Fachkräften.Verunreinigtes Trinkwasser führte zu Ruhr- und Typhuserkrankungen. Diese traten zuerst in den vielen Barackenlagern auf, verbreiteten sich aber bis Kriegsende fast auf das gesamte Stadtgebiet und forderten auch Todesopfer unter den Erkrankten. Abkochen des Wassers hätte hier Abhilfe gebracht, aber dazu fehlte es an Brennstoffen. Die Müllabfuhr musste auf Pferdefuhrwerke umgestellt werden, da für die Müllfahrzeuge kein Treibstoff mehr vorhanden war. Ja selbst die Luftschutzeinheiten, Feuerwehren und der Rettungsdienst hatten kaum mehr Treibstoffreserven. Die Wehrmacht hatte bei der Versorgung der Truppen absoluten Vorrang. Als beim Luftangriff auf den Ölhafen, am 11. April 1945, die letzten Tanks vernichtend getroffen worden waren, kam danach das zivile Leben sogut wie zum Stillstand.

Regensburg als Ziel der strategischen Bomberverbände der USAAF

Regensburg mit der angesiedelten Luftfahrtindustrie war für eine strategisch durchgeführte Bombardierung ein durchaus lohnendes Ziel. Dass die Stadt nicht nachts von der Royal Air Force (RAF) gebombt wurde, ist als einmaliger Glücksfall zu bezeichnen. Die Thesen, dass Regensburg als Bischofsstadt und Wohnsitz von Thurn und Taxis nicht angegriffen wurde, konnten bisher nicht belegt werden. Gegen diese Thesen sprechen die Bombardierungen von Würzburg (Bischofsstadt) oder Hannover (verwandtschaftliche Beziehungen des früheren Kurfürstentums und Königreiches Hannover zum englischen Königshaus). Vielmehr dürfte am Anfang des Zweiten Weltkrieges die Zielfindung eine Rolle gespielt haben, lag doch Regensburg geographisch gesehen weiter von England entfernt als z.B. Berlin. Hinzu kam, dass bei Kriegsbeginn wichtigere Ziele zu bekämpfen waren, wie die Bomberoffensiven gegen das Ruhrgebiet und die Reichshauptstadt zeigten. Die auch immer wieder aufgestellte These, dass Regensburg auf Grund seiner Einwohnerzahl, vor Kriegsbeginn unter 100.000, nicht auf der Zielliste der RAF erschien, ist nicht stichhaltig. Regensburg war sehr wohl in der Zielliste der RAF mit dem Decknamen „Goldfish" enthalten. Unvorstellbar, wenn die englische Luftwaffe in einem nächtlichen Luftangriff die Altstadt von einem Ende zum anderen in Schutt und Asche gelegt hätte, was ja anderen deutschen Städten (Hamburg, Kassel, Pforzheim, Stuttgart, München, Augsburg, Nürnberg, Dresden,Würzburg usw.) widerfahren ist. Die Altstadt von Regensburg mit ihrer engen Bebauung ist als ein Brandabschnitt anzusehen, und eine konzentrierte Bombardierung der Innenstadt hätte katastrophale Folgen nach sich gezogen. Churchill sagte: „When we can not find the works, we hit the workers!" (Wenn wir die Fabriken nicht finden können, treffen wir eben die Arbeiter.) Dies war ohne Zweifel eine Kriegserklärung gegen die Zivilbevölkerung, lag aber in den Angriffen der deutschen Luftwaffe gegen London und Coventry begründet. Die englische Luftwaffe vertrat bei ihren Luftangriffen die Strategie des „dehousing" und des „moralbombing". Der Bevölkerung in den Städten und Rüstungszentren sollten die Lebensgrundlagen zerstört und dadurch sollte eine Rebellion gegen Hitler ausgelöst werden. Zwar wurde Regensburg während des Krieges mehrmals von englischen Bombern des Nachts überflogen, diese hatten jedoch andere Ziele, z.B. Pilsen. Am 15.10.1941 herrschte von 2.30 – 3.30 Uhr Fliegeralarm in Regensburg. Ein Bomber, der sich anscheinend verflogen hatte, warf einige Bomben bei Donaustauf. Eine dieser Bomben durchschlug das Dach der Liegehalle in der Lungenheilanstalt, ohne zu zünden.

Bisher konnten kaum Angriffe von Bombern der englischen Luftwaffe mit dem Ziel Regensburg nachgewiesen werden. In der Nacht vom 12./13. Januar 1941 waren mindestens drei Bomber vom Typ Wellington nach Regensburg unterwegs. Ihr Ziel war erstaunlicherweise nicht das Messerschmitt Flugzeugwerk, sondern der Ölhafen. Die Bomber erreichten jedoch ihr Ziel nicht und warfen die Bomben in Nordbayern ab. Militärische Gegebenheiten und glückliche Umstände bewahrten Regensburg vor Angriffen der Royal Air Force, genauso wie die Stadt von Kampfhandlungen gegen Kriegsende weitestgehend verschont blieb. Ein weiterer Grund, dass Regensburg nicht von der RAF angegriffen wurde, liegt in dem verstärkten Auftreten der US-Luftwaffe mit den Luftflotten 8 und 15.

Regensburg hatte in jeder Hinsicht als Angriffsziel etwas anzubieten. Da war die Flugzeugproduktion der Messerschmitt GmbH Regensburg, welche unter anderem das Jagdflugzeug Bf 109 in Großserie herstellte. Ferner war Regensburg ein sehr wichtiger

Eisenbahnknotenpunkt mit all seinen Depots und Werkstätten. Das Hafenareal war ein wichtiger Nachschubstützpunkt für die Südostfront und auf dem Balkan. Noch wichtiger war jedoch der Ölhafen für die ankommenden Öltransporte aus Rumänien und Österreich/Ungarn. In den zwei kleinen Hydrierwerken erfolgte die Verarbeitung des angelieferten Rohöls zu Treibstoffen wie Benzin und Diesel, die für die Kriegsführung von herausragender Bedeutung waren.

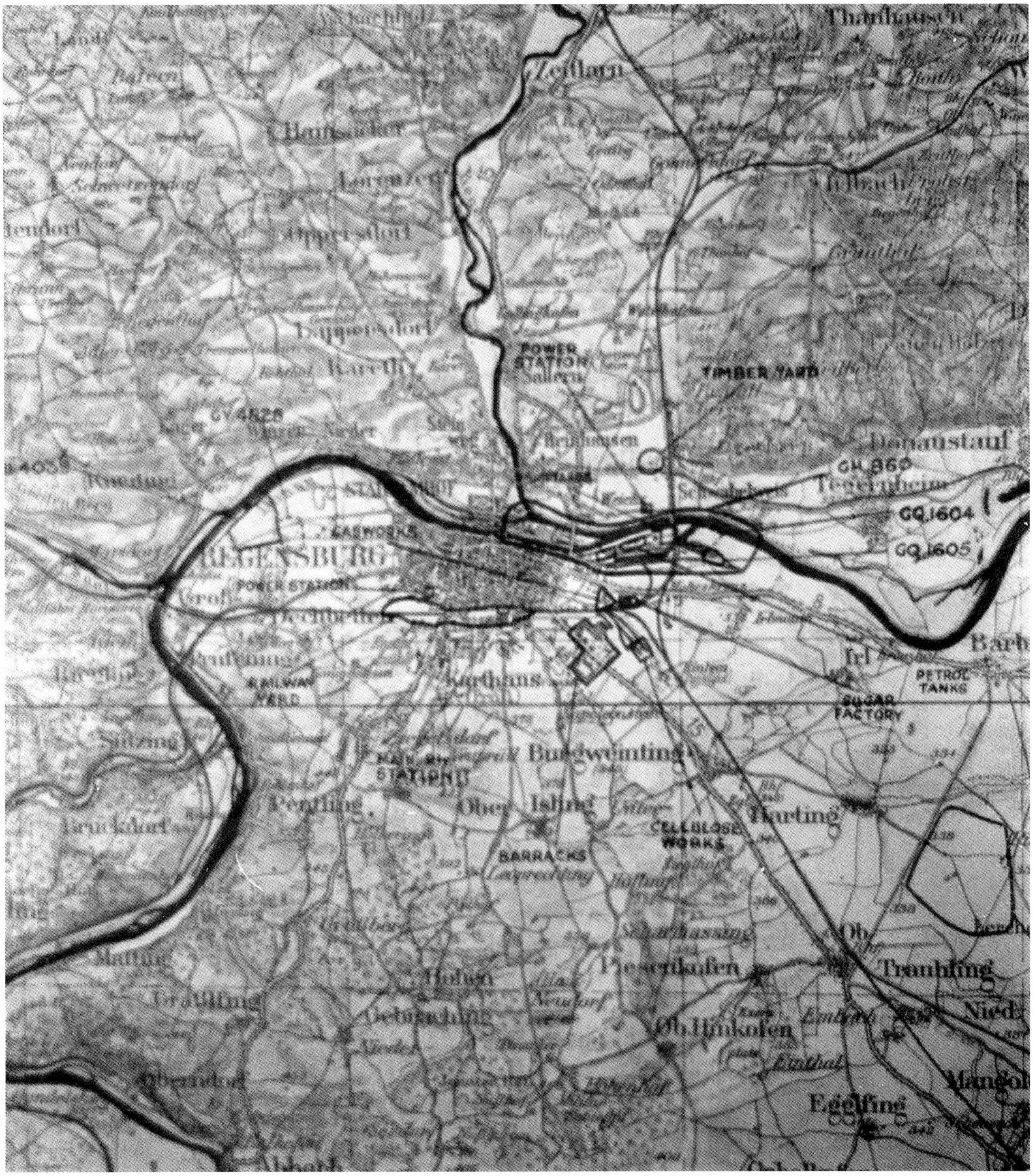

Auflistung aller wichtigen Ziele in Regensburg. Deutlich ist erkennbar, dass die Altstadt von Regensburg nicht als Ziel markiert ist. (WNRC)

Die Flugzeugwerke der Messerschmitt GmbH Regensburg

Lilienthal-, Udet-, Dornier-, Messerschmittstraße, Hermann-Köhl-Straße, kennzeichnen heute das Stadtgebiet von Regensburg, auf dem 1936/37 das Flugzeugwerk der „Bayerischen Flugzeugwerke Regensburg GmbH" (später Messerschmitt GmbH) im Westen von Regensburg entstand. Zwangsläufig war diese Fabrik und damit die Stadt Regensburg ein Luftkriegsziel erster Rangordnung.
1935, zum Zeitpunkt der Enttarnung der noch kleinen neuen Luftwaffe, war die Firma „Bayerische Flugzeugwerke AG" lediglich in Augsburg ansässig. Am 27. Juni 1936 ordnete das Reichsluftfahrtministerium eine Produktionsausweitung an. Die Stadt Augsburg stimmte damals einer Ausdehnung des Betriebsgeländes nicht zu. Man war gezwungen, sich nach einem neuen Standort für ein Flugzeugwerk umzusehen. Geplant war die Herstellung des Reise- und Kurierflugzeuges Bf 108 sowie der Bau von Flächen und Leitwerken für das Jagdflugzeug Bf 109 und dem zweimotorigen Zerstörer Bf 110.
Der Aufsichtsratsvorsitzende Croneiß setzte sich sehr für den Standort Regensburg ein. Ausschlaggebend war die damalige wirtschaftliche Lage der Stadt, das Potential an Arbeitskräften und das Vorhandensein eines Flugplatzes.
Noch im Jahre 1936 erwarben die Bayerischen Flugzeugwerke ein entsprechendes

Haupteingang zum Messerschmitt-Werk Regensburg mit dem Verwaltungsgebäude. (Sammlung Radinger)

Blick auf die Endmontagehalle der Messerschmitt GmbH Regensburg in Prüfening. Diese Halle wurde nach dem Krieg repariert und von der Spedition Kießling genutzt. Heute befinden sich dort Wohngebäude. (Sammlung. Radinger)

Gelände an der Prüfeninger Straße im Westen von Regensburg. Hier, südlich der Donau, zwischen dem Krankenhaus der Barmherzigen Brüder und dem Rennplatz, entstand auf 100 Hektar Fläche eine völlig neue Flugzeugfabrik mit einem vergrößerten Flugplatz, ehemals Verkehrslandeplatz Regensburg. Bereits damals gab es mahnende Stimmen, die ihre Bedenken gegen einen Bau des Flugzeugwerkes in unmittelbarer Nähe der Stadt und eines Krankenhauses äußerten, dies aber ohne Erfolg.
Ende 1936 wurde mit dem Bau der Werkanlagen in Prüfening begonnen. Am 8. Mai 1937 war Richtfest. Der beschleunigte Bau der großen Lagerhalle mit Gleisanschluss machte es möglich, das Lager schon ab Juli 1937 einzurichten. Ab November 1937 wurde mit Hochdruck an der Vorbereitung der Serienproduktion für die Bf 108 gearbeitet. Zahlreiche Bauvorrichtungen und bereits vorgefertigte Bauteile wurden von Augsburg nach Regensburg transportiert. Führungspersonal aus Augsburg unterwies die Regensburger Belegschaft in der Herstellung und Montage der einzelnen Flugzeugteile. Der im März 1937 begonnene Bau des Verwaltungsgebäudes, heute Runtinger Berufsbildungszentrum, war bis November 1937 soweit fortgeschritten, dass dieser am 15. November bezogen werden konnte.

Bereits am 24. Juli 1936 war für das Regensburger Werk eine eigene Gesellschaft gegründet worden: die „Bayerischen Flugzeugwerke Regensburg GmbH“, die am 29. Januar 1938 verwaltungsmäßig aus der Augsburger Muttergesellschaft ausschied. Im Zuge der Umbenennung des Konzerns zu Ehren seines Chefkonstrukteurs und einstigen Gründers, Prof. Willy Messerschmitt, in „Messerschmitt Flugzeugwerke AG“, firmierte die Regensburger Tochter ab dem 13. November 1940 als „Messerschmitt GmbH Regensburg“.
Ab diesem Zeitpunkt führten die neuentwickelten Flugzeugtypen des Konzerns nicht mehr das luftwaffenamtliche Kürzel „Bf“ für Bayerische Flugzeugwerke, sondern nunmehr „Me“ für Messerschmitt.
Die Ansiedlung der Bayerischen Flugzeugwerke brachte für die Stadt Regensburg einen großen wirtschaftlichen Aufschwung. Die Messerschmitt-Werke waren bis zu diesem Zeitpunkt die größten Steuerzahler in der Geschichte der Stadt.
Messerschmitt bot – mit steigender Tendenz – viele Arbeits- und Ausbildungsplätze an. Es gab Arbeit im Flugzeugbau, in der Flugzeugelektrik, in allen Bereichen der Metallbearbeitung und auch im kaufmännischen Bereich.
Im Januar 1938 wurde die erste Bf 108 fertiggestellt. Die Produktion lief nun voll an, und es wurden in diesem Jahr 175 Flugzeuge endmontiert.
Da 1938 in Augsburg die Fertigung der Bf 110 anlief, wurde es aus Platzgründen erforderlich, die Produktion der Bf 109 von Augsburg nach Regensburg zu verlagern. Damit ergab sich für das Werk Regensburg eine vollkommen neue Fertigungsbasis, die dazu führte, einen weiteren Ausbau des Werkes zu planen. Im Rahmen dieses Erweiterungsplanes wurde der Bau einer zweiten Lagerhalle, zweier Fabrikationshallen sowie einer eigenen Ausbildungswerkstätte auf insgesamt 22.000 m^2 notwendig. Die höheren Start- und Landegeschwindigkeiten der Bf 109 erforderten ferner eine Erweiterung des Flugplatzes. Die diesbezügliche Genehmigung des RLM wurde umgehend erteilt, und zwar insoweit, dass nicht nur das zur Erweiterung notwendige Gelände gekauft wurde, sondern aus Zweckmäßigkeitsgründen auch der bislang gepachtete Flugplatz.
Die Fertigung des Baumusters Bf 109 erforderte auch den Bau eines Justier- und Waffenfunktionsstandes, dessen Fertigstellung 1939 erfolgte. Hierzu musste ein weiteres Grundstück von ca. 9.000 m^2 Größe angekauft werden. Ende 1938 wurde mit der Einrichtung der Endmontagelinien für die Bf 109 im Regensburger Werk begonnen, die 1939 ihre Produktion aufnahmen. 154 Jagdflugzeuge verließen noch 1939 die Regensburger Werkhallen, von denen 79 Stück in die Schweiz und 40 Stück nach Jugoslawien exportiert wurden. Um die gleichzeitige Fertigung der Bf 108 und Bf 109 in Regensburg abwickeln zu können, wurde 1939/40, wie bereits erwähnt, der Bau von weiteren Hallen und Gebäuden notwendig: eine Halle für die Konstruktion von Fertigungs- und Bauvorrichtungen, ein Gebäude für die Produktion von Stanzteilen, eine Halle für die Vormontage, ein Waffenprüf- und Justierstand, eine Feuerwache mit der Werkverteidigung sowie Abstellboxen am Südufer der Donau. Hinzu kam 1941 eine Betonfläche für das Hallenvorfeld an der Einflughalle. Ein Geschützturm für ein 2 cm-Flakgeschütz wurde auf dem Verwaltungsgebäude errichtet. Im Vergleich zu 1938 erhöhte sich im Dezember 1939 die Zahl der Beschäftigten von 2.950 auf 4.580. Davon waren 380 Lehrlinge und Praktikanten und 842 Frauen. Auf Anordnung des RLM wurden der Werkschutz und die Werkfeuerwehr kaserniert. Der Flugplatz wurde um 1,381 ha vergrößert. Das Flugplatzgelände umfasste somit 62,305 ha, das Werkgelände 45,123 ha. Im Frühjahr 1941 erfolgte die Erstellung von 13 Wohnbaracken an der Prüfeninger Straße sowie drei Baracken für französische Kriegsgefangene und sieben Baracken für die betriebliche Verwendung. Die Belegschaftszahl lag am 31.12.1941 bei 6.429 Personen, davon waren 1.527 Frauen, 225 Kriegsgefangene und 80 andere Ausländer.
1940/41 wurde die Augsburger Messerschmitt AG mit der Serienproduktion eines für die Invasion Englands konstruierten Großlastenseglers beauftragt: die Me 321, die später mit sechs Motoren ausgestattet, auch als Transporter Me 323 in Serie ging. Mangels Platz im Augsburger Werk für dieses große Flugzeug stellte die Luftwaffe zur Endmontage die Horste Leipheim und Obertraubling der Messerschmitt AG zur Verfügung. Anfang 1942 ging der Fliegerhorst Obertraubling mit

seinen zehn großen Flugzeughallen auf die Messerschmitt GmbH Regensburg über, die nun dort neben der Produktion von Me 323 auch die Bf 109 ab dem Oktober 1943 herstellte. Damit ausreichend Platz für die Großserienproduktion der Bf 109 in Prüfening zur Verfügung stand, wurde die Fertigung der Bf 108 ins besetzte Frankreich verlegt. Die Produktion der Me 323 „Gigant" wurde im Januar 1944 nach Friedrichshafen verlegt. Damit stand der Fliegerhorst Obertraubling uneingeschränkt für die Jagdflugzeugproduktion zur Verfügung. Die beiden Flugzeugwerke in Obertraubling und in Prüfening wurden damit zu einer der wichtigsten Flugzeugproduktionsstätten im Deutschen Reich, gleichzeitig aber auch ein bedeutendes Angriffsziel für die alliierten Bomberflotten.

Auch absolute Spitzentechnologie wurde damals in Regensburg hergestellt: der von einem Raketenmotor angetriebene Jäger Me 163, dessen Rumpf zunächst in Prüfening hergestellt wurde. Ab 1942 begann in Obertraubling die Endmontage der Nullserie. Ende 1943 übernahm die Firma Klemm die Weiterentwicklung Me 163, weil in Obertraubling, Platz für ein anderes epochemachendes Flugzeug gebraucht wurde. Es war dies der erste in Großserie gebaute, von damals völlig neuartigen Turbinen angetriebene „Düsenjäger" Me 262. Im Rahmen der geplanten Großserie war die Messerschmitt GmbH Regensburg für den Bau des Rumpfes zuständig, während die Messerschmitt AG Augsburg für die Produktion der Tragflächen und des Leitwerks verantwortlich zeichnete. Ab Mitte 1943 wurde in Regensburg unter strengster Geheimhaltung an den Bauvorrichtungen für die Rumpfmontage der Me 262 gearbeitet. 1943 war die Luftlage über dem Deutschen Reich bereits derart bedrohlich, dass noch vor dem ersten Luftangriff am 17. August 1943 auch die Regensburger Messerschmitt GmbH begonnen hatte, ihre Produktion zu dezentralisieren und auszulagern. Waren es zunächst nur zwei Zweigbetriebe in den Konzentrationslagern Flossenbürg und Mauthausen

Bf (Me) 108 B-1 „Taifun" für Chile, die „Carlos del Campo Rivera" auf dem Regensburger Flugplatz. Im Hintergrund sind die Winzerer Höhen zu erkennen. (Deutsches Museum – Bildstelle)

Fertiggestellte Bf (Me) 108 stehen zur Abholung bereit. (Sammlung Radinger)

gewesen, so war die Produktion zum Kriegsende hin derartig weitverzweigt, dass sie sich im Rahmen dieses Buches nicht darstellen lässt. Kleine und kleinste Teilbetriebe und Zulieferer produzierten Einzelteile, die andernorts zwischenmontiert und abermals weitertransportiert, allmählich zu Flugzeugen komplettiert wurden. Die Rümpfe und Tragflächen wurden in Waldwerken zusammengebaut. Regensburg verfügte über zwei derartige Waldwerke, eines bei Hagelstadt mit Decknamen „Gauting“ und eines nordöstlich von Wolfskofen in einer vergleichbaren Anlage unter dem Decknamen „Stauffen“, in dem die Endmontage der Me 262 vom Oktober 1944 bis April 1945 lief. Das Werk in Prüfening war nach den verheerenden Luftangriffen vom Februar 1944 nur noch Teilelieferant und verfügte über eine Industrieinstandsetzung von beschädigten Bf 109. Wegen ständig drohender Luftangriffe verteilte man die dort fertigmontierten Maschinen sofort auf entlegene Feldflugplätze in der Region. Nach ihrem Einflug gelangten sie von dort aus zu den Einheiten der Luftwaffe.

Bf (Me) 109 E-3 starten zum Überführungsflug von Regensburg nach Jugoslawien. (Sammlung Radinger)

Deutlich sind auf diesem Foto die verschiedenen Baustufen an der Bf (Me) 109 E-3 erkennbar, Regensburg 1939. (Sammlung. Radinger)

Reichsmarschall und Oberbefehlshaber der Luftwaffe Hermann Göring besuchte am 2. November 1943 den Fliegerhorst Obertraubling und die Messerschmitt-Werke. (Sammlung Jakob)

Ausgestellte Bf (Me) 109 beim Tag der Wehrmacht 1940 auf dem Neupfarrplatz in Regensburg. (Stadt Regensburg – Bildstelle)

Startende Me 210. Von diesem Flugzeugtyp wurden im Prüfeninger Werk 92 gefertigt. Im April 1942 erfolgte wegen technischer Probleme die Einstellung der Produktion. (BA)

US-Truppen inspizieren die Endmontage der Me 262 im Waldwerk „Stauffen“ zwischen Wolfskofen und Eltheim. Von September 1944 – April 1945 wurden hier 330 Düsenjäger Me 262 produziert. (USAF)

Trotz zahlreicher Luftangriffe lag die Produktion 1944 um ein Vielfaches über den Zahlen der Jahre 1939/40. Allein im Monat Oktober 1944 stellte Messerschmitt Regensburg 755 (!) Maschinen des Typs Bf 109 her. Zum Vergleich: Im gesamten Jahr 1940 waren es lediglich 349 gewesen! Insgesamt verließen 1944 die Regensburger Fertigung: 6.316 Bf 109, 49 Me 262 und 1.027 Me 262-Rümpfe. Von der gesamten Fertigung 1944 kamen ca. 35 Prozent aus den Konzentrationslagern Flossenbürg und Mauthausen. Von Januar bis Mitte April 1945 wurden noch 1.134 Bf 109 und 281 Me 262 und 1.025 Me 262-Rümpfe von der Messerschmitt GmbH Regensburg produziert. Die Endmontage der Me 262 in Regensburg endete erst, als die US-Armee die Donau erreichte.

Noch unmittelbar vor den anrückenden Amerikanern, die bereits das Nordufer der Donau in ihren Händen hatten, wurden die letzten Maschinen aus Obertraubling ausgeflogen. So lässt sich belegen, dass am 23. April 1945 der Einflieger Feldwebel Heinz Lohmann die letzte Me 262 von Obertraubling nach München-Riem überführte. Hatten die Luftangriffe auf Regensburg bis zum 21. Juli 1944 ausschließlich die Flugzeugproduktion von Messerschmitt zum Ziel, änderte sich das ab Oktober 1944. Jetzt lagen nicht mehr die Flugzeugwerke im Bombenhagel, sondern Regensburg als Hafenstadt und als Eisenbahn-Verkehrsknotenpunkt.

Zwei Aufnahmen eines Lastenseglers vom Typ Me 321 mit der Kennung W6+SW in weißer Wintertarnung, auf dem Fliegerhorst Obertraubling, Anfang Januar 1943. Die Lastensegler sollten noch zur Versorgung von Stalingrad eingesetzt werden, kamen jedoch nicht mehr zum Einsatz, da die deutschen Truppen Ende Januar 1943 kapitulierten. Im Bild oben ist am linken Bildrand eine Schleppmaschine vom Typ He 111 Z zu erkennen. (BA)

Das Transportflugzeug Me 323 „Gigant“ auf dem Fliegerhorst Regensburg-Obertraubling. Die beiden Tore des Laderaums sind geöffnet. Von diesem Flugzeugtyp wurden 101 in Obertraubling endmontiert. (Sammlung Schmoll)

Der Raketenjäger Me 163 B. Dieses Flugzeug befindet sich heute in der Luftfahrtsammlung des Deutschen Museums in München. In Regensburg wurden 1942 acht und 1943 insgesamt 62 Me 163 B in Obertraubling endmontiert. Mit einer Maschine dieses Typs stürzte Hanna Reitsch in Obertraubling ab und zog sich dabei schwerste Verletzungen zu. (Sammlung Trenkle)

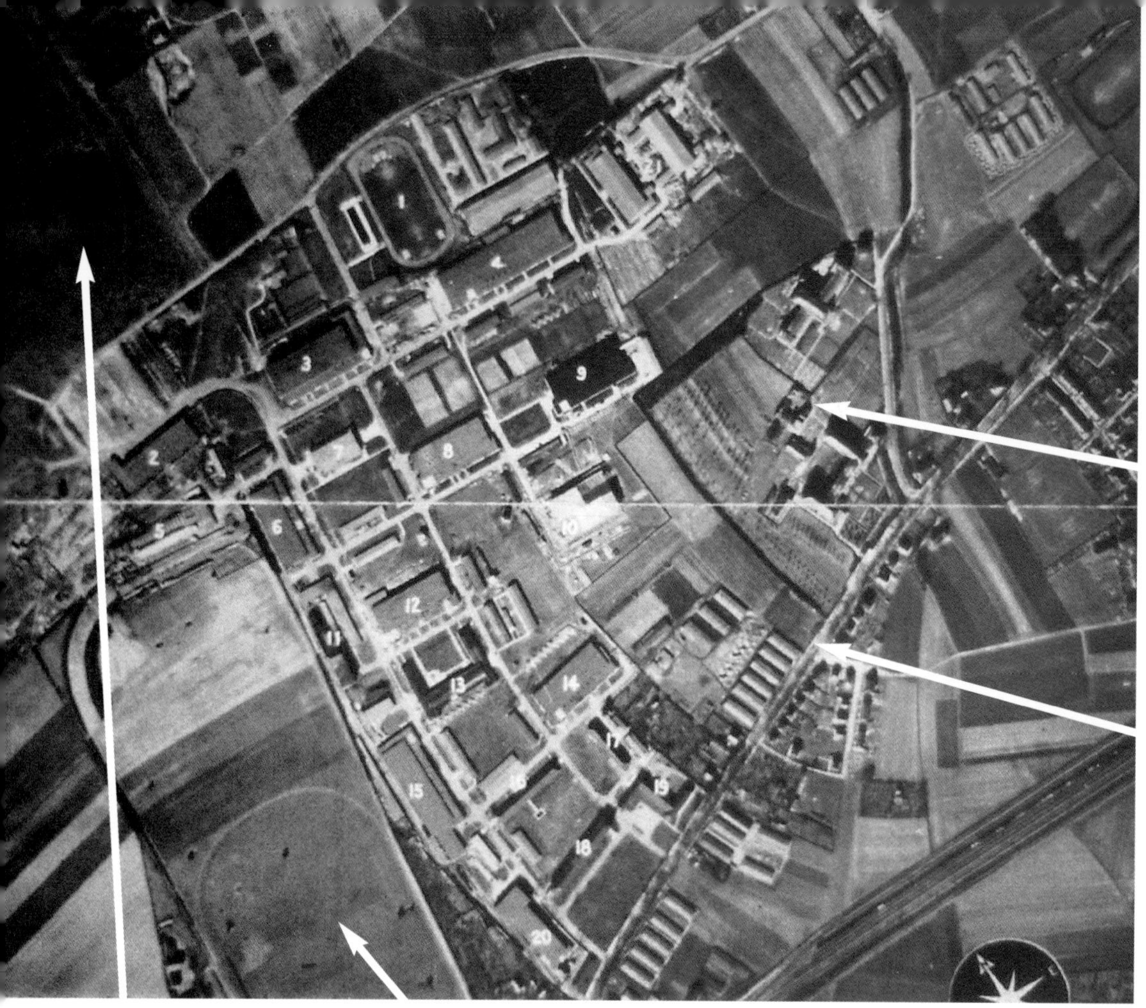

Das Flugzeugwerk der Messerschmitt GmbH in Regensburg/Prüfening, in dem seit 1939 das Jagdflugzeug Bf (Me) 109 in immer größerer Anzahl produziert wurde. (USAF)

Krankenhaus der Barmherzigen Brüder

Prüfeninger Straße

Flugplatz (heute Westbad bzw. Westpark)

Fürstlicher Rennplatz (heute Wohngebiet)

Der Fliegerhorst von Obertraubling. Seit 1941 lief hier die Flugerprobung des Lastenseglers Me 321 „Gigant“, dem 1942 die Produktion des 6-motorigen Transportflugzeuges Me 323 „Gigant“ und die Nullserie des Raketenjägers Me 163 folgte. Ab Ende 1943 wurde die Endmontage der Bf (Me) 109 in zunehmendem Maße von Prüfening nach Obertraubling verlegt. Im September 1944 begann dann die Endmontage und der Einflugbetrieb der Me 262. (USAF)

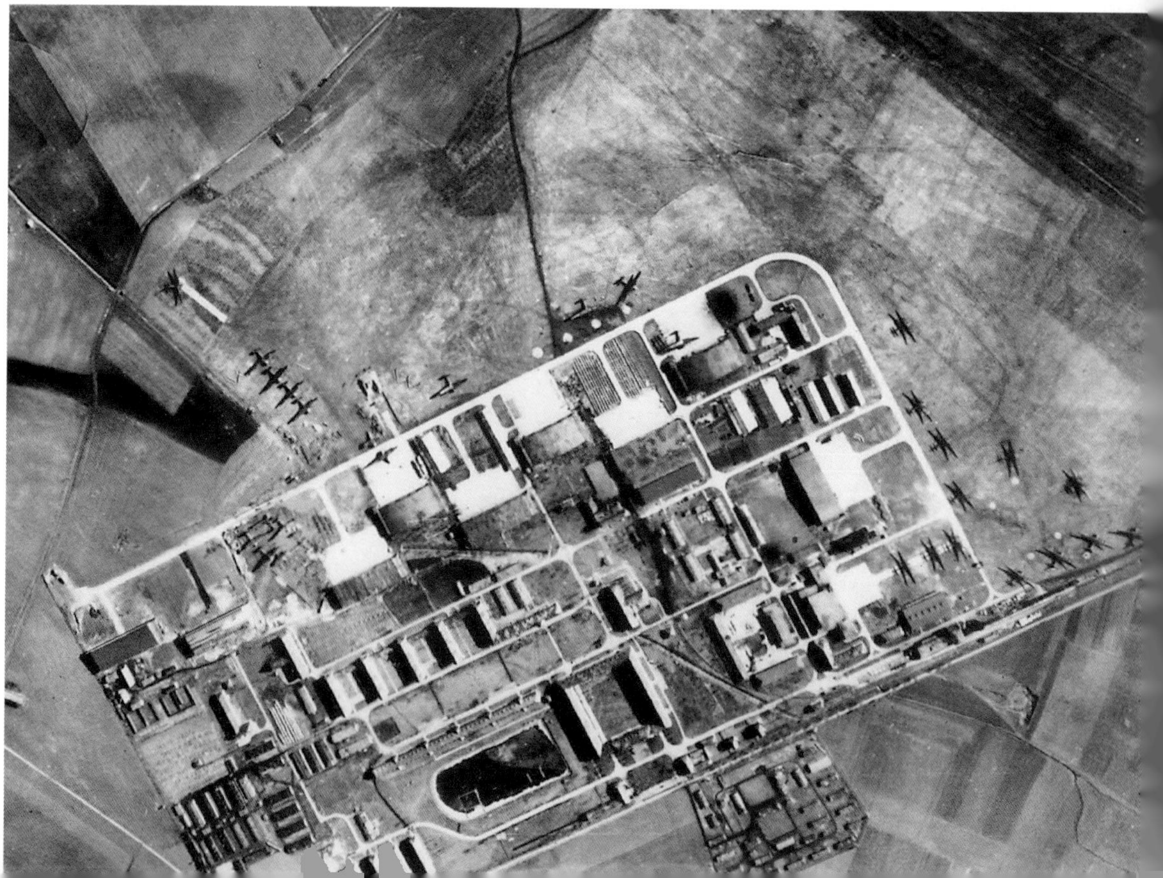

Ein Fotodokument vom Juni 1943 aus dem Messerschmitt-Werk in Regensburg/Prüfening, das zeigt, welche verschiedenen Nationalitäten im Flugzeugbau beschäftigt waren. (BA)

Das Hafengelände mit dem Ölhafen

Der Ölhafen mit seinen Hydrieranlagen, Tanklagern und Verladeeinrichtungen stand nach der Vernichtung der beiden Flugzeugwerke an erster Stelle der Zielliste, gefolgt vom Hafen, der Donaulände mit dem Tanklager und den Werften als Nachschubbasis für die südosteuropäische Front. Die Kraftstoffversorgung war die Achillesferse der deutschen Kriegswirtschaft. Privater Fahrzeugverkehr war verboten und selbst, wer einen PKW besaß, hatte keinen Treibstoff, welchen es nur auf Basis von Bezugscheinen gab. Aber auch hier existierte ein gewisser Schwarzhandel, und vor allem Parteimitglieder fuhren immer noch mit ihren Privatfahrzeugen.
Aller Treibstoff war normalerweise für militärische und kriegswirtschaftliche Zwecke sowie die Luftschutz- und Feuerlöscheinheiten reserviert. Auf den Flugplätzen wurden sogar Ochsengespanne eingesetzt, um die Flugzeuge zu den Abstellplätzen zu ziehen. Für die Luftwaffe und die motorisierten Divisionen des Heeres stand nach den Angriffen auf die Raffinerien und Hydrierwerke nur noch ein Bruchteil der Kraftstoffmengen zur Verfügung, die in Wirklichkeit benötigt wurden. Für die Luftwaffe gab es zwei Benzinsorten: B-4 mit 87 Oktan und C-3 mit 95 Oktan. Die Luftwaffe benötigte im Monat ca. 120.000 t an Benzin. Im September 1944 betrug die Produktion an Flugzeugtreibstoff nur noch 12.000 t.

Bei Krisenlagen an den Fronten mussten Betriebsstoffkontingente aus der OKW-Treibstoffreserve freigegeben werden. Wie es um die Treibstoffversorgung im Deutschen Reich stand, war den alliierten Führungsstäben bekannt, und bis zum Kriegsende blieben die Raffinerien und Tanklager das Ziel von Luftangriffen. Die Tanklagerkapazität im Ölhafen und an der Donaulände betrug damals rund 80.000 m^3. Und so lässt es sich auch erklären, warum der relativ kleine Ölhafen von Regensburg bei den Luftangriffen der US-Luftwaffe insgesamt zehnmal auf der Zielliste als „primery target" (wichtigstes Ziel) erscheint, das mit „maximum effort" (unter Aufbietung aller eingesetzten Kräfte) angegriffen wurde. Im Regensburger Ölhafen gab es bis Ende 1944 genügend Treibstoffe, da nach dem Luftangriff vom 28.12. 1944 über 5.000.000 Liter Benzin verbrannten. Es fehlte an Eisenbahnkesselwägen. Tausende waren durch Bombensplitter und Tieffliegerbeschuss zerstört oder beschädigt worden. Man war gezwungen, den Treibstoff in Fässer und Kanister abzufüllen. Dies erforderte einen unwahrscheinlichen hohen organisatorischen und materiellen Aufwand, um größere Mengen zu transportieren. Mit dem „Oilstrike" auf Regensburg begann im Oktober 1944 eine ganze Serie sich stetig steigernder Luftangriffe.

Blick in westliche Richtung auf die „Adolf-Hitler-Brücke" mit einem Teil der Öltanks, die sich an der Donaulände befinden, 14.9.1940. (Stadt Regensburg – Bildstelle)

Eingang zum Luftschutzbunker im Alten Rathaus (18.06.1941). (StAR)

Die nördlichen Kaianlagen und dahinter die Hitzler Werft (14.09.1940). (Stadt Regensburg – Bildstelle)

Der Südostteil der Stadt mit dem Gaswerk und den Kasernengebäuden. Über dem Gasometer ist die Flakkaserne zu erkennen. (14.09.1940). (Stadt Regensburg – Bildstelle)

Die Eingänge zum Luftschutzbunker in der Landshuter Straße (03.12.1939). (StAR)

Übigau Werft *Hitzler Werft*

Wiener Straße *Ruthof Werft*

Regensburg als Hafenstadt. Am Ende der schiffbaren Donau gelegen, war der Regensburger Hafen in zweierlei Hinsicht für die Kriegsführung von zunehmender Wichtigkeit.
a) Mit seinem kleinen, aber für damalige Verhältnisse leistungsfähigen Ölhafen war Regensburg bedeutend für den Nachschub an Treibstoffen. Das rumänische Erdöl wurde mit Tankschiffen antransportiert, entladen und hydriert (verarbeitet). Der Ölhafen verfügte über Tanklager und Verladeeinrichtungen, sodass die Mineralölprodukte auf die Schiene und Straße verladen werden konnten.
b) Der Regensburger Hafen diente als Nachschubquelle für die Versorgung der an der Südostfront kämpfenden Wehrmacht. Hinzu kamen noch die beiden Werften, auf denen Schiffsneubauten bzw. Reparaturen durchgeführt wurden.
(Stadt Regensburg – Amt für Stadtentwicklung)

Eine Aufnahme vom 14.09.1940 zeigt den östlichen Teil des Luitpoldhafens mit den Lagerhallen und Kränen. Im Hintergrund ist der Ölhafen mit seinen Tankanlagen und Hydrierwerken sowie die Ruthof Werft zu erkennen. (Stadt Regensburg – Bildstelle)

Blick auf den Regensburger Hafen am 14.9.1940. In der Bildmitte ist das alles überragende Stadtlagerhaus zu erkennen. (Stadt Regensburg – Bildstelle)

Regensburg und seine Bedeutung als Eisenbahnknotenpunkt

Gegen Kriegsende galten die Luftangriffe dann in zunehmendem Maße dem Verkehrssystem, und hier war Regensburg als Eisenbahn-Verkehrsknotenpunkt mit all seinen Einrichtungen massiv betroffen. Regensburg als Standort einer Reichsbahndirektion mit seinen Bahnanlagen war eine äußerst wichtige Verkehrsdrehscheibe für die Kriegswirtschaft und die militärischen Operationen der Wehrmacht. Unmittelbar an die südliche Altstadt angrenzend, liegt der Hauptbahnhof, durch den alle fünf Bahnlinien nach Ingolstadt, Nürnberg, Hof, Wien und München hindurchliefen. Entlang der Friedenstraße befanden sich die Werkstätten der Reichsbahn mit den Waggondepots und den großen Lokschuppen mit den markanten Drehscheiben. Die Anlagen der Reichsbahn zogen sich von der Galgenbergbrücke im Osten bis hinter die Kumpfmühlerbrücke im Westen hin. Westlich vom Hauptbahnhof befand sich der große Güterbahnhof. Hier wurden die ankommenden Güterzüge, sofern es keine Durchgangszüge waren, über den Ablaufberg rangiert und neue Züge zusammengestellt. Der Güterbahnhof wurde in dieser Hinsicht durch den Ostbahnhof ergänzt. Munitionszüge wurden in der Regel nur auf dem Ostbahnhof abgestellt. Diese Maßnahme bewährte sich beim Luftangriff am 20.12.1944, als ein mit Munition beladener Zug durch Bombentreffer in die Luft flog. Wäre so etwas im Bereich des Hauptbahnhofes passiert, hätte dies unübersehbare Folgen für die angrenzenden Stadtteile gehabt. Trotz aller Bombenschäden im Jahre 1944 gelang es, den Bahnverkehr aufrecht zu erhalten. Nach den beiden vernichtenden Luftangriffen vom 5. Februar und vom 13. März 1945 konnte trotz Einsatz von Zwangsarbeitern und KZ-Häftlingen nur noch ein provisorischer Bahnverkehr in Gang gebracht werden. Das endgültige „Aus“ für die Reichsbahn erfolgte nach dem Luftangriff vom 16. April 1945. Bei diesem Angriff wurden auch die beiden Eisenbahnbrücken über die Donau bei Mariaort und Schwabelweis so schwer getroffen, dass der Bahnverkehr bis weit nach Kriegsende ruhte.

Regensburg als Eisenbahn-Verkehrsknotenpunkt. Nicht weniger als fünf Eisenbahnlinien treffen in Regensburg aufeinander: die Strecken von Nürnberg, Passau, München, Ingolstadt und Hof/Berlin. Entsprechend dem Verkehrsaufkommen verfügte Regensburg über mehrere Güterbahnhöfe, Lok- und Waggondepots mit den dazugehörigen Reparaturwerkstätten. Ein neuralgischer Punkt bei Luftangriffen waren die Brücken über die Donau und, wie auf dem Luftbild dargestellt, das Gleisdreieck südlich des Hafengebietes. (USAF)

Eine Luftaufnahme des Güterbahnhofes vor Beginn der Luftangriffe. Links ist die Kumpfmühler Brücke zu sehen, die beim 1. Luftangriff auf den Güterbahnhof am 22.11.44 total zerstört wurde. (Stadt Regensburg – Amt für Stadtentwicklung)

Stadtteil Kumpfmühl

Die Kasernen und das Heeresnebenzeugamt

Im Südosten von Regensburg entlang der Landshuter Straße befanden sich zahlreiche Kasernen. Im Süden wurde dann noch vor Kriegsanfang eine Kaserne für die Flak gebaut, in der sich später der Gefechtsstand der Regensburger Flakgruppe befand. Regensburg war der Friedensstandort der 10. Infantriedivision, die ab 1941 als 10. Infantriedivision (mot) an der Ostfront im Einsatz war. Viele Ersatztruppenteile befanden sich in den Regensburger Kasernen und bildeten neueingezogene Soldaten aus. Die 10. war eine in vielen Schlachten bewährte Division, welche bereits im Polenfeldzug eingesetzt war. Auch völlig neue Truppenteile wurden in Regensburg zum Beispiel für den Afrikafeldzug aufgestellt. Tausende von Soldaten befanden sich in den Kasernen und wurden hier zu neuen Einheiten zusammengestellt. Die notwendige Ausrüstung und Verpflegung erhielten sie aus dem Heeresnebenzeugamt an der alten Straubinger Straße. Die Wehrmacht setzte auch tausende von Soldaten zur Beseitigung der Bombenschäden ein.

Bau einer Löschwasserzisterne auf dem Moltkeplatz. Im Hintergrund das Hotel „Karmeliten“ (22.12.1938). (StAR)

Wegen der zunehmenden Bombardierung der deutschen Städte wurden auch in Regensburg entsprechende Luftschutzmaßnahmen eingeleitet. War die Stadt zu Anfang des Krieges auf Grund ihrer geographischen Lage kaum von feindlichen Flugzeugen überflogen worden, so änderte sich dies in den Jahren 1943-45 grundsätzlich. Bis 1943 galt Regensburg als Stadt ohne wesentliche Luftschutzeinrichtungen. Die nachts geflogenen Angriffe auf München, Augsburg und Nürnberg zeigten deutlich, was auch Regensburg bevorstand. Als dann zur Mittagszeit des 17.8.43 der erste Großangriff auf die Messerschmitt-Werke in Regensburg/Prüfening stattfand, war allen Verantwortlichen klar, dass weitere Angriffe folgen würden. Waren die Luftschutzbaumaßnahmen im Stadtgebiet bisher nicht gerade mit Vorrang betrieben worden, so wurden diese nun wesentlich intensiviert. So wurden z.B. im Stadtgebiet von Regensburg öffentliche Luftschutzbunker links und rechts der Maximilianstraße in Bahnhofsnähe angelegt. Ein weiterer Bunker befand sich am Neupfarrplatz. Unzählige weitere zu Luftschutzbunkern ausgebaute Kellerräume befanden sich im gesamten Stadtgebiet und waren mit einem entsprechenden Hinweisschild gekennzeichnet. Für den Katastrophenfall hatte die Kreisleitung der NSDAP einen Evakuierungsplan für die Bevölkerung ausgearbeitet. Demnach sollte die Bevölkerung mit Zügen und Bussen in benachbarten Städten und Gemeinden im Großraum Regensburg untergebracht werden. Dieser Plan war auch die Grundlage für die teilweise Umquartierung im Rahmen der Bevölkerungsauflockerung in der Altstadt (Frauen und Kinder), die wegen der schweren Luftangriffe im Februar 1944 als notwendig erachtet wurde. Wer nicht zu Verwandten aufs Land umziehen konnte, wurde durch die NSDAP in den umliegenden Gemeinden einquartiert.
In Regensburg selbst wurden alle größeren Räumlichkeiten, wie Tanzsäle, Gastwirtschaften, Schulen, Theatersäle usw., zur Unterbringung von Ausgebombten und als Massenquartiere für auswärtige Hilfskräfte, die zur Beseitigung von Fliegerschäden eingesetzt waren, in einer speziellen Kartei erfasst. Mit Fortdauer des Krieges nahm der Raumbedarf in der Stadt immer mehr zu. Fremdarbeiter, Flüchtlinge, Kriegsgefangene und verlagerte Betriebe drängten in die Stadt, und Barackenlager waren allerorten anzutreffen.

Der organisatorische Aufbau des Luftschutzes in Regensburg

Das Stadtgebiet war in 35 Ortsgruppen aufgeteilt. Jede Ortsgruppe hatte eine Auffangsammelstelle, in der Regel waren dies Schulen oder Gaststätten, in denen sich alle Ausgebombten zu melden hatten. Für den Fall, dass die Sammelstelle ebenfalls getroffen wurde, war eine Ausweichsammelstelle in jeder Ortsgruppe vorhanden. Alle Bewohner erhielten eine Einweisung durch den zuständigen Ortsgruppenleiter und seine Helfer in luftschutzmäßiges Verhalten.
Auf Anordnung der Kreisleitung wurde das Stadtgebiet in fünf Kreisabschnitte, entsprechend der fünf Luftschutzpolizeireviere, eingeteilt. Alle Meldungen der Ortsgruppenleiter gingen bei Fliegeralarmen an das für ihren Bereich zuständige Luftschutzpolizeirevier und den dort anwesenden Beauftragten

des Kreisleiters. Dieser meldete wiederum alle Vorfälle dem Kreiseinsatzstab in der Kreisleitung. Diese befand sich in der Dr.-Martin-Luther-Straße 10, heutige IHK, in der Kreisleiter Weigert residierte und sein Regime ausübte. Alle Hilfskräfte, die bei Luftangriffen eingesetzt wurden, unterstanden dem örtlichen Polizeidirektor und waren in folgende Einheiten untergliedert: fünf Luftschutzpolizeireviere, F- und E- Abteilung (Feuerlösch- und Entgiftungsabteilung), Sanitätsdienst, Instandsetzungsdienst, Entgiftungsdienst, Veterinärdienst, Werkluftschutz-Bezirksstelle, Reichsluftschutzbund und Kreisleitung der NSDAP.
Der Einsatzleitung gehörten der Regierungspräsident, der Oberbürgermeister und ein Offizier der Wehrmachtskommandantur an. Für Katastrophenfälle stand ein Alarmplan für die Anforderung von nachbarlicher Löschhilfe aus den angrenzenden Landkreisen zur Verfügung. Dies waren die Feuerwehrbereitschaften Altmühl, Cham, Naab und Vils.
Auch die Reichsbahn und die Reichspost wurden mit Löschfahrzeugen ausgerüstet und unterstützten die örtlichen Löschmannschaften. Als weitere Einheit stand die Bayerische Landesfeuerwehrschule in Regensburg bei Großschadensereignissen zur Verfügung. In Regensburg wirkte es sich sehr vorteilhaft auf die Schadensbekämpfung und -begrenzung aus, dass die Wehrmacht auf Anforderung entsprechende Hilfskommandos mit Mannschaften und Gerät zur Verfügung stellte. Darunter befanden sich auch gut ausgerüstete Löschzüge, die vor allem zur Brandbekämpfung im Hafenbereich eingesetzt wurden.
Bei Fliegeralarm hatte die sofortige Besetzung der Ortsgruppe (Auffangsammelstelle) durch den Ortsgruppenleiter, den Ortsgruppenpropagandaleiter, den Ortsgruppenorganisationsleiter, den NSV Ortsamtsleiter, den Untergruppenführer des Reichsluftschutzbundes, den Auffangsammelstellenleiter, zwei – vier männliche Mitarbeiter, einige Melder sowie die Bereitstellung von Stoßtrupps zu erfolgen.

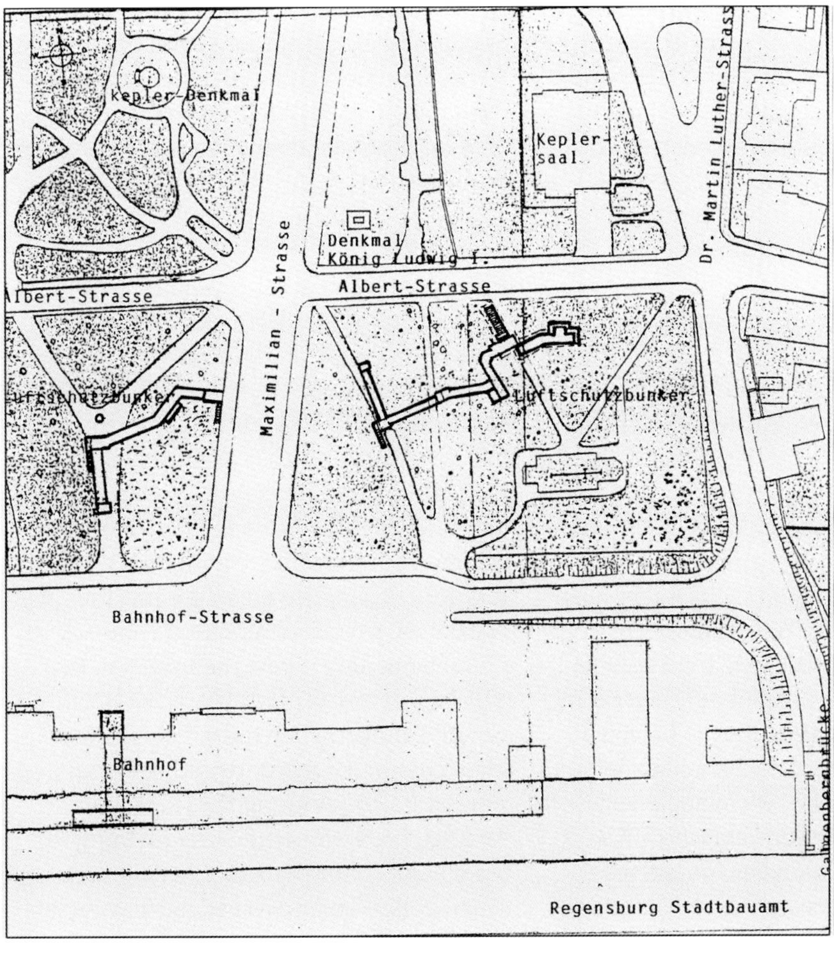

SAMMELSCHUTZANLAGE NÄCHST DEM BAHNHOF
LAGEPLAN
MASSTAB - 1 : 1.000

Sammelschutzanlage nächst dem Bahnhof. Lageplan. (Regensburg – Stadtbauamt)

Bei Bombenabwurf hatten die Blockleiter sowie Amtsträger des Reichsluftschutzbundes ihren Blockbereich auf Schäden zu kontrollieren und kleinere Brände mit der Hausgemeinschaft zu löschen. Bei größeren Schäden erfolgte eine Meldung an den Ortsgruppenleiter, um den Einsatz der Stoßtrupps anzufordern, z.B. zur Rettung von verschütteten Personen. Großbrände in den Ortsgruppen wurden durch den Ortsgruppenleiter an den Kreisabschnitt (Polizeirevier) gemeldet, desgleichen die Entdeckung von Blindgängern sowie die Anzahl von verschütteten Personen. Alle Rettungsmaßnahmen wurden vom Einsatzstab in der Kreisleitung und der Polizeidirektion koordiniert. Hinzu kamen die Auswertung der Meldungen, die von den Turmbeobachtern eingingen. Alle Personenschäden waren der Stadtverwaltung, Wohlfahrtsamt, Kreuzgasse 1, zu melden.
Alle ausgebombten Personen wurden in den Auffangsammelstellen erfasst und versorgt. Außerdem erfolgte die Zuweisung einer Notunterkunft. Mit einer entsprechenden Bescheinigung erhielten Ausgebombte bevorzugt Bekleidung und alle Dinge des täglichen Bedarfs zugeteilt, was jedoch mit Andauer des Krieges etliche Probleme bereitete. Die von Bomben verschonten Ortsgruppen hatten die Anzahl der zur Verfügung stehenden Kräfte ihrem Kreisabschnitt zu melden. Diese wurden dann den betroffenen Ortsgruppen zur Unterstützung zugewiesen.

Weitere Schutzmaßnahmen

Die Reichsentrümpelung
Unter diesem Begriff erfolgte eine Entrümpelung aller Dachböden. Alles, was an alten Sachen dort gelagert war, wurde entfernt. Sämtliche Bretter- und Lattenverschläge auf den Dachböden mussten demontiert werden. Dadurch wurde die Brandlast wesentlich vermindert, und die Löschkräfte hatten im Ernstfall freien Zugang zur Brandstelle. So wurde eine schnelle Brandausbreitung verhindert und eine erfolgreiche Feuerbekämpfung nach Luftangriffen ermöglicht. Eine Tatsache, die sich bei Luftangriffen auf andere deutsche Städte, wie Köln, Hamburg und Berlin, bestätigt hatte. Die Einsatztaktik der Royal Air Force beruhte darauf, dass von den ersten Bomberwellen schwere Luftminen, auch Wohnblockknacker genannt, abgeworfen wurden. Durch die enormen Druckwellen wurden die Dächer der Häuser abgedeckt. Danach folgten Zehntausende von Stabbrandbomben, die in die nun offenen Dächer fielen und Brände verursachten, welche sich bis zu einem Feuersturm ausweiten konnten. Waren die Dachböden geräumt, war eine schnelle Brandausbreitung sehr unwahrscheinlich. Es blieb dann meistens bei einem örtlich begrenzten Brandereignis.

Evakuierung von Kunstgegenständen
Alle wertvollen kultur- und kunsthistorischen Gegenstände, soweit transportierbar, wurden aus der Stadt evakuiert oder sicher gelagert, darunter auch die äußerst wertvollen, aus dem Mittelalter stammenden Glasfenster des Domes.

Brandschutz
Mit einem Erlass des Reichsministers der Luftfahrt und Oberbefehlshabers der Luftwaffe wurde am 13. Mai 1943 die bisher beschränkte Feuerschutzmittel-Behandlung von Holzbauteilen für das gesamte Reichsgebiet angeordnet. Diese Aktion wurde zuerst bei kulturhistorisch wertvollen Baudenkmälern und vor allem in engbebauten Altstadtgebieten durchgeführt. Sämtliche Dachstühle wurden gründlich entstaubt und die Holzkonstruktionen mit einem Feuerschutzmittel behandelt. So wurden auch im Regensburger Hafen die großen, aus Holz gebauten Lagerhallen entsprechend imprägniert. Mit der Durchführung dieser Aktion war die Reichsmalerinnung beauftragt worden. Die technische Gesamtleitung lag beim Reichsführer SS und Chef der deutschen Polizei im Reichsministerium des

Inneren. Der örtliche Luftschutzleiter hatte die Aufgabe, die Reihenfolge der zu behandelnden Gebäude entsprechend der Brandempfindlichkeit und der Bebauungsdichte festzulegen.
Auf den Dachböden waren gefüllte Wassereimer und Bottiche bereitzustellen, ebenso gefüllte Sandtüten und Schaufeln. An besonders gefährdeten Gebäuden und Objekten wurden zusätzlich Löschteiche angelegt, um bei Ausfall des Wasserleitungsnetzes die Wasserversorgung für die Löschkräfte zu sichern, wie z.B. am Krankenhaus der Barmherzigen Brüder oder an der ehemaligen Königlichen Villa.

Ausbau von Kellern zu Luftschutzräumen
Im verstärkten Maße wurden nun auch Luftschutzräume in den Kellern der Wohnhäuser angelegt. Dazu wurden Durchbrüche zu den Kellerräumen von benachbarten Häusern geschaffen, um im Notfall einen Flucht- und Rettungsweg zur Verfügung zu haben. Dies war vor allem dann von äußerster Wichtigkeit, wenn der eigene Eingang zum Luftschutzraum durch Trümmer verschüttet war. Vorhandene Kellerfenster wurden mit Holzverschalungen und aufgeschichteten Sandsäcken gesichert. Lüftungsleitungen sorgten für eine entsprechende Atemluftversorgung. In die Eingänge zu den Luftschutzräumen wurden blechbeplankte und verschließbare Luftschutzraumtüren eingebaut. Diese Maßnahme konnte jedoch aus Materialmangel nicht überall durchgeführt werden, wie die gesamten Luftschutzbaumaßnahmen unter ständigen Engpässen an Material und Personal litten. Viele Kellerräume mussten erst durch weitere bauliche Maßnahmen luftschutztauglich gemacht werden. Darunter fiel das Einziehen von Zwischenmauern, der Einbau von Luftschleusen sowie das Verstärken der Kellerdecken und Zumauern von Kellerfenstern. In alle Luftschutzräume und die dafür vorhandenen Eingänge war der Einbau einer Beleuchtung erforderlich.

Bau von Luftschutzbunkern nahe der Prüfeninger Schule. Diese Aufnahme entstand am 30.7.1943. Einem Bombenvolltreffer dürfte dieser Bunker kaum standhalten. (MZ-Archiv)

Bau eines Luftschutzbunkers in der Schottenheimsiedlung nahe der Isonzostraße (30.6.1943). (StAR)

Einsatz der Feuerwehr

Erste Einsatzerfahrungen nach Luftangriffen konnte die Feuerwehr (Feuerlöschpolizei) von Regensburg in Nürnberg sammeln: Am 9.3.1943 wurde eine Regensburger Feuerwehrbereitschaft zum Einsatz in Nürnberg vom Luftgau XIII angefordert. Dort wurden die Regensburger Einsatzkräfte an der Großschadensstelle zwischen Breite Gasse, Kohlengasse und Nadlergasse sowie beim Finanzamt in der Sandstraße eingesetzt. Das Schadensgebiet umfasste 40 Gebäude. Nach sieben Stunden wurde die Feuerwehrbereitschaft Regensburg durch eine Bereitschaft der Feuerlöschpolizei Dresden abgelöst und trat den Rückmarsch nach Regensburg an, das um 23.35 Uhr wieder erreicht wurde. Weitere Überlandeinsätze nach München und Nürnberg sollten folgen.

Die Regensburger Feuerwehrkräfte waren bei den künftigen Luftangriffen nicht nur zur Feuerbekämpfung, vom Wohnhausbrand bis zu Öltankbränden, gefordert, sondern wurden auch bei der Rettung von Verschütteten und bei der Blindgängersuche eingesetzt. Besonders gefährlich war die Brandbekämpfung von Munitionszügen, wie am 12.2.1945 im Rangierbahnhof an der Dechbettener Straße. Ein weiteres Problem bildeten die entstandenen Barackenstädte, bei denen es des Öfteren zu Bränden durch defekte oder nicht ordnungsgemäß verlegte Ofenrohre kam. Immer öfter blieben Fahrzeuge in notdürftig aufgefüllten Bombentrichtern hängen und mussten dann von der Feuerwehr mit dem Rüstwagen geborgen werden. Ein weiteres Problem war die totale Überalterung der Feuerwehrmannschaften, da die jüngeren Jahrgänge alle an der Front standen. So kam es vor, dass Großväter und noch halbe Kinder (HJ-Feuerwehren) Großbrände mit Erfolg bekämpften.

Die Feuerwehrbereitschaft von Regensburg ist zu einem Appell am 3. November 1943 vor der Stadthalle angetreten. (Stadt Regensburg – Bildstelle)

Der umfangreiche Fahrzeugpark umfasste von PKWs, Löschfahrzeugen, Drehleiterfahrzeugen, Rüst- und Gerätewagen bis zum Mannschaftstransport- und Versorgungs-LKW alle für den Katastropheneinsatz notwendigen Kraftfahrzeuge. (Stadt Regensburg – Bildstelle)

Luftschutzübungen

Die Bevölkerung und die Hilfsorganisationen wurden bei Übungen und den jährlich stattfindenden Luftschutzwochen in die notwendigen Maßnahmen eingewiesen.
Eine solche Luftschutzwoche fand vom 25.-30.3.44 statt und wurde mit großem Gepränge im Neuhaussaal eröffnet. Zu diesem Zeitpunkt hatte Regensburg schon leidvolle Erfahrungen, was Bomberangriffe anbelangte, hinter sich. Schon aus diesem Grunde gab es ein volles Programm während dieser Woche: Begonnen wurde mit der sogenannten Sandaktion. Diese beinhaltete die Bereitstellung und Anwendung von Sand als Löschmittel gegen Brandbomben. Transparente und Flugblätter wurden verteilt und mit Fahrzeugen Sandtüten an alle Häuser verteilt. In allen Werken wurden Luftschutzappelle abgehalten, und nach einer kurzen Ansprache wurde nochmals auf die Wichtigkeit des Luftschutzes hingewiesen sowie jeder Betrieb hinsichtlich seiner Luftschutzbereitschaft überprüft. An allen Gebäuden wurde eine verschärfte Verdunklungskontrolle durchgeführt. Dazu hatten alle dienstfreien Kräfte der Polizei, einschließlich des Innenpersonals, die Meldestellenschreiber und die Turmbeobachter sowie die Hoheitsträger der Partei und des Reichsluftschutzbundes anzutreten. Besonderes Augenmerk galt den Hofseiten der Häuser, den Klosett- und Dachfenstern, da hier immer wieder eklatant gegen die Verdunklungsvorschriften verstoßen wurde.
Die Werkluftschutzkräfte führten Luftschutzübungen unter Ernstfallbedingungen durch. Im Vortragssaal des Ostmarkmuseums am Moltkeplatz fand eine Filmvorführung statt: „Englische Brandbomben, ihre Wirkung und Bekämpfung“.
An fast allen Tagen fanden Straßenverdunkelungskontrollen statt. Fahrzeuge, Radfahrer und Fußgänger wurden auf verdunkelte Beleuchtung kontrolliert. In Sonderaktionen erfolgte das Blaufärben der Taschenlampen und das Schwärzen der Scheinwerfer von Fahrzeugen und Fahrrädern. Diese Vorsichtsmaßnahmen galten etwaigen Nachtangriffen durch die Royal Air Force, die jedoch glücklicherweise nie stattfanden.

Im Winter 1942/43 ist die Walhalla durch Tarnnetze, Busch- und Strauchwerk gegen Fliegersicht getarnt. (Sammlung Schmoll)

Zusammen mit den im Großraum von Regensburg stationierten schweren Flakbatterien war die ganze Stadt in einen Verteidigungszustand gegen Luftangriffe versetzt worden. Die kommenden Monate sollten zeigen, dass alle getroffenen Maßnahmen zum Schutz der Stadt und ihrer Bevölkerung nicht ausreichten. In den total zensierten Presse- und Zeitungsberichten erfolgte so gut wie keinerlei Berichterstattung und wenn, dann nur in einer kurzen Notiz und mit falschen Angaben. Demnach hätten die Engländer den Angriff am 17.8.43 geflogen. Sicheres Indiz für die Folgen von Luftangriffen war das vermehrte Auftreten von Todesanzeigen in den Tageszeitungen.

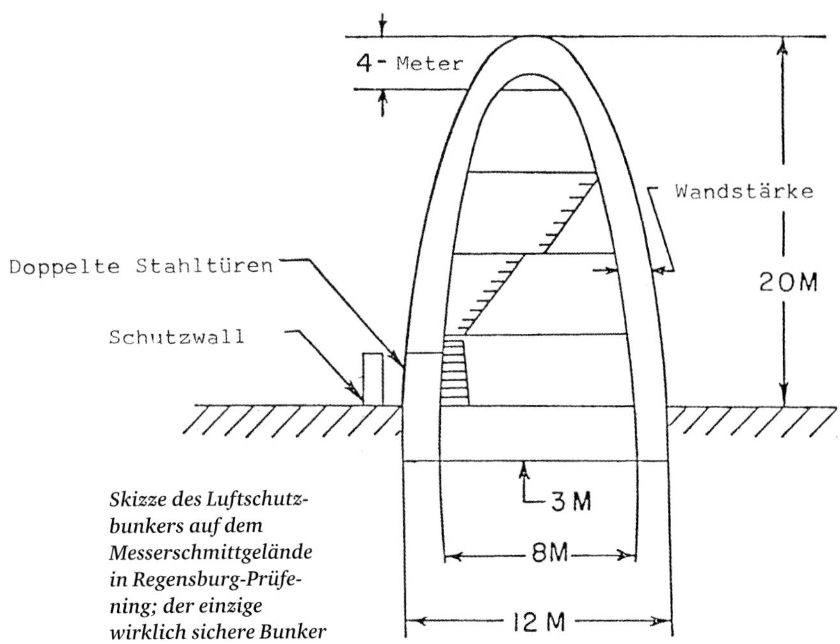

Skizze des Luftschutzbunkers auf dem Messerschmittgelände in Regensburg-Prüfening; der einzige wirklich sichere Bunker im Stadtgebiet. (USSBS)

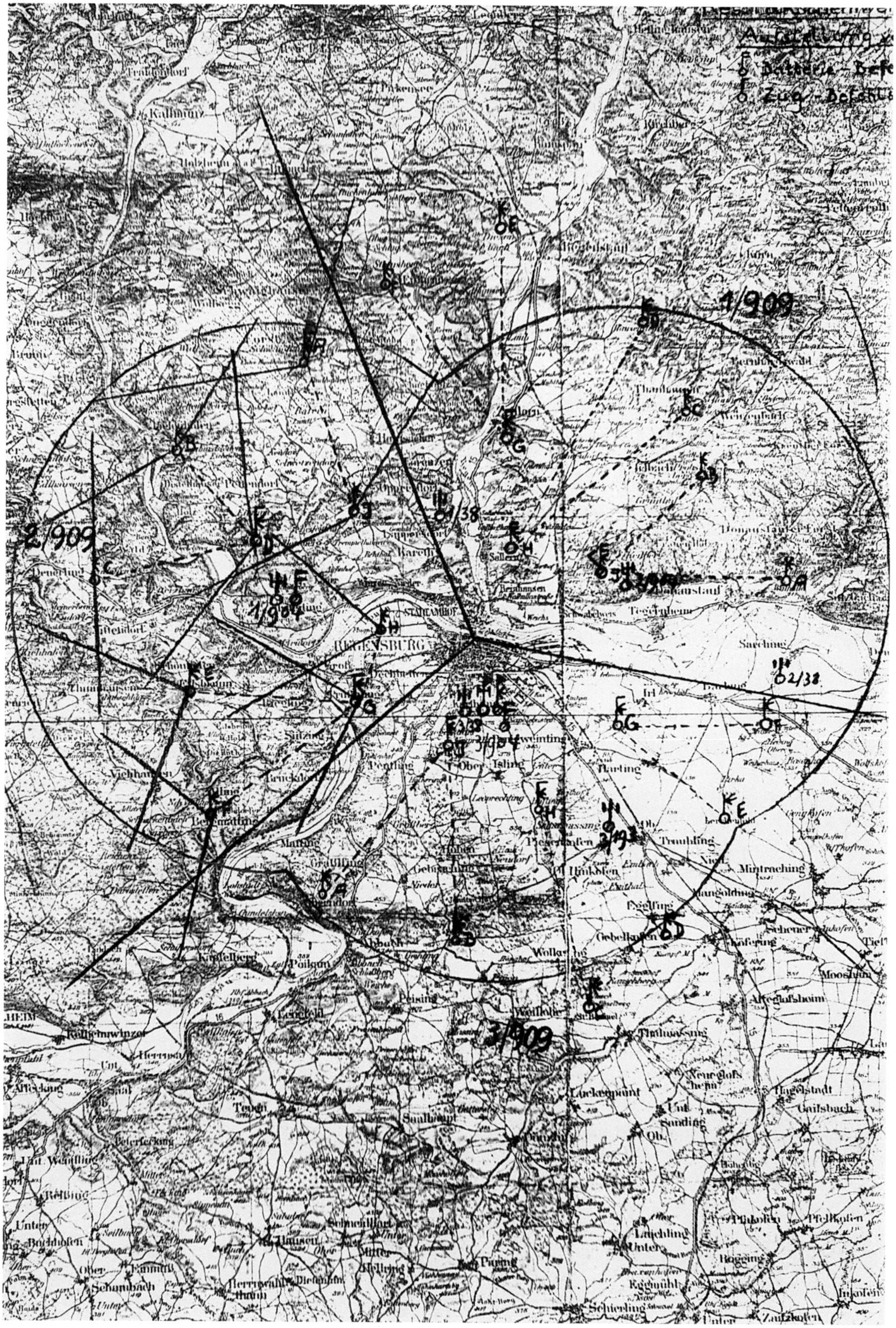

Flak- und Scheinwerferstellungen rund um Regensburg im Jahre 1940. (BA)

Die Abwehr eines Luftangriffes begann nicht erst mit dem Einsatz von Jagdflugzeugen und dem Abfeuern von Fliegerabwehrgeschützen, sondern erforderte landesweit ein dichtes Netz von Luftraumbeobachtern, die ihre Meldungen an eine tiefgestaffelte Kommandostruktur weitergaben. Anfangs des Krieges wurde der Luftraum von einer Unzahl von Flugwachen fast ausnahmslos nur akustisch und optisch überwacht. Im weiteren Kriegsverlauf kamen dann auch Radar zum überörtlichen und lokalen Einsatz; im damaligen deutschen Sprachgebrauch „Funkmessgeräte" FuMG genannt. Die Steuerung der Abwehrmaßnahmen und die Einleitung von örtlichen Luftwarnungen erfolgte durch überörtliche Verteidigungszentralen. So wurde im Jahre 1938 mit dem Bau einer Luftwarnzentrale auf dem Dreifaltigkeitsberg unter dem Decknamen „Waldschule" begonnen. 1939 zog hier ein Luftwachkommando des Luftgaus XIII ein. Dieses Luftwachkommando, besetzt mit ca. 80 Soldaten, war die Zentrale für den Flugmelde- sowie Luftschutz-Warndienst und damit für die Auslösung von Luftalarmen in ganz Ostbayern zuständig. Die Gesamtstruktur und die zahlreichen Veränderungen während der Kriegsjahre sind zu kompliziert, als dass sie im Rahmen dieses Buches abschließend dokumentiert werden könnten. Der Verfasser beschränkt sich daher in seiner Darstellung auf den Bereich der örtlichen Fliegerabwehr-Artillerie und hierbei besonders auf den Einsatz jugendlicher Flakhelfer. Ausführlicher angesprochen wird im Folgenden auch eine Besonderheit der Regensburger Luftverteidigung, die sogenannte „Industriestaffel Messerschmitt". Derlei Werkschutzstaffeln existierten 1942/43 im ganzen Reich lediglich bei einem halben Dutzend Endmontagewerken der Jagdflugzeugproduktion (Messerschmitt und Focke-Wulf sowie deren Lizenznehmern). Es waren recht ungewöhnliche Jagdstaffeln, in denen, wie nachfolgend noch gezeigt werden wird, auch Zivilisten Kampfeinsätze flogen.

Die Regensburger Flak

Regensburg war bei Kriegsausbruch friedensmäßiger Standort zweier Fliegerabwehr-Abteilungen, von denen eine mit Scheinwerfern ausgerüstet war. Allerdings waren die regulären Einheiten der Fliegerabwehrtruppe, die zu den wenigen vollmotorisierten Einheiten der Wehrmacht zählten, im Grundsatz nicht für den Einsatz an ihren Heimatstandorten vorgesehen, sondern waren Teil der Fronttruppen. Lediglich die jeweiligen Ausbildungs- und Ersatzbatterien verblieben in den Kasernen und wurden Teil des Flakschutzes vor Ort.

Reguläre Flak-Einheiten wurden allerdings auch konzentriert zur Fliegerabwehr an verschiedenen Orten des Reiches eingesetzt, jedoch wechselten die Standorte häufig und sind mangels Überlieferung oft nur schwer zu dokumentieren. Die Hauptlast der Abwehr in vielen Städten trugen bald sogenannte „Heimatflak-Batterien" – wie auch im Fall von Regensburg. Diese Batterien setzten sich aus einigen wenigen Soldaten zusammen und bestanden ansonsten aus Zivilisten, meist uk - „unabkömmlich"-gestellte Rüstungsarbeiter (auch Lehrlinge!), die eine knappe Ausbildung am Geschütz erfuhren und so neben ihrer Arbeit auch zur Luftabwehr eingesetzt werden konnten.

Da in den Jahren 1940-42 in der Regel nur Nachtangriffe durch die Royal Air Force auf das Deutsche Reich geflogen wurden, war

eine Bedrohung durch Luftangriffe während des Tages zu diesem Zeitpunkt höchst unwahrscheinlich. Die uk-gestellten Rüstungsarbeiter hatten nach Arbeitsende noch Bereitschaftsdienst in der Flakstellung abzuleisten, der sie zugeteilt waren.
Durch die zahlreichen Einberufungen zur Wehrmacht war man nicht mehr in der Lage, das erforderliche Personal für die Flakstellungen auch während des Tages bereitzustellen. Um diesen Personalengpass zu beseitigen, führte man 1943 den „Flakhelfer“ ein. Schüler von 15-16 Jahren wurden eingezogen und an allen erforderlichen Geräten der Flak, vom Entfernungsmesser bis zur Flugabwehrkanone, als Flakhelfer ausgebildet. Der Unterricht fand zum Teil in der Stellung statt. Im Februar 1944 waren 392 Gymnasiasten bei den Flakbatterien rund um Regensburg eingesetzt. Für Arbeitsdienste in der Flakstellung waren sogenannte „Hiwis“ („Hilfswillige“, meist sowjetische Kriegsgefangene) eingesetzt. Diese Hiwis mussten auch während der Luftangriffe in der Flakstellung ihren Dienst versehen und wurden zum Beispiel an den Flakgeschützen zum Munitionsschleppen eingesetzt. Viele der Kriegsgefangenen Russen zogen diesen Dienst jedoch dem Kriegsgefangenenlager mit seiner wesentlich schlechteren Verpflegung vor. Da die Regensburger Gymnasiasten und Oberrealschüler in nicht genügender Anzahl vorhanden waren, wurden auch noch Schüler aus Straubing und Passau zu Regensburger Flakbatterien eingezogen. Da auch von den Flakhelfern nur eine begrenzte Anzahl zur Verfügung stand, bildete man Männer des Reichsarbeitsdienstes an den Flakgeschützen aus. Jede Flakbatterie verfügte nur noch über das allernotwendigste Stammpersonal, das für die Ausbildung der zugewiesenen Mannschaften verantwortlich war. Darunter litt natürlich der Ausbildungsstand, und dies wirkte sich auf die Gefechtsbereitschaft nicht gerade positiv aus. Hinzu kamen auch noch technische Probleme mit den Beute-Flakgeschützen, die aus russischer Produktion stammten und auf das deutsche Kaliber 8,8 cm aufgebohrt worden waren. Diese Beutegeschütze erbrachten bei weitem nicht die Leistungen der deutschen Geschütze. Da die Geschosshülsen der Munition wegen Materialmangels auch noch aus verzinktem Stahlblech und nicht mehr aus Messingblech gefertigt wurden, waren bei

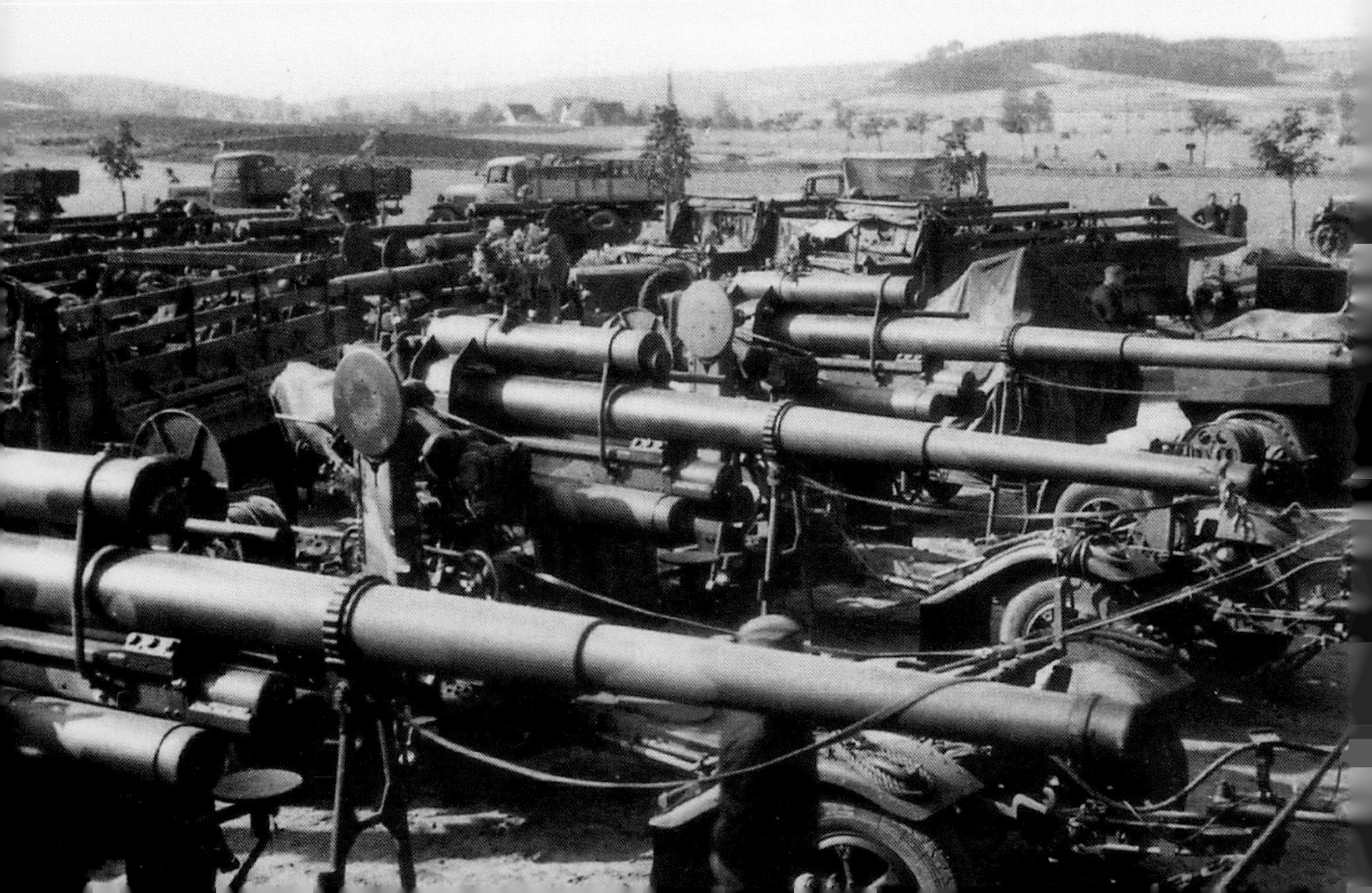

Regensburger Flakbatterie, vor Beginn des 2. Weltkrieges aufgenommen, anlässlich eines Manövers im Jahre 1939. (Sammlung Emmerle)

schneller Schussfolge klemmende Hülsen und Hülsenreißer an der Tagesordnung. Ferner brach bei den Beutegeschützen öfters die Ausziehkralle, und die Geschosshülse wurde nicht ausgeworfen. Dann musste das Geschütz während des Angriffes das Feuer einstellen, das Rohr wurde in waagrechte Position gekurbelt, ein Teil der Bedienungsmannschaft kletterte mit dem Rohrwischer auf die Geschützumwallung und versuchte dann, die klemmende Hülse aus dem Geschützverschluss nach hinten herauszustoßen. Nach Berichten von ehemaligen Flakhelfern aus Regensburg konnte sich dieser Vorgang bei einem Angriff bis zu drei- oder viermal wiederholen. Ferner waren die Beutegeschütze ja nachträglich auf das größere deutsche Kaliber 8,8 cm aufgebohrt worden, und dafür war die Geschützlafette zu leicht bemessen. Durch den Rückstoß sprang das Geschütz beim Schuss in der Feuerstellung, was ein gezieltes Schießen erschwerte.
Seit dem Sommer 1943 verfügte die Regensburger Flak auch über ein Funkmessgerät FuMG (Radar) vom Typ „Würzburg", mit dem die anfliegenden Bomber erfasst wurden. Die ermittelten Werte für die Geschwindigkeit, Flughöhe und -richtung wurden an die Kommandogeräte der angeschlossenen Flakbatterien weitergeleitet und ermöglichten somit ein wesentlich genaueres Abwehrfeuer auf die Bomber. Hersteller des FuMG vom Typ 39T D war die Firma Telefunken.
Folgende Flakstellungen, zum Teil handelte es sich sogar um Doppelbatterien mit 12 Geschützen, lassen sich nachweisen: Napoleonstein, Reinhausen, Königswiesen, Rennplatz (1943), Tegernheim, Oppersdorf, Kneiting, Piesenkofen, Oberisling, Obertraubling, Winzerer Höhen (1943), Rosenhof.
Immer wieder wurden Stellungswechsel von einzelnen Batterien durchgeführt oder Stellungen, wie Winzerer Höhe, ganz aufgegeben. Den Höhepunkt der Flakverteidigung erreichte Regensburg im Februar 1944, als sogar eine Eisenbahnflakbatterie von Berlin nach Obertraubling verlegt wurde. Nach den Angriffen in der „Big Week" und der weitgehenden Zerstörung der Messerschmitt-Werke im Februar 1944 wurden die Regensburger Flakbatterien, u.a. nach Stuttgart, Nürnberg, Augsburg, Moosbierbaum bei Wien und Schweinfurt, zum Teil nur mit dem Personal verlegt. So wurde die 1943 in Regensburg aufgestellte schwere Flakbatterie 484 nach den Februar-Angriffen in den Großraum München verlegt.
Außer diesen Großbatterien befanden sich bereits vor den Angriffen 1943/44 einige mit leichter Flak bestückte Stellungen u.a. auf den Dächern von Messerschmitt in Prüfening und Obertraubling. Zum Personal zählten auch Lehrlinge der Firma. Die Aufgabe dieser kleineren Geschütze war die Abwehr von Tieffliegern.

Anlässlich Hitlers 50. Geburtstag am 20.4.39 fand in Regensburg eine Parade der Wehrmacht statt. Im Bild ist ein Flakscheinwerfer auf der Maximilianstraße kurz vor dem Bahnhof zu sehen. Zu beobachten sind die abgefahrenen Reifen auf der Hinterachse des Henschel Typ 33 LKWs. (Stadt Regensburg – Bildstelle)

In einem Gebäude auf dem Dreifaltigkeitsberg (heutige Heeresmusikschule) befand sich das regionale Flugwach-Kommando. Hier liefen alle Luftlagemeldungen von Radarstellungen und Luftraumbeobachtern aus dem Regensburger Raum ein. Von hier bestand eine direkte Nachrichtenverbindung zum Gefechtsbunker der 7. Jagddivision in Oberschleißheim. Bei im Tiefflug angreifenden Jagdmaschinen funktionierte dieses System, vor allem bei Kriegsende, nicht immer rechtzeitig. Erstens konnten diese Maschinen nicht immer vom Radar erfasst werden und zweitens verkürzte sich mit dem Näherrücken der Fronten die Vorwarnzeit vor anfliegenden Jagdbombern dramatisch.
Anfang 1945 waren nur noch zwei schwere Flakbatterien mit 12 x 8,8-cm-Geschützen vorhanden. Besetzt war die Stellung in Reinhausen, auf dem Gelände des heutigen Landratsamtes, mit sechs Geschützen sowie

die Stellung am Napoleonstein, ebenfalls mit sechs Geschützen. Damit mussten die Angriffe gegen den Hafen und den Eisenbahnverkehrsknotenpunkt Regensburg bekämpft werden. Insgesamt war die Anzahl der Geschütze für eine wirkungsvolle Verteidigung der Stadt als völlig unzureichend anzusehen. Gegen Kriegsende war zumindest die Flakbatterie am Napoleonstein mit ungarischen Soldaten besetzt. Dass diese ihr Handwerk verstanden, zeigen die Abschüsse von Bombern im Februar und April 1945. Aber auch die Flakstellungen lagen im Bombenhagel, und speziell die am Napoleonstein bekam immer wieder Treffer in den Stellungsbereich, was Personalverluste zur Folge hatte. Die Regensburger Flakbatterien lieferten sich mit den anrückenden US-Truppen einige Artilleriegefechte. Als die US-Truppen im Raum Kapfelberg-Lengfeld die Donau überquerten, griff die Flakbatterie am Napoleonstein in die Kämpfe mit ein. Zeitzeugen berichteten, dass man deutlich die abgefeuerten Granaten als Leuchtpunkt in geringer Höhe über die Hügel in Richtung Bad Abbach fliegen sah. Mit hochgezogenem Sprengpunkt wurden die Übersetzbewegungen bekämpft. Eine mit Feldhaubitzen ausgestattete Batterie bei Posthof griff ebenfalls in das Kampfgeschehen ein. Die Batterie in Reinhausen war bei Annäherung der US-Armee gesprengt worden. Da die Geschütze auf Sockellafetten montiert waren, ergab sich keine Möglichkeit, die Kanonen auf die Südseite der Donau zu verlegen.

Zum Schutz vor den ständig zunehmenden Tieffliegerangriffen wurden im Raum Regensburg folgende leichte Flakbatterien stationiert: die 7/XIII im Ölhafen mit 18 Zwillingsmaschinengewehren vom Typ MG 81. Zum Teil befanden sich die Maschinengewehre auf Holztürmen, um besseres Schussfeld zu haben. Im Bereich des Stadtlagerhauses war vorübergehend eine 2cm-Vierlingsflak postiert. Die Flakbatterie 22/XIII lag auf dem Fliegerhorst von Obertraubling und war ebenfalls mit 18 Zwillingsmaschinengewehren vom Typ MG 81 ausgerüstet. Zusätzlich waren auf dem Fliegerhorst noch 11 Behelfswaffen Kaliber 2 cm und 23 MG-Posten stationiert. Bei den eingesetzten Flakwaffen handelte es sich um ehemalige Bordwaffen aus stillgelegten Bombern, für die kein Treibstoff mehr zur Verfügung stand. An Flakeinheiten des Heeres und der Waffen-SS befanden sich im Januar 1945 im Bereich von Regensburg 16 Rohre 2-cm-Flak.

Die legendäre deutsche 8,8-cm-Flak 17 einer Regensburger Flakeinheit. (Sammlung Emmerle)

Anlässlich Hitlers 50. Geburtstag am 20.4.39 fand in Regensburg eine Parade der Wehrmacht statt. Im Bild Flakscheinwerfer auf der Maximilianstraße kurz vor dem Bahnhof. (Stadt Regensburg – Bildstelle)

Ein Kapitel für sich: Die Regensburger „Flakhelfer“

Ein Bericht von Ehrenfried Heller

„Etwa in der Mitte des Zweiten Weltkriegs hatten die Alliierten eine so große Luftüberlegenheit aufgebaut, dass die deutsche Luftabwehr nichts Gleichwertiges entgegensetzen konnte. Als das Unheil von Stalingrad noch schwer auf dem Land lastete, formierte die Reichsregierung die Luftverteidigung neu und setzte die sogenannte Heimatflak ein. Da vorwiegend mit Nachtangriffen britischer Bomber zu rechnen war, wurden z.B. Batterien mit Beutegeschützen aus Russland (Kaliber 8,5 cm), deren Rohre für die deutsche 8,8-cm-Munition aufgebohrt waren, ausgerüstet und nachts mit Mannschaft versehen. Hierzu berief man Zivilisten ein, die tagsüber ihrer beruflichen Arbeit nachgingen und die Nacht in der Batterie verbrachten. Sie lernten, mit den Flugabwehrkanonen (Flak) umzugehen, hatten aber sonst Bereitschaftsdienst. Mit diesen Leuten sollte bei einem Angriff Sperrfeuer in vorher festgelegte Planquadrate geschossen werden.
Diese provisorische Maßnahme wurde bald ergänzt. Regensburg erhielt ein Funkmessgerät (FuMG), das in Reinhausen stationiert war und auch bei Nacht Flugzeuge entdecken und anmessen konnte. Nun wurden zusätzliche Mannschaften benötigt, die die vom FuMG ermittelten Messwerte in Schusswerte für jede

Batterie umwandelten. Für diesen Zweck gab es ein Malsi-Umwertegerät, einen Apparat „aus Holz, Blech, Draht und Stangen", der von dem Hauptmann Malsi für das Umsetzen von Messwerten in Schusswerte entwickelt worden war. Die Bedienung dieses Ungetüms ließ sich nach Meinung der Regierung (Reichsluftfahrtministerium und Erziehungsministerium) am besten durch Schüler bewerkstelligen. So wurden die Luftwaffenhelfer kreiert.

Luftwaffenoberhelfer Ehrenfried Heller in seiner Ausgehuniform. Die besagte Armbinde mit dem Hakenkreuz wurde von den Luftwaffenhelfern rundweg abgelehnt, man fühlte sich als Soldat, und nur durch diese Armbinde unterschieden sie sich von der regulären Truppe. (Sammlung Heller)

Diese Luftwaffenhelfer (LH) waren keine Freiwilligen. Sie rekrutierten sich zunächst aus Schülern der 6. Klassen (heute 10. Klassen) höherer Schulen der Jahrgänge 1926 und 1927. Nicht eingezogen wurden ältere Schüler, die vor ihrer Einberufung zu Arbeitsdienst oder Wehrmacht standen, sowie gesundheitlich nicht geeignete Jungen und viele Hitlerjugend (HJ)-Führer. Die körperliche Eignung wurde durch eine Untersuchung ähnlich der Musterung festgestellt. Diese Aktion fand reichseinheitlich statt und begann im Januar 1943. Ihr eigentliches Ende trat mit der Kapitulation 1945 ein. Doch wurden zahlreiche Flakbatterien mit Luftwaffenhelfern nach dem Einmarsch der Alliierten auch im Erdkampf eingesetzt. Dabei zeigte sich ein ernstes Problem.
Der Reichsjugendführer hatte durchgesetzt, dass die Luftwaffenhelfer als HJ-Angehörige ausgewiesen und behandelt werden mussten. Die Betroffenen lehnten zwar (mehrheitlich) diese Zumutung ab und legten Wert darauf, den tatsächlich praktizierten Soldatenstatus einzunehmen; doch blieben sie rechtlich Zivilisten. Somit konnten sie bei Gefangennahme als Partisanen, Wehrwölfe o.ä. abgeurteilt werden. Dies erhielt besondere Bedeutung, als die Jahrgänge 1926 und 1927 einberufen waren und nun die nachwachsenden Jahrgänge ihre Stelle einnahmen, sodass wieder Sechzehnjährige an den Waffen standen.
Im Schuljahr 1942/43 war ich Schüler der 6. Klasse des humanistischen „Alten Gymnasiums" am Ägidienplatz und hatte wie die Mitschüler aller weiterführenden Schulen Regensburgs, so auch des „Neuen Gymnasiums" (Realgymnasiums) am Minoritenweg und der Oberrealschule, im Jahr 1942 Erntedienst am Heimatort, Hopfenzupfen in der Holledau und Kartoffelklauben in Niederbayern absolviert. So war es „nichts Besonderes", dass ich als 15-jähriger auch zur Flak einrücken sollte. „Nur" die Eltern und Erziehungsberechtigten mussten davon überzeugt werden, dass man nicht mutwillig in den Krieg zog, sondern einem Befehl der Reichsregierung folgte.
Soweit von den Brennpunkten des Luftkrieges entfernt, sah dabei auch alles nicht so gefährlich aus. Aber weder die Regierung noch die Wehrmacht hatten schon Erfahrung im Umgang mit solchen „Schuljungen". Wir Jugendlichen waren zwar durch manche Erlebnisse in den Familien und unserer täglichen Umgebung schon anders vorbereitet als Altersgenossen mit Friedens-Vergangenheit. Doch verhielten wir uns nicht anders, wenn wir Gelegenheit dazu sahen. So konnten wir vom Temperament her glücklicherweise auch einmal Lausbuben sein, trotz des Ernstes des Krieges.

Am 15.2.1943 marschierten zum ersten Mal Gruppen von Schülern durch die Stadt zu ihren Einsatzstellen: die vom „Alten Gymnasium" zum Napoleonstein, die vom „Neuen Gymnasium" nach Reinhausen und die der Oberrealschule nach Königswiesen. Ich gehörte zu den etwa 20 Mann, die am Bahnhof und der Kirche St. Anton vorbei auf eine fast unbebaute Höhe in der Nähe der Flakkaserne (heute Nibelungenkaserne) zogen. Dort empfingen uns ein Hauptmann als Batteriechef und eine Anzahl von Unteroffizieren und Gefreiten, die alle eine bestimmte Funktion in der Batterie einnahmen, z.B. Geschützstaffel- bzw. Messstaffelführer, Geschütz- bzw. Geräteführer, Hauptwachtmeister (Spieß), Fourier und andere interne Dienste. Wir waren nun „die Mannschaft“, die durch gefangene Russen, die den Dienst in der Batterie dem schlechten Leben im Gefangenenlager vorzogen, und nachts durch Flakwehrmänner verstärkt wurde. Die Batterie besaß sechs Russengeschütze, die noch ungeschützt auf dem Acker standen, und das Malsigerät (Zielgerät) in einer Baracke, die von hohen Splitterschutzwällen umgeben war.

Wir Luftwaffenhelfer erhielten zunächst eine Baracke mit zwei ineinander gehenden Räumen, in denen zweistöckige Holzpritschen mit Strohsäcken standen. Außerdem gab es noch größere Baracken mit Räumen für die Soldaten, für Küche, Waschen, Verpflegung, Essen und Schulung. Die ganze Anlage sah noch sehr provisorisch aus und bekam erst im Lauf von mehreren Monaten durch weitere Baracken und eine Latrine mit Waschraum eine klare Trennung der Zuständigkeiten, und auch der Hauptmann bezog ein eigenes Reich.

Abgesetzt davon stand die Baracke für die Russen, die später rund um die Uhr bewacht werden musste, als sich ein junger Soldat auf den Heimweg gemacht hatte. Wir Jungen erhielten gleich am Anfang unseres Dienstes eine Lektion über den Umgang mit den Russen. Zu unseren Aufgaben gehörte u.a., jeden Tag unsere Baracke zu säubern. Eines Tages brachte ein Kamerad einen Russen an, der daraufhin die Stubenreinigung vornahm. Er erhielt dafür ein ganzes Kommissbrot und war hochbeglückt. Wir erhielten diese Brotquader mit der Verpflegung und konnten sie nie ganz vertilgen. So teilten wir sie jetzt so ein, dass immer ein ganzer übrig blieb. Die Russen waren halb verhungert aus dem Lager gekommen und freuten sich über diese Zusatzverpflegung, besonders wenn wir auch Beilagen dazu erübrigten. Eines Tages kamen die Vorgesetzten dahinter. Nach einem gehörigen Anpfiff wurde uns jeder Umgang mit den Gefangenen verboten. Sie waren als Munitions- und Ladekanoniere an den Geschützen eingeteilt und hatten ihren eigenen Dienst. Wir lernten inzwischen Flakschießlehre, den Umgang mit dem

Geschützführer mit Kehlkopfmikrofon an einer 8,8-cm-Flak, einem Geschütz mit Folgezeigerübertragung und Sockellafette, wie sie gegen Ende des Krieges in den Regensburger Flakbatterien am Napoleonstein und in Reinhausen eingesetzt wurde. (Sammlung Heller)

Malsigerät und alle möglichen Arten von Exerzieren, mit und ohne Waffen.
Unser Hauptmann war ein gemütlicher Wiener Verlagsbuchhändler, und seine Soldaten verkörperten zum Teil den typischen „Barras". Wir Schüler schienen für manchen Unteroffizier geeignete Opfer der traditionellen „Abneigung" gegenüber allen „Studierten" zu sein. Doch hielt in der Anfangszeit der Hauptmann seine Hand über uns, sodass die Schikanen in Grenzen blieben. In seinem Unterricht über Schuss- und Flugbahnen zeigten wir uns als gelehrige Zuhörer, und da wir auch sehr schnell die Bedienung des Malsigeräts lernten, verlief die erste Besichtigung durch den General des Luftgaus erfolgreich. Diese Besichtigung führte uns mitten in das lebendige Soldatendasein. In unserer Gerätebaracke war ein neues Malsigerät aufgestellt worden, das statt eines festen Tisches mit beweglichem Bedienungsarm einen kleineren beweglichen Tisch unter einem feststehenden Bedienungsarm besaß. Wir hatten noch nicht lange an diesem neuen Gerät geübt, als der General erschien. So standen bzw. saßen wir um das Gerät herum, als er vor seinem Adjutanten und unserem Hauptmann den engen Raum betrat und einen Luftwaffenhelfer aufforderte, das Gerät zu erklären. Dieser schnurrte die eingedrillte Beschreibung herunter, und der General war sichtlich beeindruckt. Deshalb maß er wohl auch dem keine Bedeutung bei, dass wir verstohlen feixten und sogar der Adjutant amüsiert lächelte. Der Erklärende hatte in aller Aufregung das alte Gerät erklärt und seinen Irrtum nicht bemerkt.
Da die Flak offenbar auch an anderer Stelle keine schlechten Erfahrungen mit den jungen Mitstreitern gemacht hatte, lohnte es sich wohl, den Einsatzbereich der Luftwaffenhelfer auszudehnen. Nach etwa zwei Monaten Einweisung und dem Eintreffen von Nachzüglern aus der Schule änderten sich nämlich die Planungen wieder. So stießen weitere Schüler aus den umliegenden Städten zu den Regensburger Batterien, und wir erhielten Zuzug aus dem Gymnasium Straubing. Das Eintreffen dieser Verstärkung erlaubte nach guter Anleitung eine allmähliche Ablösung der Flakwehrmänner, weil immer mehr Tagangriffe der feindlichen Bomber registriert wurden und so die reine Nachtbereitschaft wenig Sinn mehr brachte. Die „Straubinger" lernten also das Bedienen der Geschütze. Da aber den „Regensburgern" das eintönige Herumsitzen am Malsigerät zu langweilig erschien, wurden die Aufgaben an Geräten und Geschützen für sie und die „Straubinger" nach einiger Zeit neu verteilt.

Damit waren die Aufgaben für alle Luftwaffenhelfer der schweren Flak generell abgegrenzt. (Es gab natürlich auch Ausnahmen.) Sie stellten unter Anleitung von wenigen Ausbildern die komplette Mannschaft zur Ermittlung der Schusswerte für die Geschütze dar. Und an den Waffen werteten sie diese Einstellzahlen durch Richten der Geschütze und Stellen der Zünderlaufzeit an den Granaten aus, bevor diese geladen und abgefeuert wurden. So gab es am Geschütz nur einen Soldaten als Geschützführer, drei Luftwaffenhelfer als Richtkanoniere und drei Russen für das Herbeischaffen und Laden der Munition. Da die Arbeit beim Laden der Geschütze sehr kraftaufwendig war, setzte man nur selten Luftwaffenhelfer dafür ein.
Den theoretischen Unterricht der Flak, wie Flakschießlehre, Flugzeugerkennungsdienst, Gerätekunde usw. mussten alle gemeinsam besuchen. Dadurch wurde das Verständnis dafür geweckt, welche geringen Fehler beim Ermitteln eines Schusswertes und beim Einstellen am Geschütz schon große Abweichungen der Treffgenauigkeit in mehreren Kilometern Entfernung hervorriefen.
Beim Beginn der Tagbereitschaft wurden dann auch die Luftwaffenhelfer als Posten in der Batterie eingeteilt. Ihre Aufgabe war, mit einem großen Fernglas den Himmel nach Flugzeugen abzusuchen und unbekannte zu melden sowie fremde Personen aus dem Batteriegelände abzuweisen. Wie wichtig es war, feindliche Flugzeuge zu erkennen, auch wenn kein Alarm gegeben war, zeigte sich bald schon in Regensburg, weit weg von den feindlichen Flugzeugbasen.
Bei der Ausgabe von für Jugendliche geeignete Verpflegungsrationen gab es anfangs beachtliche Unklarheiten. Wir erhielten zunächst auch Rauchwaren und Alkohol; letzterer wurde aber schnell gestrichen. Das Verbot für Zigaretten kam erst etwas später. Dafür stellte die Einführung von jugendgerechten Dingen, wie Milch und Milchprodukten, offenbar die Verwaltung vor schwer lösbare Probleme. Aber schließlich klappte auch das. Mit Süßwaren ging es ra-

Flakhelfer Ehrenfried Heller an der Zünderstellmaschine der 8,8-cm-Flak, rechts die Feuerglocke. (Sammlung Heller)

scher. Im Großen und Ganzen war das Essen nicht schlecht und reichlich genug, aber natürlich unter Anlegen kriegsbedingter Maßstäbe. Luftwaffenhelfer erhielten auch einen Wehrsold von 50 Pfennigen pro Tag. Zusätzlich wurde ihnen zugesagt, dass nach ihrem Ausscheiden noch einmal 50 Pfennige pro abgeleistetem Diensttag von einem Sperrkonto an sie ausbezahlt würden. Meines Wissens habe ich diese Summe erhalten; andere Luftwaffenhelfer verneinen dies für ihre Person.

In der Schule gab es den Klassenältesten, der als Ansprechpartner für die Lehrer eingesetzt wurde und Wünsche der Schüler weiterleitete. Hierbei handelte es sich in der Regel um einen angesehenen Schüler mit passablen Noten. Bei der Flak wurde ein „Mannschaftsführer" aufgestellt. Die Auswahl geschah aber nach anderen Kriterien, da für diesen Posten große „Anpassungsfähigkeit" an die Meinung und Wünsche der Vorgesetzten von diesen bevorzugt wurde und die Schulergebnisse keine Rolle spielten.

Die Luftwaffenhelfer sollten nach den Wünschen des Erziehungsministers noch echte Schüler bleiben. Deshalb durfte der Kontakt zwischen Schule und Batterie nicht abreißen. Für die Regensburger Schüler war dies wenig problematisch, und so erhielten wir auch Unterricht von den angesehensten Lehrern des Gymnasiums. Wichtig war nur die Einteilung der Stunden und die Auswahl geeigneter Fächer. Natürlich hatten diese Lehrer auch ihren normalen Unterricht an der Schule zu halten. So ergab sich zwangsläufig die Absprache, dass der Vormittag den Belangen der Batterie diente und die Schule den Nachmittag belegte. Die Straubinger Schüler hatten den gleichen Lehrplan gehabt und wurden direkt in unseren Schulbetrieb eingebunden.

Nach der Vorschrift der Regierung hatten wir unser Schulwissen in den Fächern Deutsch, Geschichte, Erdkunde, Mathematik, Chemie und Latein zu erweitern. Dies brachte aber Schwierigkeiten, da die praktischen Übungen

In Piesenkofen wurden die Flakhelfer anfangs in Zelten untergebracht, da die Unterkunftbaraken zum Teil noch nicht aufgebaut waren, und das im tiefsten Winter. (Sammlung Heller)

nicht durchzuführen waren. Deshalb wurde später Chemie gegen Physik ausgetauscht, mit der man damals im humanistischen Gymnasium relativ spät begann.
Der Schulalltag fing für uns etwa drei Wochen nach dem Einrücken in die Batterien an. Wir marschierten früh ins Gymnasium, besuchten wieder unseren normalen Unterricht und kehrten mittags in die Batterie zurück. Dabei ließ die Konzentration auf den Schulstoff gelegentlich zu wünschen übrig, weil der mehrere Kilometer weite Marsch in die Schule schon Kräfte zehrte. Und ohne ein Lied konnte keine Marschkolonne durch die Stadt stampfen. Die Beteiligung am Unterricht hing vom Stoff und vom Lehrer ab. Respektierte dieser unseren Status nicht und setzte das Bisherige wie gehabt fort, fand er weniger Aufmerksamkeit, als einer mit mehr Einsehen für unsere Lage. In Griechisch war die „Odyssee" durchzunehmen. Da sich keiner dafür begeisterte, bemühte sich der Oberstudienrat um einen Weg, auf dem die dafür Empfänglichen von der hehren Klassik trotz allem einen tiefen Eindruck erhielten. So trug er den griechischen Text mit Pathos vor und übersetzte ihn anschließend selbst. Leider erkannten nur wenige diese Mühe gebührend an. Bei den sonstigen Beanspruchungen durch den Dienst in der Batterie und durch Alarme stellte sich selbstverständlich bei manchen eine gewisse Nachlässigkeit ein. Die andern, die dem Unterricht leichter folgen konnten, müssten keine Schüler gewesen sein, wenn sie nicht wie vorher in der Schule selbst jede Gelegenheit für ein „Auflockern" des Unterrichts genutzt hätten. Doch stand nun hinter allem auch die militärische Autorität des Batteriechefs; so musste das Betragen der Luftwaffenhelfer Grenzen beachten. Vorgekommene disziplinare Entgleisungen hatten militärische Folgen. Deshalb traten sie selten auf.
Der Unterricht wurde sofort unterbrochen, wenn Luftgefahr 30 (30 Minuten bis zum möglichen Eintreffen feindlicher Flugzeuge) ausgegeben war. Dann verließ der Lehrer in der Regel die Batterie, wenn nicht klar war, dass es sich nur um Aufklärer handelte. Andernfalls wurde der Unterricht nach dem Alarm fortgesetzt. Ebenso brauchte der Lehrer gar nicht zur Batterie zu kommen, wenn in der Nacht ein Alarm von einer bestimmten Mindestlänge nach Mitternacht stattgefunden hatte.
Alle Schüler waren Angehörige der Hitlerjugend HJ, wie das im Dritten Reich gefordert wurde. Die Führung der HJ legte Wert darauf, dass sie es auch als Luftwaffenhelfer blieben. Die Jugendlichen vertraten aber eine gegensätzliche Meinung, und da sie in erster Linie Soldaten sein wollten, unterstützte das Militär weitgehend diese Bestrebungen. Einen politischen Unterricht à la HJ konnte sich wohl niemand in der Batterie vorstellen. So hielt höchstens ein NS-Führungsoffizier seine für alle Soldaten vorgesehene Schulung, was aber selten vorkam. Wir Luftwaffenhelfer hatten aber einen schwachen Punkt: die Kleiderordnung. Als normale Dienstuniform diente uns der Drillich und für bessere Gelegenheiten die graublaue Montur mit dem Adler der Luftwaffe, aber ohne irgendwelche Abzeichen. Die musste man sich erst dazuverdienen. Für den Ausgang war eine blaugraue „HJ-Uniform" vorgesehen, zu der wir die HJ-Armbinde tragen mussten. Davon konnte uns das Militär nicht freisprechen. Deshalb befestigten wir die Armbinde nicht und steckten sie ein, wenn wir uns vor Beobachtung sicher fühlten. Allerdings hatten spezielle HJ-Streifen und auch die Wehrmachtsstreifen den Auftrag, das Einhalten der Kleiderordnung zu kontrollieren. Wurde einer ohne Armbinde angetroffen, gab es eine Meldung an die Flak – mit Folgen. Ähnlich verhielt es sich mit der Kopfbedeckung. Normalerweise hatten wir unsere spezielle Schirmmütze zu tragen. Dagegen sah jedes Käppi des Militärs schick aus. Aber nur wenige wagten es, mit diesem auszugehen. So war diese Kleiderordnung oft ein Grund, in der Freizeit in der Batterie zu bleiben.
Im Sommer 1943 erhielten wir den Befehl, uns am Reichsjugendwettkampf zu beteiligen, wie es bei der HJ üblich war. Der Wettkampf wurde im 100-m-Lauf, im Weitspringen und im Ball- bzw. Keulenweitwurf ausgetragen, und wenn man eine bestimmte Punktzahl überschritt, erhielt man eine Siegernadel. Obwohl es bei uns sehr gute Sportler gab, lehnten wir die Teilnahme ab; trotzdem mussten wir zum Sportplatz auf dem Oberen Wöhrd marschieren, wo wir uns mit den Kameraden der beiden anderen Batterien trafen. Vom Militär war niemand dabei. Also beschlossen wir gemeinsam, nicht mitzukämpfen, und ignorierten die wiederholten Aufforderungen. Da kam der HJ-Bannführer, der höchste HJ-Dienstgrad von Regensburg. Er ließ unsere

Weigerung nicht gelten und hielt eine zündende Rede, in der er unsere besondere Vorbildfunktion für die Jugend herausstellte. Dabei verstieg er sich zu dem Ausruf: „Ihr seid die Elite der HJ!" Als ihm darauf allgemeines Gelächter antwortete, gab er seine Bemühungen auf. Da wir aber nicht einfach zurückmarschieren konnten, ohne Aufsehen beim Militär zu erregen, verbrachten wir den Nachmittag als Kampfrichter.
Dies blieb die einzige HJ-Veranstaltung, die man uns zumutete. Später tauchten zwar noch zwei HJ-Führer in der Batterie auf, um eine Schulung abzuhalten; sie wurden aber weder von den Soldaten, noch von uns beachtet, und so zogen sie sich wieder unverrichteter Dinge zurück.
Im Gegensatz dazu ließ der Batteriechef ein paar Freiwillige im September 1943 noch den Leistungsschein der Deutschen Lebens-Rettungs-Gesellschaft ablegen, für den wir im Schwimmbad am Unteren Wöhrd ins 14 Grad kalte Wasser der Donau steigen mussten. Generell blieben wir also noch „deutsche Jungen" und durften deshalb den Münchhausenfilm mit Hans Albers nicht anschauen, weil in ihm einige barbusige Damen auftraten und der Film daher nicht als „jugendfrei" gehandelt wurde.
Als wir am 15.2.1943 in unsere Batterie am Napoleonstein einrückten, wusste von den Ausbildern noch niemand so recht, was mit uns anzufangen wäre. Wir sollten so schnell wie möglich das Malsigerät bedienen können, an dem 10 Mann beschäftigt waren, während die andern neugierig zuschauten. Aber der restliche Dienstplan war wohl noch nicht fixiert. So erschien uns das Bemühen des Batteriechefs einleuchtend, das Verständnis für Geschossflugbahnen und Bombenfalllinien zu wecken, während der Geschützstaffelführer die Kanone theoretisch zerlegte und alle einzelnen Funktionen erklärte. Das Erkennen der vielen Typen von Feindflugzeugen und eigenen Maschinen gewann erst Bedeutung, als wir aus dem „blinden" Dasein in der Malsi-Baracke herausgelassen wurden. Dazu gab es den normalen Exerzierdienst mit „Bewegung im Gelände" und die Stubendienste.
Etwa acht Wochen nach unserem Dienstbeginn hielt es die Flakführung für unzweckmäßig, dass wir uns an den Schultagen so lange und so weit von der Batterie entfernt aufhielten und bei Alarm nicht sofort zur Verfügung standen. Deshalb wurde der Unterricht in die Batterie verlegt und zurechtgeschnitten. Um diese Zeit

Ladeübung an einem Flakgeschütz in der Stellung am Napoleonstein. Für die Flakhelfer war es Schwerstarbeit, die 15 kg schweren Granaten in den Verschluss der Kanone einzuführen. (Foto: Peter Schmoll)

rückten auch „die Straubinger" ein, und die Organisation wurde neu formiert. Bis dahin hatte nur ein Aufklärer nachts Regensburg besucht.
Am 17. April erhielten wir zum ersten Mal Bomberbesuch. In der nahezu klaren Mondnacht zog ein Verband britischer „Stirling", von dem ein paar Maschinen gegen das Mondlicht eindeutig identifizierbar waren, über unsere Stellung. Wir durften nur bei einem genau erkannten Angriff auf die Stadt schießen und hätten auch nur Sperrfeuer abgeben können. So sahen wir zu, wie die Flugzeuge in Richtung Pilsen weiterzogen.

Flakhelfer an ihrem Geschütz in der Stellung am Napoleonstein. Vom Kriegsdienst gezeichnete müde Gesichter blicken nachdenklich und traurig in die Kamera. (Foto: Peter Schmoll)

Der Ausbau der Stellung machte nun schnelle Fortschritte. Die Geschützstände wurden mit hohen Schutzwällen und festen Bettungen versehen, da sich beim sporadischen Funktionsschießen herausgestellt hatte, dass sich die Geschütze durch den Rückstoß aus der Justierung verdrehten. Beim Funktionsschießen wurde über den Bereich des Truppenübungsplatzes Oberhinkofen gezielt, wo die Granatsplitter keinen Schaden anrichten konnten. Mit den neuen Bettungen verringerten sich die Fehler gegenüber der Justierung beträchtlich.
Im Juni traf dann eine Ausrüstung ein, die es möglich machte, auch bei Tag gezielt zu schießen. Diese bestand aus einem Kommandohilfsgerät, einer 4 m langen Entfernungsmessbasis und der notwendigen elektrischen Ausrüstung zur Weiterleitung von Meldungen und Messwerten. Die Befehlsstelle der Batterie war nun in einem Bunker in der Mitte der Stellung untergebracht und nahm auch das Malsigerät auf. Die neuen Geräte standen unmittelbar vor dem Bunkereingang und wurden durch einen halbhohen Splitterschutzwall gedeckt.
Mir gelang es, in die Gilde der Entfernungsmesser aufgenommen zu werden, die dann aus einem Geräteführer, einem ausgebildeten Soldaten und drei Luftwaffenhelfern bestand. Dies war eine sehr begehrte Aufgabe mit ruhigem Dienst, was die bekannten „Wadenbeißer" immer wieder zu Attacken reizte. Doch ohne Erfolg. Ein räumliches Sehvermögen, das ein E-Messer besitzen muss, ist nicht jedem gegeben. Wir hatten Spezialdienst und übten fleißig tagaus tagein, um beim Anpeilen der vermessenen markanten Punkte (Kirchtürme) die höchste Genauigkeit zu erreichen.
Nach einigen Wochen sollten wir das Erlernte nachweisen. Dazu trafen sich die E-Messer aller drei Batterien mit ihren Geräten bei der Stellung in Reinhausen. Diese Geräte wurden an genau vermessenen Plätzen aufgestellt. Zur Übung flog ein Flugzeug mit nachgeschleppter Zieldarstellung über das Gelände und wurde von den E-Messern verfolgt. Bei einem simulierten Schuss hielt man die an den Basen eingestellten Werte fest und verglich sie später mit den Zahlen aus einer Präzisionsmessanlage. Dabei stellten unparteiische Schiedsrichter die Messgenauigkeit der Mannschaften fest. Bei dieser ersten „optischen Erprobung" zeigten sich erhebliche Fehlmessungen, weshalb von der Führung für Mitte August ein zweiter Test anberaumt wurde.
Inzwischen hatten die Schulferien begonnen. Die Flakführung von Regensburg befürchtete von unterbeschäftigten Luftwaffenhelfern viel Ärger und setzte für sie zusätzlichen Gelände- und Exerzierdienst an, dem sich nicht einmal

die E-Messer entziehen konnten. So durften sich die besonders beliebten Unteroffiziere endlich nach Herzenslust austoben, und in den Luftwaffenhelfern stieg ein Frustpegel an, der für alle nicht absehbare Folgen zeitigte. Wir wurden so sehr zur Einigkeit gezwungen, dass wir nur noch Dienst „nach Vorschrift“ machten und mit einer Sturheit ohnegleichen eine betonte Langsamkeit einhielten. Dabei wurde der Luftwaffenhelfer-Einheitstrab entwickelt, gegen den auch gestandene Unteroffiziere kein Mittel mehr fanden. Man musste ja unsere Gesundheit für die Gefechtsbereitschaft schonen. Auch lange Dauerläufe, schließlich unter Gasmaske, anschließend „ein Lied“, konnten niemals den Widerstand brechen. Eher war es möglich, dass wir nach so einem Ausmarsch auf die Stube schlichen und sofort mitsangen, wenn einer anstimmte: „Das kann doch einen LH nicht erschüttern! ...“ Wir Jungen hatten die Grenzen des „Barras“ ausgelotet und unsere Position gefestigt, ohne einen Befehl zu verweigern. Dieses Verhalten von Luftwaffenhelfern entstand an vielen Einsatzorten spontan und wurde unser Markenzeichen. „Leidtragende“ wurden später Einheiten von Arbeitsdienst und Wehrmacht, in denen zu viele Luftwaffenhelfer zusammengekommen waren. Für uns verlor diese phantasielose Schinderei alle Schrecken, weil wir die Geister erkannt hatten, die dahinter steckten. Das war auch eine Lehre für das spätere Zivilleben.
Andererseits konnte diese Erfahrung auch hilfreich für das anschließende Soldatenleben sein. Wir hatten uns ausnahmslos als Offiziersanwärter zur Wehrmacht gemeldet (für eine Berufs- oder Reserveoffiziers-Laufbahn), um nicht von der Waffen-SS vereinnahmt zu werden, die in den höheren Schulen laufend Offiziersnachwuchs suchte und vorrangig verpflichtete. Das trug zwar bei unseren untergeordneten Chargen und bei Arbeitsdienstführern nicht gerade zum höheren Ansehen bei, brachte aber doch zum Ausdruck, dass die Ablehnung der Parteiorganisationen nur diesen galt und sich nicht auf Pflichten gegenüber der Allgemeinheit bezog.

In gewisser Weise „passte“ unsere erste Bewährungsprobe in die beschriebene Umwelt. In der Ferienzeit war die zweite „optische Erprobung“ für die E-Messer angesetzt, und wir fuhren mit unserer Messbasis wieder nach Reinhausen. Doch waren wir dieses Mal besser präpariert. Die Ergebnisse erhielten keine vernichtende Kritik mehr, und als wir wieder in unserer Batterie waren, warteten wir lange vergeblich auf unsere Basis, damit wir wieder üben konnten. Es sollte ja nicht die letzte Erprobung sein.

8,8-cm-Flakgeschütz (r) mit Flakhelfern in der Stellung Napoleonstein 1943. (Sammlung Rathgeber)

März 1944, Entfernungsmesser der 3./484 mit Bedienungsmannschaft in Tegernheim. (Sammlung Prasch)

Ich hatte am 17. August von 12 bis 13 Uhr Dienst als Luftspäher. Es war ein warmer Sommertag ohne Wolken am Himmel, und ich „aalte mich oben ohne“ am höchsten Punkt der Stellung bei der Befehlsstelle. Da kam Alarm L 30. Schimpfend über die Unterbrechung der Mittagspause, stolperten die Kameraden und dann die Soldaten und Russen an die Geräte und Geschütze. Ich musste auf dem Posten bleiben, weil ich ja kein Gerät hatte. Nach einiger Zeit erfolgte Alarm L 15 (15 Minuten bis

Das Personal einer schweren Heimatflakbatterie ist vor dem Eingang zum Verwaltungsgebäude der Messerschmitt GmbH in Regensburg im Frühjahr 1943 zu einem Erinnerungsfoto angetreten. (Sammlung Gattinger)

Regensburger Flakhelfer der 3. Batterie/Flakabteilung 484 in ihrer Stellung am Rennplatz (20.7.43). Von oben nach unten und von links nach rechts: Karl, Brandburg, Löbl, Englbrecht, Ritz, Lt. Hambach, Schneider, Sandl, Prasch, Paulus, Hetz, Resch. (Sammlung Prasch)

17.8.1943: Nach dem Angriff erkennt man Bombenschäden im Unterkunftsbereich der 3./484, beim Rennplatz. Im Hintergrundbereich brennt das Messerschmittwerk. (Sammlung Prasch)

4-m-Entfernungsmessbasis mit dem Kommandogerät. Von hier wurden über Kabelverbindungen alle Schusswerte an die Flakgeschütze der Batterie übermittelt. Dieses Foto wurde im Sommer 1943 in der Batterie Regensburg/ Napoleonstein aufgenommen. (Sammlung Rathgeber)

zum möglichen Angriff) und dann wieder lange nichts. Plötzlich rumste es in nördlicher Richtung, dort wo Prüfening und die Messerschmitt-Werke lagen. Ich sah durch mein Fernglas riesige Rauch- und Dreckfontänen aufsteigen und schrie: „Angriff auf Messerschmitt!" Da wurde mir das Fernglas abgenommen, und alle richteten sich auf ein Schießen nach Norden zu ein, aber kein Befehl folgte.

Unterkunftsbaracken an der Straße von Piesenkofen nach Oberhinkofen aufgenommen im Februar 1944. (Foto: Peter Schmoll)

Da ich hier nicht benötigt wurde, fragte ich in einem Geschützstand den Unteroffizier, ob er für mich eine Aufgabe hätte. Der grinste mich an, nahm ohne ein Wort seine Sprechgarnitur ab und hängte sie mir um. So war nun ich mit der Befehlsstelle verbunden. Der Unteroffizier verfolgte von da an alles von der Seite aus. Es liefen immer noch die Vorbereitungen zum Schießen, und ich meldete mich mit den Formeln, die wir monatelang geübt hatten. Da tauchten auch schon über der Deckung die ersten „Fortress" (amerikanische viermotorige „Fliegende Festungen") auf, und die erste Welle zog in geordneter Formation über uns weg. Auch bei der zweiten Welle kam noch kein Feuerbefehl. Nur die Einstellwerte wurden laufend durchgegeben. Erst als dieser Pulk abgeflogen war, hörte ich das Kommando: „Scharfer Zielflug ... Gruppenfeuer ... Gruppe" und das Anschlagen der Feuerglocke, die den Ladekanonier aufforderte, zu laden und bei ihrem Verstummen abzufeuern. Ich gab die erhaltenen Befehle ordnungsgemäß weiter, aber bald war die Verständigung zeitweise gestört, und wir schossen nur mehr nach der Feuerglocke.
Wir versuchten, so gut wie möglich im Gruppentakt zu bleiben. Aber die anderen Geschütze hatten noch mehr Schwierigkeiten als wir, und so ergab sich ein unregelmäßiges Schießen. Plötzlich öffnete sich der Verschluss nach einem Schuss nicht mehr selbsttätig. Da sprang der Unteroffizier hin und rammte ihn mit viel Mühe auf. Die Mannschaft schickte er mit dem Rohrwischer auf den Wall. Während ich das Geschütz unklar meldete, wurde mit dem Rohrwischer die gerissene Patronenhülse von der Mündung her am Verschluss vorbei aus dem Rohr gestoßen. Dann ging das Schießen weiter. Wir hatten nur wenige Abschüsse versäumt. Einmal kam ich bei einem Richtungswechsel der Mündung zu nahe, als der nächste Schuss abgefeuert wurde. Als Folge hörte ich mehrere Monate lang nicht mehr richtig. Aber als Ausrede galt das natürlich nicht.

Flakbatterie Piesenkofen mit vier Geschützstellungen. Die Geschützstellungen befanden sich auf einem Höhenzug nördlich von Piesenkofen. (Foto: Peter Schmoll)

Der Befehl „Feuer einstellen" kam trotz der Ohrenschmerzen richtig an. Was war aber an diesem Mittag wirklich geschehen? Wir rätselten lange und nur die Aussage, dass der Flakführer in der Kaserne die Amerikaner als deutsche Heinkel He 111 angesprochen haben wollte, drang sofort bis zu uns durch. Dann aber wurde publik, dass der Batteriechef einer neu aufgebauten Batterie auf dem Rennplatz in Prüfening die Bomber gleich als Amerikaner identifiziert hatte und um Feuererlaubnis bat. Er wurde vom Major zurechtgewiesen. Trotzdem rief der Batteriechef wieder an und stellte fest, dass es sich um einen Angriff auf Messerschmitt handelte und dass 50 Maschinen und mehr im Anflug wären. Doch auch jetzt durfte er noch nicht schießen. Kurz darauf hatte er keine Gelegenheit mehr dazu; die Stellung wurde auch von den Bomben getroffen.

So kamen sechs Bomberverbände zu je etwa 25 Maschinen unbehelligt über Regensburg hinweg. Wir schossen weisungsgemäß Sperrfeuer, das auch einmal so gut lag, dass die Amerikaner ausweichen mussten. Dafür gab es sogar eine Belobigung. Warum an diesem klaren Tag aber nicht wenigstens die vorhandenen optischen Geräte benützt wurden anstelle der Sperrfeuertabellen, weiß ich nicht. Man musste ja die Flughöhe auch für das Sperrfeuer schätzen.
Als die Batteriechefs aufgefordert wurden, Vorschläge für Orden und Ehrenzeichen einzureichen, wurde das weitgehend überhört. Unser Chef wollte aber etwas für die Luftwaffenhelfer tun; so erhielt unser Kleinster auf unsere Empfehlung hin das Kriegsverdienstkreuz 2. Klasse. Wir hatten ja von allen Regensburger Batterien das meiste Eisen in die Luft geschickt. Als wir „vom Pulverdampf geschwärzt" in die Unterkünfte zurückkamen, hatten wir trotz allem ein großes Erlebnis hinter uns. Für viele war es das einzige in ihrem Luftwaffenhelferdasein.

Funkmessgerät (RADAR) in der Flakstellung von Piesenkofen. (Foto: Peter Schmoll)

In dem stupiden Einerlei der folgenden Wochen und Monate verschlechterte sich unsere Lage deutlich. Die Blamage des 17. August 1943 und ihre Folgen für die tonangebenden Personen schlug sich auf jeden nieder. Die Luftwaffenhelfer waren weiter keine Engel, aber nun fanden die Unterführer immer Gründe für täglichen Fußdienst und stundenlanges Exerzieren, und wenn wir auch wirklich nicht an allen Vorkommnissen schuld waren, so machte man uns dafür verantwortlich. Das frühere Wohlwollen des Chefs wurde mehr und mehr durchlöchert.
Auch zog die Schule die Zügel fester an. Wir erhielten nun auch ein Funkmessgerät, sodass der Ausfall der E-Messbasis keine so große Lücke mehr riss. Die „Schonzeit" für Luftwaffenhelfer war endgültig vorüber.
Es wurde kalt, und wir besaßen in den Stuben keine Öfen. Als wir neun Monate bei der Flak abgeleistet hatten, warteten wir auf unsere Beförderung. Aber erst ein formeller Protest zeigte dem erstaunten Hauptmann, dass wir auch mit einer Anerkennung für unseren Dienst rechneten. Bald darauf durften wir uns dann Luftwaffenoberhelfer nennen und einen Streifen auf unserer Schulterklappe tragen. Auch das Flaktätigkeitsabzeichen erhielt seinen Platz auf unserem Jackenärmel. So kamen wir den Soldaten immer näher.
Als die Öfen endlich eintrafen und wir uns für den Winter gerüstet hielten, platzte die Nachricht wie eine Bombe herein: Stellungswechsel. Nun begann alles wieder fast so wie im Februar.

Geschützstellung einer Flak in der Stellung Piesenkofen. Das Geschütz ist mit einem Mündungsschoner versehen, damit keine Feuchtigkeit in das Rohr sowie in den Verschluss eindringen kann. In der Bildmitte sind die Unterkunftsbaracken an der Straße nach Oberhinkofen zu sehen. Im Hintergrund ist der Kirchturm von Obertraubling zu erkennen. (Foto: Peter Schmoll)

Ende November 1943 erhielt ich zum zweiten Mal einen 14-tägigen Urlaub. Die Rückreise hatte aber die Doppelbatterie Piesenkofen, nahe Obertraubling, zum Ziel. Da standen die Geschütze und Geräte wieder in Erdlöchern, die Soldaten wohnten in Finnenzelten (Rundbauten aus „Pappe"), und wir hausten zunächst in einer Baracke der Nachbarbatterie ohne Wasser und ohne Licht. Nur ganz langsam richteten wir uns ein, aber das Tauwetter und der allgegenwärtige Schmutz verfolgten uns täglich.
Unsere Batterie zählte nun nicht mehr zur Heimatflak, und wir mussten wie die Soldaten

Funkmessgerät der Regensburger Flak am Napoleonstein, Ende 1943. (Sammlung Rathgeber)

Die Kriegsereignisse haben in den Gesichtern dieser Regensburger Flakhelfer ihre Spuren hinterlassen. Müde und ernst blicken sie in die Kamera. (Sammlung Seitz)

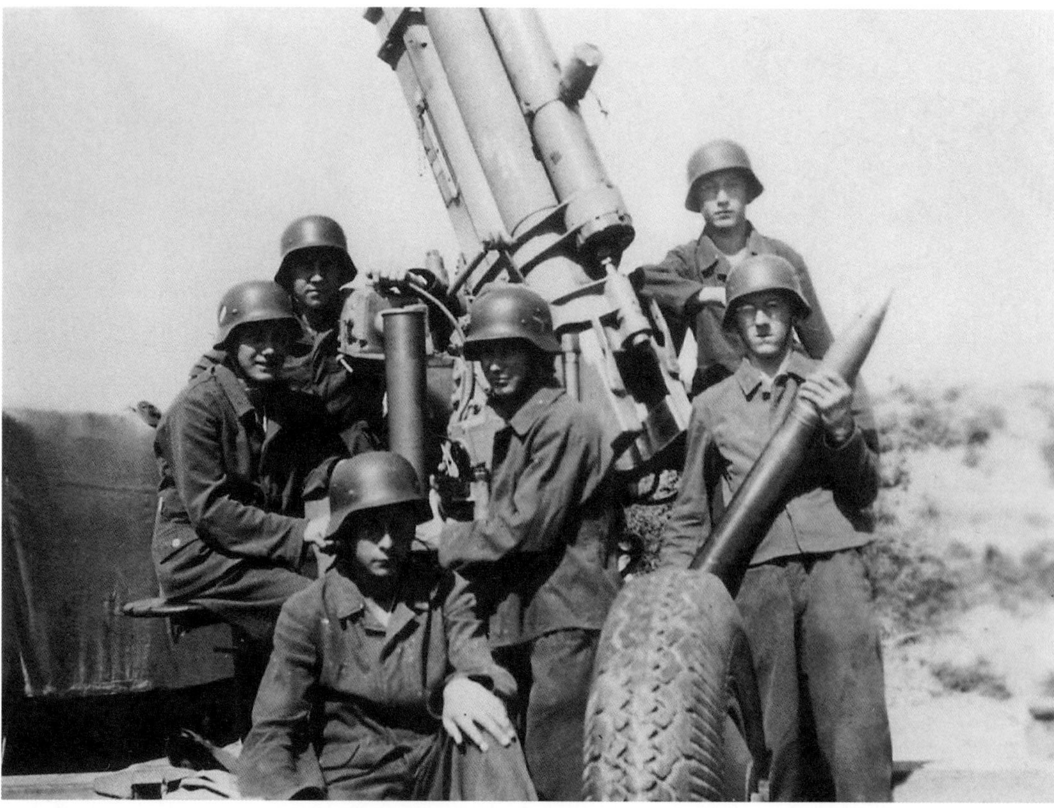

Regensburger Gymnasiasten an einem 8,8-cm-Flakgeschütz M 1936. Zu beachten sind die ernsten Gesichter dieser 17-jährigen Flakhelfer, versteckt unter den viel zu großen Stahlhelmen. (Sammlung Seitz)

am Tag oder in der Nacht auf Wache gehen. Exerzieren und Geländedienst machten das Leben unter diesen Umständen wenig angenehm, und erst als wir noch vor Weihnachten eigene Baracken beziehen konnten, kam etwas Optimismus auf. Die Weihnachtsfeier besänftigte manchen Frust, weil die Flak uns Zusatzrationen zugestand und weil wir einmal ungestraft die Vorgesetzten „auf den Arm nehmen" durften. Dies geschah auch geistvoll mit Gedichten und Sketchen. Aber kurz darauf hatte uns der Alltag wieder. Wir mussten bei Minusgraden im Freien die Zünder aller Granaten auswechseln. Schule sollte auch wieder stattfinden, doch hatten die Lehrer nun einen so umständlichen Anmarschweg, dass der Unterricht öfter ausfiel. Eine Abwechslung deutete sich an, als am 24. Januar 1944 die Batterien im Norden Regensburgs zu schießen begannen. Doch verirrte sich kein Flugzeug nach Süden. Bei uns deckten auch viele Wolken den Himmel ab, sodass die E-Messer nur schlecht arbeiten konnten. Damit bekamen die Kameraden des Jahrgangs 1926 keine Chance mehr, das Erlernte und oft Geprobte noch einmal auszuüben. Anfang Februar nahmen sie Abschied von der Batterie.

Als die Kameraden des Jahrgangs 1926 eingezogen wurden, erhielten mehrere Batterien um Regensburg neue Mannschaften. Die Angehörigen der 7. Klassen aller höheren Schulen fasste man in der Batterie Kneiting 2 zusammen, damit sie wenigstens überhaupt Unterricht erhielten. Für uns bedeutete der Abschied von den „lange erduldeten Plagegeistern" eine große Erleichterung. Doch wartete auf uns eine Batterie mit mehr deutschem Personal, deren Drill allgemein bekannt war. Ging es da vom Regen in die Traufe?
Am 11. Februar zogen wir mit Sack und Pack in die neue Stellung ein. Der Batteriechef war uns schon bekannt, weil er am Napoleonstein „hospitiert" hatte. Außer ihm gab es noch einen tatkräftigen Leutnant und einen rührigen Spieß (Hauptwachtmeister). Die Stellung war neu und ebenso schmutzig wie die von Piesenkofen. Aber sonst sah alles ganz anders aus. Mit uns waren Luftwaffenhelfer aus Passau vom Jahrgang 1928 eingerückt, die noch keinen Pulverdampf kannten. Nach dem ersten Batterieappell hielt der Leutnant uns Neuankömmlinge zurück und wollte uns über den Acker jagen. Die Passauer liefen wie die Hitlerjungen, die Regensburger dagegen taten das Altgewohnte. Dies konnte der Leutnant auch mit größerem Stimmaufwand nicht beheben. Da schickte er uns auf die Stube, kam sofort nach und ließ sich jeden Neuling vorstellen. „Oberhelfer ...", „Oberhelfer ..." usw. schallte es ihm entgegen. Von da an ließ man uns mit einem solchen Geländedienst in Ruhe. Der Leutnant war aus Schweinfurt gekommen und hatte da wohl schon einschlägige Erfahrungen gesammelt. Die Batterie war für damalige Verhältnisse modern ausgerüstet. Sie besaß vor allem ein Kommandogerät mit aufgesetzter E-Messbasis,

Flakhelfer am Entfernungsmesser, auch E-Messer genannt. Mit dem E-Messer wurden die Bomber optisch erfasst und die Flughöhe sowie die Geschwindigkeit ermittelt. Diese Werte wurden an das Kommandogerät übermittelt und in Schusswerte umgerechnet. Die Schusswerte wurden dann an die Geschütze per Kabel übertragen. (Foto: Peter Schmoll)

in dem alle Schusswerte elektromechanisch und mit vielen Motoren ermittelt wurden. Die deutschen Geschütze mit Folgezeigersystemen für die Auswertung der elektrisch vorgegebenen Einstellwerte ließen auch die „vorsintflutlichen" Russenkanonen vergessen. Hier waren nun alle Schlüsselpositionen mit Soldaten besetzt, sodass auch ich als E-Messer nur in der Reserve stand. Ich durfte zwar manchmal die Stelle des E 1 einnehmen, aber als Gefechtsreserve kamen nur Soldaten (E 2 und E 3) in Frage. Die Technik war so ungewohnt anders, dass das Einarbeiten für mich Wochen dauern musste. So wurde ich zum Ablesen von Schussdaten für die Flakführung eingeteilt. Das hatte den Vorteil, dass neben mir das Fernrohr des Schießenden auf die E-Messbasis montiert war, durch das ich gelegentlich die Arbeit des E 1 verfolgen konnte.
Der Schulunterricht fand im Nebenzimmer des Gasthauses von Kneiting statt und wurde von Lehrern der Oberrealschule abgehalten. Da saßen nun humanistische und neusprachliche Gymnasiasten mit Oberrealschülern zusammen und beschäftigten sich mit dem Stoff der letzteren. Dafür ergab sich eine ideale Arbeitsteilung. Den „Cäsar" erledigten die „Humanisten" flüssig, und die Mathematik kam von den Oberrealschülern, alles andere wurde in regem Austausch erlernt. So kamen wir auch vorwärts.
Wir waren in der Batterie kaum warm geworden, als eine verstärkte Luftoffensive der Alliierten einsetzte. Auch bei Regensburg wurden britische „Mosquitos" (schnelle zweimotorige Kampf- und Aufklärungsflugzeuge) gesehen und beschossen, und so hatten wir am 21. Februar wiederholten Alarm. Am nächsten Tag näherten sich mittags von Nürnberg her B-17 „Fortress"- und B-24 „Liberator"-Bomber, die sich offenbar mit uns anlegen wollten. Eine löchrige Wolkendecke überzog den Himmel, sodass wir hauptsächlich die Messwerte des FuMG (Funkmessgerät) übernehmen mussten. Öffnete sich aber unter den Bombern ein Wolkenloch, schalteten wir sofort auf optisches Schießen um und schickten so viel Eisen zu den Eindringlingen, wie die Kanoniere bereitstellen konnten.
Vielleicht hatten die Amerikaner mit dieser Gegenwehr nicht gerechnet; vielleicht sahen sie auch wegen der Wolken zu wenig. Unter die Wolken zu gehen, war ihnen zu riskant, und so klinkten sie die Bomben schon „weit" vor unserer Batterie aus, und wir fürchteten schon, dass der Segen auf uns herunterkäme. Die Bomben verschonten aber unsere beiden Stellungen und pflügten nur den Hang zur Donau hinunter und den Flussgrund gründlich um; wir hatten den Eindruck, dass nur wenige von ihnen auch an das andere Ufer gelangten. Welche Schäden dabei angerichtet wurden, weiß ich nicht. Wir registrierten nur befriedigt, dass der Angriff praktisch ins Wasser gefallen war.
Am 23. Februar fand mittags Batterieexerzieren statt; am Himmel sah man keine Wolken. Wir freuten uns wie immer über jedes Flugzeug, das

Flakhelfer beim Reinigen des Geschützrohrs mit dem Rohrwischer. Mit dem Rohrwischer wurden auch nicht ausgeworfene Hülsen von vorne nach hinten aus dem Verschluss gedrückt, wenn zum Beispiel die Ausziehkralle gebrochen war. Dies passierte vor allem bei den russischen Beutegeschützen, wenn mit schneller Schussfolge geschossen wurde. (Foto: Peter Schmoll)

DER HITLERJUNGE

Seitz Franz

GEBOREN AM 27.10.27

HAT VOM 5.1.44 BIS 9.9.44 DER LUFTWAFFE ALS LUFTWAFFENHELFER ANGEHÖRT

ANLÄSSLICH SEINES AUSSCHEIDENS WIRD IHM HIERDURCH FÜR DEN DEM VATERLAND IN JUNGEN JAHREN GELEISTETEN KRIEGSHILFSDIENST DANK UND ANERKENNUNG AUSGESPROCHEN

DIE EINHEIT:

DER BATTERIECHEF:

Oberleutnant

(Slg. Seitz)

Flakhelfer genießen die warmen Sonnenstrahlen vor einem Finnenzelt. (Foto: Peter Schmoll)

des Weges kam, damit wir wirklichkeitsnah üben konnten. So auch jetzt. Der E 1 fasste eine Maschine auf und sprach sie als Junkers Ju 88 an. Wir fingierten gleich Abschüsse auf sie. Plötzlich änderte sie ihre Richtung, und am Rumpf wurden Kokarden sichtbar. Der Schrei: „Mosquito!“ war noch kaum verklungen, da brüllte der Leutnant schon: „Scharfer Zielflug!“ Die eingeübten Handgriffe liefen wie am Schnürchen, aber was sind zwei Minuten für die Flugstrecke eines Jagdflugzeugs. Die Munition musste ja erst aus dem Unterstand beim Geschütz unter der Abdeckung hervorgeholt und zum Zünderstelltopf gebracht werden. Als die Geschütze: „Fertig!“ gemeldet hatten, war der Engländer aber außerhalb des Schussbereichs und kehrte nicht mehr um.

Am 25. Februar saßen wir vor dem Mittagessen noch in der Schule, als telefonisch Luftalarm L 30 durchgegeben wurde. Wir stürmten begeistert aus dem Klassenraum, aber in der Batterie gab's lange Gesichter. Der (neue) Kommandeur war zur Besichtigung gekommen. Nun ging's schulmäßig los, weil bei der letzten Besichtigung größere Mängel festgestellt worden waren. Der Kommandeur trat in den Befehlsstand und beobachtete unsere Arbeit, die sich immer mehr auf den Einflug von Bombern konzentrierte. Inzwischen strömten Arbeiter des Messerschmitt-Werkes mit Richtung auf Etterzhausen im Tal an unserer Batterie vorbei. Plötzlich wummerten die Flak-Batterien südlich der Donau. Bomber waren aus dem Süden im Anflug auf Regensburg. Die Verbände näherten sich von Süden und flogen über Messerschmitt in Prüfening hinweg. Damit waren auch wir dran. Sobald der erste Pulk unseren Schussbereich erreicht hatte, legten unsere Geschütze los. Leider belegte der Kommandeur das Fernglas des Schießenden für sich. So konnte ich nur manchmal verstohlen zum Himmel schauen. Da war aber plötzlich ein glühender Punkt, aus dem sich bizarre Rauchfahnen lösten, die noch lange in der Luft stehen blieben. Zahlreiche Bomber qualmten aus einem oder mehreren Motoren, und als sich eine Maschine aus dem Verband löste, war auch schon eine Messerschmitt Me 109 heran und gab ihr den Rest.

Unsere Batterie schoss zuverlässig „wie bei einer Besichtigung" und je länger der Überflug dauerte, desto schneller drückte der Leutnant die Feuerglocke. Die Ladekanoniere kamen gewaltig ins Schwitzen. Wie schwer es aber ist, so einen Bomber vom Himmel zu holen, beschrieb später der E 1. Er hatte ein Flugzeug in seiner Optik, als direkt vor diesem eine Granate krepierte. In der Bugkanzel explodierte offenbar die Munition des Schützen; aber der Bomber flog stur seinen Kurs weiter. Seine Bomben hatte er wie seine Kollegen auf Prüfening abgeworfen und ganze Arbeit geleistet. Das Messerschmitt-Werk von Prüfening war zerstört, und nahe Wohnbereiche erhielten schwere Treffer.
Wir merkten von diesen Vorgängen nichts. Es wurden nur die Flugmelder in volle Deckung befohlen, als ein Bombenabwurf gefährlich erschien. Nach dem Abflug des Bomberverbandes herrschte immer noch Alarmzustand und ein neuer Feindverband befand sich offenbar im Anflug auf Regensburg. Die Mannschaft blieb am Gerät und alles starrte in den Himmel in Erwartung eines neuen Angriffs. In der Luft war deutlich das Motorgeräusch von hunderten Flugzeugtriebwerken zu hören, was für uns schon ein Alarmzeichen darstellte.
Plötzlich eröffneten die Flakbatterien bei Obertraubling das Feuer und es dröhnte ein größerer Bomberverband auf den Fliegerhorst zu. Die Messerschmitt-Arbeiter waren schon wieder auf dem Rückweg, als wir unsere Kanonen nach Westen ausrichteten, rannte alles wieder zurück in Richtung Etterzhausen. Es näherte sich aus Westen ein neuer Bomberverband, der es nochmals auf das Messerschmitt-Werk in Prüfening abgesehen hatte. Von dort stiegen aber immer noch gewaltige Rauchsäulen vom ersten Luftangriff in den blauen Himmel. Der Flugplatz dort war zerstört und nun wurde nochmals alles gebombt und zwar so, dass uns hören und sehen verging. Dabei kamen die Bomber in den Bereich unserer Flakbatterie und wir schossen Schnellfeuer. Mehrere Bomber flogen mit rauchenden Motoren ab.

Auch aus Richtung des Fliegerhorstes Obertraubling stiegen enorme Rauchwolken in die Höhe und zeigten eine große Zerstörung an. Später erfuhren wir, dass der Fliegerhorst bei diesem Angriff total verwüstet wurde, nachdem er schon am 22. Februar schwer getroffen worden war. Beim heutigen Angriff traf es auch eine Eisenbahnflakbatterie (Kaliber 10,5 cm), die sich tapfer geschlagen hatte; sie musste 60 Tote beklagen.
Unsere Batterie meldete nach beiden Angriffen eine Beteiligung an neun Abschüssen. Da aber immer mehrere Batterien auf dasselbe Flugzeug

Ein Blick in den Unterkunftsbereich der Doppelbatterie Piesenkofen. Sogenannte Finnenzelte aus Spanplatten stehen im Winter 1943/44 mitten in einem Acker und dienen den Flakhelfern als Unterkunft. Im Zelt im hinteren Bereich des Lagers wurde der Schulunterricht notdürftig unter primitivsten Verhältnissen weitergeführt sowie die Mahlzeiten eingenommen. (Foto: Peter Schmoll)

an der Spitze eines Pulkes zielten, wurden uns schließlich nur vier Beteiligungen zugestanden. Das gab dann vier Ringe an den Geschützrohren. Am Nachmittag erschienen noch zwei amerikanische „Lightning" Aufklärer, die auch beschossen wurden. Diese sollen angeblich Bilder aufgenommen haben, die zu Flugblättern mit Darstellungen des Messerschmitt-Werks vor und nach dem 25. Februar 1944 verwendet und über der Stadt abgeworfen wurden.
Wir hatten nahezu 1.000 Schuss Munition innerhalb von zweimal etwa 20 Minuten verbraucht. Bei einem weiteren Angriff hätten wir wohl zuschauen müssen, weil der Nachschub nicht so schnell kommen konnte. Der Flak wurden insgesamt 15 Abschüsse zuerkannt, wobei die beschädigten Maschinen nicht berücksichtigt waren, die ihre Einsatzflugplätze nicht mehr erreichten. Diese Abschusszahl ist deshalb besonders bemerkenswert, weil mehr als die Hälfte der 11 Batterien um Regensburg nur Russenkanonen „mit Handbetrieb" besaßen.

Unsere Batterie setzte noch einen besonderen Schlusspunkt unter diese Woche. Am 26. Februar entdeckte mittags ein Luftwaffenhelfer als Luftspäher Kondensstreifen am Himmel. Vorsorglich schlug er sofort Alarm und meldete dann eine „Lightning" im Anflug. So schnell wie dieses Mal war die Batterie noch nie feuerbereit. Schon rauschten freundliche Grüße zu dem Aufklärer hinauf; da drehte er schnell ab, als der Pilot gemerkt hatte, dass er entdeckt war. Dann erscholl in Regensburg Fliegeralarm. Alle hatten viel dazugelernt.
Als der Batteriechef uns schließlich zusammenrief, dachten wir, er würde seine Mannschaft ein bisschen loben. Er eröffnete uns aber nur: „Die Russen müssen besser behandelt werden!" Wir hatten aber gar keine. Es war nur das Verlesen eines Rundschreibens. In dieser Stellung blieben wir bis zum 10. März 1944. An diesem Sonntag schleppten wir bis in die Nacht die Munition zu den Lastkraftwagen, welche zum Bahnhof fuhren, und dort verluden wir unser Hab und Gut samt Kanonen auf einen Zug, der uns in einer kühlen Nacht und einem halben Tag nach Stuttgart brachte. ..."

(Anm.: Im weiteren Wortlaut dieses extra für diese Dokumentation verfassten Berichts – wofür Herrn Heller an dieser Stelle nochmals gedankt sei – beschreibt er seine Zeit als Flakhelfer nun in Stuttgart und später in Augsburg, bis hin zur Einberufung Ende Juni 1944 zum Arbeitsdienst. Der Bericht schließt mit einer Schilderung der Erfahrungen der Flakhelfer-Generation an den Hochschulen der ersten Nachkriegsjahre.)

Entfernungsmesser und rechts das Kommandogerät. Mit dem Kommandohilfsgerät wurden die Schusswerte und die Feuerbefehle an die Geschütze weitergeleitet. (Foto: Peter Schmoll)

Die „Industriestaffel Messerschmitt-Regensburg“

Auf Befehl des Jagdführers Süddeutschland wurde mit Wirkung vom 13.01.1943 die Industriestaffel Messerschmitt-Regensburg zur Verstärkung der Luftverteidigung im Raum Regensburg aufgestellt. Der Einsatzradius war auf 30 km um Regensburg begrenzt. Ein Einsatz außerhalb dieses Raumes war nur auf Befehl des Unterabschnittführers der 5. Jagddivision in Nürnberg möglich. Zunächst als „Industrie-Jagdeinheit Messerschmitt-Regensburg“ bezeichnet, wurde die Einheit ab dem 14.03.43 „Industriestaffel Messerschmitt-Regensburg“ benannt.
Das Personal für die Industriestaffel stellten die dazu dienstverpflichteten zivilen (!) Einflieger sowie die vom Flieger-Sonderkommando Oberbefehlshaber der Luftwaffe, Überführungs- und Einfliegerkommando Jüterbog 2, abgestellten Soldaten. Diese Soldaten wurden als Einflieger für Messerschmitt-Regensburg arbeitsbeurlaubt. Als militärischer Führer fungierte Oberleutnant Ladegast, sein Stellvertreter war Flugkapitän Trenkle, ein Zivilist. Die Industriestaffel war taktisch und disziplinarisch dem Kommodore des Jagdgeschwaders 104 in Fürth unterstellt. Als Befehlsgefechtsstand diente die Flugleitung in Regensburg-Prüfening, die von 15 Minuten vor Sonnenaufgang bis 15 Minuten nach Sonnenuntergang ständig zu besetzen war.
Für die Industriestaffel galten folgende Bereitschaftsstufen:
Stufe 1: Die Flugzeuge müssen in 3 Minuten in der Luft sein.
Stufe 2: Die Flugzeuge müssen in 15 Minuten in der Luft sein.
Stufe 3: Die Flugzeuge müssen in 30 Minuten in der Luft sein.
Während des Tages hatten ständig 2 Bf 109 G in Bereitschaftsstufe 3 zu sein. Vier weitere Bf 109 G waren voll betankt und vollmunitioniert in 30 Minuten einsatzbereit zu halten. Trotz des laufenden Einflugbetriebes hatte für diese 4 Reservemaschinen die entsprechende Anzahl von Flugzeugführern in 30 Minuten startbereit zu sein.

Oberleutnant Ladegast (Staffelführer)	Feldwebel Heller
Leutnant Riedmeir	Feldwebel Lohmann
Oberfeldwebel Berunig	Feldwebel Mrotzek
Oberfeldwebel Sorgatz	Feldwebel Richter
Oberfeldwebel Stemmler	Feldwebel Stuhrmann
Feldwebel Bergmann (01.05.43)	Feldwebel Wolf
Feldwebel Bessler	Unteroffizier Häussler

Unteroffizier Posemann
Obergefreiter Schreiber
Diese Soldaten kamen von den verschiedensten fliegenden Verbänden der Luftwaffe und waren von dieser arbeitsbeurlaubt, um bei Messerschmitt-Regensburg die Me 109 G einzufliegen bzw. die Abnahmeflüge für die Luftwaffe durchzuführen.

An zivilen Einfliegern gehörten der Industriestaffel an:
Flugkapitän Trenkle
Einflieger Baier
Einflieger Eichelmann
Einflieger Haid

Personalaufstellung der Industriestaffel Regensburg (01.04.43)

Einflieger bei Messerschmitt-Regensburg, aufgenommen 1943 in Prüfening. V.l.n.r. sitzend: Richter, Riedmeir, Heller, Schreiber, v.l.n.r. stehend: ?, Sorgatz, Posemann, Breunig. (Sammlung Lohmann)

Bei Annäherung eines feindlichen Verbandes auf 300 km in Richtung Regensburg erfolgte die Alarmierung der Industriestaffel durch das Stichwort „Mückenstich". Die 2 Me 109 G der Alarmrotte wurden daraufhin in Bereitschaftsstufe 1 versetzt.
Bei einem zu erwartenden Großangriff erfolgte die Alarmierung bei einer Annäherung auf 300 km durch das Stichwort „Vogelzug". Daraufhin wurden auch sofort die 4 Reservemaschinen in Bereitschaftsstufe 1 versetzt. Alarmierung, Startbefehl und Führung der Einsatzkräfte in der Luft erfolgte durch die 5. Jagddivision. Nach erfolgtem Start sammelten sich die Einsatzmaschinen über dem Platz Prüfening in Gefechtshöhe.
Bei einem erkannten Angriff auf Regensburg erhielt der Gefechtsverband Flughöhe sowie Anflugkurs und flog dem feindlichen Verband entgegen.
Für die Zusammenarbeit mit der Flakartillerie galten im Einzelnen folgende Befehle: Der Jäger hatte generell die Wirkungsbereiche der Flak zu meiden, um den Gegner vor Erreichen der Flakzone zum Kampf zu stellen. Bei erfolgversprechendem Ansatz war der Angriff auch in der Flakzone weiterzuführen. Sobald die Flak erkannte, dass sich ein Jäger in Angriffsposition befand, hatte sie das Feuer auf das Ziel einzustellen. Leichte Flak-Artillerie hatte in militärischen Luftsperrgebieten grundsätzlich Vorrang.
Flogen feindliche Flugzeuge in den Wirkungsbereich der Flak ein, so bekämpfte diese immer die am weitest vorn fliegenden Maschinen des Verbandes.
Die schwere Flak hatte Anweisung, bei feindlichen Tageseinflügen in großer Höhe, auch wenn der Gegner außerhalb des Flakwirkungsbereiches war, häufige Flakrichtungsschüsse abzugeben, um ein Auffinden des Gegners durch die Jägereinheiten zu erleichtern. Diese Richtungsschüsse wurden als Flakrichtungspfeile mit roter Übungsmunition geschossen.

Die Einsatzbereitschaftsmeldungen der Industriestaffel wurden täglich bis 15.00 Uhr an den Unterabschnitt Nürnberg gemeldet und umfassten Anzahl, Muster und Baureihe der für den Tagjagdeinsatz abgestellten Flugzeuge sowie die Anzahl der für den Tagjagdeinsatz geeigneten Flugzeugführer. Die Gestellung und Wartung der Einsatzflugzeuge erfolgte durch Messerschmitt-Regensburg.

An Einsätzen der Industriestaffel lassen sich folgende Flüge nachweisen:
Am 14.04.43 Alarmstart von 2 Bf 109 G-6 um 13.23 Uhr auf einen Mosquito-Aufklärer auf 6.000 m über Regensburg. Der Einsatz verlief ohne Feindberührung, Landung um 14.15 Uhr in Regensburg-Prüfening.
Am 19.04.43 Alarmstart von 2 Bf 109 G-6 um 14.13 Uhr auf einen Mosquito-Aufklärer im Raum nördlich von Regensburg. Keine Feindberührung, Landung um 15.04 Uhr in Regensburg-Prüfening.
Am 14.05.43 Alarmstart von 2 Bf 109 G-6 um 12.22 Uhr auf einen Boston-Bomber. Sperrflug in 8.000 m über Regensburg. Keine Feindberührung, da kein Einflug erfolgte.
Am 21.06.43 Alarmstart von 2 Bf 109 G-6 um 12.10 Uhr auf einen Mosquito-Aufklärer, der nicht abgefangen werden konnte, da er zu hoch und zu schnell flog. Landung um 12.55 Uhr in Regensburg-Prüfening.
Am 17.08.43 Alarmstart der gesamten Industriestaffel um 12.31 Uhr auf anfliegenden Bomberverband. Mindestens 4 Abschüsse von B-17 und Beschädigung von mehreren Bombern durch die Industriestaffel. Landung um 13.37 Uhr in Regensburg-Obertraubling, da der Platz in Regensburg-Prüfening durch die Bombardierung des Flugzeugwerkes nicht mehr landeklar war. (Näheres siehe gesonderten Bericht zum Angriff vom 17.08.1943.)
Am 14.10.43 Alarmstart der gesamten Staffel. Anflug von Bombern aus Westen, diese hatten jedoch Schweinfurt zum Ziel. Bis auf Einflieger Josef Haid flog die Staffel über Regensburg Sperre, ohne Feindberührung zu bekommen.
Am 24.01.44 Alarmstart von Obertraubling um 12.00 Uhr, keine Feindberührung, Landung um 12.55 Uhr in Obertraubling. Die gemeldeten Bomberverbände bombardierten Ziele in Frankfurt und Rüsselsheim.
Infolge der lückenhaften Dokumentenlage ist diese Aufstellung nicht vollzählig.
Die letzte Eintragung datiert vom 06.03.44: „Industriestaffel Messerschmitt-Regensburg mit 2 Bf 109 G in Bereitschaft." An diesem Tag flog die USAAF den ersten großen Tagesangriff auf Berlin. Nach nicht schriftlich gesicherten Erkenntnissen wurden bis zum Kriegsende Einsätze gegen Aufklärer geflogen.

In der Bildmitte steht die Bf (Me) 109 G-6/R-6 von Einflieger Feldwebel Heinz Lohmann. Diese Bf (Me) 109 wurde als sogenanntes Kanonenboot bezeichnet und hatte zur normalen Bewaffnung von 2 MG 131 und 1 Kanone vom Typ MG 151 Kaliber 20 mm zusätzlich unter jeder Tragfläche eine weitere Kanone vom Typ MG 151 Kaliber 20 mm. Diese Maschinen wurden in erster Linie zur Bekämpfung von Bombern eingesetzt. Regensburg/Prüfening Juni 1943. (BA)

17. August 1943: Der erste Angriff

Diese Aufnahme vom Luftangriff am 17. August 1943 auf Prüfening zeigt deutlich, dass die Bomben bereits über der Donau ausgeklinkt worden sind. Klar erkennbar sind die Donaubrücken von Sinzing und Mariaort. (Foto: Peter Schmoll/USAF)

Nach dem Angriff auf Pearl Harbor am 7. Dezember 1941 erklärte Hitler am 11. Dezember 1941 den Vereinigten Staaten von Amerika den Krieg. Roosevelt und Churchill einigten sich darauf, dass der Krieg zuerst in Europa siegreich für die Alliierten beendet werden sollte. Daraufhin begann die USAAF mit der Verlegung ihrer Streitmacht auf englische Flugplätze bzw. wurden in East Anglia zahlreiche Flugplätze neu angelegt. Am 17. August 1942 flog die 8. USAAF ihren ersten Angriff mit 12 Bombern vom Typ B-17 „Flying Fortress" auf den Eisenbahnknotenpunkt von Rouen-Sotteville. Genau ein Jahr später erreichten sie mit 126 Bombern Regensburg. Und am selben Tag wurden auch noch die Kugellagerwerke in Schweinfurt bombardiert. Dies zeigt deutlich, was die USA an Materialüberlegenheit aufzubieten hatten. Die deutsche Luftwaffe konnte diese sich immer mehr steigernden Luftangriffe nur mit größten Schwierigkeiten bekämpfen. Zahlreiche Jagdeinheiten wurden von den Fronten abgezogen und ins Reich verlegt.
Der Angriff auf Regensburg wurde vom 4. Bomberwing (spätere Bezeichnung des Verbandes: 3. Air Division) durchgeführt. Der Bomberverband war in 3 Kampfgeschwader gegliedert. An der Spitze des Verbandes flog das Kampfgeschwader 403, das aus den Bombergruppen 96, 388 und 390 gebildet wurde. Es folgte das Kampfgeschwader 401, bestehend aus den Bombergruppen 94 und 385, es sollte drei Minuten nach dem Kampfgeschwader 403 das Ziel angreifen. Den Schluss bildete das Kampfgeschwader 402 mit den Bombergruppen 95 und 100, das mit drei Minuten Abstand dem Kampfgeschwader 401 folgte. Die als Schlusslicht fliegende Bombergruppe 100 verlor von 21 eingesetzten Maschinen insgesamt neun B-17 F. Hier wurde der Ruf der „Bloody Hundreth" gebo-

ren, sie war die Bombergruppe, die mit Abstand die höchsten Verluste im Zweiten Weltkrieg erlitt.
Um 6.45 Uhr begann der Start der 146 B-17 des Angriffsverbandes Regensburg, der durch schlechtes Wetter verzögert und behindert wurde. Ganz „East Anglia“ lag unter dichtem Bodennebel. Auf dem Weg nach Regensburg mussten sieben B-17 wegen technischer Mängel den Einsatz abbrechen. 12 B-17 wurden vor Erreichen des Zieles abgeschossen. Der Flugweg führte von Lowestoft über Eupen, mit mehreren Kurswechseln zur Irreführung der deutschen Abwehr, zum Ziel. Es wurden mehr als 200 Angriffe von deutschen Jagdflugzeugen registriert. Der letzte Bezugspunkt (IP = Initial Point) für den Endanflug lag über Beilngries, 40 km westlich von Regensburg. Bereits von hier konnte das Ziel erkannt werden, da sehr gute Sichtverhältnisse herrschten. Vor Beilngries wurden die Bomber aber bereits von den Nachtjägern des Nachtjagdgeschwaders 101 aus Manching erwartet und angegriffen.
Kurz vor Regensburg wurde die 390. Bombergruppe, die als Höhengruppe im Kampfgeschwader 403 flog, von fünf bis sechs Bf 109 angegriffen. Dabei dürfte es sich um die Industriestaffel des Messerschmitt-Werkes Regensburg gehandelt haben, da zu diesem Zeitpunkt kein anderer Jagdverband über der Stadt im Einsatz war. Die 390. Bombergruppe verlor bei diesem Einsatz sechs B 17, davon vier B-17, die durch Jägerangriffe oder Flakbeschuss über Regensburg mitverursacht wurden. Eine B-17 F wurde kurz vor dem Ziel von der Alarmrotte der Industriestaffel unter Führung von Feldwebel Mrotzek bei Hemau abgeschossen.
Eine Analyse der USAAF ergab, dass das Flakfeuer am Ziel nicht besonders genau und nur sehr sporadisch auftrat. Die Verluste an Bombern wurden in erster Linie durch Jägerangriffe verursacht. Auch durch die heftigen Jägerangriffe konnte nicht verhindert werden, dass die Bomber ihren Anflug zu einem äußerst präzisen Bombenwurf fortsetzten.
Die 96. Bombergruppe, die an der Spitze des

Die Bomben der ersten Welle explodieren am 17. August 1943 auf dem Messerschmitt-Gelände in Prüfening. Der Bereich Einflug und Endmontage wird vernichtend getroffen. In diesem Moment beginnt auf dem Werkgelände das große Sterben. Letztendlich sind rund 400 Tote zu beklagen. (Foto: Peter Schmoll/USAF)

Die zweite Bomberwelle hat abgeladen und trifft den zentralen Werkbereich zwischen Endmontage und Prüfeninger Straße mit einem massiven Bombenteppich. (USAF)

Kampfgeschwaders 403 flog, löste um 11.43 Uhr (Ortszeit 12.43 Uhr) die Bomben aus. 47 Tonnen Bomben aus 19 B-17 wurden gleichzeitig abgeworfen. Dies entsprach der USAAF-Taktik: Warf die Führungsmaschine die Bomben, drückten alle anderen Bombenschützen ebenfalls auf den Bombenabwurfknopf. Dies führte zu den gefürchteten Bombenteppichen mit ihrer ungeheuren Zerstörungswirkung. Insgesamt dauerte der Angriff 20 Minuten, und damit länger als geplant. Der Grund hierfür lag am Kampfgeschwader 401, dem durch Rauch und Staub wegen der bereits vom Kampfgeschwader 403 geworfenen Bomben die Sicht auf das Ziel genommen war. Das Kampfgeschwader 401 flog eine große Linkskurve nördlich von Regensburg und unternahm einen erneuten Zielanflug, dabei musste sich die 385. Bombergruppe erneut hartnäckiger Angriffe von Jagdflugzeugen erwehren.

Südlich von Regensburg sammelte sich der Kampfverband zum Weiterflug nach Nordafrika. Dies sollte zur weiteren Verwirrung der deutschen Reichsverteidigung beitragen. Die deutschen Jägerleitoffiziere erholten sich jedoch schnell von dieser Überraschung und setzten auf den abfliegenden Verband Teile der Jagdgeschwader 27 und 51 an. Diese Jagdverbände attackierten aus den Räumen Ostmark (Österreich) und München nochmals die abfliegenden Bomber.
126 B-17 warfen aus 5.200 – 6.100 m Höhe, 971 Sprengbomben zu 227 kg und 448 Brandbomben zu 112,5 kg ab. Die 8. US-Luftflotte verlor bei diesem Angriff 24 B-17 mit ca. 200 Mann. Eine B-17 ging bei einer Notlandung in Nordafrika wegen Beschussschäden zu Bruch. 50 B-17 waren mehr oder minder schwer beschädigt. An Bord der Bomber befanden sich vier Tote und neun verwundete Besatzungsmitglieder. Zwei B-17 führten in der Schweiz Notlandungen durch. Die Besatzungen wurden dort interniert.

Der Angriff wurde mit einer bemerkenswerten Präzision durchgeführt. Rund 70 Prozent

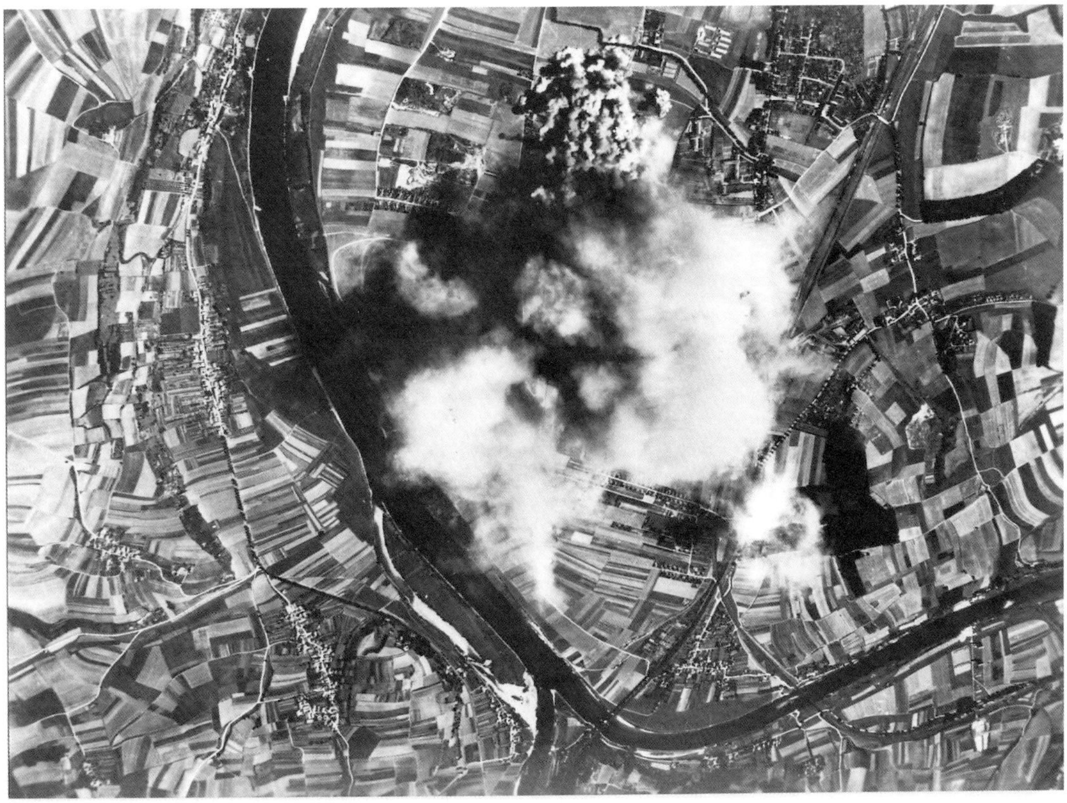

Die dritte Welle der Bomber trifft das Lehrlingsheim und die Hallen der Leichtmetallbau GmbH Regensburg vernichtend. Alle Lehrlinge befanden sich zu diesem Zeitpunkt im Keller des Werksschulgebäudes, als im außen liegenden Niedergang eine schwere Sprengbombe einschlug. In der unmittelbar folgenden Detonation kamen 91 Lehrlinge, überwiegend vom 2. Lehrjahr, ums Leben. (Foto: Peter Schmoll/USAF)

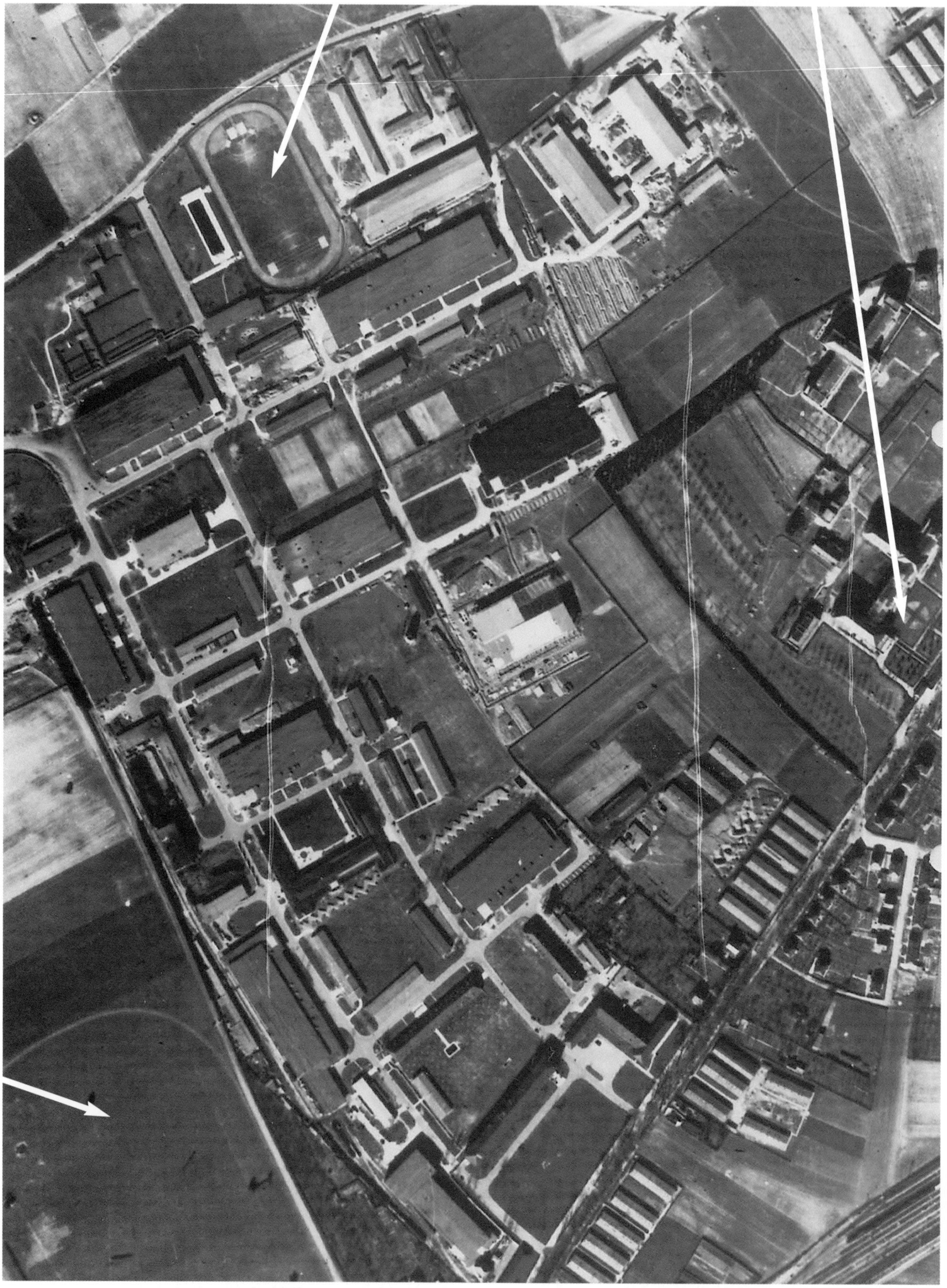

Messerschmitt-Regensburg vor dem Angriff am 17.8.43, am Bildrand rechts erkennt man die Gebäude des Krankenhauses der Barmherzigen Brüder. (USAF)

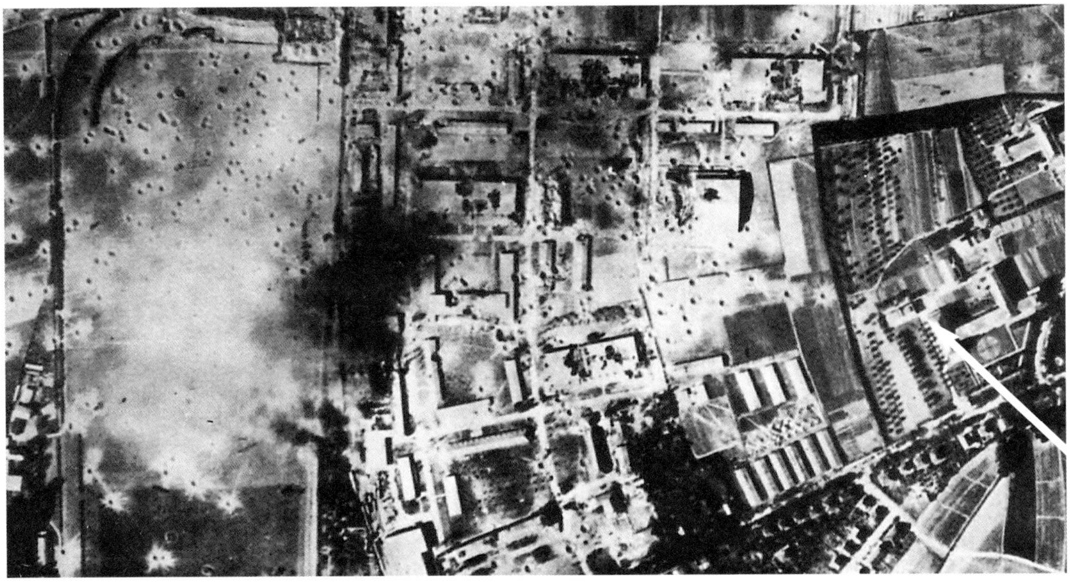

Areal des Krankenhauses

Auf diesem Foto ist klar ersichtlich, mit welcher Präzision der Angriff am 17.8.43 durchgeführt wurde. Die größere Anzahl der Bombeneinschläge liegt auf dem Werksgelände. Das Krankenhaus der Barmherzigen Brüder wurde bei dem Angriff nicht direkt getroffen. (USAF)

der abgeworfenen Bomben fielen auf das Werksgelände und den Flugplatz. Der Rest verteilte sich in der näheren Umgebung, wobei das Krankenhaus, das unmittelbar an das Werk angrenzte, keine direkten Bombentreffer abbekam und nur leichte Schäden erlitt. Eine große Anzahl von Bomben fiel auf den Rennplatz, darunter einige Sprengbomben als Blindgänger, die später gesprengt wurden. Nur wenige zivile Häuser in Regensburg wurden zerstört. Das Flugzeugwerk war jedoch auf das Schwerste getroffen, und eine gigantische Staub- und Rauchsäule stand über den Werkanlagen.

Im Messerschmitt-Werk in Regensburg war ein dreistufiges Luftwarnsystem installiert worden. Eine grüne Lampe leuchtete in den Büros der jeweiligen Abteilungsleiter in den verschiedenen Hallen auf und war ein erster Voralarm. Das Aufleuchten der roten Lampen in den Hallen war das Zeichen für die Belegschaft, dass bei Ertönen der Alarmsirene, die auf dem Maschinenhaus installiert war, sofort die Luftschutzbunker aufzusuchen waren. Bei den Luftschutzbunkern handelte es sich um verstärkte Kellerräume, die mit einer Luftschleuse ausgerüstet waren. Eine große Anzahl von Luftschutzunterständen (Stahlglocken) und Luftschutzgräben (zum Teil abgedeckt) standen zur Verfügung. Es existierte kein Evakuierungsplan und die Mitarbeiter durften das Werkgelände nicht verlassen. Der Werkschutz sperrte alle Zugänge ab. Diese Maßnahmen sollten sich als fatale und blutige Fehlentscheidungen herausstellen.

Die leichte Heimatflakbatterie 2./XIII war zur Abwehr von Tieffliegern mit vier 2-cm-Flakgeschützen auf dem Werksgelände eingesetzt. Ein Geschütz befand sich auf dem Dach der Verwaltung, eines auf dem Hochbunker, und im Bereich Leichtmetallbau-Werkeingang am Hochweg und den Gebäuden für die Nullserie der Me 163 befanden sich zwei ca. 15 m hohe Holztürme mit jeweils einem 2-cm-Flakgeschütz. In den Türmen waren auch Unterkunftsräume eingebaut. Ein Teil der Werksangehörigen war an den Flakgeschützen ausgebildet worden. In Regensburg wurde um 12.24 Uhr Luftalarm ausgelöst, und die anfliegenden drei Bombergruppen erschienen in jeweils 10 Minutenabständen über dem Ziel. Die Werkschutzstaffel wurde bereits um 12.13 Uhr in Alarmbereitschaft versetzt und startete um 12.31 Uhr zum Abwehreinsatz in Richtung Kelheim. Die schwere Flakbatterie 3./484, die am Westrand des Flugplatzes in Stellung lag, eröffnete um 12.50 Uhr auf eigene Initiative des Batterieführers das Abwehrfeuer, nachdem

bereits die ersten Bomben gefallen waren. In der Befehlsstelle für die Regensburger Flakbatterien in der Flakkaserne herrschte absolutes Chaos. Alle Batterien warteten auf den Feuerbefehl, der jedoch erst nach dem Abwurf der Bomben erfolgte. Ein weiterer, unglaublicher Vorfall war, dass sich alle Flakmessgeräte zur Überprüfung bei der Flakbatterie in Reinhausen befanden und die Batterien deshalb nur Sperrfeuer nach Tabellenwerten schießen konnten. Insgesamt hatte die Regensburger Flak rund 600 Granaten verschossen. Allein die Flakbatterie am Napoleonstein hatte die Bomber mit 264 Schuss bekämpft. Die Flakbatterie Kneiting feuerte keinen einzigen Schuss ab, da sie keinen Feuerbefehl erhielt. Als der Befehl die Batterie erreichte, waren die Bomber außer Schussreichweite. Der Flakführer von Regensburg war bis zum Abwurf der ersten Bomben der Meinung, dass es sich bei den anfliegenden Bombern um He 111 der Luftwaffe handle.
Wenige Tage später erschien eben dieser Flakführer im Messerschmitt-Werk und ließ die Batterie 2./13 antreten. Bei dieser Besichtigung der Batterie musste der einzige Überlebende des 1. Geschützes (Verwaltung), ein 16-jähriger Lehrling, vortreten und wurde von dem Major auf das Übelste wegen Feigheit beschimpft. Auf die Frage von Seiten der Werkleitung, warum die schweren Flakgeschütze so spät das Abwehrfeuer eröffnet hätten, antwortete er: „Es hätte ja sein können, dass die Bomber vorbeifliegen."

Während des Bombenabwurfs der 2. Welle kam es zu einer Panik unter den russischen Kriegsgefangenen. 600–700 flüchteten in die umliegenden Felder und Wälder, wurden jedoch bald wieder eingefangen bzw. kehrten von selbst zurück. Eine erhalten gebliebene Aufstellung zeigt, dass außerhalb von Schutzräumen 16 Personen ums Leben kamen und zwei verwundet wurden. In den Schutzräumen waren 245 Tote und 243 verletzte Personen zu beklagen, hinzu kamen noch 42 Vermisste. Eine Aufstellung vom 7.9.1943 nennt insgesamt 392 Todesopfer. Noch drei Tage nach dem Angriff wurden verschüttete Personen aus den eingestürzten Kellern gerettet.
Nachdem die letzten Bomber abgeflogen waren, wurde um 14.13 Uhr Entwarnung gegeben. Sofort wurden alle erreichbaren Hilfsorganisationen alarmiert und eingesetzt. Die Löschfahrzeuge der Werkfeuerwehr waren verschüttet oder durch Splitterwirkung nicht mehr einsatzbereit. Folgende Hilfskräfte rückten an: die Feuerwehr von Regensburg, eine Sanitätsbereitschaft, eine Instandsetzungsabteilung. Zwei Löschgruppen der Bayerischen Landesfeuerwehrschule, die Feuerwehr-Bereitschaften Cham, Naab, Vils und Altmühl, ferner die Feuerwehr Wörth mit einer Löschgruppe. Die Rettungs- und Löscharbeiten wurden durch sechs Volltreffer in die Hauptwasserleitung Regensburg-Prüfening erschwert. Zum Teil musste das Löschwasser aus Zisternen entnommen und über Schlauchleitungen zu den Brandherden befördert werden. Ferner wurde ein Haupttelefonkabel nach Nürnberg zerstört.

Bombenschäden nach dem Angriff vom 17.8.43: das schwer beschädigte Verwaltungsgebäude der Messerschmitt GmbH Regensburg. (Stadt Regensburg – Bildstelle)

Volltreffer einer schweren Sprengbombe in die Wohnhäuser Yorkstraße 7 und 9 beim Luftangriff am 17.8.1943. Diese Aufnahme entstand ca. 30 Minuten nach dem Angriff bei der Suche nach verschütteten Personen. (MZ-Archiv)

Von der Hafenwachkompanie rückte sofort ein Zug mit sämtlichen Sanitätern der Einheit zur Einsatzstelle ab. Die Wehrmacht stellte 90 Mann für Absperrungszwecke außerhalb des Werksgeländes ab, 400 Mann wurden zu den Aufräumungsarbeiten eingesetzt und 100 Mann schaufelten die erforderlichen Gräber, sie wurden später durch einen Bagger verstärkt, als die Anzahl der Toten immer größer wurde.

Vom eingesetzten Sprengkommando wurden bis zum 20.08.43 sieben Blindgänger bzw. Langzeitzünder gesprengt. Der Flakgeschützstand auf dem Verwaltungsgebäude, dem Hochbunker und zwei der im nördlichen Werkbereich stationierten Geschütze wurden zerstört. Die schwere Flakbatterie im Westen des Flugplatzes wurde im Unterkunftsbereich von Brandbomben getroffen. Eine Sprengbombe traf eine Munitionskammer mit Flakmunition, die im Gelände verstreut wurde.

Über eine Dauer von drei Wochen nach dem Angriff wurde kein Flugzeug produziert, da das gesamte Personal des Werkes damit beschäftigt war, die Trümmer wegzuräumen und Gebäude und Einrichtungen zu reparieren. Die Reparaturen wurden mit einem hohen Wirkungsgrad und einem Minimum an Aufwand durchgeführt. Um weitere Schäden an den durch den Angriff beschädigten Maschinen zu vermeiden, wurden schnell hergestellte und vorgefertigte Dächer über den beschädigten Gebäuden errichtet. Die Beleuchtung wurde innerhalb von drei Tagen und die elektrische Stromversorgung innerhalb einer Woche repariert. In der zweiten Septemberwoche wurde die Produktion wieder aufgenommen.

Als Konsequenz der hohen Personalverluste wurden neue Anweisungen an die Belegschaft für das Verhalten bei Luftalarm herausgegeben. Bei Ertönen der Luftschutzsirenen hatte die Belegschaft das Werksgelände zu verlassen und sich in bestimmten Verfügungsräumen in Bereitschaft zu halten. Diese Anweisung wurde umgehend bei zwei Probealarmen im August und im Oktober 1943 überprüft.

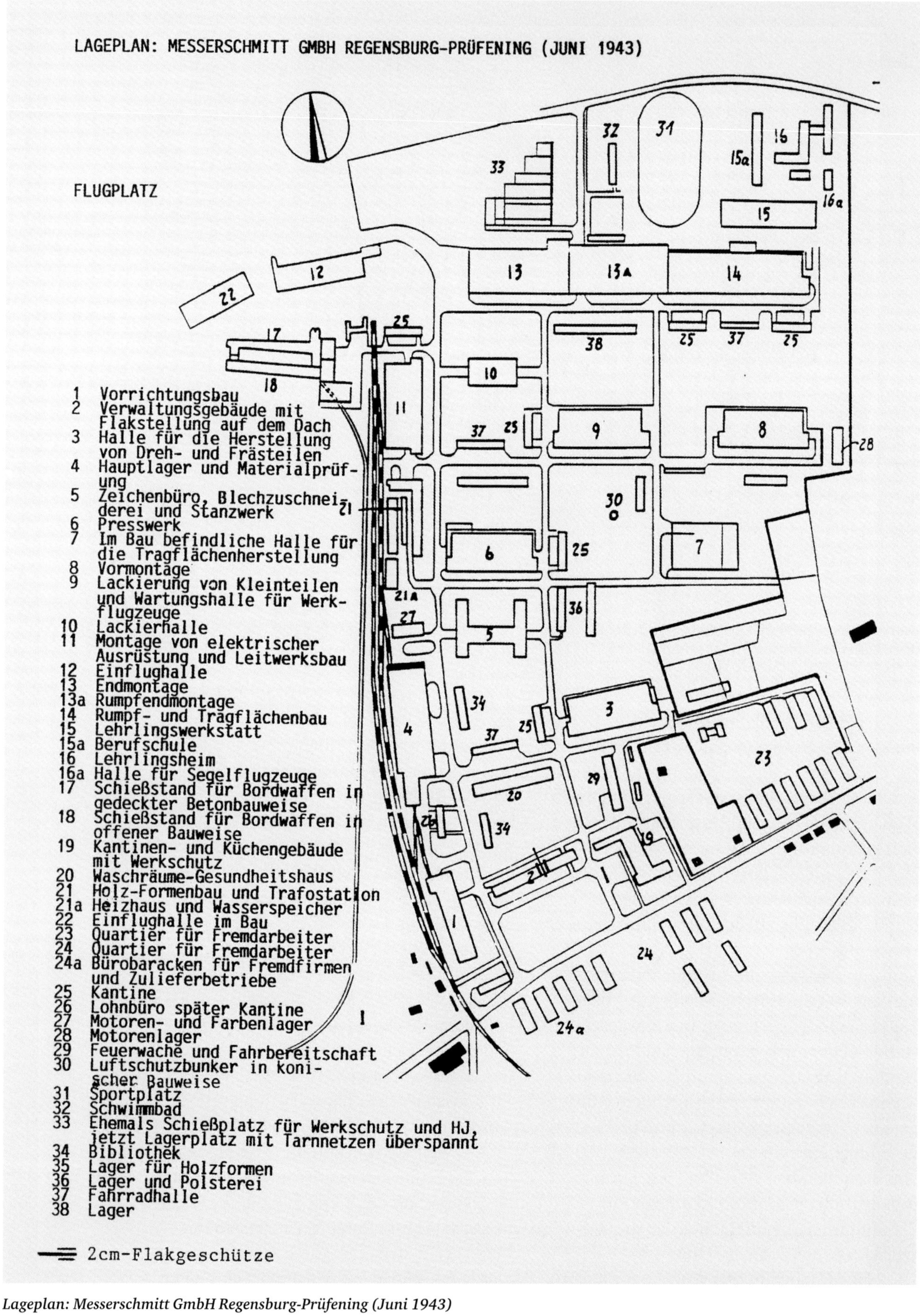

Lageplan: Messerschmitt GmbH Regensburg-Prüfening (Juni 1943)

Folgende Schäden waren nach dem Angriff vom 17.08.43 im Messerschmitt-Werk Regensburg zu verzeichnen:

(Die in Klammern gesetzten Zahlen geben die Gebäudenummer laut Lageplan an.)

1. Verwaltungsgebäude (2): Treffer in der Gebäudemitte, Flakstand zerrissen und Volltreffer in der Ostecke, Sitzungssaal zerstört.
2. Wirtschaftsgebäude (19): Treffer an der Nordwestecke, Büro des Werkschutzes zerstört.
3. Feuerwache (29): Volltreffer in der Westseite, Löschfahrzeuge sämtlich verschüttet, freistehende Löschfahrzeuge durch Bombensplitter unbrauchbar.
4. Waschräume (20): Treffer an der Westecke, keine großen Schäden.
5. Vorrichtungsbau (1): Südseite Volltreffer, Maschinenpark zur Hälfte beschädigt.
6. Materiallager (4): Restlos ausgebrannt.
7. Einfliegerei (22+12): Neue Halle restlos zerstört, alte Halle nur Büroräume zerstört. An den abgestellten Flugzeugen nur geringer Schaden.
8. Flugplatz: Stark durch Treffer beschädigt, Gefahr durch Blindgänger.
9. Schießstand (17+18): Durch mehrere Treffer vollständig zerstört.
10. Lackiererei (10): Durch Volltreffer restlos zerstört. Die in der Nähe befindliche Kantine erhielt einen Volltreffer.
11. Metallbauhalle (14): Untergruppenbau zerstört. Rumpf- und Flügelgroßzusammenbau erhalten, Bandstraßen erhalten, Büroräume erhalten, Hallendecke teilweise zerstört durch 5-10 Bombeneinschläge.
12. Bereitstellungsbaracke Metallbau (38): Vollkommen zerstört.
13. Endmontage (13): Keine direkten Treffer, Glasschaden.
14. Vormontage (8): Größtenteils zerstört.
15. Mechanische Bearbeitung (3): 2 oder 3 Volltreffer, Maschinen nur teilweise zerstört.
16. Mechanische Blechverformung (6): Halle fast zu 100 % zerstört. Dazugehörige Kantine hat einen Volltreffer erhalten.
17. Blechzuschneiderei (5): Vollkommen zerstört.
18. Leitwerksbau (11): Zum größten Teil zerstört.
19. Lehrlings- und Ausbildungswerkstatt (15): Volltreffer in Gebäudemitte, zu 40 % zerstört; Maschinenpark unbeschädigt.
20. Werkschule (15a): Zu 50 % beschädigt.
21. Lehrlingswohnbaracken (16): Zu 70-80 % beschädigt, Lehrlingskantine zu 30 % beschädigt.
22. Motorenhalle (28): Zu 100 % zerstört.
23. Leichtmetallbau mit der Marinefertigung östlich (im Lageplan nicht enthalten) zu 100 % vernichtet.

An den Einrichtungen der Reichsbahn entstand nur leichter Sachschaden. Die Auswirkungen des Luftangriffes im zivilen Sektor waren beträchtlich.

Totale Gebäudeschäden:
- Yorkstraße 7/9, durch Sprengbombenvolltreffer vernichtet, mit 8 Toten, 1 schwer- und 1 leichtverletzte Person.
- Dechbetten 57, Sprengbombenvolltreffer zerstörte das Haus total und ein Toter wurde aus den Trümmern geborgen.
- Rennweg 18, Sprengbombenvolltreffer zerstörte das Haus total.
- Prüfeninger Straße 131, 133, 135 und 139 alle Wohnbaracken vollkommen zerstört.
- Prüfeninger Straße 114 (Süss), Sprengbombe beschädigte Wohnhaus dermaßen, dass es abgerissen werden muss.
- Keplerstraße 131, Dachstuhlbrand im Rückgebäude und Vorderhaus durch Brandbombe.
- Prüfeninger Straße 90 b (Geistreiter), durch Volltreffer zerstört.
- Prüfeninger Straße 115 (Gartenhaus), durch Volltreffer zerstört.

Schwere Gebäudeschäden:
- Keplerstraße 20 (Seyboth), Brandbomben in das Treppenhaus und den Dachstuhl.
- Rennbahnstallungen, ein Haus schwer beschädigt.
- Dechbetten 33 (Brückheimer), eine Scheune schwer beschädigt.
- Prüfeninger Straße 121, 122, 123, 124, 125, 129 Wohnbaracken schwer beschädigt.
- Uhlandstraße 8 (Bank), Nordwand des Hauses eingedrückt.
- Brunnweg 51 (Kind-Jesu-Haus), Dachboden und 4 Zimmer beschädigt.

Leichte Gebäudeschäden:
- 180 leichte Gebäudeschäden, in der Hauptsache Dach- und Glasschäden sowie Mauerrisse.
- Die Häuser Scharnhorststraße 1 und 5, Prüfeninger Straße 90 und 94 mussten wegen Blindgängern geräumt werden.

Bericht von Oberfeldwebel Stemmler zum Einsatz der Industriestaffel vom 17.8.1943:

„Der Luftalarm in Regensburg wurde in der Mittagszeit von sehr vielen Mitarbeitern des Messerschmitt-Werkes als Probealarm aufgefasst. Deshalb blieb ein großer Teil von ihnen in den Kantinen. Ein Teil der Mitarbeiter lief auch ins Freie, um zu sehen, was los ist, die wenigsten suchten zu Beginn des Alarmes die Luftschutzräume auf.
Fast alle Piloten befanden sich beim Mittagessen in der Kantine, als die erste Alarmmeldung eintraf (12.13 Uhr MEZ): US-Bomber aus Westen im Anflug auf Regensburg. Keiner von uns wollte dies so recht wahrhaben, nachts ja, aber am helllichten Tag bei Sonnenschein? Eine halbe Stunde später wurden wir eines Besseren belehrt.
Feldwebel Mrotzek, der die Alarmrotte führte, hatte Sitzbereitschaft, und als wir die Einflughalle erreichten, rollten die beiden 109er schon an den Start. Wir Piloten versammelten uns im Büro neben der Einflughalle, hier lagerten auch unsere Ausrüstungen, wie Fallschirme, Atemmasken, Funkkopfhauben, Kartenmaterial usw. Es erfolgten noch ein paar kurze Anweisungen von Oberleutnant Ladegast, und dann ging's auch schon im Laufschritt zu den bereitgestellten Maschinen, die gleich neben der Einflughalle abgestellt waren. Unsere Mechaniker warteten schon an den Jagdmaschinen, und es begann jene lebhafte Geschäftigkeit, wie wir sie von der Front her gewohnt waren. Sitzfallschirm anlegen, die richtige Sitzposition in der Maschine einstellen, Atemmaske anschließen und Atemgerät kurz überprüfen, anschnallen und Kabinenhaube schließen. So wartete die gesamte Staffel auf den Startbefehl. Da Alarmstufe 1 durchgegeben worden war, mussten wir innerhalb von drei Minuten in der Luft sein.
Ich hatte es mir gerade in meiner 109 bequem gemacht, was bei meiner Körpergröße von 185 cm nicht ganz einfach war, da wurde von der Flugleitung eine grüne Leuchtkugel abgefeuert, der Startbefehl. Mein Wart kurbelte bereits am Schwungkraftanlasser, und als dieser seine höchste Drehzahl erreicht hatte, was man an dem hohen Heulton hörte, kuppelte ich ein. Der Daimler-Benz-Motor sprang sofort an, kurz noch die Magnete überprüft, die Unterlegkeile weggezogen und nach dem Freizeichen des

ersten Wartes die Bremsen gelöst und in Startposition hinter Oberleutnant Ladegast gerollt. Der Startposten gab den Start frei, den Gashebel langsam nach vorne bis zum Anschlag geschoben, und ab ging die Post (12.31 Uhr). Wir starteten in Richtung Kelheim und gingen auf Angriffshöhe. In 6.500 m Höhe konnten wir bereits die anfliegenden Bomber erkennen. Deutlich waren bereits jetzt die in der Höhe gestaffelten Bomberformationen zu erkennen. Das war ein Anblick, den ich nie vergessen werde, und nicht nur mir blieb die Sprache weg. Immer mehr Bomber wurden am Horizont sichtbar, und es wurde höchste Zeit, dass wir uns in Angriffsposition setzten.

Wir griffen die am höchsten fliegende Formation von hinten oben aus ca. 6.500 m Höhe an. Oberleutnant Ladegast eröffnete meiner Meinung nach das Feuer auf zu große Entfernung und brach den Angriff zu früh und durch plötzliches Hochziehen abrupt ab, sodass ich gar nicht richtig in Schussposition kam. Wir befanden uns über Mariaort und flogen durch das Sperrfeuer der eigenen Flak. Die Staffel platzte auseinander und Oberleutnant Ladegast gab über Funk den Befehl, jeder solle selbständig die Bomber angreifen. Ich überholte den Bomberpulk mit einen seitlichem Abstand von ca. 600 m, um mir diese fliegenden Festungen etwas aus der Nähe anzusehen. Dabei flog mir derartig viel Leuchtspur um die Ohren, dass ich schleunigst einen Abschwung durchführte und mich nach Süden in die Sonne absetzte. Etwas später hatte ich einen Bomberverband überholt und griff nun, aus der Sonne kommend, einen Bomber von vorne oben frontal an. Das Abwehrfeuer begann relativ spät, und der Bomber kam mir mit unvorstellbarer Geschwindigkeit entgegen, ich feuerte meine gesamte Munition auf ihn ab. Mehrmals sah ich Treffer aufblitzen und konnte dann nur mit Mühe und Not dem riesigen hochaufragenden Seitenleitwerk ausweichen. In einer Sturzrolle ging es nach unten, wobei ich durch einen darunter fliegenden Bomberverband durchrauschte, sodass die Leuchtspur von allen Seiten anflog. Glücklicherweise waren die Bordschützen nicht in der Lage, meiner hohen Sturzgeschwindigkeit zu folgen und konnten keinen Treffer erzielen. Als ich meine 109 abgefangen hatte, erkannte ich eine gigantische Rauch- und Staubwolke über dem Flugzeugwerk. Für die Leute da unten musste es die Hölle sein, hoffentlich hatten sie sich noch in Sicherheit bringen können, denn das Ausmaß der Zerstörungen, aus der Luft betrachtet, ließ das Schlimmste erwarten. Auch der Flugplatz war schwer getroffen, und eine Landung erschien mir hier nicht ratsam. Kurz vor 13.30 Uhr entschloss ich mich zur Landung in Obertraubling, da meine Munition verschossen war und die rote Lampe anzeigte, dass der Treibstoff zu Ende ging. Die von mir beschossene Maschine flog unbeirrt weiter ihren Kurs im Bomberverband. Nacheinander landeten die Maschinen der Staffel in Obertraubling. Vor mir war bereits Feldwebel Mrotzek ohne Zwischenfall notgelandet. Seine 109 hatte Treffer in den Ölbehälter, der vor dem Motor saß, erhalten, und die gesamte Kabine war mit Motoröl verschmiert. Obwohl ihm dieser Umstand kaum Sicht nach vorne ermöglichte, gelang die Bauchlandung. Feldwebel Heinz Lohmann landete um 13.27 Uhr, und um 13.37 Uhr kam Leutnant Adolf Riedmeir mit dem buchstäblich letzten Tropfen Sprit im Tank in Obertraubling an.“

Bericht von Kurt Obermeier zum Angriff vom 17.8.1943

„Beim Ertönen der Alarmsirene begaben sich bis auf die Flakbedienung alle Mitarbeiter der Verwaltung in die Luftschutzräume im Keller. Einige Kellerräume waren als Luftschutzräume umfunktioniert worden. Die einzige bauliche Veränderung gegenüber den anderen Räumen waren zusätzliche innen angebrachte Stahltüren an den Kellerfenstern, die verhindern sollten, dass Bombensplitter in die Luftschutzräume eindrangen.

Alles dachte an einen Probealarm, wie er erst am Vortage durchgeführt worden war. Mit uns im Raum befand sich eine Delegation von sechs oder sieben Offizieren der Spanischen Luftwaffe. Als die ersten Bomben einschlugen, bebte der gesamte Keller. Wenig später ein berstender Schlag, die Stahltüren der Fensterabdeckung flogen nach innen auf und verletzten zahlreiche Personen. Es folgte eine derart dichte Staubwolke, dass viele glaubten, es handle sich um irgendein Kampfgas. Auf jeden Fall hatten wir mindestens einen Volltreffer erhalten. Zum Glück befand sich im Keller ein Fotolabor, in dem sich Waschbecken und Handtücher befanden, sodass wir die Verletzten versorgen konn-

ten. Als ich ins Freie kam, sah es am Haupteingang sehr schlimm aus. Die Hauptkantine und das Gebäude des Werkschutzes waren total zerstört. Das Verwaltungsgebäude war schwer beschädigt, da eine Bombe in der Gebäudemitte, in der dort eingebauten Flakstellung, eingeschlagen hatte. Vom Bedienungspersonal des Flakgeschützes hatte nur ein Mann den Bombentreffer überlebt. Die Geschützbedienung war gerade dabei, die Stellung zu räumen, da die Bomber für die 2-cm-Flakkanone zu hoch flogen, als die Bombe explodierte. Wer nicht schon bei der Bombenexplosion getötet worden war, wurde durch die zusammenstürzende Treppenkonstruktion erschlagen.
Die Bedienungsmannschaft für die leichten Flakgeschütze auf dem Werksgelände stellten Messerschmitt-Mitarbeiter, die als Soldat uk gestellt waren. Davon war auch ich betroffen, war jedoch in dieser Woche nicht zum Bereitschaftsdienst eingeteilt. Mein Fahrrad, das ich immer im Eingangsbereich abgestellt hatte, wurde bei diesem Angriff total zerstört.
Bis auf den Hochbunker hatten sich alle Luftschutzräume als unwirksam erwiesen. Diese waren zwar mit Luftschleusen gegen einen Gasangriff ausgerüstet, jedoch nicht ausreichend stark betoniert, um vor Volltreffern zu schützen. Nach dem Angriff wurde die Einkaufsabteilung, in der ich arbeitete, bis zum Jahresende in ein Barackenlager im Ortsteil Kumpfmühl verlegt."

Bericht von Otto Liebl zum 17.8.1943:

„Am 17. August 1943 fuhr ich von Prüfening nach Obertraubling, um Material für die Einflugabteilung der Messerschmitt GmbH in Prüfening abzuholen. Kaum hatte ich die Rückfahrt angetreten, als Fliegeralarm ausgelöst wurde. Ich unterbrach die Fahrt, um zu sehen, was eigentlich los war. Deutlich konnte man die an- und abfliegenden Bomberverbände erkennen.
Nachdem der Zauber vorbei war, setzte ich meine Fahrt fort. Schon von weitem konnte ich erkennen, dass das Messerschmitt-Werk auf das schwerste getroffen war. Eine große Rauchwolke kündete vom Bombenangriff. Als ich im Werk eintraf, herrschte dort ein einziges Chaos. An den Straßenrändern im Werksgelände lagen in Reihen die bereits geborgenen Toten. Es war ein erschütternder Anblick, den ich bis heute nicht vergessen habe. Die Toten wurden dann später auf Lastwagen geladen und zum Oberen Katholischen Friedhof transportiert. Besonders tragisch waren die vielen Toten unter den Lehrlingen. Das Ausbildungszentrum mit Berufsschule und Lehrlingswerkstatt hatte zahlreiche schwere Treffer abbekommen. Beim Anblick der vielen Toten drängte sich natürlich die Frage auf, wer dafür die Verantwortung trägt. Konnte man von einer Schuldzuweisung sprechen? Aber es war schließlich Krieg, und uns wurde auf sehr dramatische Art und Weise klargemacht, dass nicht nur an der Front gekämpft und gestorben wurde, sondern dass sich das Kriegsgebiet auf die Heimat ausgedehnt hatte."

Bericht von Fritz Börner zum Angriff vom 17.8.1943

„Am Angriffstag war ich im Vorrichtungsbau beschäftigt. Meine Aufgabe bei Luftalarm bestand darin, in meinem gesamten Arbeitsbereich nochmals zu kontrollieren, ob sämtliche Werkzeugmaschinen und die Beleuchtung ausgeschaltet waren. Zu meinem Glück war mir an diesem Tage ein genesender Soldat, der sich bei Messerschmitt im Arbeitseinsatz befand, zugeteilt. Bei Luftalarm hatten alle Beschäftigten die Luftschutzräume aufzusuchen. Wir beide machten noch einen Kontrollgang in unserem Arbeitsbereich. Als wir nach draußen gingen, waren kaum mehr Mitarbeiter auf dem Werksgelände zu sehen, und die Werkstore waren geschlossen worden. Der mir zugeteilte Soldat, der über große Fronterfahrung verfügte, meinte, dass es ein ausgemachter Unsinn sei, bei den unzureichenden Luftschutzräumen auf dem Werksgelände zu bleiben. Wenn die Bomber kommen, dann belegen sie das Ziel mit ihren Bomben, deshalb wäre es am vernünftigsten, das Gelände zu verlassen. Im Westen waren bereits die ersten Bomber zu sehen, als wir uns hinter die Halle begaben und uns unter die Eisenbahnwaggons in Höhe der Achsen in Deckung legten. So waren wir seiner Meinung nach gegen Bombensplitter am besten geschützt, und dies hat sich dann auch bewahrheitet.
Nachdem der erste Bombenteppich niedergegangen war, trat eine kurze Ruhepause ein, in der wir unsere Deckung verließen, denn wir wollten nur eins, weg aus dieser Hölle. Aber mit durch-

dringendem Motorgedröhn näherte sich bereits die nächste Welle, und wir suchten nochmals die Waggons als Deckung auf, in der Hoffnung, keinen Volltreffer zu erhalten. Wieder bebte die Erde durch die explodierenden Bomben. Nachdem die letzten Detonationen verklungen waren, überkletterten wir den Werkszaun und rannten, was die Beine hergaben, in Richtung Prüfening. Nachdem Entwarnung gegeben wurde, gingen wir auf das Werksgelände zurück. Hier trafen wir ein totales Chaos an. Überall lagen Trümmer, und es herrschte eine Todesstille, die nur durch die Hilfeschreie der Verschütteten und Eingeschlossenen unterbrochen wurde. Wir arbeiteten bis 9.00 Uhr am Abend und retteten die Eingeschlossenen, indem wir uns mit Presslufthämmern und Schneidbrennern durch die Betontrümmer, die vorher Kantinen waren, durchgearbeitet hatten. Dann wurden wir durch herbeigeeilte Hilfskräfte abgelöst. Es boten sich Szenen, die ich mein Leben lang nicht mehr vergessen werde. Da wurden Leute mit abgetrenntem Oberarm gerettet, einem anderen war das Bein zertrümmert worden. Einem Mitarbeiter war ein Eisenstück durch den Oberschenkel gedrungen, und man schnitt es mit einem Schweißbrenner durch, indem man den im Oberschenkel steckenden Teil mit Wasser abkühlte. Die nächsten Tage waren wir nur mit dem Bergen von Toten beschäftigt. Noch heute glaube ich manchmal beim Anblick von Toten, z.B. im Fernsehen, den intensiven Verwesungsgeruch zu riechen, der sich damals in der sommerlichen Hitze gebildet hatte.
Tage nach dem Angriff begannen wir, die zerstörten Hallen notdürftig zu reparieren. Von der Werkleitung wurde uns mitgeteilt, dass alles nur Erdenkliche getan werden müsse, da der Standort Regensburg sonst gefährdet sei und wir unseren Arbeitsplatz verlieren würden. Angesichts der Kriegslage war dies für mich jedoch sehr unwahrscheinlich.“

Dachstuhlbrand, verursacht durch Brandbomben beim Luftangriff am 17.8.1943 im Weißgerbergraben. (MZ-Archiv)

Bericht von August Obermeier zum 17.8.1943

„Seit meinem Arbeitsantritt bei Messerschmitt in Regensburg-Prüfening war ich als Flugzeugwart in der Einfliegerei beschäftigt. Unsere Aufgabe war eine nochmalige Überprüfung der zum Einflug bereitgestellten Bf 109. Dazu gehörte das Auftanken der Maschine genauso wie ein Probelauf des Motors und eine Überprüfung der verschiedenen Instrumente. Wurden keine Mängel festgestellt, erfolgte die Übergabe der 109 an den zugeteilten Einflieger, der damit zum Einflug startete. Abgenommene Maschinen wurden am Nordrand des Flugplatzes unmittelbar am Donauufer in betonierten Abstellboxen, die zum Teil mit Tarnnetzen überspannt waren, geparkt. Überführungsflieger, die manchmal mit Ju 52 nach Regensburg transportiert wurden, flogen die Bf 109 dann an die Front. Zu meiner Zeit gingen sehr viele Maschinen nach Italien.

Bei Luftalarm musste ich mich bei der noch im Bau befindlichen neuen Einflughalle einfinden. Hier waren Bf 109 der Industriestaffel abgestellt. Für mich war das immer eine prima Sache, denn nachdem der Flugzeugführer in der Maschine Platz genommen hatte, ergab sich für mich bis zum Startbefehl eine Ruhepause, die ich mit der Anlasskurbel in der Hand auf der rechten Tragfläche verbrachte. Alle Maschinen der Schutzstaffel waren mit einer weißen Zahl von 1 – 10 und mit einem gelben Rumpfring versehen, die Bf 109 waren immer vollgetankt und voll munitioniert. Bei entsprechender Alarmstufe wurde sofort Sitzbereitschaft für 2 Piloten durch die Flugleitung angeordnet. Weitere Piloten standen jederzeit auf Abruf bereit, hierzu gab es einen speziellen Bereitschaftsplan, den Oberleutnant Ladegast ausgearbeitet hatte.

Ein besonders gutes Verhältnis hatte ich zu Feldwebel Mrotzek, einem noch sehr jungen Piloten, der schon vier Luftsiege errungen hatte, darunter ein viermotoriges Flugboot vom Typ Sunderland. Er war ein Draufgänger und fiel 1944 in Südfrankreich.

Als am 17. August der erste Alarm durchgegeben wurde, wollte keiner so recht an das drohende Unheil glauben, obwohl Feldwebel Mrotzek noch am Morgen zu mir sagte: ‚Wenn die heute nicht kommen, wann dann!' Er war an diesem Tag zur Bereitschaft eingeteilt und war einer der ersten, der zur Abwehr startete. Wir Mechaniker liefen nach Auslösung des Alarmes umgehend zu den abgestellten Bf 109 der Industriestaffel und trafen alle Vorbereitungen für den Start. Die Piloten ließen auch nicht lange auf sich warten, und die Alarmrotte startete bereits. Nacheinander wurden die Motoren angelassen, und es herrschte ein Höllenlärm. Kurz danach wurde schon von der Flugleitung eine grüne Leuchtkugel abgefeuert, der Startbefehl. Meiner Erinnerung nach gingen damals alle einsatzbereiten Maschinen, ca. 8 Stück, an den Start. Kaum waren die 109er am Horizont verschwunden, wurde uns von der Flugleitung zugerufen, den Platz umgehend zu verlassen: ‚Die meinen uns, haut ab!'

Mit einem Arbeitskollegen lief ich in Richtung Rennplatz, um an die Prüfeninger Straße zu gelangen. Deutlich waren die anfliegenden Bomber zu hören, und als wir für einen Moment stehenblieben, konnten wir sie über Mariaort bereits erkennen. Wir hatten inzwischen ungefähr die Mitte des Rennplatzes erreicht, als die ersten Bomben auf uns niederheulten. Ein Teil ging auch auf dem Rennplatz nieder. Ich hatte volle Deckung genommen, als in unmittelbarer Nähe eine Sprengbombe einschlug. Mir wurden Erd- und Steinbrocken auf den Rücken geworfen, sodass mir momentan die Luft wegblieb. Dies kann aber auch durch die Druckwelle verursacht worden sein. Plötzlich hörte ich meinen Kollegen um Hilfe rufen. Ihn hatte es am Bein schwer erwischt, und er konnte nicht mehr laufen. Trotz meiner Schmerzen hob ich ihn hoch und trug ihn jetzt quer über den Rennplatz zur Endhaltestelle der Straßenbahn in Prüfening, wo ich völlig erschöpft ankam. Jedoch keine Minute zu früh, denn die zweite Welle lud ihren Segen ab. Es herrschte ein unbeschreibliches Getöse. Das tiefe sonore Brummen der Bombermotoren vermischte sich mit dem Heulen und Rauschen der fallenden Bomben, die mit wuchtigen Schlägen explodierten, dazwischen die bellenden Abschüsse der Flak, deren Feuer jedoch ohne sichtbaren Erfolg blieb. Über dem Werksgelände hatte sich eine riesige Staub- und Rauchsäule gebildet. Auch das Verwaltungsgebäude war getroffen worden, und ich machte mir große Sorgen um meinen Bruder, der in der Einkaufsabteilung arbeitete. Nachdem die letzten Bomber abgeflogen waren, kam es mir vor, als herrsche Grabesstille. Wir konnten noch gar nicht begreifen, dass wir es überstanden hatten, der Schock saß tief. Da sich immer mehr Messerschmittler einfanden, eilten wir in Richtung Werksgelände, um zu helfen. Am Verwaltungsgebäude sah es schlimm aus. Das Pförtnergebäude und die Kantine waren total zerstört. In der Mitte des Verwaltungsgebäudes, dort wo die 2-cm-Flak montiert war, hatte eine schwere Sprengbombe eingeschlagen. Auch an der Ostseite waren schwere Schäden erkennbar. Meinen Bruder fand ich zum Glück unversehrt vor. In seinem blauen Flakdrillichanzug versuchte er, erste Hilfskommandos aufzustellen, denn es herrschte noch ein einziges Chaos, und niemand hatte einen genauen Überblick über die Lage. Entlang des Rennplatzes gelangte ich wieder zur Einfliegerei. Auf dem Weg zu der im Bau befindlichen neuen Einflughalle fand ich mitten auf dem Zugangsweg einen toten Bauarbeiter, den es hier getroffen hatte. Im Bereich der Einfliegerei sah es wüst aus, die Halle war getroffen, zahlreiche Bf 109 waren beschädigt oder total zerstört. Wie durch ein Wunder hatte mein neues Fahrrad zum Glück nicht einen Kratzer abbekommen. Kurz darauf gab die Flugleitung Fliegeralarm durch, und ich rannte, was die Beine hergaben, ans Donauufer, um hier bei den Betonwällen, die die abgestellten 109 schützten, Deckung zu suchen. Es war jedoch nur ein Mosquito Aufklärer, der die Wirkung des Angriffs fotografierte. Nach diesem Angriff wurde der Einflugbetrieb nach Obertraubling verlegt. Teilweise wurden die noch fertiggestellten 109 ohne Farbanstrich von Prüfening nach Obertraubling überflogen.“

Bericht von Alfons Pichlmeier, Lehrling, über den Angriff vom 17. August 1943:

Seit April 1943 war ich als Lehrling im Messerschmitt-Werk in Prüfening und war schon ein wenig stolz, dass ich die Aufnahmeprüfung geschafft hatte. Als an diesem sonnigen Hochsommertag die Sirenen ertönten und Fliegeralarm verkündeten, versammelten sich alle Lehrlinge wie geplant im Keller des Lehrlingsgebäudes. Alles glaubte an eine Übung und keiner war sich dem Ernst der Lage bewusst. Im Keller waren die Umkleide- und Waschräume, und jedes Lehrjahr versammelte sich in einem bestimmten Bereich des Kellers. Ich hatte einen guten Freund, der schon im 2. Lehrjahr war, und unterhielt mich kurz mit ihm, als unser Ausbilder Weigert (ein Kriegsversehrter mit einem Arm) vorbeikam und mich bei den Lehrlingen erblickte. Wir hatten alle ein Ärmelabzeichen mit dem Messerschmitt-Falken und einer Zahl je nach Lehrjahr an unserer Arbeitsjacke und waren so leicht einem Lehrjahr zuzuordnen. Und das 1. Lehrjahr hatte sich im Bereich des Waschraums zu versammeln. Ein Lehrling von unserem Ausbildungsjahr blickte aus dem Kellerfenster und schrie plötzlich: ‚Da kommen ja Viermotorige‘. Wenig später vernahmen wir das für uns bis dahin unbekannte Geräusch, ich möchte es als schlurfendes Rauschen beschreiben, als die Bomben runterkamen. Dann detonierten die ersten Fliegerbomben mit dumpfen Schlägen im Bereich der Einflughalle und entlang der Endmontagehalle. Staub und Dreck wehten bis zu unserem Kellerfenster. Der Boden zitterte und schwankte. Alle waren wir blass, und wir hatten Angst. Im Keller war kaum ein Laut zu hören. Dann war für einige Minuten Ruhe, bevor die nächste Welle anflog. Jetzt war wieder das Rauschen zu hören und dann ging es wieder los. Dumpfe Schläge der detonierenden Bomben. Es wurde dunkel im Keller, und es herrschte gespenstische Stille. Inzwischen war die zweite Bomberwelle abgeflogen, und wir warteten auf die Entwarnung. Die kam aber nicht, sondern es waren schon wieder Flugzeuge zu hören. Plötzlich gab es einen gewaltigen Schlag ganz in unserer Nähe. Schreie ertönten, Brocken flogen uns um die Ohren und der gesamte Keller war voller Rauch und Staub, sodass die Sicht gleich Null war. Plötzlich Schreie von unseren Ausbildern: ‚Raus, raus alles nach draußen, schnell, schnell. Wir tasteten uns über die Treppe nach draußen. Halb blind und taub gelangten wir oben an! Noch wussten wir nicht genau, welche Katastrophe uns getroffen hatte. Alles lief und rannte zur Donau. Als wir dort völlig außer Atem angekommen waren und uns umsahen, stand über dem Werkgelände eine gewaltige Rauch- und Staubsäule, welche die Sonne verdunkelte. Nach einiger Zeit heulten die Sirenen Entwarnung, und wir kehrten zurück. Wir sahen die große Zerstörung, denn fast alle Gebäude wiesen Schäden auf. Im Lehrlingsgebäude hatte eine große Bombe im Bereich des Kellerabgangs eingeschlagen und einen Teil des Gebäudes samt Keller zerstört. Unter den Trümmern lagen über 90 tote Lehrlinge, aber das war uns zu diesem Zeitpunkt noch gar nicht bewusst. Alle Lehrlinge wurden nach Hause geschickt, und wir sahen uns erst eine Woche später wieder bei der Beerdigung der Bombenopfer auf dem oberen Katholischen Friedhof."

Bericht von Martin Gattinger zum 17.8.1943

„Im August 1943 arbeitete ich als Monteur bei Messerschmitt in der Einflugabteilung. Ich musste jedoch nachts in der westlich vom Flugplatz gelegenen Flakstellung als Angehöriger der 8. Ausbildungsbatterie der Flakersatzabteilung 94 Bereitschaftsdienst leisten. Anlässlich eines Rundganges von Betriebsführer Lucht sprach ich ihn auf meine doppelte Dienstbelastung an, und innerhalb von einer Woche wurde ich vom Dienst bei der Flakbatterie befreit. An jenem 17. August war ich während der Mittagszeit in der Kantine, die sich in der Nähe der Endmontagehalle befand. Es gab Leberkäse mit Kartoffelsalat, und ich war gerade dabei, mir einen Nachschlag zu holen, als die Sirene Fliegeralarm verkündete. Alle liefen raus, aber keiner glaubte an einen Ernstfall. Mein Meister rief alle Mitarbeiter seiner Abteilung zusammen, und wir begannen, die abgestellten Bf 109 mit dafür bereitgestellten Tarnnetzen abzudecken. Wir waren mit der Arbeit noch nicht fertig, als wir bereits die anfliegenden Bomber hören und erkennen konnten. Zuerst wollten wir noch einen der Luftschutzräume aufsuchen, aber auf dem Weg dorthin hörten wir bereits die fallenden Bomben. Ich sprang in den nächstbesten Luftschutzgraben direkt neben der Endmontage. Eine Bombenreihe ging unmittelbar auf der anderen Seite der Straße, an dem sich der Deckungsgraben befand, nieder. Noch heute sind mir die grellen Explosionsblitze und der Detonationsknall der Bomben in Erinnerung. Die Erde bebte, Steine und Dreck prasselten auf uns herab, wir machten uns so klein wie möglich, und ich glaubte, meine letzte Stunde sei gekommen. Aber glücklicherweise überstand ich den Angriff unverletzt.
Nach dem Abflug wurde umgehend versucht, den Leuten in den zerstörten Luftschutzräumen zu helfen. Was vorher eine Kantine war, mit einem Luftschutzraum im Keller, war nun ein Trümmerhaufen, aus dem zaghaft um Hilfe gerufen wurde. Ein Bild habe ich bis heute nicht vergessen können: Ein Mann war mit dem Unterkörper unter einem Betondeckenteil eingequetscht. Er lebte noch, und wir versuchten fieberhaft, ihn aus dieser Lage zu befreien. Aber ohne schweres Gerät war keine Aussicht auf einen Erfolg gegeben, und der Mann starb in unseren Armen einen qualvollen Tod. Die geborgenen Toten lagen in langen Reihen an den Straßenrändern, und auch im Bereich des Lehrlingsheimes gab es viele Tote.
Als erneut Fliegeralarm ertönte, brach fast eine Panik aus. Alles rannte zum Donauufer, aber dieses Mal kam nur ein einzelner Aufklärer, um das Ergebnis des Bombardements zu fotografieren."

Bericht von Rudolf Melzl (damals 13 Jahre alt) zum 17.8.1943

„Als der Luftalarm in Regensburg ertönte, befand ich mich zu Hause in Neuprüll. Mein Vater hatte ein Fernglas im Haus, das ich mir holte, um die Flugzeuge besser beobachten zu können. Es dauerte auch nicht lange, und die erste Formation kam angeflogen. Irgendwann begann die Flak zu schießen, und durch das Fernglas konnte ich deutlich erkennen, wie die Bomben ausgelöst wurden, darunter auch Rauchbomben (Zielanzeiger d.V.), die in der Luft eine graublaue Rauchsäule hinterließen. Es war das typische Geräusch von fallenden Bomben zu hören, die dann mit dumpfen Schlägen explodierten, sodass der Boden unter mir bebte. Nach dem Bombenwurf flogen die Maschinen über die Stadt und drehten nach Süden ab. Über Prüfening hatte sich der Himmel durch Staub- und Rauchwolken verdunkelt. Zwei oder drei Tage später machte ich auf meinem Heimweg von der Schule, der mich am Oberen Katholischen Friedhof vorbeiführte, folgende Beobachtung:
In der Aussegnungshalle lagen die Toten in Fünferreihen übereinander in Papiersäcken aufgestapelt. Zwei Bagger hoben die Massengräber aus. Bedingt durch die sommerliche Hitze lag ein starker Verwesungsgeruch in der Luft. Abkommandierte Soldaten mit Gasmasken bestatteten die Toten."

22. Februar 1944: Angriff auf Prüfening und Obertraubling

Im Rahmen der „Big Week“ flogen die Bomberverbände der 8. und 15. US-Luftflotte konzentrierte Einsätze gegen die deutsche Flugzeugindustrie. Diese Angriffe vom 20.2.-25.2. (am 26.2. wurden wegen der schlechten Wetterlage keine Angriffe geflogen) bewirkten, dass die deutsche Luftfahrtindustrie 20 Prozent weniger Flugzeuge an die Luftwaffe abliefern konnte, als geplant waren.
Bereits am 20.2.44 befanden sich 29 B-17 der 2. BG, 20 B-17 der 99. BG und 40 B-17 der 301. BG, insgesamt 89 B-17, im Anflug auf die Messerschmitt-Werke in Regensburg. Infolge schlechten Wetters musste der Einsatz jedoch abgebrochen werden.
Am 22.2. griffen 178 Bomber B-17 und B-24 der 15. US-Luftflotte in zwei Gruppen die Messerschmitt-Werke in Regensburg an. Um 11.26 Uhr erfolgte der Einflug der Maschinen, aus dem Adriaraum kommend, mit Kurs Nordnordwest in das Reichsgebiet. Über Klagenfurt nahm der Verband Kurs auf Salzburg und flog dann in Richtung Mühldorf-Altötting-Straubing zum Angriff auf Regensburg. 122 P-38 Jagdflugzeuge eskortierten den Bomberverband, die auf dem Rückflug über Norditalien von 63 P-47 abgelöst wurden.
Das heftig einsetzende Sperrfeuer der schweren Flak und die rasch heraneilenden deutschen Jagdverbände hinderten einen Teil der Bomberformation an einem gezielten Bombenabwurf.
Die Angriffshöhe der Bomber lag bei 6.500 – 7.400 m. Ein dritter Verband stieß in sehr großer Höhe bis Schwandorf vor und schwenkte dann nach Osten zum Angriff auf Pilsen ein. Eine fast geschlossene Wolkendecke erschwerte den Bombenschützen und Navigatoren das Auffinden der Ziele.
Während der erste Bomberverband das Flugzeugwerk in Prüfening das Messerschmitt-Werk 1 zum Ziel hatte, griff der zweite Verband den Fliegerhorst in Obertraubling das Messerschmitt-Werk 2 an.
Der Bombenabwurf über Obertraubling erfolgte bei sehr starker Bewölkung in der Zeit von 12.45 – 13.12 Uhr. Insgesamt fielen 741 Sprengbomben zu 227 kg und 306 Brandbomben zu 45 kg. Dies ergibt ein Abwurfgewicht von 180,5 t Bomben, die aus 6.000 – 7.000 m Höhe auf den Fliegerhorst abgeworfen wurden.
Da zur selben Zeit auch die 8. US-Luftflotte die Luftfahrtindustrie in Mitteldeutschland angriff, war die Reichsverteidigung gezwungen, ihre Jagdverbände gegen beide Einflüge einzusetzen. Diese Aufsplitterung der Reichsverteidigung gehörte zum Einsatzkonzept der beiden US-Luftflotten, denn weder der Einflug aus dem Westen noch der Einflug aus dem Süden konnte von der Luftwaffe mit allen zur Verfügung stehenden Kräften bekämpft werden. Durch ca. 120 Jagdmaschinen der deutschen Luftwaffe erlitt der Angriffsverband der 15. US-Luftflotte einen Verlust von 20 viermotorigen Bombern (6 B-17 und 14 B-24) und zwei Jagdflugzeugen (einer P-38 und einer P-47).

Bf (Me) 109 G-6/R-6 der II./JG 53 im Januar 1944 im Einsatz gegen viermotorige Bomber. Diese Einheit bekämpfte am 22.2. und am 25.2.1944 die auf Regensburg anfliegenden Bomberverbände. (Prien)

Nach dem Abwurf der Bomben erfolgten die Rückflüge in aufgelockerter Formation mit Generalkurs Süden über München und Innsbruck. Der Ausflug aus dem Reichsgebiet erfolgte westlich des Brenners und Pass Thurn zwischen 13.19 und 13.30 Uhr.
Im Großraum Regensburg wurden an diesem Tage vier Bomber abgeschossen, davon mit Sicherheit zwei Maschinen durch das zusammengefasste Flakfeuer der Regensburger Batterien. Allein die Flakbatterie 2./902 feuerte an diesem Tag 42 Gruppen, das entspricht einem Munitionsverbrauch von 168 Schuss je Flakgeschütz und einem Gesamtmunitionsverbrauch von 1.008 Granaten, nur von dieser einen Flakbatterie.
Gestartete Jagdverbände schossen weitere Bomber im An- und Abflug auf Regensburg ab.

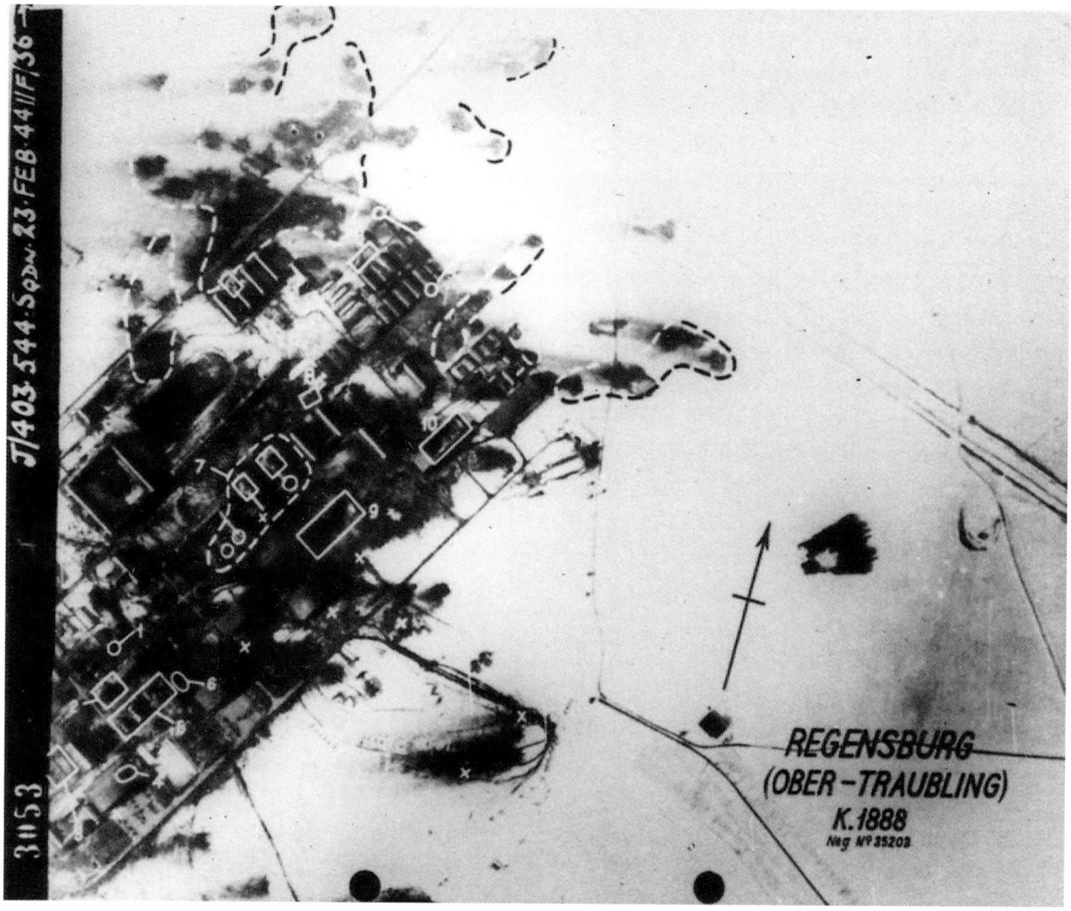

Der teilweise zerstörte Fliegerhorst nach dem Luftangriff vom 22. Februar 1944. Diese Aufnahme wurde am 23. Februar 1944 von einem Aufklärer der 544. Squadron gemacht. (USAF)

Einsatz der Luftwaffe am 22.2.44

Bereits im Großraum Salzburg wurden die anfliegenden Bomber von der I. Gruppe des Jagdgeschwaders 301, das in Neubiberg gestartet war, angegriffen. Beim Luftkampf mit den Bombern wurde Oberleutnant Walter Burghoff nördlich von Salzburg verwundet und seine Bf 109 G-6 mit der Werknummer 411270 beschädigt. Burghoff gelang es, sich aus der abstürzenden Maschine mit dem Fallschirm zu retten. Unteroffizier Heinrich Block, ebenfalls von der I./JG 301, wurde im Luftkampf verwundet. Auch er musste seine Bf 109 G-6, Werknummer 411244, die bei der Ortschaft Penk aufschlug, mit dem Fallschirm verlassen.
Auch die in Wien/Seyring liegende II./JG 53 war zum Abwehreinsatz um 11.45 Uhr in westliche Richtung gestartet. Nach fast 90 Flugminuten bekamen die deutschen Jäger an der Grenze ihrer Reichweite im Großraum Straubing-Altötting Kontakt zu den auf Regensburg anfliegenden Bombern. Um

13.04 Uhr war Oberleutnant Hammer von der 6./JG 53 im Luftkampf erfolgreich. Er schoss ca. 5 km südlich von Straubing bei Mitterharthausen eine B-24 von der 450. BG mit dem Namen „Gallopin Ghost“ ab. Drei Mann der zehnköpfigen Besatzung konnten sich mit dem Fallschirm retten. Einer davon hatte schwere Brandverletzungen erlitten, er wurde in das Straubinger Krankenhaus eingeliefert. Die restlichen sieben Besatzungsmitglieder kamen bei dem Absturz ums Leben. Oberfeldwebel Rollwage gelang um 13.20 Uhr die Vernichtung einer weiteren B-24.

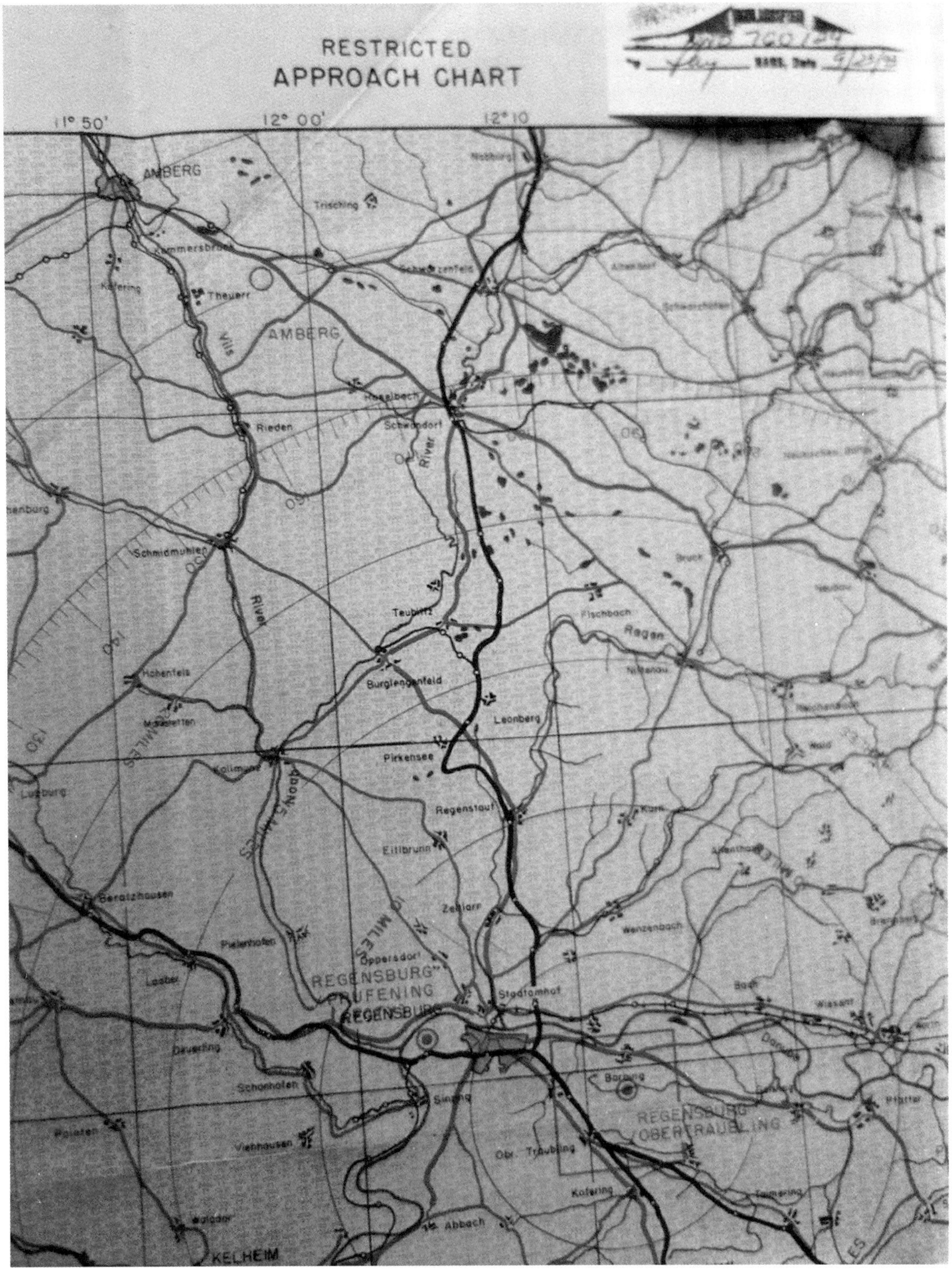

Anflugkarte für die Bomberverbände der USAAF. Die Ziele Regensburg-Prüfening und Regensburg-Obertraubling sind deutlich markiert. (WNRC)

Leutnant Heinrich Freiherr von Podewils vor seiner Bf (Me) 109 G-6/R-6 im Februar 1944. (Sammlung Podewils)

Fünfzehn Kilometer südlich von Straubing wurde Feldwebel Josef Gehringer durch das Abwehrfeuer eines B-24 Bombers tödlich getroffen. Er stürzte mit seiner Bf 109 G-6 Gelbe 15, Werknummer 440190, bei Martinsbuch ab. Alle drei Staffeln der II./G 53 landeten mit dem letzten Tropfen Treibstoff in den Tanks um 13.40 Uhr in Landshut-Ergolding. Noch am Nachmittag flogen die Maschinen zurück nach Seyring bei Wien. In Regensburg-Obertraubling lag zu diesem Zeitpunkt die I./Gruppe des Jagdgeschwaders 5 „Eismeerjäger" mit der 1. und 3. Staffel sowie Teilen der 2. Staffel zur Auffrischung und Umrüstung auf die schwer bewaffnete Bf 109 G-6/R-6. Die Jagdeinheit wurde aus Bulgarien zur Verstärkung der Reichsverteidigung in den Bereich der 7. Jagddivision nach Regensburg verlegt. Als sich die Bomberverbände dem Regensburger Gebiet näherten, startete die I./JG 5 buchstäblich in letzter Minute, und zwar um 12.30 Uhr zum Abwehreinsatz in Obertraubling. Oberleutnant von Podewils und sein Rottenflieger Unteroffizier Scharf griffen südwestlich von Straubing einen Bomberpulk von 40 B-17 mit ihren neuen Bf 109 G-6/R-6 an. Nach dem dritten Angriff von hinten stürzte eine B-17 um 12.15 Uhr ab. Bei Schwimmbach schlug die Maschine auf, dabei wurden sechs Besatzmitglieder getötet, drei gerieten in Kriegsgefangenschaft. Einer von ihnen hatte sich beim Absturz schwere Verletzungen zugezogen. Um 12.50 Uhr traf Oberleutnant Senoner, Staffelkapitän der 1. Staffel Jagdgeschwader 5 (I./JG 5), westlich von Mühldorf auf einen Bomberpulk und brachte um 12.50 Uhr eine B-17 zum Absturz. Der Bomber schlug bei Zangberg, fünf Kilometer nordwestlich von Mühldorf/Inn, auf. Wenig später war auch der Gruppenkommandeur der I./JG 5 Major Gerlitz im Zentrum der tobenden Luftkämpfe. Ihm gelang um 12.58 Uhr der Abschuss einer B-17, die bei Oberneukirchen, sechs Kilometer südlich von Mühldorf/Inn, abstürzte.

Es war 12.55 Uhr, als die Regensburger Flakbatterien zwei B-24 über Lerchenfeld ostwärts des Fliegerhorstes abschossen. Durch das zusammengefasste Flakfeuer wurde eine B-24 über dem Fliegerhorst voll getroffen und explodierte in der Luft. Der getroffene Bomber rammte eine danebenfliegende Maschine, der beim Aufprall das Leitwerk abgerissen wurde. Nach Aussagen von amerikanischen Besatzungen, die den Absturz beobachteten, zerlegten sich die

beiden B-24 noch in der Luft in ihre Bestandteile. Motoren, Tragflächen, Leitwerke, größere und kleinere Teile des Rumpfes regneten vom Himmel und fielen auf die Gemeindefluren von Barbing, Harting und Lerchenfeld. Die beiden Bomber gehörten zur 376. BG, die in San Pancrazia stationiert war. Von den 20 Besatzungsmitgliedern überlebten nur fünf den Zusammenstoß der beiden Bomber. Um 13.02 Uhr verbuchte die Regensburger Flak den Abschuss einer B-17 bei Obertraubling. An den beiden Abschüssen waren folgende Flakbatterien aus Regensburg beteiligt: 3. und 4./484, 2. und 3./906 sowie die Eisenbahnflakbatterie 227 (E).
Während die I./JG 5 noch die B-17 bekämpfte, hatte ein weiterer Verband mit B-24 zum Angriff auf Regensburg eingedreht. Zu diesem Zeitpunkt traf die 5. Staffel des Zerstörergeschwaders 1 (5./ZG 1) über Regensburg ein. Die Staffel, ausgerüstet mit der raketenbewaffneten Bf 110 G-2, war vom Flugplatz Wels (Österreich) gestartet und erhielt von der 7. Jagddivision die Anweisung, Kurs Regensburg zu fliegen. Westlich der Stadt trafen die Zerstörer auf die B-24, und Hauptmann Wangner gelang der Abschuss einer B-24.

Als nächster Jagdverband war die 2. Staffel des Jagdgeschwaders 104, ein Schulverband für Jagdflieger, über Regensburg. Die Maschinen dieser Einheit waren ebenfalls mit der Bf 109 G-6 ausgerüstet und starteten vom Flugplatz Fürth zum Einsatz. Die Jäger des JG 104 griffen die letzten B-24 über Obertraubling an. Um 13.07 Uhr gelang Staffelkapitän Oberleutnant Bock von der 2./JG 104 der Abschuss einer B-24.

Bericht von Leutnant Heinrich Freiherr von Podewils, Jagdflieger in der 2./JG 5, über den Luftangriff vom 22.2.1944 auf den Fliegerhorst Obertraubling

„Meine Einheit lag im Januar/Februar 1944 auf dem Flugplatz von Sofia/Wraschdebna. Nachdem wir dort einige verlustreiche Abwehreinsätze geflogen hatten, erhielten wir Befehl, unsere Me 109, ca. 40 Maschinen, an die bulgarische Luftwaffe zu übergeben und deren Piloten auf die 109 einzuweisen. Nachdem wir die bulgarischen Piloten umgeschult hatten, was nicht ohne Verluste vor sich ging, wurde die gesamte I./JG 5 „Eismeer" ins Reich verlegt. Mit der Eisenbahn ging es ab nach Deutschland, und wir waren

Eine Bf (Me) 109 G der I./JG 27 bei Wartungsarbeiten in Fels am Wagram. (Sammlung Jakob)

sehr fröhlicher Stimmung, wieder nach Hause zu kommen. Der Bahntransport zog sich jedoch unwahrscheinlich in die Länge. In der Pußta blieb der Zug mehrmals in Schneewehen stecken, und es kostete große Mühen, ihn wieder flott zu bekommen. Überhaupt war dies ein sehr schneereicher Winter, und auch unser Ziel, der Fliegerhorst von Obertraubling, lag unter einer dicken Schneedecke. Hier wurde die gesamte Gruppe mit neuen Flugzeugen vom Typ Me 109 G-6/R-6 ausgerüstet. Im Kasino des Fliegerhorstes stieg meiner Erinnerung nach am 19. Februar 1944 eine große Feier unserer Jagdgruppe. Wir waren wieder in der Heimat, und es herrschte eine unwahrscheinliche Hochstimmung nach den Entbehrungen an der Front in Norwegen, Rumänien und Bulgarien.

Am 22.2. wurde um 12.16 Uhr Fliegeralarm ausgelöst, keiner von uns vermutete, dass Obertraubling angegriffen würde. In einem Alarmstart, der Hals über Kopf durchgeführt wurde, kamen wir gerade noch aus dem Platz heraus, bevor die ersten Bomben fielen. (Startzeit laut Flugbuch 12.30 Uhr, erster Bombenabwurf 12.34 Uhr.) Da meine Einheit über keinerlei Bodenführung durch Radar verfügte, mussten wir die Bomber erst suchen, da der Anflugkurs und die Angriffshöhe uns nicht bekannt waren. Die Bomber flogen in einer Höhe von 5.000 – 6.000 m bei fast geschlossener Wolkendecke. Mit meinem Rottenflieger Unteroffizier Scharf flog ich durch ein Wolkenloch auf Angriffshöhe zu einem Verband B-17, der sich bereits auf dem Rückflug befand. Wir beide flogen auf diesen

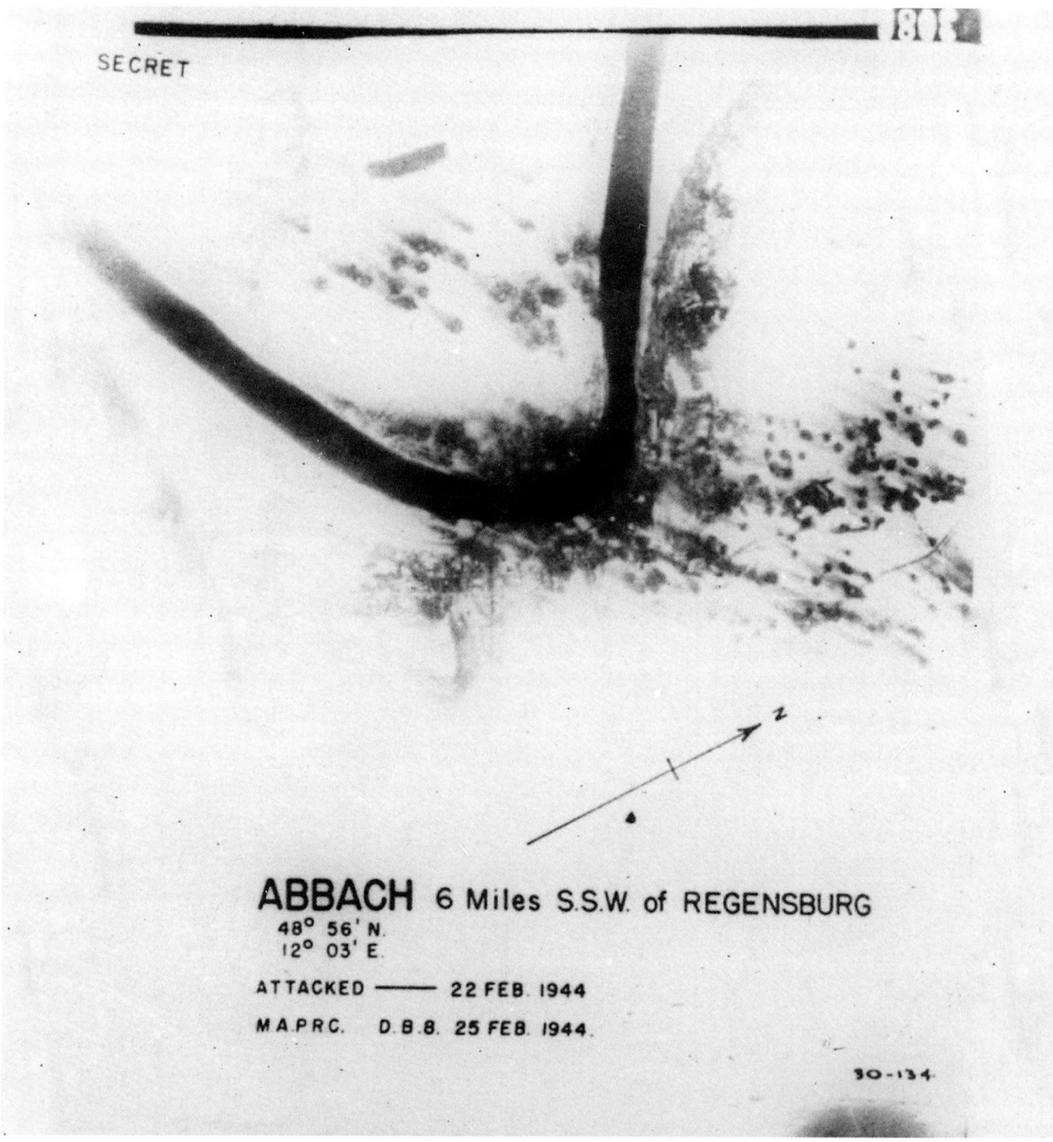

Diese Luftaufnahme zeigt die Bombenkrater bei Bad Abbach, die durch einen Navigationsfehler am 22.2.44 zustande kamen. (USAF)

Pulk insgesamt drei Angriffe, von hinten, oben rechts und links. Man kann sich heute kaum mehr vorstellen, was es heißt, einen derart waffenstarrenden Bomberverband anzugreifen. Es schlug uns ein unwahrscheinlich konzentriertes Abwehrfeuer entgegen, sodass einem schon mal das Herz in die Hose rutschte. Nach dem dritten Angriff auf einen Bomber verlor dieser etliche Teile, und die beiden rechten Motoren setzten aus. Der Bomber ging in den Sturzflug über, und drei Fallschirme waren zu sehen. Ca. 15 km südwestlich von Straubing zerschellte die B-17 auf der Erde (12.50 Uhr). Um 13.30 Uhr landeten wir wieder auf dem Fliegerhorst in Obertraubling, nachdem wir erst einige Zeit nach einer geeigneten Landebahn suchen mussten, da das Rollfeld zahlreiche Bombentrichter aufwies. Einige Hallen hatten schwere Treffer abbekommen, und das Kasino, in dem wir noch am 19. ein großes Fest gefeiert hatten, war ein Trümmerhaufen, und Brandgeruch lag in der Luft. In den nächsten Tagen ging die Ausrüstung mit neuen Maschinen, Geräten und Fahrzeugen zügig voran.

Die Auswirkungen des Luftangriffes auf die Stadt

In Regensburg herrschte von 12.15 – 13.55 Uhr Fliegeralarm. Der Angriff des ersten Verbandes erfolgte aus westlicher Richtung (Bad Abbach) und der des zweiten Verbandes in drei Wellen aus Südosten. Im Stadtgebiet von Regensburg wurden lediglich drei Personen verletzt, als um 12.34 Uhr im Bereich des Bahnhofes von Prüfening zwei Brandbomben einschlugen und eine kleinere Holzhalle, ein Nebengebäude des Bahnhofes, schwer beschädigten. Dies waren die einzigen gemeldeten Schäden im Stadtgebiet.

An Hilfskräften wurden eingesetzt: eine Bereitschaft der Feuerwehrabteilung Regensburg zur Unterstützung der Werkluftschutzkräfte der Messerschmitt GmbH im Werk Obertraubling; zwei Züge der Sanitätsbereitschaft und die Hälfte der Sanitätsgruppe der Rettungsstelle III wurden auf den Fliegerhorst entsandt. Hinzu kam das DRK mit einem Großkrankenwagen und drei Sankas. Eine Gruppe des I-Dienstes war mit einem

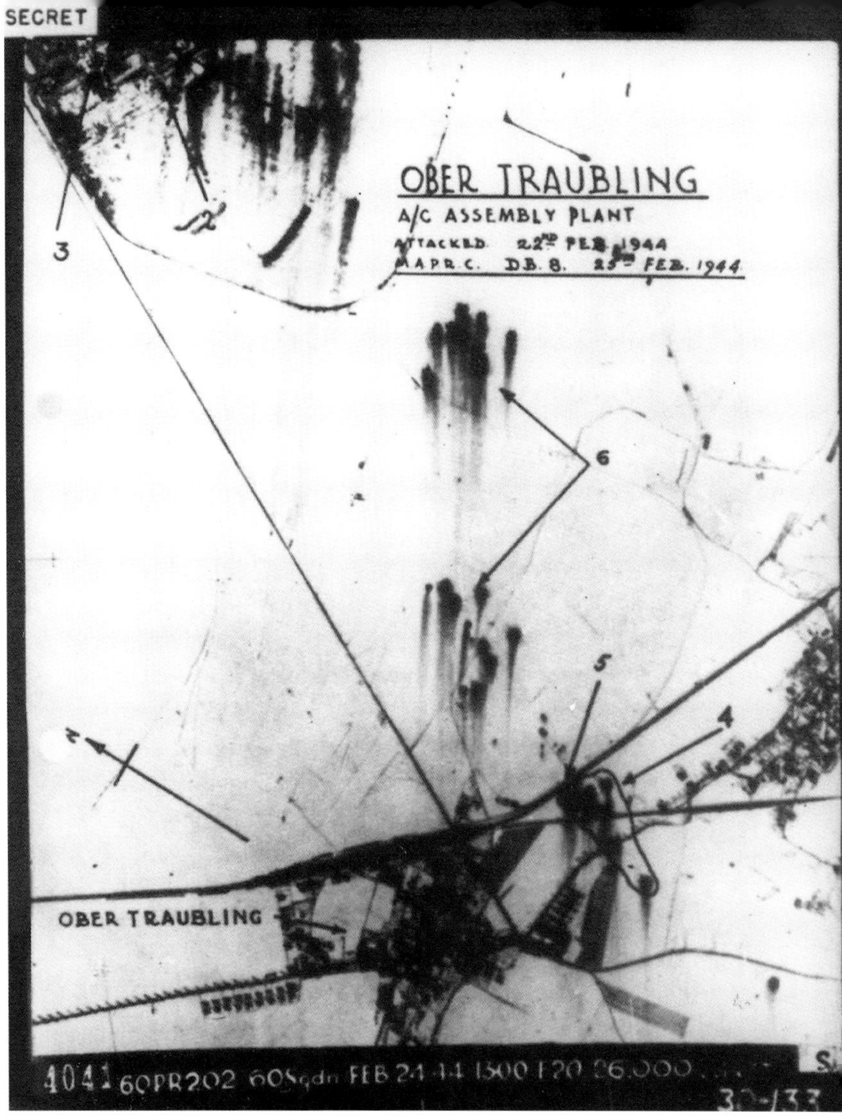

Luftbild von Obertraubling, aufgenommen am 24. Februar 1944 um 13.00 Uhr aus 8.600 m Höhe. Deutlich sind die Bombenkrater des Luftangriffes vom 22. Februar in der verschneiten Landschaft zu erkennen. Die mit 5 gekennzeichneten Bombeneinschläge haben die Bahnstrecke nach Straubing zerstört. Am oberen Rand ist der Flugplatz und ein Teil des Fliegerhorstes von Obertraubling zu sehen. (USAF)

Horchgerät auf der Suche nach Verschütteten im Bereich des Fliegerhorstes eingesetzt. Eine halbe Gruppe des I-Dienstes war zur Blindgängerbeseitigung an der Bahnstrecke Regensburg-Passau und in der Nähe des Bahnhofes von Obertraubling eingesetzt. Der Fliegerhorst in Obertraubling wurde an diesem 22. Februar das erste Mal getroffen. Die Endmontage der Bf 109 war zu diesem Zeitpunkt zum größten Teil auf den Fliegerhorst verlagert und die Produktion beträchtlich gesteigert worden, als die US-Bomber zuschlugen. Ein großer Teil der Bomben ging zwar im Großraum von Regensburg nieder, jedoch fielen rund 300 Sprengbomben und einige Brandbomben auf den Fliegerhorst und die Ortschaft Obertraubling. Hierbei wurden 27 Personen getötet, 48 verletzt und zwei vermisst (Stand 28.2.44). Unter den Toten befanden sich 15 Kriegsgefangene, und bei den Verletzten waren es 33. Ein Soldat war verschüttet worden und 1.000 Personen waren obdachlos, die meisten davon waren Kriegsgefangene. Ein Wohnhaus wurde total zerstört. Auf dem Fliegerhorst waren zwei Hallen total vernichtet, zwei Hallen schwer und sechs Hallen leichter beschädigt. 120 vor den Hallen stehende Bf 109 G-6 wurden zum Teil schwer beschädigt. Schwere Beschädigungen erlitten die Werkbereiche Schlosserei, Spenglerei, Endmontage, Materiallager und Ausbildungswerkstätte. Vier Unterkunftsgebäude wurden beschädigt. Die Bahnlinie Regensburg-Straubing ebenfalls schwer getroffen, sodass der Zugverkehr über Landshut umgeleitet werden musste. Die Landstraße Obertraubling-Sünching wies schwere Schäden auf und war für den Durchgangsverkehr gesperrt. Eine Hochspannungsleitung war durch Treffer ausgefallen. Im Bereich von Obertraubling wurden zwei Bomber abgeschossen und zahlreiche US-Flieger tot aufgefunden. Bei vielen hatte sich der Fallschirm nicht mehr geöffnet und die Körper waren total zerschmettert aufgefunden worden. Zeitzeugen berichteten von offenen Knochenfrakturen und völlig zusammengestauchten und zum Teil auch verbrannten Körpern.

Auch in den benachbarten Ortschaften waren Bombeneinschläge zu verzeichnen. In Barbing fielen 22 Sprengbomben auf freies Feld. 40 Bomben gingen in Sarching auf Wiesen und Feldern nieder, darunter ein Blindgänger.

Ein B-17 Verband sollte eigentlich das Messerschmitt-Werk in Prüfening angreifen. Bedingt durch die starke Bewölkung, verwechselte der Navigator des Führungsbombers die Eisenbahnbrücke von Poikam mit der von Sinzing. Der Angriffsverband, der das Werk in Prüfening angreifen sollte, hatte sich gründlich verflogen und lud den gesamten Bombensegen um 12.30 Uhr bei Bad Abbach ab. 61 B-17 warfen 1.096 Bomben mit einem Gesamtgewicht von 150,84 t zum größten Teil in freies Gelände ab. Der Abwurfbereich erstreckte sich über Graßlfing und Großberg bis nach Pentling. In Bad Abbach wurden vier Personen verletzt und eine Frau als vermisst (tot) gemeldet. Eine Autoreparaturwerkstätte lag in Trümmern. Sechs Wohnhäuser wurden schwer, 10 mittel und 140 leicht beschädigt. Die Reichsstraße 16 Regensburg-Ingolstadt wies 500 m vor der Ortsgrenze schwere Schäden auf und musste gesperrt werden. Der Verkehr wurde bei Saal umgeleitet. Die Straße Oberndorf-Bad Abbach war an zwei Stellen getroffen worden. Der Donaudamm im Bereich Bad Abbach wies zum Teil erhebliche Schäden auf. Die Wasserversorgung und die Telefonverbindung waren unterbrochen. In Kalkofen wiesen zwei Wohnhäuser und zwei Scheunen Bombenschäden auf. Fast alle Gebäude hatten Dach- und Fensterschäden zu verzeichnen. Bad Abbach war nur durch glückliche Umstände einer Katastrophe entgangen. Hätte der Bomberverband seine Bomben nur um ca. 200 – 300 m weiter rechts abgeworfen, wäre das Zentrum von Bad Abbach mit katastrophalen Folgen getroffen worden.

Schwer getroffen wurde auch die Ortschaft Teugn. 14 Sprengbomben, davon zwei Blindgänger, forderten fünf Verletzte. Fünf Wohnhäuser wurden schwer, 10 mittel, 15 leicht beschädigt, und eine Scheune zerstört. Die Umfassungsmauer des Friedhofes war getroffen und 20 Gräber waren zerstört worden. Schäden an der Hochspannung hatten einen Stromausfall zur Folge. In Großberg verursachten zehn Sprengbomben Flur- und leichte Dachschäden an einigen Gebäuden. Zwischen Bad Abbach und Graßlfing schlugen 150 Bomben in freies Feld, ein Wohnhaus wurde total zerstört. Bei Ziegetsdorf gingen 20 Sprengbomben in freies Gelände. In Pentling wurden durch acht Sprengbomben die Hochspannungs- und die Wasserleitung beschädigt sowie Flurschaden angerichtet. Bei den Aufräumungsarbeiten wurden vor allem die französichen Kriegsgefangenen wegen ihres bereitwilligen Einsatzes lobend erwähnt. Bei Helchenbach im Landkreis Kelheim verursachten 12 Sprengbomben geringe Glas- und Flurschäden. Zwei der niedergegangenen Bomben waren Blindgänger. Bei Frauenwahl, in der Gemeinde Herrnwahltann, entstand durch acht Bomben geringer Flurschaden.

25. Februar 1944, Doppelschlag: 400 Bomber im Anflug auf Regensburg

Beide Flugzeugwerke werden durch drei schwere Luftangriffe innerhalb einer Stunde total verwüstet!

Der Angriff der 15. US-Luftflotte

Durch ihre hervorragende Aufklärung konnte die US-Luftwaffe sehr schnell feststellen, dass der Angriff vom 22.2.1944 nicht den gewünschten Erfolg gebracht hatte. Der Fliegerhorst in Obertraubling war nur teilweise und das Werk in Prüfening überhaupt nicht getroffen worden. Der neue Angriffstermin sah eine konzertierte Aktion der 8. und 15. US-Luftflotte vor. Die Ziele für die 8. US-Luftflotte waren Flugzeugwerke in Augsburg, Fürth sowie eine Kugellagerfabrik in Stuttgart. Die größte Anzahl der Bomber flog jedoch gegen Regensburg. Es war in der Luftkriegsgeschichte des Zweiten Weltkrieges wohl ein einmaliger Vorgang, dass die beiden strategischen Luftflotten 8 und 15 der USAAF ein und dasselbe Ziel (Regensburg) am gleichen Tag angegriffen haben. Am 25. Februar 1944 begann eine der größten Luftschlachten des Zweiten Weltkrieges.
Ein gemischter Verband der 15. USAAF von 176 B-17 und B-24 hatte den Auftrag, das Messerschmitt-Werk in Prüfening zu bombardieren. 35 Bomber brachen den Einsatz ab, 116 erreichten Regensburg und 41 wurden abgeschossen. Als Verlust wurden 21 B-17 „Flying Fortress" und 20 B-24 „Liberator" von der USAAF registriert. Der Einsatzoffizier wies alle Besatzungen an, die Bomben nicht zur Basis zurückzubringen. Wer aus technischen Gründen den Einsatz abbrechen musste, hatte Ausweichziele wie Bahnhöfe, Häfen oder Flugplätze anzugreifen. Die Bomber hatten einen Begleitschutz von 85 P-38, denen jedoch der Treibstoff nur bis zu den Alpen reichte, deshalb mussten die Bomber von da ab ohne Begleitschutz nach Regensburg weiterfliegen. Von den eingesetzten P-38 kehrten fünf Maschinen nicht vom Einsatz zurück. Auf dem Rückflug übernahmen dann 40 P-47 über Norditalien den Schutz der zurückkehrenden Bomber. Da an diesem Tag wolkenloser Himmel herrschte, kam es zu einer erbitterten 90-minütigen Luftschlacht entlang der Bomberroute, die aus dem Adriaraum über Slowenien und Österreich in den bayerischen Raum führte. Selbst auf dem Rückflug zu ihren süditalienischen Flughäfen erlitten die US-Bomber und Jäger noch Verluste durch die deutsche Jagdabwehr.

Bf (Me) 109 G-6 der III./JG 3 „UDET" werden in Leipheim zum Einsatzflug vorbereitet. Die Maschinen dieses Jagdverbandes wurden wegen des starken Schneefalles (18. – 20.2.1944) von Bad Wörishofen nach Leipheim verlegt. (BA)

Da die 15. US-Luftflotte zuerst in das Reichsgebiet vordrang, warfen sich alle verfügbaren Jäger und Zerstörer, die im Süden des Reiches, in der Ostmark (Österreich) und in Norditalien stationiert waren, den Bombern entgegen. Der Einflug der Bomber aus dem Adriaraum in das Reichsgebiet begann um 10.10 Uhr. Die Flugmeldezentrale in Inzell meldete den Einflug von mehr als 100 Bombern aus Richtung Lofer mit Nordkurs. Bis 14.30 Uhr hatten alle Maschinen des Südeinfluges das Reichsgebiet wieder verlassen. Dazu meldete ein Luftraumbeobachter aus dem Bereich Lofer den Rückflug von ca. 85 Bombern. Die Bomber flogen mit sehr lauten Motorengeräuschen in Richtung Süden, und zahlreiche Bomber zogen Rauchspuren hinter sich her. Dies waren Kampfspuren, die Flakbeschuss und Jägerangriffe verursacht hatten. Schon diese beiden Meldungen belegen, dass es an diesem 25. Februar 1944 zu einer erbittert geführten Luftschlacht gekommen war. Ein Heckschütze eines zurückgekehrten Bombers gab nach der Landung zu Protokoll: *„Als wir auf dem Rückflug die Alpen überquerten und ich nach Norden sah, waren Dutzende von Rauchsäulen abgeschossener Flugzeuge zu erkennen. Die meisten dürften von unseren Bombern gewesen sein.“*

In Regensburg wurde um 12.31 Uhr Fliegeralarm ausgelöst. Der erste Kampfverband, bestehend aus 55 B-17, war sozusagen die Speerspitze. Von diesen 55 B-17 sollten nur 42 Regensburg erreichen. Weitere drei wurden auf dem Rückflug abgeschossen.

Außer Sichtweite folgte der zweite größere Kampfverband, bestehend aus B-24. Der Angriff der 15. US-Luftflotte dauerte von 12.40 – 13.15 Uhr. Der erste Bombenabwurf auf Prüfening erfolgte um 12.45 Uhr.
Das Flakfeuer über Regensburg wird in den US-Unterlagen als intensives und genaues Sperrfeuer angegeben und zahlreiche Bomber wurden schwer beschädigt. Die angeschossenen Maschinen waren eine leichte Beute für die außerhalb der Flaksperrzone lauernden deutschen Jäger und Zerstörer. Die zurückkehrenden Bomberbesatzungen berichteten von einer Flakhölle über Regensburg. Als die Bombergruppen endlich Regensburg erreichten, waren die Verbände zum Teil stark gelichtet. Die laufenden Angriffe der deutschen Jäger und Zerstörer hatten Wirkung gezeigt. Die erste Bomberwelle bestand aus der 2., 99. und 301. BG. Von den 10 gestarteten B-17 der 2. BG erreichten 9 Regensburg und warfen um 12.45 Uhr 108 Sprengbomben zu je 227 kg ab. Zur selben Minute lösten auch 14 B-17 der 99. BG ihre 157 Bomben zu je 227 kg aus. Eine Minute später warfen 9 B-17 der 301. BG ihre 108 Bomben über Prüfening ab. Diese Einheit war mit 46 Bombern gestartet, 10 hatten den Einsatz abgebrochen, 13 wurden abgeschossen und nur 9 B-17 erreichten Regensburg. Die zweite Bomberwelle bestand aus der 98. und 376. BG. Die 98. BG mit 16 B-24 löste um 12.54 Uhr 157 Sprengbomben zu je 227 kg über Prüfening aus. Eine Minute später folgte die 376. BG mit 13 B-24, die 126 Bomben zu je 227 kg über dem Ziel abwarf.

Eine Focke Wulf 190 des JG 26 startet zum Abwehreinsatz im Februar 1944 (Westfront). Die JG 2 und 26 lagen an der Kanalküste und waren die ersten Jagdverbände, die die einfliegenden Bomber und Jäger der 8. US-Luftflotte bekämpften. (BA)

Bf (Me) 109 des Jagdgeschwaders 104 aus Fürth und Roth bei Nürnberg greifen in die Luftschlacht am 25.2.44 mit Erfolg ein. Das JG104, ein Schulverband, schießt mit seinen Einsatzstaffeln an diesem Tag mindestens zwei B-24 ab. (BA)

Zerstörer vom Typ Bf (Me) 110 G-2 mit überschwerer Kanonenbewaffnung und vier Raketenabschussrohren BR 21, 2 x 300-l-Zusatztanks unter den Tragflächen auf Einsatzflug im bayerischen Raum. Nach Angaben aus US-Berichten wurden südlich von Landshut drei B-17 durch Raketenbeschuss der angreifenden Bf (Me) 110 zum Absturz gebracht. (BA)

Eine gewaltige, schwarze Rauchsäule stieg vom getroffenen Messerschmitt-Werk auf. Am tiefblauen Himmel war sie kilometerweit zu sehen und wies den folgenden Angriffswellen den Weg. Die dritte Bomberwelle erreichte Regensburg um 12.57 Uhr, es waren 15 B-24 der 449. BG, die 150 Sprengbomben ins Ziel brachten. Drei Minuten später war die 450. BG über Prüfening und aus 25 B-24 heulten 300 Stück 227-kg-Sprengbomben zur Erde. Den Abschluss bildeten 15 B-24 der 451. BG, die um 13.09 Uhr weitere 120 schwere Sprengbomben abwarfen. Von 12.45 – 13.09 Uhr regneten 1.237 Sprengbomben zu je 227 kg mit einem Gesamtgewicht von 281 t auf Regensburg-Prüfening ab und hinterließen eine Spur der Vernichtung.

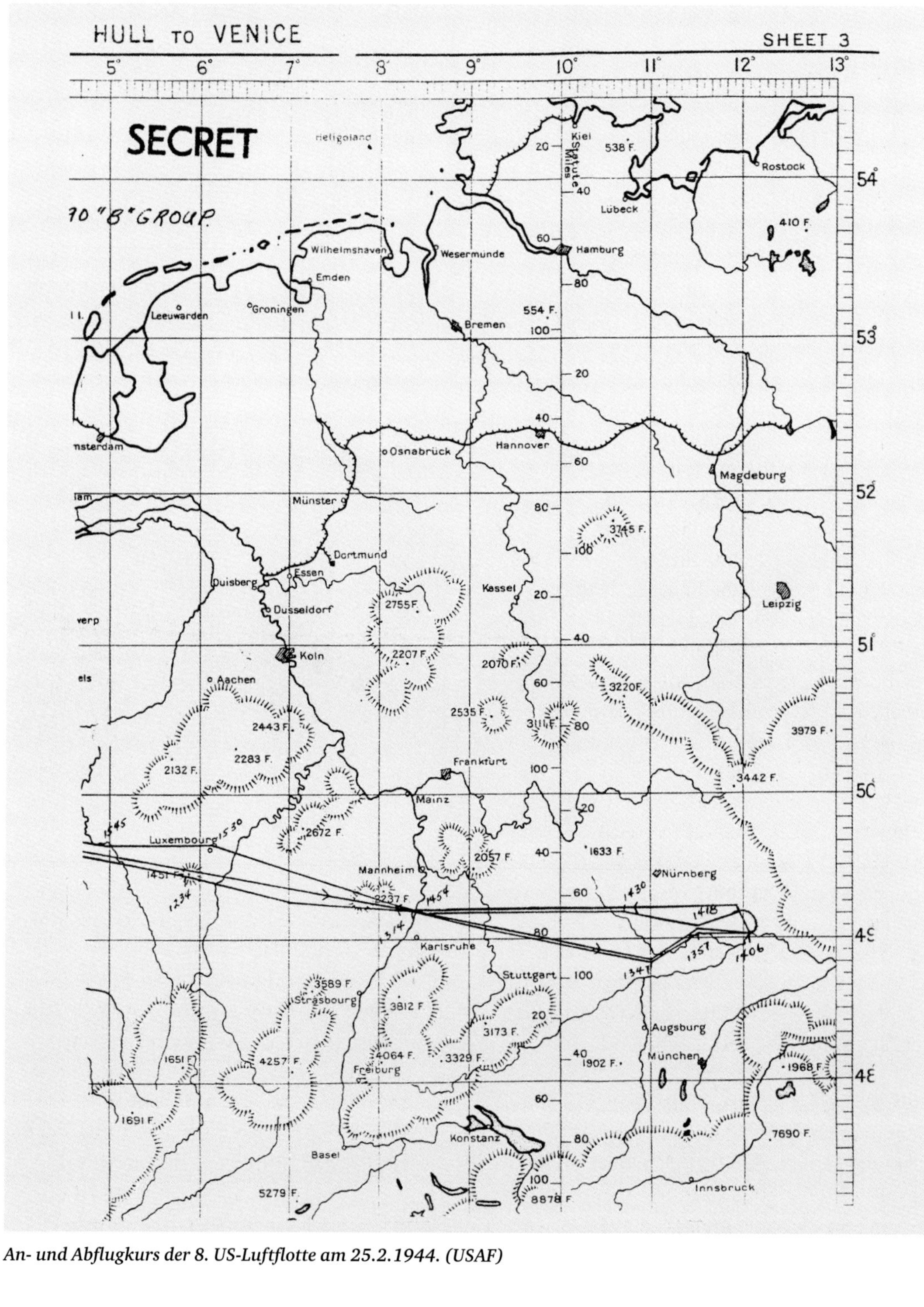

An- und Abflugkurs der 8. US-Luftflotte am 25.2.1944. (USAF)

Nachdem die Bomber der 15. US-Luftflotte mit Generalkurs Süd abgeflogen waren, näherten sich die Maschinen der 8. US-Luftflotte Regensburg aus dem Westen kommend. Die Stadt war noch immer im Alarmzustand, als 35 Minuten nach dem ersten, der zweite Angriff von 13.50 – 14.20 Uhr über die Werkanlagen von Messerschmitt hinwegrollte. Die Rauchsäule des Angriffes der 15. zeigte der anfliegenden 8. US-Luftflotte schon 200 km vor dem Ziel in Höhe von Frankfurt den Standort von Regensburg bzw. den des Messerschmitt-Werks in Prüfening an. Die auf Regensburg anfliegende Armada hatte jedoch zwei Ziele im Visier. Die anfliegenden Bomber teilten sich kurz vor Regensburg in zwei Kampfverbände auf. Beim Eintreffen der aus dem Westen anfliegenden Formation mit der 95., 100. und 390. BG waren auf dem Werkgelände in Prüfening insgesamt vier Großbrände erkennbar, die vom Angriff der 15. US-Luftflotte herrührten. Die Rauchwolken der Brände erschwerten den Bombenschützen das Erfassen der Ziele. Von 13.56 – 14.06 Uhr luden 108 B-17 insgesamt 695 Sprengbomben zu je 227 kg und 1.636 Brandbomben zu je 45 kg auf das Messerschmitt-Werk und die nähere Umgebung ab. Die abgeworfene Bombenlast betrug 230 t. Durch einen Fehlwurf der 390. BG wurde im Güterbahnhof ein Dieseltank getroffen, der mit großer Rauchentwicklung brannte. Der zweite Kampfverband flog in Richtung Landshut und kurvte dann in Richtung Obertraubling ein. Aus südlicher Richtung kommend, griffen 158 B-17 der 94., 96., 385., 388., 447. und 452. BG den Fliegerhorst in Obertraubling an. 1.295 Sprengbomben zu je 227 kg und 1.028 Splitterbomben zu je 55 kg wurden abgeworfen. Dies entsprach einer Bombenlast von 350 t. Die Bomber wurden von 40 P-51 der 357. FG über Regensburg begleitet. Bei diesem Einsatz gingen zwei Jagdmaschinen verloren. Die P-51 „Mustang" war für die deutschen Jagdflieger eine böse Überraschung. In den folgenden Monaten traten sie in immer größerer Anzahl auf und verursachten schwere Verluste unter den deutschen Jagdfliegern. An diesem Tag fiel ihnen Oberleutnant Gerd Senoner zum Opfer, der über dem Fliegerhorst Obertraubling durch P-51 „Mustang" tödlich abgeschossen wurde. Gerd Senoner fand seine letzte Ruhestätte auf dem Oberen Katholischen Friedhof in Regensburg.

Der Abwehreinsatz der deutschen Luftwaffe gegen die 15. US-Luftflotte

Die deutschen Jagdflieger lieferten sich an diesem 25. Februar 1944 mit den angreifenden Bombern eine der größten Luftschlachten im Zweiten Weltkrieg. Im Anflug auf die Alpen hatten die Bomber, vor allem die an der Spitze fliegenden B-17, schon herbe Verluste hinnehmen müssen. Der Bomberverband der 15. US-Luftflotte stieß zwischen dem Chiemsee und Altötting auf die nächsten deutschen Jagdverbände. Dies war ein Gefechtsverband, bestehend aus der III./JG 3 „Udet", die II./JG 27 und I./ZG 76, der zu einem erneuten schweren Schlag gegen die Bomber ausholte. Die III./JG 3 „Udet" war in Leipheim mit 27 Maschinen gestartet und mit Kurs Südost quer durch Bayern geflogen, als sie zwischen dem Chiemsee und Altötting auf die Bomber traf. Es war 12.20 Uhr als Leutnant Tichy von der 9. Staffel eine B-17 in diesem Raum abschoss.

Zahlreiche nicht lackierte Bf (Me) 109 G-6 wurden bei den Angriffen vom 25.2.44 auf dem Flugplatz in Prüfening zerstört. (Slg. Gattinger)

Um 12.25 Uhr blieb der Gruppenkommandeur Major Walter Dahl in einem Luftkampf über eine B-17 bei Mühldorf erfolgreich. Die II./JG 27 startete in München-Riem. Um 12.28 Uhr eröffnete der Gruppenkommandeur Major Schroer den Kampf. Ihm gelang 20 km nordöstlich des Chiemsees ein Luftsieg über eine B-17. Drei Minuten später, um 12.31 Uhr, fiel die zweite B-17 bei Altötting. Feldwebel Karl Kampe von der 5./JG 27 erzielte um 12.35 Uhr einen weiteren Luftsieg über eine B-17. Dieser Bomber stürzte bei Bodenkirchen, westlich von Vilsbiburg, ab. Oberfeldwebel Alfred Müller von der 4./JG 27 gelang um 12.55 Uhr der Abschuss einer B-17 über Haag. Bei diesem Einsatz wurden zwei Flugzeugführer der II./JG 27 verwundet, Unteroffizier Heinz Liebermann und Leutnant Eberhard Schade, beide von der 6. Staffel. Ein dritter Verlust ist namentlich nicht erfasst. Die letzte Sperre vor Regensburg bildete die I. Gruppe des Zerstörergeschwaders 76. Der Verband startete in Ansbach mit dem Gruppenstab unter Hauptmann Bogs sowie mit der 1. und 3. Staffel. Mit Südostkurs gelangten die Zerstörer südlich von Landshut an die Bomber und innerhalb einer Minute vernichteten sie durch Raketenbeschuss drei B-17. Um 12.35 Uhr eröffnete Leutnant Hans Bogatzki von der I./ZG 76 das Feuer auf eine B-17. Der Bomber stürzte südlich von Landshut ab. Ebenfalls um 12.35 Uhr erfolgte der Abschuss einer B-17 durch Unteroffizier Günther Teschke, ebenfalls südlich von Landshut. Nachweisen lassen sich der Absturz je einer B-17 bei Landshut und bei Windten. In derselben Minute meldete auch Unteroffizier Heinz Riese den Abschuss einer B-17 ca. 12 km südlich von Haarbach. Von der 3./ZG 76 stürzte die Besatzung, Flugzeugführer Leutnant Max Ottmar Bopp und sein Bordfunker Feldwebel Erich Eichenlaub, nach Luftkampf mit ihrer Bf 110 G-2, Werknummer 120069, Kennzeichen M8+G6, 10 km südöstlich von Vilsbiburg tödlich ab. Die Besatzung, Flugzeugführer Hauptmann Hans Wolf und sein Bordfunker Leutnant Rolf Siebke, musste nach Luftkampf mit einer B-17 ihre brennende Bf 110 G-2, Werknummer 150140, bei Angerbach im Raum Bodenkirchen mit dem Fallschirm verlassen. Von der I./ZG 76 brachte Unteroffizier Heinz Sangkuhl um 12.38 Uhr eine B-17 südöstlich von Regensburg zum Absturz.

Nach dem ersten Treffen mit den Bombern

Diese Aufnahme entstand am 25.2.1944 und zeigt abfliegende Bomber vom Typ B-17 F und G der 8.US-Luftflotte. Als Fanal der Vernichtung stehen Rauch- und Staubwolken über dem Fliegerhorst Obertraubling und Prüfening. In der Bildmitte ist deutlich die Qualmwolke des brennenden Öltankes im Westbahnhof erkennbar. (USAF)

zwischen Mühldorf und Landshut sammelten sich die deutschen Jäger und verfolgten die B-17 und B-24 in Richtung Regensburg. Die 8./JG 3 bekam weiter nördlich Kontakt mit den Bombern. Feldwebel Gosemann gelang dann um 12.40 Uhr ein weiterer Luftsieg über eine B-17 der 301. BG, die westlich von Furth abstürzte. Es handelte sich um eine Führungsmaschine mit Capitain Kisselburgh an Bord. Sechs Mann der Besatzung konnten sich mit dem Fallschirm retten, aber vier Besatzungsmitglieder fanden den Tod.

Zerstörte Bf (Me) 109 G-6 nach dem Luftangriff auf dem Fliegerhorst in Obertraubling. Bemerkenswert die Werknummer 16265? und vermutlich das Leitwerk der späteren Bf (Me) 109 K-4. (Sammlung Gattinger)

Der Fliegerhorst von Obertraubling nach den Luftangriffen vom 22.2. und 25.2.1944. (USAF)

Allein über dem heutigen Landkreis Kelheim verlor die US-Luftwaffe am 25.02.44 fünf Bomber, davon drei B-17 und zwei B-24. Im Landkreis Landshut waren es sogar sechs B-17, die am Boden aufschlugen und explodierten. Der Gruppenstab der III./JG 3 „Udet" mit seinem Kommandeur Major Dahl an der Spitze hatte in der Zwischenzeit den Kampfverband der B-17 überholt und griff nun frontal an. Die Uhr zeigte 12.48 Uhr, als Major Dahl eine B-17 zwischen Rottenburg und Langquaid als Abschuss meldete. Diese B-17 der 99. Bombergruppe stürzte westlich der Einöde Stumpföd (30 km südwestlich von Regensburg) auf freies Feld und explodierte. Zwei Mann der Besatzung überlebten den Absturz nicht.

Der Navigator der B-17, Leutnant Charles H. Bilharz, schilderte später den Angriff auf seine Maschine: *„Wir befanden uns im Endanflug auf Regensburg in Höhe von Langquaid, als sich ein einzelnes deutsches Jagdflugzeug von vorne aus der 13:00 Uhr-Position sehr schnell näherte und das Feuer eröffnete. 30-mm-Geschosse schlugen in unsere Maschine ein. Durch Kopfschuss wurde Copilot Leutnant Bill J. May sofort getötet, und der Bordmechaniker Technical-Sergeant Lynn W. Farnham hing tödlich verletzt im oberen MG-Turm. Ein Motor war in Brand geraten, und die B-17 stürzte trudelnd ab. Es gelang mir der rettende Fallschirmabsprung aus dem abstürzenden Bomber."*

Georg Riembauer aus Schneidhart hatte damals den Absturz beobachtet: *„Es war ein herrlicher Wintertag und die Landschaft lag unter einer dicken Schneedecke. Der Himmel war wolkenlos und man konnte deutlich die Bomber in Richtung Regensburg fliegen sehen. Plötzlich war Bordwaffenfeuer zu hören. Von Süden kommend, konnte ich einen abstürzenden Bomber erkennen, der von einem deutschen Jagdflugzeug beschossen wurde, sogar in Schneidhart fielen leere Geschosshülsen auf die Dächer. Fallschirme waren deutlich zu sehen, und es kam mir so vor, als wollte der Bomber direkt ins Dorf fallen. Ein Teil des Leitwerks mit dem Heckstand brach ab und stürzte in ein Waldstück bei Schneidhart. Trudelnd schlug die qualmende Maschine ca. 200 Meter westlich von Stumpföd auf. Ein in der Nähe des Bombers gelandetes Besatzungsmitglied lief in unsere Richtung und gab uns mit Handzeichen zu verstehen, dass wir uns dem Wrack nicht nähern sollten, da die Bomben noch geladen waren, die kurz darauf auch explodierten.*

Dabei wurden die Dächer und Fenster in Stumpföd beschädigt bzw. zerstört. Die Über-

Der zerstörte Haupteingang der Kommandantur des Fliegerhorstes Obertraubling. (MZ-Archiv)

reste von zwei total zerfetzten Körpern wurden am 8. März '44 im Paringer Friedhof beerdigt." Bis auf die beiden tödlich Getroffenen konnten sich die anderen Besatzungsmitglieder mit dem Fallschirm retten. Die B-17 G mit der Serialnummer 42-31797 von der 99. BG war in Tortorella bei Foggia in Süditalien stationiert. Die III./JG 3 „Udet" erlitt bei dieser Luftschlacht jedoch auch Verluste. Im Luftkampf fiel der Unteroffizier Schüler und der Gefreite Börner. Drei weitere Piloten führten Fallschirmabsprünge bzw. Bauchlandungen durch.
Im letzten Augenblick gelang um 12.45 Uhr nur wenigen Piloten der I./JG 5 in Obertraubling ein Alarmstart gegen die anfliegenden Bomber. Auch Oberleutnant Senoner startete um 12.45 Uhr zum Einsatz. Er hat dabei zwei Bomber abgeschossen. Eine B-17 der 99. BG bei Riedenburg/Jachenhausen und eine B-24 der 449. BG bei Ihrlerstein.

Ein neuer Jagdverband tauchte bei der Bekämpfung der Rückflüge im Regensburger Raum auf. Die I./Jagdgeschwader 104, ein Schulverband, stationiert in Fürth, war mit der 2. und 3. Staffel im Einsatz. Oberleutnant Bock von der 2./JG 104 gelang um 12.57 Uhr der Abschuss einer B-24, die westlich von Hienheim auf freiem Feld aufschlug und explodierte.
Leutnant Gernot Stein von der 3./JG 104 brachte um 13.20 Uhr eine B-24 westlich des Waginger Sees zum Absturz. Beim Vergleich der Uhrzeiten ist es vermutlich der Bomber, welcher um 13.25 Uhr bei Kammer im Landkreis Traunstein aufschlägt. Ein weiterer Bomber vom Typ B-24 stürzt bei Perbasdorf ebenfalls im Landkreis Traunstein ab. Leutnant Endriß von der I./JG 5 meldete den Abschuss einer B-24 am Waginger See, die bei der Ortschaft Tettelham abstürzt. Vom JG 104 wurde bei diesen Angriffen der Unteroffizier Christoph Schwachenwalde in seiner Me 109 G-6, Werknummer 18343, nach Luftkampf verwundet.
In der Zwischenzeit war auch die I./JG 301 in Neubiberg gestartet, und um 13.30 Uhr gelang Unteroffizier Müller-Leutert von der 2./JG 301 der Abschuss einer B-24, ca. einen Kilometer westlich von Fürstenfeldbruck. Dieser Bomber war bereits durch Flakbeschuss beschädigt worden und versuchte nun, in die neutrale Schweiz zu entkommen.

Während um 12.44 Uhr die erste Bomberwelle bereits Prüfening bombardierte, starteten jetzt erst die Bf 109 G-6 der I./JG 5 „Eismeer". Nach Eintragung im Flugbuch von Leutnant Endriß war es 12.45 Uhr. Die I./JG 5 befand sich seit Mitte Februar 44 zur Wiederaufrüstung in Obertraubling.
Nach Aussage von Leutnant von Podewils war die I./JG 5 „Eismeer" zu diesem Zeitpunkt auch noch nicht an das Nachrichtensystem der Reichsverteidigung angeschlossen. Nur wenige Maschinen gingen an den Start und setzten sich in Angriffsposition. Über Regensburg tobte das Flakfeuer, und

ohne Rücksicht darauf griffen die Bf 109 der I./JG 5 die Bomber über Regensburg an. Zeitzeugen aus Regensburg und Flaksoldaten beobachteten Bf 109 im Angriff auf die in westliche Richtung abfliegende B-17. Die deutschen Jäger flogen, ohne das schwere Flakfeuer zu berücksichtigen, quer über die Stadt, um so schnell wie möglich an die Bomber heranzukommen. Diese drehten nach dem Bombenabwurf auf Prüfening in einer Linkskurve in Richtung Kelheim ab. In der Gemeinde Jachenhausen stürzte eine B-17 und bei Ihrlerstein eine B-24 nach Angriffen von deutschen Jagdfliegern ab. Man kann heute davon ausgehen, dass diese beiden Abschüsse auf das Konto von Oberleutnant Gerd Senoner gingen, der nach der Landung in Obertraubling zwei abgeschossene Bomber meldete.

Der erste Bomber, der von Oberleutnant Senoner abgeschossen wurde, war eine B-17 von der 99. BG. Oberleutnant Senoner griff den Bomber frontal an. Die Geschosse der Bf 109 müssen den Bereich des Cockpits voll getroffen haben. An Bord des Bombers wurde der Pilot Leutnant Kirkpatrick schwer am Bein verletzt. Der Bombenschütze Leutnant Florence und der Navigator Leutnant Sienko, die ganz vorne in der Flugzeugkanzel ihre Position hatten, wurden durch den Beschuss getötet.

Während der Copilot Leutnant Nicks den schwer angeschlagenen Bomber weitersteuerte, sprang Kirkpatrick mit dem Fallschirm ab. Er verblutete jedoch wegen seiner schweren Beinverletzung noch am Fallschirm hängend und wurde später in Laaber beerdigt. Die restliche Besatzung rettete sich mit dem Fallschirm aus dem abstürzenden Flugzeug. Der Bomber brach in der Luft auseinander und Teile schlugen zwischen Ried, Schaitdorf und Baiersdorf um ca. 12.48 Uhr am Boden auf. Leutnant Florence und Sienko wurden auf dem Friedhof von Jachenhausen beigesetzt und nach Kriegsende exhumiert. Die Regensburger Flak beanspruchte den Abschuss,

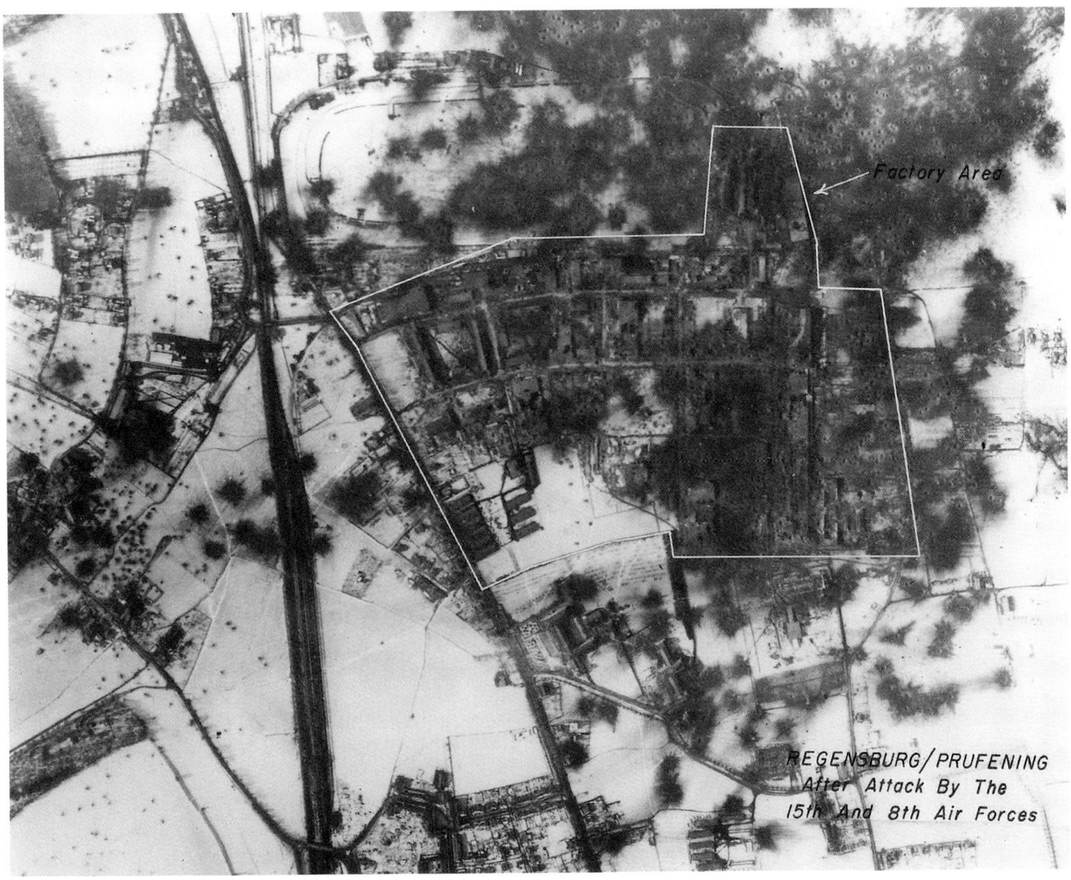

Luftaufnahme des Messerschmitt-Werkes in Regensburg/Prüfening nach dem Luftangriff vom 25.2.44. (USAF)

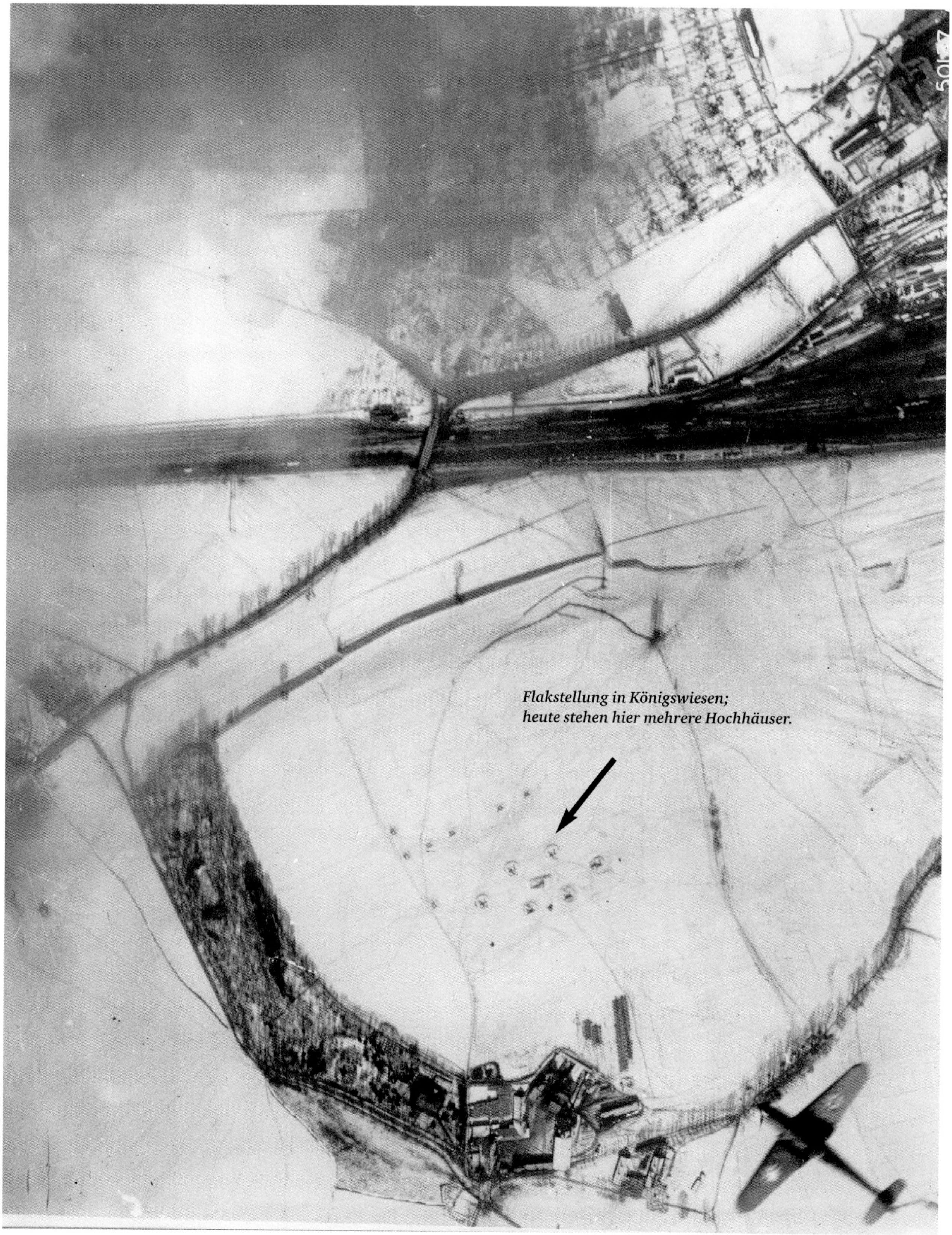

Am 25. Februar 1944 aufgenommen: Eine Aufnahme voller Dramatik aus dem Bombenraum eines US-Bombers im Endanflug auf das Messerschmitt-Werk in Prüfening. Trotz Flakfeuers versucht von unten rechts eine Bf (Me) 109 G der I./JG 5 „Eismeer" im Steigflug die Bomber anzugreifen. Im unteren Drittel der Aufnahme ist in der Mitte die Flakstellung der Doppelbatterie Königswiesen zu erkennen. Die zwölf Geschützstellungen zeichnen sich in der Schneelandschaft ab. Darüber befindet sich die Einfahrt zum Hauptbahnhof. Deutlich sind die Margaretenau und das Jahnstadion oben rechts zu erkennen. Rauchwolken des brennenden Flugzeugwerks im Bild oben links. (Foto: Peter Schmoll/USAF)

Dieses Typenschild von einem Doppelsternmotor Pratt & Wihtney wurde im Sommer 1994 an der Absturzstelle bei Ihrlerstein gefunden. Erst mit Hilfe dieses Typenschildes und der darin eingestanzten Motornummer konnte der damals abgestürzte Bomber auch einwandfrei identifiziert werden. In der offiziellen Verlustmeldung (MACR) der USAAF wurde als Absturzort Landshut angegeben. (Foto: Peter Schmoll)

bekam ihn aber nicht zugesprochen. Josef Wittmann aus Nußhausen, Norbert Eichenseer und Max Rappl haben damals den Absturz des Bombers beobachtet.

Der Bericht von Max Rappl aus Ried: „*Die Bomber kamen aus Richtung Regensburg angeflogen. Plötzlich war MG-Feuer zu hören, und eine Maschine stürzte brennend ab. Während des Absturzes verlor der Bomber mehrere Teile, die in Richtung Baiersdorf aufschlugen. Das Flugzeug stürzte in ein Waldstück bei Ried und brannte aus. Ein Fallschirmspringer landete bei Ried und wurde mit einem Pferdeschlitten nach Riedenburg gefahren. Zwei oder drei verkohlte Leichen lagen noch im Flugzeug und wurden später auf dem Friedhof in Jachenhausen begraben.*“

Norbert Eichenseer aus Baiersdorf berichtet: „*Damals war ich 13 Jahre alt und ging in Prunn zur Schule. Der Unterricht war gerade beendet, und wir konnten einen Bomberverband erkennen, der über das Altmühltal flog und von zwei oder drei Me 109 angegriffen wurde. Die Jäger setzten mehrmals zum Anflug auf den Bomberverband an, man konnte deutlich die Abschüsse der Maschinengewehre und Bordkanonen hören. Ein Bomber scherte aus dem Verband aus, drehte eine Schleife und stürzte nach unten. In ca. 1000 Meter Höhe explodierte der Bomber. Zwei Fallschirme schwebten in Richtung Buch. Als ich zu Hause in Baiersdorf ankam, lagen in Richtung Ried zahlreiche Trümmer, davon einige mit Gummi überzogene Treibstoffbehälter, auf den Feldern. Das Gummi wurde später zum Besohlen von Schuhen verwendet. Der Bomber war in ein Waldstück gestürzt und ausgebrannt. Der Heckstand war vor dem Aufprall abgebrochen und lag etwas abseits. Deutlich konnte man im dicken Panzerglas die Einschüsse der deutschen Jäger sehen.*“

Josef Wittmann aus Brunn berichtet: „*Die Bomber flogen über das Altmühltal, als deutsche*

Jäger den Verband angriffen. Obwohl das Gefecht in großer Höhe stattfand, konnte man die Bordwaffen hören. Teilweise waren sogar die Leuchtspurgeschosse zu sehen. Nach mehreren Angriffen scherte ein Bomber aus dem Verband und stürzte ab. Die Jäger, zwei oder drei, drehten ab und flogen in großer Höhe in Richtung Regensburg. Der Bomber stürzte in flachen Spiralen ab und verlor zahlreiche Teile. In einem Waldstück bei Ried schlug die Maschine auf. Später war ich an der Absturzstelle und konnte total verkohlte Leichen in dem Trümmerhaufen erkennen."

Der zweite Bomber, der durch Oberleutnant Senoner abgeschossen wurde, war eine B-24 der 449. BG, die brennend über Ihrlerstein abstürzte und am Eingang des Zieglertals aufschlug. Ulrich Huber aus Ihrlerstein hat damals diesen Luftkampf beobachtet: *„Deutlich konnte man die Bomber aus Richtung Regensburg anfliegen sehen, die von Me 109 angegriffen wurden. Ein Bomber scherte qualmend aus dem Verband, verfolgt von einer 109. Bordwaffenfeuer war zu hören, und trudelnd ging die B-24 mit einer brennenden Tragfläche nach unten. Ein Fallschirm war zu sehen, der an der Maschine festhing. Kurz über dem Boden brachen die brennende Tragfläche und ein Teil vom Leitwerk ab, dann krachte der Bomber kurz nach 13.00 Uhr in ein Waldstück beim Zieglertal. Die 109 drehte eine Rolle über der Absturzstelle. Ich war einer der ersten am Absturzort und fand den Heckschützen mit total zerschmettertem Kopf auf einem Baumstumpf liegend. Die restlichen Flieger lagen im Rumpf der Maschine. Die gesamte Besatzung wurde tot aufgefunden, vermutlich war ein Teil durch den Bordwaffenbeschuss der Bf 109 bereits gefallen oder schwer verletzt, und durch die immensen Fliehkräfte konnte sich niemand mehr mit dem Fallschirm retten."*

Die abgeschossene B-24 H, Serialnummer 42-7727, gehörte zur 449. Bombergruppe und war in Grottaglie bei Tarent stationiert. Die gesamte Besatzung wurde wenige Tage später auf dem Friedhof in Ihrlerstein beerdigt. Aufgrund eines 1994 an der Absturzstelle gefundenen Motor-Typenschildes konnte man den Bomber genau identifizieren. In den US-Unterlagen (MACR) war als Absturzort völlig irreführend Landshut angegeben worden.

Oberleutnant Gerd Senoner, Staffelkapitän der 1./JG 5 „Eismeer", konnte am 25. Februar 1944 zwei US-Bomber bezwingen. Eine B-17 schlug bei Jachenhausen und eine B-24 bei Ihrlerstein auf. Nach diesen Luftkämpfen gegen die 15. US-Luftflotte landete Senoner in Obertraubling und startete eine Stunde später gegen den Einflug der 8. US-Luftflotte. Bei diesem erneuten Einsatz innerhalb kürzester Zeit wurde Gerd Senoner von US-Jägern über dem Fliegerhorst Obertraubling tödlich getroffen. Sein Grab befindet sich heute auf dem Soldatenfriedhof im Oberen Katholischen Friedhof in Regensburg. (Foto: Peter Schmoll)

Nur wenige Minuten später erreichten vier Bf 109 G-6 vom JG 104, die in Fürth stationiert waren, in großer Höhe den Kelheimer Raum. Hier bekamen die deutschen Jäger Kontakt zu den Bombern. Um 12.57 Uhr meldete Oberleutnant Bock den Abschuss einer B-24, die sich bereits auf dem Rückflug befand. Westlich von Hienheim schlug der Bomber brennend am Boden auf und explodierte. Der Bomber gehörte zur 98. BG und war in Lecce, Süditalien, stationiert. Durch den Beschuss des deutschen Jägers starben der Pilot Oberleutnant Daniel W. Bowman und der zweite Funker an Bord Stabsfeldwebel Warren C.

Eine B-24 der 451. BG am 25.2.44 über dem Messerschmitt-Werk in Prüfening. Die Aufnahme entstand kurz nach dem Bombenabwurf um 13.05 Uhr. (USAF)

Lawrence. Die restliche Besatzung konnte sich teils verwundet mit dem Fallschirm retten. Auch dieses Mal hatten die deutschen Jäger den Bomber durch einen Frontalangriff zum Absturz gebracht.

Josef Kraus aus Laimerstadt, damals 13 Jahre alt, hat den Luftkampf und den Absturz des Bombers noch gut in Erinnerung:
„Es war ein kristallklarer sonniger Wintertag und die ganze Landschaft war tief verschneit. Wir konnten deutlich die amerikanischen Bomber und die deutschen Jäger an ihren Kondensstreifen erkennen. Plötzlich war das dröhnende Geräusch von MGs und Kanonen zu hören. Alle im Dorf blickten erschrocken nach oben. Wenige Augenblicke später waren einige weiße Punkte zu erkennen, die sich als Fallschirme herausstellten. Der Bomber stürzte direkt über Hienheim brennend ab und schlug ca. 150 m westlich des Dorfes auf einem Acker auf. Ein mit dem Fallschirm abgesprungener Flieger landete in der Nähe von Ried. Mit zwei Freunden liefen wir zu dem gelandeten Fallschirmspringer. Unterwegs schloss sich uns ein auf Urlaub befindlicher Soldat an, der den Amerikaner gefangen nahm. Wir bestaunten die hervorragende Ausrüstung und Uniform. Der Flieger übergab dem Soldaten seine Pistole und verteilte Zigaretten, und erst jetzt sahen wir, dass der Amerikaner an der linken Körperseite verletzt war. Mit einem Pferdegespann wurde er nach Riedenburg in das dortige Reservelazarett St. Anna eingeliefert. Wenig später gingen wir zum abgestürzten Flugzeug. Überall lagen Trümmer, die zum Teil tief im Boden steckten, verstümmelte tote Flieger waren zu sehen. Die beiden Leichen wurden später im Hienheimer Friedhof beerdigt und nach dem Krieg exhumiert. Nach Berichten weiterer Augenzeugen überflog der Bomber das Dorf in sehr niedriger Höhe und stürzte unmittelbar am Dorfrand ab.“
Unteroffizier Sangkuhl verfolgte den letzten Bomberverband, der sich im Anflug auf Regensburg befand. Dabei geriet er mit seiner Bf 110 G-2, Werknummer 120092, in das

B-24 mit Besatzung, die bei Hienheim am 25. Februar 1944 durch Oberleutnant Bock von der 2. Staffel des Jagdgeschwaders 104 aus Fürth abgeschossen wurde. (Foto: Günther Wagner)

Die Besatzung der B-24 von der 449. BG, die am 25. Februar 1944 über Ihrlerstein von Oberleutnant Senoner abgeschossen wurde. Alle zehn Besatzungsmitglieder kamen beim Absturz ums Leben und wurden auf dem Friedhof in Ihrlerstein beigesetzt. Nach Kriegsende erfolgte die Exhumierung und die Bestattung auf dem Soldatenfriedhof in St. Avold in Nordfrankreich. (Foto: Günther Wagner)

Sperrfeuer der Regensburger Flak. Die Bf 110 wurde schwer getroffen. Die Besatzung mit Flugzeugführer Sangkuhl und Bordfunker Homfeld konnten sich verwundet mit dem Fallschirm retten. Dieser Abschuss durch die eigene Flak zeigt, wie erbittert die Einsätze gegen die Bomber geflogen wurden, ohne Rücksicht auf das eigene Leben.

Eine B-17 der 2. BG war von der Regensburger Flak beschädigt worden und hatte einen Motorausfall zu verzeichnen. Auf dem Rückflug befindlich, stieg die beschädigte B-17 bei einem Kurswechsel nach oben weg. Eine andere B-17 flog unter der Beschädigten hindurch. Der beschädigte Bomber sackte kurz danach nach unten weg, geriet außer Kontrolle und rammte eine tiefer fliegende B-17, der das gesamte Leitwerk abgerissen wurde. Beide Bomber stürzten daraufhin über dem Landkreis Landshut ab. Einer der Bomber schlug westlich von Oberröhrenbach auf, der andere kam nordwestlich von Oberunsbach herunter.

Hauptmann Bogs vom Gruppenstab I./ZG 76 meldete um 13.05 Uhr noch eine B-24, 20 km südsüdwestlich von Regensburg, als Abschuss. Der Bomber wurde mit Bordwaffen und Bordraketen BR 21 beschossen. Der gemeldete Luftsieg konnte vom Reichsluftfahrtministerium nicht anerkannt werden, da man das Wrack der B-24 im angegebenen Raum nicht finden konnte.Tatsächlich warf eine B-24 der 451. BG ihre Bomben im Notwurf südlich von Regensburg ab. Da der Motor Nr. 3 brannte, kurvte der Bomber aus dem Verband. Im Sturzflug gelang es dem Piloten, Oberleutnant Richard D. Coleman, das Feuer im Motor zu löschen und den schwer beschädigten Bomber abzufangen. Mit Südkurs flog er sogar noch über die Alpen, aber dann geriet die B-24 außer Kontrolle und stürzte bei Udine ab. Die Besatzung konnte sich mit dem Fallschirm retten. Die Besatzung der B-24 meldete später, dass sie von deutschen Jägern mit Bordwaffen und Raketen angegriffen und dabei ein Motor getroffen wurde. Die Bomben fielen im Notwurf, und die Maschine kurvte unter Höhenverlust aus dem Verband. Dem Piloten Richard Coleman gelang der Rückflug nach Norditalien. Hier sprang die Besatzung mit dem Fallschirm ab.

Die Bomber der 15. US-Luftflotte waren in Richtung Italien abgeflogen, aber Regensburg war nur eine kurze Atempause vergönnt. Wie bereits beschrieben, flogen gegen 14.00 Uhr die Bomber der 8. US-Luftflotte ihre Ziele in Obertraubling und Prüfening an. Die Regensburger Flak hatte heute zwar zahlreiche Bomber beschädigt, aber ein direkter Abschuss war noch nicht gelungen.

Der Abwehreinsatz gegen die 8. US-Luftflotte

Der erste deutsche Jagdverband, der mit den aus England einfliegenden Bombern Kontakt bekam, war das JG 26. Teile der II. und III. Gruppe starteten von den Flugplätzen in Rosieres und Vendeville. Die 10./JG 26 war die erste Jagdstaffel, die Feindberührung mit den viermotorigen Bombern meldete. Um 11.45 Uhr gelang dem Oberleutnant Schauder 17 km südöstlich von Charleville der Abschuss einer B-17. Um 12.00 Uhr war auch die 8./JG 26 am Feind, und Fähnrich Busch erzielte den Abschuss einer B-17 bei Alsbach. Unteroffizier Boeckl von der 12./JG 26 blieb um 12.10 Uhr siegreich über eine B-17, die ca. 6 km nördlich von Rethel abstürzte. Der Gruppenkommandeur von der III./JG 26, Major Mietusch, meldete um 12.15 Uhr den Abschuss einer B-17 im Planquadrat SK 12. Um 12.25 Uhr hatte wiederum die 8./JG 26 Gefechtsberührung, und Feldwebel Zirngibl blieb Luftsieger über eine B-17 im Raum Saarbrücken. Inzwischen war auch die ll./JG 26 im Zentrum der Luftschlacht eingetroffen, und um 12.30 Uhr holte Feldwebel Laub eine B-17 ca. 12 km südlich von Longwy herunter. Hauptmann Steiger von der 12./JG 26 gelang dann noch um 13.00 Uhr der Abschuss einer B-17 über Birkweiler bei Landau. Die 6. und 8. Staffel der II./JG 2 starteten von Creil aus zur Abfangjagd auf die Bomber, um ihre Kameraden vom JG 26 zu unterstützen. Es war 12.10 Uhr, als Leutnant Christoph Dezius von der 6./JG 2 den Abschuss einer B-17 ca. 10 km südlich von Sedan meldete. Der Gruppenkommandeur von der II./JG 2, Major Kurt Bühlingen, errang um 12.33 Uhr einen Luftsieg über eine B-17 im Planquadrat TJ-TK östlich von Juvencourt. Auch die 8./JG 2 hatte Feindberührung, und Leutnant Kabbe gelang der Abschuss einer B-17 südöstlich von Laon. Die eingesetzten Teile der JG 2 und 26 brachen gegen 13.00 Uhr die Luftkämpfe wegen Munitions- und Spritmangel ab. Trotz der verlustreichen Luftkämpfe stießen die Bomber immer tiefer in das südliche Reichsgebiet vor. In den deutschen Jägerleitstellen wurde die Luftlage laufend analysiert und als klar wurde, dass die Bomberverbände ausschließlich Ziele in Süddeutschland anflogen, wurden Jagdeinheiten aus Norddeutschland in den Abwehreinsatz befohlen.

Jetzt übernahm die II./JG 1 aus Rheine die Bekämpfung des Bomberstromes. Um 13.05 Uhr erfolgte der Abschuss einer B-17 durch Oberst Oesau, dem Geschwaderkommodore des JG 1, im Planquadrat AR 8 (Baden-Baden). Unteroffizier Pleines von der 7./JG 1 meldete um 13.23 Uhr einen Luftsieg über eine B-17 im Planquadrat AT nördlich von Stuttgart. 15 km südwestlich von Ansbach holte Unteroffizier Rudolf Zinkl von der 6./JG 1 um 13.27 Uhr eine B-17 herunter. Major Bär, Staffelkapitän der 6./JG 1, gelang um 13.30 Uhr ein Luftsieg über eine B-17. Beim Jagdgeschwader 1 leuchteten schon lange die roten Kontrollleuchten und zeigten den zu Ende gehenden Benzinvorrat an. Die deutschen Jäger landeten auf den verschiedensten Flugplätzen im Reichsgebiet. Die noch einsatzbereiten Maschinen wurden umgehend für den nächsten Einsatz vorbereitet. Die Flugzeugführer meldeten sich im Gefechtsstand und warteten die Rückflüge der Bomber ab. Je tiefer die Bomber in das Reichsgebiet vorstießen, umso mehr warfen sich jetzt die Zerstörer in die Luftschlacht. Das ZG 101 bekämpfte einen Bomberverband, der Kurs

8. USAAF im Anflug auf Regensburg, aus dem Heckstand einer B-17 am 25. Februar 1944 aufgenommen. (Foto: Peter Schmoll/USAAF)

auf Augsburg genommen hatte. Um 14.00 Uhr meldete Leutnant Opitz von der 3./ZG 101 den Abschuss einer B-17 bei Pfaffenhofen, und Oberfeldwebel Sauerwein von der 2./ZG 101 blieb um 14.26 Uhr über Memmingen Sieger im Luftkampf mit einer B-17.
Die auf dem Rückflug befindlichen Bomber wurden von den verschiedensten Jagdeinheiten angegriffen und erlitten weitere Verluste. Von der Flak und durch Jagdfliegerbeschuss beschädigte Bomber konnten sich nicht mehr im Verband halten und versuchten sich allein in Richtung England oder in die Schweiz durchzuschlagen. Diese Bomber wurden sehr oft zu einer leichten Beute der überall lauernden deutschen Jagdflieger.
Um 14.10 Uhr näherte sich die 385. BG ihrem Ziel, darunter war die B-17 F, Serial-Nr. 42-30822. Der Anflug auf den Fliegerhorst in Obertraubling erfolgte aus südlicher Richtung, dabei überflog die 385. BG die Stellung der Eisenbahnflak 227 (E). Die Flakbatterie mit 4 x 10,5-cm-Flakgeschützen schoss ein konzentriertes Schnellfeuer auf die anfliegende Bombergruppe. Dabei erhielt die B-17 F, 42-30822 einen Volltreffer in die Rumpfspitze, die förmlich weggesprengt wurde. Die Folge war, dass sämtliche Besatzungsmitglieder im Cockpit getötet wurden und der Bomber fast senkrecht über dem Fliegerhorst Obertraubling abstürzte. Fünf Fallschirme wurden gesichtet. Einem weiteren Bomber, der unmittelbar daneben im Verband flog, wurde ein Motor herausgeschossen. Fast zeitgleich mit dem Abschuss des Bombers erfolgte der Bombenabwurf der gesamten Bombergruppe. Dessen Bombenteppich traf verheerend die Flakstellung der 227 (E) und

Die Besatzung der B-17 G, welche über Obertraubling am 25. Februar 1944 durch einen Volltreffer der Eisenbahnflakbatterie 227. (E) zum Absturz gebracht wurde. (Foto: Günther Wagner)

vernichtete die Geschütze. 53 gefallene Flaksoldaten und 46 Verwundete waren zu verzeichnen.
Der Bomber, dem der linke Motor herausgeschossen wurde, war die B-17 „Winnie the Pooh" mit Oberleutnant Nelson Davis am Steuer. Davis steuerte den schwer beschädigten Bomber im Sinkflug mit Südwestkurs, um eventuell noch die neutrale Schweiz zu erreichen. Als eine Bf 110 dem Bomber folgte, sprang nacheinander die Besatzung mit dem Fallschirm ab. Davis hatte somit der gesamten Besatzung den rettenden Absprung ermöglicht, und als letzter an Bord versuchte er, sich zu retten. Jedoch war die Absprunghöhe bereits so gering, dass sich sein Fallschirm nicht mehr öffnete. Er wurde zerschmettert auf einem Feld bei Mantelkirchen gefunden und am 3. März 1944 auf dem Friedhof von Kirchdorf beigesetzt.

Dazu berichtet Anton Gansbühler aus Offenstetten: *„An diesem Tag war ich als Obergefreiter der Luftwaffe auf Heimaturlaub. Es lagen 30 cm Schnee und die Sonne schien, als kurz nach Mittag US-Bomber in Richtung Regensburg flogen. Ich ging auf den Sommerkeller, denn von hier hatte man einen guten Ausblick nach Norden, Süden und Westen. Von Regensburg her war bereits Bombendonner zu hören, als aus nördlicher Richtung eine B-17 in ca. 500 m Höhe angeflogen kam. Die beiden linken Propeller standen.*
Zwischen Offenstetten und Sallingberg sprang plötzlich ein Besatzungsmitglied mit dem Fallschirm aus der im Sinkflug befindlichen Maschine ab. Die B-17 flog in südlicher Richtung weiter und stürzte wenig später ab. Eine dichte schwarze Rauchwolke stand über der Absturzstelle. Kurz darauf überflog eine Bf 110 den noch in der Luft schwebenden Fallschirm und die Absturzstelle, drehte dann jedoch ab. Der abgesprungene Flieger landete sicher und wurde vom Volksschullehrer Kropf und von Ludwig Greis gefangengenommen. Sie übergaben mir als Wehrmachtsangehörigem den US-Flieger. Mit dem Milchauto brachte ich den Amerikaner nach Abensberg und lieferte ihn bei der Ortskommandantur ab.
In Wildenberg sah man den im Tiefflug anfliegenden Bomber und hatte schon große Angst, dass der ins Dorf abstürzen würde. Aber wie durch ein Wunder drehte das Flugzeug kurz vor der Ortschaft in einer Linkskurve ab und zerschellte explodierend in einem Wald ca. 600 Meter entfernt. Offenbar hatten die rechten Motoren der führerlosen Maschine noch Leistung und leiteten somit diese für Wildenberg glückliche Linkskurve ein."

Bilanz der Luftschlacht vom 25.2.1944

Für die US-Luftwaffe war es während des Zweiten Weltkrieges der Tag mit der höchsten Verlustzahl an viermotorigen Bombern. Von den 685 eingesetzten Bombern der 8. US-Luftflotte gingen 31 Maschinen mit 301 Mann Besatzung verloren. Insgesamt wurden 298 Bomber mehr oder weniger stark beschädigt, und eine B-17 und zwei B-24 mussten als Totalschaden abgeschrieben werden. An Bord der zurückgekehrten Maschinen befanden sich vier Tote und 26 verletzte Besatzungsmitglieder. Hinzu kam der Verlust von drei Jagdflugzeugen. Davon verlor die 3. Bomberdivision, welche Regensburg angegriffen hatte, zwölf B-17 und zwei Begleitjäger vom Typ P-51 „Mustang". An Bord der aus Regensburg zurückkehrenden Flugzeuge befanden sich vier Tote und zwölf Verwundete. 82 B-17 waren beschädigt.

In Piesenkofen betrachten Flaksoldaten und Zivilisten die hintere Einstiegklappe einer abgeschossenen B-17. Für einen Notausstieg konnte diese Klappe entriegelt und abgeworfen werden. (Foto: Peter Schmoll)

Die 15. US-Luftflotte verlor an diesem Tage insgesamt 40 Bomber und vier Jagdflugzeuge. In den zurückkehrenden Bombern befanden sich drei Tote und sieben Verwundete. Zahlreiche Bomber waren mehr oder weniger schwer beschädigt. Am schwersten wog jedoch der Verlust von 410 Mann des fliegenden Personals. Über 200 Jägerangriffe auf die Bomber wurden registriert. In den Gefechtsberichten der amerikanischen Bomberbesatzungen wird von starken deutschem Jägereinsatz und einem schweren Flakfeuer über dem Zielraum in Regensburg berichtet.

Major Walther Dahl, Kommandeur der III./JG 3 „Udet", schoss den Bomber über Langquaid ab. Es war Dahls zweiter Luftsieg am 25. Februar 1944. (Foto: Peter Schmoll)

Die Auswirkungen der Luftangriffe in Regensburg

Am 25. Februar 1944 wurde in Regensburg um 12.31 Uhr Fliegeralarm ausgelöst und um 14.20 Uhr Entwarnung gegeben.
Den Schwerpunkt der Luftangriffe bildeten die beiden Messerschmitt-Werke in Prüfening und auf dem Fliegerhorst Obertraubling. Insgesamt wurden von fast 400 Bombern in etwa 3.227 Sprengbomben und 2.664 Brandbomben abgeworfen. Dies ergab eine Gesamtmenge von 866 t Bomben.

Im Stadtgebiet wurden 18 Personen getötet und 28 verletzt. 48 Gebäude wurden total zerstört: acht Wohngebäude, drei Wirtschaftsgebäude, drei Baracken, vier landwirtschaftliche Gebäude, zwölf Scheunen, sieben Ställe und elf Schuppen. Schwer beschädigt waren 86, mittelschwer 39 und leicht beschädigt 297 Gebäude. An der Reichsbahnstrecke Regensburg-Nürnberg und Regensburg-Ingolstadt entstanden schwere Gleisschäden. Im Messerschmitt-Werk Prüfening wurden sämtliche Hallen getroffen. An fast allen Gebäuden zeigten sich Einsturz- und Brandschäden. Der vorläufige Produktionsausfall wurde mit annähernd 100 % veranschlagt.

Im Messerschmitt-Werk auf dem Fliegerhorst Obertraubling waren schwerste Schäden entstanden. 56 Tote, davon 53 Gefallene einer Eisenbahn-Flakbatterie, und 46 Verletzte waren das Fazit des Angriffes. Fast alle Gebäude und Hallen auf dem Fliegerhorst wurden getroffen. Von den vorhandenen zehn großen Fertigungshallen waren nur noch zwei Hallen unbeschädigt. Sofort nach dem Angriff wurde damit begonnen, die Vor- und Endmontage in diesen beiden Hallen zu konzentrieren. Damit war zumindest für den März die, wenn auch stückzahlenmäßig geringere Produktion der Bf 109 gesichert. Allen Verantwortlichen war klar, dass eine konzentrierte Fertigung in diesem Stadium des Krieges nicht mehr möglich war. Alle Bestrebungen galten jetzt einer bis zum Äußersten betriebenen Dezentralisierung der Flugzeugproduktion. Ein Wiederaufbau des Fliegerhorstes von Obertraubling war nicht mehr geplant, im Gegenteil, man befürchtete durch die beiden erhalten gebliebenen Hallen weitere Luftangriffe. Die Folge der Angriffe auf die Flugzeugproduktion der Messerschmitt GmbH in Regensburg war ein momentaner Rückgang der Produktion. Wurden im Januar und Februar 1944 zusammen noch 739 Jagdflugzeuge vom Typ Bf 109 an die Luftwaffe abgeliefert, so konnten im März 1944 nur noch 135 Flugzeuge gefertigt werden. Durch eine schnelle und teilweise bereits eingeleitete Verlagerung der Produktion wurden schon im April 1944 wieder 343 Bf 109 an die Luftwaffe übergeben.

Bericht von Leutnant Heinrich Freiherr von Podewils, Jagdflieger in der 2./JG 5, über den Luftangriff vom 25.2.1944 auf den Fliegerhorst Obertraubling:
„Am 25.2. war wieder Fliegeralarm. Alles hastete zu den Maschinen. Meine 109 stand auf der Betonfläche vor einer der großen Hallen. Die ersten 109er starteten bereits, aber bei meinem Flugzeug sprang der Motor einfach nicht an. Meine beiden Flugzeugwarte kurbelten wie die Weltmeister, aber der ansonsten zuverlässige Daimler-Benz machte keinen Mucks. Da erkannte ich am klaren Himmel die anfliegenden Bomberverbände. Nun aber nichts wie raus aus meiner 109 und ab ins Gelände. Ich rannte quer über den Platz, und das Laufen bereitete mir in der Fliegerkombination und den Pelzstiefeln erhebliche Schwierigkeiten. Fast zu spät erkannte ich, dass ich auf Kesselwägen mit Flugbenzin zulief, die auf einem Abstellgleis am südlichen Platzrand abgestellt waren. Der erste Verband hatte seine Bomben ausgeklinkt, und mit einem unwahrscheinlichen Rauschen kamen die Bomben runter. Eine schwere Eisenbahn-Flakbatterie nahe dem Fliegerhorst feuerte, was die Rohre hergaben. Sie wurde voll von einem Bombenteppich getroffen, und das Abwehrfeuer verstummte schlagartig.
Aber auch einer der Bomber war getroffen und trudelte brennend direkt über dem Flugplatz ab. Nach dem Angriff lief ich zu meiner 109 zurück, aber sie war vollkommen zerstört. Eine wenig später folgende zweite Angriffswelle vollendete das Zerstörungswerk. Der Fliegerhorst war in allen Bereichen schwer getroffen und fast unsere gesamte Ausrüstung zerstört. Auch die Kasernen im Fliegerhorst hatten schwere Schäden erlitten. Wir Piloten wurden daraufhin im Hotel „Maximilian" in Regensburg einquartiert. Die I./JG 5 wurde wenige Tage später nach Herzogenaurach verlegt. Aber erst am 16.3.44 waren wir wieder so weit aufgerüstet, um erneut in den Einsatz zu gehen, und dabei gingen von 24 gestarteten 109 schon wieder sieben Maschinen

Die Besatzung des bei der Einöde Stumpföd am 25. Februar 1944 abgestürzten Bombers der 99 BG. Durch Beschuss des deutschen Jägers über Langquaid wurden der Copilot und der Bordmechaniker tödlich getroffen. Der Rest der Besatzung konnte sich mit dem Fallschirm retten. Die B-17 schlug auf einem Acker ca. 200 m westlich von Stumpföd auf und die noch geladenen Bomben explodierten. Die sterblichen Überreste der beiden gefallenen Besatzungsmitglieder wurden auf dem Friedhof der Gemeinde Paring beigesetzt und im Mai 1946 exhumiert. (Foto: Peter Schmoll)

verloren, darunter auch meine 109 durch Notlandung in einem Wald. Eine P-47 hatte meinen Motor lahmgeschossen. Damals war der Krieg für mich, angesichts der alliierten Luftüberlegenheit, bereits verloren."

Leutnant Max Endriß von der I./JG 5 berichtet: *„Alarmstart am 25. Februar 1944 um 12.45 Uhr und Landung um 13.20 Uhr in Obertraubling. Abschuss einer B-24 Liberator in der Nähe des Waginger Sees. In der Zwischenzeit wurde Regensburg angegriffen und die Fertigung der Bf 109 schwer getroffen. Kurz nach meiner Landung erfolgte ein zweiter Angriff, der weitere Opfer forderte."*

In seinem Buch „50 Mission Crush" berichtet der ehemalige Bomberpilot der 449. Bomber Group, Donald R. Currier, über seine Einsätze während der „Big Week" gegen die Messerschmitt-Werke in Regensburg:

Die Besatzung des Bombers „Winnie the Pooh", der am 25. Februar 1944 bei Wildenberg abstürzte. Die B-17 hatte einen schweren Flaktreffer über Obertraubling erhalten, der den Motor Nr. 1 aus der Tragfläche absprengte. Der Pilot Nelson H. Davis, links kniend, konnte den Bomber so lange in der Luft halten, bis alle Besatzungsmitglieder mit dem Fallschirm abgesprungen waren. Davis versuchte sich dann aus dem schon sehr tief fliegenden Bomber zu retten. Der Fallschirm öffnete sich jedoch nicht mehr, und man fand seinen zerschmetterten Körper auf einem Feld bei Mantelkirchen. (Foto: Peter Schmoll)

„Im Rahmen der „Big Week" flog die 15. US-Luftflotte vom 22.2. – 28.2.1944 Angriffe gegen die Luftfahrtindustrie des Deutschen Reiches. Die 15. US-Luftflotte befand sich noch in ihrer Aufbauphase, und wir verfügten noch über keine Langstreckenjäger. Die P-38 mussten spätestens nach dem Erreichen der Alpen umkehren. Der Himmel über Österreich und Süddeutschland wurde von den Jagdflugzeugen der deutschen Luftwaffe beherrscht. Einige Einsätze im Januar 1944 über Norditalien machten uns klar, dass es für die US-Air Force sehr, sehr teuer werden würde, in den von der deutschen Luftwaffe beherrschten Luftraum einzudringen. Der erste Einsatz am 22.2.1944 führte uns nach Regensburg, um den Komplex der Messerschmitt-Werke anzugreifen. Auf unserem Flugweg befanden sich zahlreiche Flugplätze der Luftwaffe, auf denen Jagdflugzeuge stationiert waren. Das Ziel wurde von starken Flakkräften verteidigt. Von unserer Basis in Grottaglie/Süditalien waren es 600 Meilen (965 km) bis zum Ziel.
Wir flogen über der Adria in Richtung Triest, und bis dahin war alles friedlich verlaufen. Aber kurz nachdem wir die Küste überflogen hatten, begannen die Angriffe der deutschen Jäger. Eine Stunde lang wurden unsere Bomber von den Jägern immer stärker attackiert. Als wir das Ziel erreichten, stellten die Jäger ihre Angriffe weitgehend ein. Dafür begann ein Flakfeuer, wie wir es noch nicht gesehen hatten. Für uns war es der zehnte Einsatz, aber eine derartige Flakhölle hatten wir noch nicht erlebt. Über Obertraubling lösten wir unsere Brandbomben aus, als ein Bomber von der Flak getroffen wurde. Die B-24 explodierte mit einem grellen Blitz, gefolgt von einer dicken schwarzen Wolke. (Anmerkung des Verfassers: Durch die Explosion wurde noch ein weiterer Bomber B-24 zum Absturz gebracht.) Nach Verlassen des Zielraumes setzten sofort wieder die Angriffe der Jäger ein. Es ergab sich eine Luftschlacht, die unserer Bombergruppe den Totalverlust von 6 Maschinen kostete. Zahlreiche andere Bomber waren schwer beschädigt. Am 23.2.44 griffen wir Steyr in Österreich an, am 24.2. wurden wegen Schlechtwetter keine Einsätze geflogen. Schon am 25.2. ging es wieder gegen Regensburg. Von unserer Gruppe erreichten nur 15 B-24 das Ziel. Die Messerschmitt-Werke waren für die Deutschen ein äußerst wichtiges Rüstungswerk, und auch heute war der Flug nach Regensburg ein Gang durch die Hölle. Bf 109 und Bf 110 mit Raketenbewaffnung flogen laufend Angriffe gegen unsere Bomber. Obwohl die Deutschen alles unternahmen, unseren Angriff zu stoppen, konnten wir das Flugzeugwerk zerstören. Wir verloren an diesem 25.2. weitere drei B-24 Bomber. Insgesamt verlor die 449. BG während der „Big Week" zehn B-24 durch Abschuss, und vier weitere Bomber mussten schwer beschädigt verschrottet werden. Mit welcher Härte der Luftkrieg über Europa geführt wurde, zeigen die Verlustzahlen in den ersten sechs Monaten 1944: Die 449. Bomber Group verlor 63 und die 450. Bomber Group 110 Bomber vom Typ B-24 »Liberator«."

Einer der erfolgreichsten Jagdpiloten in der Reichsverteidigung war der Regensburger Major Anton Hackl, der insgesamt 192 Luftsiege erringen konnte, davon 34 viermotorige Bomber und eine Mosquito. Anton Hackl stand fünf Jahre fast ununterbrochen im Fronteinsatz. Er wurde achtmal selbst abgeschossen und mehrmals verwundet. Hackl galt in der Luftwaffe mit über 1.000 Feindflügen als einer der tapfersten und kühnsten Jagdflieger. Als Träger des Eichenlaubs mit Schwertern zum Ritterkreuz des Eisernen Kreuzes wurde er für seinen Mut und Einsatz ausgezeichnet. Zuletzt als Major und Kommodore des Jagdgeschwaders 11 an der Ostfront im Einsatz. Hackl verstarb am 9.7.1984 in Regensburg. (BA)

Die Abschusszahlen der Deutschen Luftwaffe und die Verlustangaben der 8. und 15. US-Luftflotte stimmen an diesem Tag erstaunlich genau überein, was man für andere Luftangriffe nicht immer behaupten kann. Die deutsche Luftwaffe hatte in jedem Fall einen beachtlichen Abwehrerfolg erzielt, da ca. 75 viermotorige Bomber und mindestens sieben Begleitjäger abgeschossen worden sind. Trotz dieser Erfolge konnte die Zerstörung der angegriffenen Ziele nicht verhindert werden. Besonders die beiden Regensburger Messerschmitt-Werke in Prüfening und auf dem Fliegerhorst Obertraubling waren total verwüstet worden.

Eine Meldung, datiert vom 28. Februar 1944, von der Gendarmerie aus dem Landkreis Rottenburg an der Laaber an den Landrat zum Luftangriff vom 25. Februar 1944 verdeutlicht, wie weit ab vom eigentlichen Ziel die Auswirkungen dieser Luftschlacht bis in die kleinste Ortschaft und Ansiedlung zu spüren waren:

1.) 25. Februar 1944 um 12.30 Uhr überflogen amerikanische Fliegerverbände den Landkreis Rottenburg a.d. Laaber aus östlicher in westlicher Richtung. Schätzungsweise 130 Flugzeuge. Verfolgung durch deutsche Jäger und Angriff auf feindliche Bomber. Rückflug um 13:45 von westlicher Richtung -Regensburg-gegen östliche Richtung –Landshut. Über dem Landkreis Luftkämpfe. Um 12.45 Uhr Abschuss eines amerikanischen viermotorigen Bombers, Typ unbekannt, durch deutschen Jäger ca. 200 m westlich der Einöde Stumpföd, Gemeinde Paring. Absturz des Flugzeugs und 10 Minuten später Detonierung desselben. Pilot zerrissen und tot. Nach Beobachtung 8 Mann mit Fallschirm abgesprungen. Alle 8 durch Landwacht und Gendarmerie aufgegriffen und an Fliegerhorst Straubing abgeliefert. Flugzeugteile im Umkreis von 500 m verstreut. Aktenmappe mit Kartenmaterial, Aufzeichnungen sowie Funkgerät sichergestellt und an Fliegerhorst Straubing abgegeben. Absturzstelle wird bis zum Eintreffen des Bergungstrupps durch Landwacht abgesperrt und bewacht. Flugzeug völlig zerstört. Sonstiger Schaden: Das 200 m entfernte Anwesen in Stumpföd, Dächer abgedeckt, sämtliche Fenster zertrümmert und Mauern aufgerissen. Der Schaden beträgt etwa 2.000 RM.

Abfliegende B-24 über Regensburg am 25.2.1944. In der Bildmitte ist das brennende Messerschmitt-Werk I in Prüfening erkennbar. (Foto: USAF via Peter Schmoll)

2.) 25. Februar 1944 um 14.30 Uhr Abschuss eines amerikanischen viermotorigen Bombers ca. 2 km nordostwärts von Wildenberg im Wildenberger Forst, Waldabteilung „Wutzerwiesel“. Feindlicher Bomber wurde vom Angriff abgedrängt und im Luftkampf verfolgt. Beim Aufschlag explodierte der Bomber in der Waldung. Flugzeugteile im Umkreis von 300 m verstreut. In unmittelbarer Nähe liegen zwei nicht detonierte Bomben von 250 und 500 kg. Aufschlagstelle durch Landwacht abgesperrt. Umherliegende Papiere eingesammelt und sichergestellt. (Anmerkung des Verfassers: Bei dem Bomber handelte es sich um eine B-17 F mit dem Namen „Winnie the Pooh“, der von der Flakbatterie 227 (E) auf dem Endanflug zum Fliegerhorst Obertraubling ein Motor herausgeschossen wurde. Die Bomben waren zu diesem Zeitpunkt noch nicht ausgeklinkt. Bei den aufgefundenen Bomben dürfte es sich um eine 250 und 500 lbs GP Sprengbombe gehandelt haben).
Nach Erdbeobachtungen sind von dem Feindflugzeug über Mantelkirchen-Kirchdorf drei Besatzungsmitglieder mit Fallschirm abgesprungen. Ein Mann mit ungeöffneten Fallschirm in Mantelkirchen tot aufgefunden und im Feuerhaus aufbewahrt. (Anmerkung des Verfassers: Bei dem Toten handelte es sich um den Piloten des Bombers Nelson H. Davis.) Zwei unverletzte Besatzungsmitglieder in Sallingberg aufgegriffen, zur Gendarmarie nach Abensberg verbracht und von der Luftwaffendienststelle Manching abgeholt. Die übrigen Besatzungsmitglieder scheinen unter den Trümmern des Feindflugzeuges den Tod gefunden zu haben, zumal Kleidungsstücke an den Bäumen und auf der Erde umherliegen. Waldschaden: etwa 2 ha eines dreißigjährigen Nadelholzes verwüstet. (Anmerkung des Verfassers: Es gelang allen Besatzungsmitgliedern sich mit dem Fallschirm zu retten, mit Ausnahme von Nelson Davis, der sich als Pilot geopfert hat, um allen Besatzungsmitgliedern den Fallschirmabsprung zu ermöglichen.)

3.) 25. Februar 1944 um 12.45 Uhr Abwurf einer H.C Minenbombe (4.000) ca. 300 m nordostwärts der Ortschaft Herrngiersdorf und Semerskirchen auf freies Feld. Bombe explodiert. Einschlagloch 3 – 4 m tief, 12 – 14 m breit. Kein Sachschaden, sehr wahrscheinlich Notabwurf. (Anmerkung des Verfassers: Aufgrund des Sprengtrichters dürfte es sich hier um eine Sprengbombe 500 lbs GP gehandelt haben.)

4.) 25. Februar 1944 um 12.50 Uhr Abwurf von 12 vermutlich H.C Minenbomben ungefähr 3 km westwärts von Adlhausen in sogenannter „Sinsbucher-Waldung“. Sämtliche Bomben detoniert. Einschlaglöcher 2 – 5 m tief, Durchmesser 7 – 15 m. Jede Bombe hat ca. 15 Bäume umgerissen. Abwurffläche im Umkreis von einem Kilometer erfolgt. (Anmerkung des Verfassers: Es dürfte sich um Sprengbomben 250 und 500 lbs GP gehandelt haben.)

5.) 25. Februar 1944 um 13:00 Uhr Abwurf von 10 Sprengbomben 500 kg westwärts der Einöde Oberbirnbach, Gemeinde Wahlsdorf auf freies Feld. Sämtliche Bomben detoniert. (Anmerkung des Verfassers: Auch hier dürfte es sich um Sprengbomben 500 lbs. GP gehandelt haben.)

6.) 25. Februar 1944 um 14:00 Uhr Abwurf von 36 Stück Stabbrandbomben ca. 1 km südostwärts der Ortschaft Sittelsdorf und Einöde Stumpfreuth auf freies Feld im Umkreis von 400 m verstreut. Sämtliche Bomben sind 1 bis 2 m in den Erdboden eingedrungen und nicht detoniert. Fliegerhorst Straubing hiervon verständigt. Beseitigung zugesagt.

Anmerkung des Verfassers: Es ist wohl nur glücklichen Umständen zu verdanken, dass bei der Vielzahl der abgeworfenen Bomben, in der Regel waren es ja Notabwürfe, keine Personen zu Schaden kamen. Interessant ist in diesem Zusammenhang bei dem Bomberabsturz von Stumpföd, dass sich der Ortsgruppenleiter der NSDAP von Langquaid mit Datum vom 1. März 1944 beim Landrat von Rottenburg schriftlich darüber beschwert, dass die sterblichen Überreste der Besatzung des Bombers noch immer auf den Feldern liegen und nicht bestattet worden sind. Daraufhin wurde der Totengräber von Paring beauftragt, die sterblichen Überreste, darunter drei Fliegerstiefel, in einem Sack einzusammeln und an der Absturzstelle beizusetzen. Durch ein Luftwaffenkommando aus Straubing wurden die sterblichen Überreste am 8. März 1944 wieder ausgegraben und auf dem Friedhof in Paring in einer Holzkiste beerdigt. Im Mai 1946 erfolgte dann die Exhumierung und Beisetzung auf dem Soldatenfriedhof von St. Avold in Nordfrankreich.

Der Luftangriff vom 21. Juli 1944

Regensburg war annähernd fünf Monate nicht mehr von der US-Luftwaffe angegriffen worden. Am 4. April 1944 begann die 15. US-Luftflotte mit Angriffen auf die Erdölfelder von Ploesti und am 12. Mai die 8. US-Luftflotte mit der Bombardierung der deutschen Raffinerien und Hydrierwerke. Diese Luftangriffe gegen die deutsche Treibstoffproduktion sollten sich als kriegsentscheidende Maßnahme herausstellen. Beginnend am 30. Mai flogen die strategischen Bomberverbände der 8. US-Luftflotte vorbereitende Einsätze für die Invasion in das französische Hinterland. Anfang Juni konzentrierte sich das Bombardement auf den Pas de Calais mit einer Bombenlast von ca. 6.000 t, die zwischen dem 2. und 5. Juni 1944 abgeworfen wurde. Diese konzentrischen Angriffe beeinflussten auch die Lagebeurteilungen im OKW. Man erwartete die Invasion an der engsten Stelle des Kanals.

Mit Beginn der Invasion am 6. Juni wurden die in der Normandie gelandeten alliierten Truppen durch rollende Luftangriffe der 8. US-Luftflotte unterstützt. Die deutschen Verteidigungslinien wurden regelrecht eliminiert. Durch die absolute Luftüberlegenheit der Alliierten wurde den Invasionstruppen der Weg in das französische Hinterland freigebombt. Der alliierte Oberbefehlshaber und spätere Präsident der USA Eisenhower hatte seinen Soldaten versprochen, wenn ihr ein Flugzeug seht, kann es nur ein alliiertes sein. Dieses Versprechen wurde gehalten, und auch die deutsche Zivilbevölkerung bekam die ständig zunehmende Luftüberlegenheit der Alliierten von Tag zu Tag mehr zu spüren. Waren es zuerst nur die Bombenangriffe, kamen mit Fortdauer des Krieges vermehrt Tiefangriffe durch feindliche Jagdbomber hinzu, die alles, was sich bewegte, vom Fußgänger über Radfahrer und Eisenbahnzüge, mit ihren Bordwaffen beschossen.
Mit Beginn des Monats Juli, die Invasionsfront war von alliierter Seite gesichert, lag dann wieder zunehmend das Reichsgebiet im Bombenhagel. Da fast alle deutschen Jagdverbände im Glutofen der Invasionsfront im Einsatz standen, war das Reichsgebiet fast schutzlos den Bomberangriffen preisgegeben. Im gesamten süddeutschen Raum war nur das Jagdgeschwader 300 mit der IV./Sturmgruppe JG 3 „Udet" mit ca. 120 Maschinen verfügbar. Dieser Gefechtsverband war auf die Flugplätze Ansbach, Unterschlauersbach, Holzkirchen, Bad Wörishofen, Memmingen usw. verteilt und wurde bei Bedarf auch auf Einflüge gegen Mitteldeutschland und Berlin eingesetzt und war deshalb hoffnungslos überfordert und unterlegen.
Am 21. Juli 1944, einen Tag nach dem Attentat auf Adolf Hitler, drangen die Bomber der 8. und 15. US-Luftflotte wieder tief in das Reichsgebiet vor, und auch Regensburg stand diesmal wieder auf der Zielliste. Die Einsätze richteten sich gegen die Flugzeug- und Kugellagerindustrie, und erneut wurden Regensburg und Schweinfurt am selben Tag bombardiert.

Luftaufnahme des Messerschmitt-Werkes Regensburg/Prüfening während des Luftangriffes vom 21.7.1944. (USAF)

Rennplatz

Explodierende Bomben während des Luftangriffes vom 21. Juli 1944 auf den Fliegerhorst Obertraubling. (USAF)

Wieder war die 3. Bomberdivision mit insgesamt 134 B-17, die von 73 P-47 „Thunderbolt“ und 97 P-51 „Mustang“ begleitet wurden, im Anflug auf Regensburg. Der Kampfverband stieß bis in die Nähe von Landshut vor und schwenkte dann aus Süden kommend auf Regensburg ein. Kurz vor der Stadt trennte sich der Verband in 2 Gruppen, die in 6.000 – 7.000 m Höhe ihre Ziele anflogen.
Die kleinere Kampfgruppe griff mit 44 B-17 in zwei Wellen das Messerschmitt-Werk I in Prüfening mit 95,4 t Bomben an. Der andere Kampfverband kurvte auf den Fliegerhorst Obertraubling ein und 90 B-17 warfen 210,2 t Bomben auf das dortige Messerschmitt-Werk II ab. Der bereits stark beschädigte Fliegerhorst wurde nochmals gründlich umgepflügt.
Die Angriffsdauer von 11.10 – 11.15 Uhr, also nur 5 Minuten, steht für einen äußerst konzentrierten Angriff der beiden Angriffsverbände. In Regensburg herrschte seit 10.15 Uhr Luftalarm, und erst um 12.47 Uhr wurde Entwarnung gegeben, da die Luftlage an diesem Tage sehr verwirrend war. Ein weiterer Angriffsverband der 15. US-Luftflotte hatte Kurs auf Regensburg genommen, war jedoch über Braunau mit seinen 483 Bombern auf die Raffinerie von Brüx/im Sudetenland abgedreht. Bei gleichzeitigen Einflügen aus dem Süden und Westen war es für die Offiziere in den Gefechtsständen der Reichsverteidigung, im süddeutschen Raum war dies die 7. Jagddivision in ihrem Gefechtsbunker in Oberschleißheim, nicht immer einfach, die mit wechselnden Kursen fliegenden Bomberverbände zu verfolgen und das vermutliche Angriffsziel zu erkennen. Auf deutscher Seite gab es zwar einen Spezialverband, ausgerüstet mit Me 410, die sich an die Bomberverbände anhängten und durch laufende Reportagen Höhenangaben, Kurs und Geschwindigkeit der Bomberverbände den Gefechtsständen mitteilten. Diese Reportagen ermöglichten auch einen optimalen Ansatz der eigenen Jagdverbände. Aber mit zunehmender Luftüberlegenheit der US-Luftflotten konnte dieses Verfahren nicht mehr durchgeführt werden.

Die Auswirkungen des Luftangriffes

Prüfening: Auf die Anlagen des Messerschmitt-Werkes fielen annähernd 100 große Sprengbomben und ca. 15.000 Stabbrandbomben. Durch den frühzeitigen Luftalarm war das gesamte Werkgelände evakuiert worden. Es gab nur 2 Verletzte und 350

Personen wurden obdachlos, darunter 300 italienische Kriegsgefangene.
Der Bombenteppich traf die Werksanlagen nochmals schwer. Der Dachstuhl des Verwaltungsgebäudes brannte zur Hälfte ab. Das Gebäude des Werkschutzes war schwer beschädigt, die Hauptküche total zerstört, eine Küchenbaracke schwer beschädigt. Die Werkrettungsstelle und die Hauptfertigungshalle waren mittelschwer getroffen. Eine Lagerhalle und fünf Baracken waren abgebrannt. Ein weiteres Lager für Baugeräte war durch Volltreffer total zerstört. Kleinere Schäden traten in der Stromversorgung auf. Zwei Wohnhäuser wurden schwer, ein Wohnhaus mittelschwer und vier Wohnhäuser leicht beschädigt. Einige landwirtschaftliche Gebäude wurden beschädigt oder zerstört. Am Rennweg 16 (Fürst von Thurn und Taxis) waren das Wirtschaftsgebäude mit eingebauter Schweizerwohnung und Stall, zwei großen Scheunen und zwei Schuppen total abgebrannt. In der Gärtnerei waren 20% der Glasscheiben zerstört. Am Krankenhaus in der Prüfeninger Straße waren leichte Dach- und Fensterschäden zu verzeichnen. Mehrere Wohnhäuser in diesem Bereich wiesen schwere bis leichte Dachschäden auf. Im Westheim waren die Dächer der Häuser Nr. 38, 39, 40 und 42 beschädigt. Die entstandenen Schäden wurden bis zum 14.10.1944 behoben.
Im Messerschmitt-Werk entstanden fünf Groß- und vier Mittelbrände. Im Stadtgebiet entstanden ein Groß-, ein Mittelbrand und zwei Kleinbrände. Die Löscharbeiten gestalteten sich äußerst schwierig, da wegen des langanhaltenden Fliegeralarms die Feuerwehrkräfte nicht sofort zum Löscheinsatz ausrücken konnten. Hinzu kam, dass ein Teil der Regensburger Löschkräfte infolge des Angriffes vom 19.07.44 auf München dort gebunden war.
Obertraubling: Messerschmitt-Werk und Flugplatz wurden schwer getroffen. 30 Me 109, die am Platzrand mit jeweils 150 m Abstand aufgestellt waren, blieben unbeschädigt. In den Hallen 7 und 10 wurden sämtliche in der Endmontage bzw. Vormontage befindlichen Me 109 zerstört.
Am Flugleitungsgebäude entstand mittlerer Brandschaden. In der Werfthalle entstanden drei Kleinbrände. Die Hallen 2 (Hauptlager und Spenglerei), 7 (Endmontage), 10 (Vormontage) und Heizhaus II waren total abgebrannt. Wertvolle Materialien konnten geborgen werden. Am Nachrichtengebäude entstand ein totaler Sprengschaden durch einen Volltreffer. Im Kantinengebäude, im Schlangen- und Staffelbau brachen Dachstuhlbrände aus. Im Südteil des Klosterbaues und im Osttrakt des Bauleitungsgebäudes entstand Totalschaden durch Sprengbombenvolltreffer. Die Öllagerhalle war total ausgebrannt. 15 Baracken des Russenlagers wurden durch Feuer vernichtet. Auf dem Fliegerhorst waren 150 Brände ausgebrochen. Zwei russische Kriegsgefangene wurden getötet, 30 Verletzte und ein Verschütteter waren zu beklagen. Die Zahl der Toten erhöhte sich später auf vier. Insgesamt fielen auf den Fliegerhorst 500 Sprengbomben, ca. 5.000 Stabbrandbomben und 400 Flüssigkeitsbrandbomben. Auch die nähere Umgebung blieb nicht verschont. Auf Harting gingen 26 Spreng- und 700 Stabbrandbomben, auf Barbing 44 Spreng- und 2.000 Stabbrandbomben nieder. Zwei Scheunen mit 1.000 Ztr. Stroh und 9,5 ha Getreidefelder verbrannten. Auch die angrenzenden Landkreise wurden durch Fehlwürfe getroffen. In Kelheim wurden durch eine Sprengbombe eine Frau und ein Kind getötet. Auf die Gemeinde Hackenhof im Landkreis Parsberg fielen 50 Flüssigkeitsbrand- und 400 Stabbrandbomben, davon 60 Blindgänger. Dabei wurden vier Wohnhäuser total zerstört und drei mittelschwer beschädigt sowie sechs Scheunen und fünf Schuppen total zerstört. Auf die Gemeinden Tiefenbach, Forsting, Treidling und Reichenbach im Landkreis Roding fielen vier Zusatztanks von Jagdflugzeugen. Im Landkreis Viechtach, bei Oberried und Drexelried, schlugen Spreng- und Brandbomben ein. Dadurch wurde ein Wohnhaus zerstört und ein Waldbrand verursacht. In den Gemeinden Neumark und Heuhof bei Markt Eisenstein verursachten Spreng- und Brandbomben Flurschäden. Im Landkreis Burglengenfeld fielen ca. 540 Stabbrandbomben bei der Gemeinde Machtlwies in ein Waldstück und verursachten einen Waldbrand, bei dem 900 Quadratmeter eines 10 – 15-jährigen Waldbestandes vernichtet wurden. Aus Burglengenfeld wurde Bordwaffenbeschuss auf einzelne Bauern gemeldet.

Der Luftangriff vom 20. Oktober 1944

An diesem 20.10. begann eine Angriffsserie, die sich nicht gegen die Flugzeugproduktion der Messerschmitt GmbH richtete, sondern Regensburg als Verkehrsknotenpunkt und Hafenstadt zum Ziel hatte. Mit Ausnahme des Angriffes vom 16.02. und 11.04.1945 galten nun alle Angriffe den entsprechenden Verkehrseinrichtungen.
In der Zeit von 11.38 – 14.25 Uhr flogen starke Jagd- und Bomberverbände der 15. USAAF in den süddeutschen Raum ein und verschleierten durch ständigen Kurswechsel die einzelnen Angriffsziele. Insgesamt griffen 480 Bomber die Ölraffinerie in Brüx, den Ölhafen in Regensburg, den Flugplatz von Bad Aibling und die Stadtgebiete von Rosenheim und Innsbruck an. Die Kampfverbände Brüx und Regensburg wurden von P-38 „Lightning“ eskortiert.
Der Angriffsverband Regensburg setzte sich aus der 99. und 463. BG mit 67 B-17 zusammen. Der Angriffsverband wurde von 43 P-38 der 14. FG eskortiert. Bereits um 12.00 Uhr trafen 2 P-38 „Lightning“ der 154. WS (Weather Squadron) über Regensburg ein, um den Bombern die Wetterlage über dem Zielraum mitzuteilen. Um 12.35 Uhr folgten die 43 P-38 der 14. FG, deren Aufgabe es gewesen wäre, den Luftraum über Regensburg gegen deutsche Jäger freizukämpfen. Es traten jedoch keine deutschen Jagdflugzeuge im Zielraum auf. Die 1. FG mit 24 P-38 hatte den Einsatz wegen Schlechtwetter abgebrochen. Die erste Bomberwelle bildete die 99. BG mit 33 B-17, die um 12.49 Uhr über dem Ziel eintraf und 526 Bomben auf das Hafengebiet abwarf. Ihr folgte um 13.00 Uhr die 463. BG mit 34 B-17 als zweite Welle und warf 613 Bomben in den Zielraum. Bereits um 12.45 Uhr erschienen zwei weitere P-38 der 154. WS über dem Ziel. Sie hatten die Aufgabe, die Auswirkungen des Luftangriffes festzustellen.

Angriffe gegen die Treibstoffversorgung des Deutschen Reiches waren entscheidend für den Ausgang des 2. Weltkrieges. Die abgebildete B-24 gehört zur 459. Bomber Group. (WNRC)

In Regensburg herrschte von 12.16 – 14.25 Uhr Fliegeralarm. Der Angriff erfolgte von 12.51 – 13.00 Uhr von Südwest nach Nordosten. Die 67 Bomber flogen über den Wolken in ungefähr 5.000 m Höhe in zwei Wellen das Ziel an. Der Angriffsschwerpunkt lag im Bereich des Hafens. Insgesamt wurden auf Regensburg 1.139 Sprengbomben zu je 113,5 kg abgeworfen, was einem Gesamtgewicht von 129 t entsprach.
Darunter befanden sich auch Langzeitzünder, davon detonierte eine Bombe um 13.50 Uhr. 20 Blindgänger wurden festgestellt.
Das eigentliche Angriffsziel, der Ölhafen, wurde nicht getroffen, da durch eine Wolkendecke die Zielerfassung erschwert wurde. Aber insgesamt gesehen, gingen alle Bomben im Bereich des Hafens, der Reichsbahn und im Gebiet der Kasernen im Osten von Regensburg nieder.

Die Auswirkungen des Luftangriffes:

An Personenverlusten waren 89 Tote, davon 58 außerhalb und 31 innerhalb von Schutzräumen zu verzeichnen. Von den 58 außerhalb Getöteten waren 53 Zivilisten, ein HJ-Feuerwehrangehöriger und vier Wehrmachtsangehörige. Von den 31 innerhalb von Schutzräumen getöteten Personen waren 16 Zivilisten, zwei Wehrmachtsangehörige, zehn Kriegsgefangene und drei Fremdarbeiter. Außerhalb von Schutzräumen wurden insgesamt 110 Personen verwundet und innerhalb nur vier Personen; 6 Personen wurden als vermisst registriert.
In dieser Aufstellung sind ein Toter und 14 Verwundete der Flakstellung am Napoleonstein mit enthalten.
An Obdachlosen waren 1.150 Personen zu verzeichnen, davon 450 als langfristig umquartierte.
20 Wohngebäude wurden total zerstört, 17 schwer und ca. 630 leicht beschädigt. Sieben Industriegebäude wurden total zerstört und acht Verwaltungsbauten leicht beschädigt.
Die Stiftskirche zur „Alten Kapelle“ wurde durch zwei Sprengbomben schwer beschädigt, und die Minoritenkirche erlitt schwere Schäden am Dach.
Für die aus den zerstörten Wohnhäusern geborgenen Möbel wurden sogenannte Bergungsstellen eingerichtet. Diese Lager befanden sich in der Reithalle, Krankenkassenhalle, Alte Mauth und Ulrichskirche. Sie waren nach diesem Angriff fast restlos mit Bergungsgut gefüllt.

Folgende Mineralölfirmen waren im Regensburger Hafen angesiedelt: Deutsch-Amerikanische Petroleumgesellschaft, OLEX, RHENANIA-OSSAG, RUNO-EVERT. Ein Tanklager mit einem Fassungsvermögen von 25.000 t befand sich zwischen dem Hafenbecken und der Donau. Die Lagerkapazität im Ölhafen belief sich vermutlich auf insgesamt 45.000 t. (USAF)

Bombenvolltreffer in die Maximilianstraße (20.10.44). (MZ-Archiv)

Das Stadtlagerhaus, das erhebliche Vorräte lagerte, wurde durch Feuer vernichtet. Das Lagerhaus der Donau-Dampfschifffahrtsgesellschaft mit großen Vorräten an Erbsen, Ölsaaten und Kaufmannsgütern wurde ebenfalls durch Feuer restlos zerstört. Die Kranwerkstätte wurde unter der eingestürzten östlichen Brandmauer des Lagerhauses 3 (Hansalagerhaus) begraben und brannte vollständig aus.

In der Schiffswerft Hitzler wurden die Schreinerei und das Magazin durch Sprengbomben total zerstört. Die Schiffbauhalle wurde leicht beschädigt. In der Likörfabrik Jacobi trat durch schwere Sprengschäden ein Produktionsausfall von 50 % ein. Die Kraftfahrzeuginstandsetzung wurde mittelschwer beschädigt, der Betriebsausfall betrug 20 % auf vier Wochen. Die Essigfabrik Hengstenberg wurde mittelschwer beschädigt und hatte acht Tage lang einen Betriebsausfall von 50 %. Die Süddeutsche Zucker AG wurde leicht beschädigt. In der Stromversorgung traten nur leichte Schäden auf. In der Gasversorgung wurden 18 Treffer im Rohrnetz gezählt, und in der Wasserversorgung wurden über 20 Rohrbrüche festgestellt, sodass in einigen Straßen die Trinkwasserversorgung gestört war. Von der Reichsbahn wurde die Störung der Strecke Regensburg – Hof gemeldet. Ein Güterzug wurde getroffen und aus dem Gleis geworfen, dabei wurden zwölf Güterwagen schwer und neun leicht beschädigt. Die Reichspost meldete Schäden an Erdkabeln und Oberleitungen. Der Fernschreibverkehr war bis zum 21.10. unterbrochen. Von der Regensburger Straßenbahn fielen zwei Teilstrecken aus. Einige Wagen waren leicht beschädigt, und die Oberleitung war teilweise zerstört. Im Hafen wurde das Zufahrtsgleis zum Hafengebiet schwer beschädigt, ebenso die Kaimauer im Hafenbecken. Eine Getreideförderanlage wurde schwer und eine zweite leicht beschädigt. Vier Verladekräne wurden leicht und ein Schleppkahn schwer beschädigt, der Schiffsverkehr wurde jedoch nicht unterbrochen.

Ein weiterer Bombenvolltreffer beschädigte die Gasleitung in der Maximilianstraße – Ecke Königsstraße, 20.10.1944. (MZ-Archiv)

Eine Stadtbrücke (Eiserne Brücke) wurde mittelschwer beschädigt, war für Fußgänger aber passierbar. Die Flutbrücke für die Eisenbahnstrecke war ebenfalls mittelschwer beschädigt, aber noch eingleisig befahrbar. Das Heimatpferdelazarett meldete 55 tote und sieben schwerverwundete Pferde. Zwei PKW, ein Krad und ein LKW wurden total zerstört. In der Von-der-Tann-Kaserne wurde ein Wirtschaftsgebäude und das Gebäude der ersten Marschkompanie stark beschädigt sowie ein Splitterschutzgraben eingedrückt. Die Camps-des-Romains-Kaserne meldete ein stark beschädigtes Kasino und acht leicht beschädigte Fahrzeughallen. In der Raffler-Kaserne wurden 15 Fenster zerstört. Die Ritter-von-Speck-Kaserne meldete leichten Dachschaden an einer Reithalle. Das Heeresverpflegungsamt meldete 20 Fensterschäden und die Heeresschlächterei wurde leicht beschädigt. In der Neuen Artillerie-Kaserne wurden zwei Reithallen, 56 Stallungen, eine Exerzierhalle, ein Wäscheschuppen und eine Kfz-Halle total zerstört. Am Kasernengebäude wurde das Dach leicht beschädigt. Die Heeresstandortverwaltung meldete 15 leichte Gebäudeschäden. Im Bereich der Heeresvierlingsflak wurden zwei Baracken total zerstört. Die städtische Kinderklinik und das Hilfskrankenhaus Niedermünster wurden schwer getroffen, aber zum Glück gab es hier keine Personenschäden. Durch Stromausfall fiel ein Teil der Sirenen aus. Zwei Sirenen wurden durch Hauseinsturz total zerstört, aber mit den Steuergeräten geborgen. Im Stadtgebiet, in dem durch Sirenen nicht mehr gewarnt werden konnte, wurde ein Sirenenwagen eingesetzt.

Aus einem erhalten gebliebenen Bericht der Kriminalpolizeidienststelle Regensburg vom 25.10.1944 wird über den Luftangriff vom 20.10.1944 unter anderem folgendes berichtet:

„... Fälle von Plünderungen sind bisher nicht in Erscheinung getreten. Widersetzlichkeiten von Ausländern wurden nicht beobachtet. Die gesamte Mannschaft der Kripostelle Regensburg wurde sofort planmäßig zur Leichenidentifizierung eingesetzt. Die eingesetzten Beamten mussten oft unter schwierigsten und ekelerregenden Verhältnissen, teilweise durch unmittelbare Einsturzgefahr und zahlreiche Blindgänger, ihre Arbeit verrichten. So musste z.B. an einer Großschadensstelle (Erhardihaus – schwere Sprengbombe explodierte in einem stark belegten Luftschutzkeller –) den dort eingesetzten Beamten Luft zugepumpt werden, da die zerrissenen Leichenteile rasch in Verwesung übergingen und die Luft kaum noch zu atmen war.“

Bombenvolltreffer in das Erhardihaus und den Dollingersaal. Die schwere Sprengbombe explodierte direkt im vollbelegten Luftschutzkeller und forderte ca. 50-60 Tote. (MZ-Archiv)

Die beim Luftangriff am 20.10.1944 schwer beschädigte Minoritenkirche. (MZ-Archiv)

Zwei Bombenvolltreffer in die Kinderklinik beim Angriff am 20.10.1944. (MZ-Archiv)

Dass ein Teil der Bomben auch in die Innenstadt fiel, zeigt eine Aufstellung von Rohrbrüchen im städtischen Gasleitungsnetz: Straubinger Straße, Budapester Straße, Moltkeplatz Kreuzung Minoritenweg, Dr.-Martin-Luther-Straße, Maxstraße, Königsstraße, Wermutgasse, Schwarze Bärenstraße, Alter Kornmarkt, Trothengasse, Gichtlgasse, Thundorferstraße, Wöhrdstraße. Mit Ausnahme des Rohrbruches in der Thundorferstraße konnten bis zum 25.10.44 alle Brüche abgedichtet werden. Der Druck in den Gasleitungen wurde während des Luftangriffes auf 20 mmWS abgesenkt und konnte bis zum 25.10. wieder auf 50 mmWS erhöht werden (bei einem normalen Betriebsdruck von 70 mm WS). Der Untere Wöhrd war durch den Treffer in die Gasleitung der Thundorferstraße von der Versorgung abgeschnitten. Da auch die Wasserleitung in diesem Bereich zerstört worden war, gelangte Wasser in die Gasleitung und musste abgepumpt werden. Zur Behebung der Schäden waren am 25.10. immer noch 57 Soldaten und zehn städtische Bedienstete im Einsatz. Wie bereits erwähnt, erlitten zahlreiche Baudenkmäler schwere Bombenschäden. Der Kirche des Kollegiatenstiftes zur „Alten Kapelle“ wurden der Nordwestpfeiler des nördlichen Querschiffes und dessen halbe westliche Arkade bis zum Gewölbeansatz weggerissen, weiterhin die Nordwestecke des nördlichen Seitenschiffes. Das Gewölbe des Querhauses mit den wertvollen Deckengemälden und Stukkaturen hing zum Teil frei in der Luft. Von zwei Altären des Seitenschiffes war der eine ganz und der andere teilweise unter Trümmern begraben. Die an der Nordseite angebauten Kapellen waren ganz bzw. zur Hälfte zerstört. Die Dächer des Chores und des Langhauses

waren an der Südseite sehr stark beschädigt und bildeten keinen Schutz mehr gegen Witterungseinflüsse. Der größte Teil der Kirche, die eine Spitzenleistung des späten Rokoko darstellt, war vollkommen unbeschädigt. Eine kleine Einsatzgruppe der Technischen Nothilfe war bereits zu Bergungsarbeiten eingesetzt. Dringend waren vor allem das Anbringen von Abstützungen und die Anfertigung von Notdächern.
Durch einen Volltreffer in das Langhaus der Minoritenkirche stürzte die Hälfte des Dachstuhles ein. Auch der Rest des Langhauses war fast vollständig zerstört. Dachschäden entstanden auch an den Seitenschiffen und an den Kreuzgängen. Die vom Führer gestiftete Orgel war weitgehend unbeschädigt. Die Gesamtschäden an der Kirche waren so groß, dass man von einer Beseitigung derselben während des Krieges nicht ausgehen konnte. Im Museumsgebäude waren etwa 1.000 Fensterscheiben und ca. 150 Fensterstöcke beschädigt.
Das Haus „Zum Löwen im Gitter", Kalmünzergasse 3, wurde an der Vorderseite schwer beschädigt. Der Dollingersaal im Erhardihaus war schwer beschädigt, die Wand mit der berühmten Turniergruppe eingestürzt.

Das total zerstörte Stadtlagerhaus an der Donaulände (heute Donaumarkt) nach dem Luftangriff vom 20.10.1944. (Sammlung Sack)

Die Fassade der Dorotheenkapelle am Frauenbergl war eingestürzt. Ein wertvoller Renaissance-Giebel in der Ostengasse-Gichtlgasse wurde ohne dringende Notwendigkeit von einem Aufräumtrupp des Militärs heruntergestoßen und gilt somit als verloren. Am Walderbacherhof, Georgenplatz 6, wurden die mit Figuren verzierten eichenen Türflügel zerstört und die steinerne Türrahmung herausgerissen. In der Niedermünsterkirche wurde der nördlich anschließende Kreuzgang schwer beschädigt (zum Teil eingestürzt).

Beim Feuer im Stadtlagerhaus entstanden durch die eingelagerten Güter derart hohe Brandtemperaturen, dass sich die Stahlträger der tragenden Konstruktion völlig verformt haben. (Foto: bayernhafen Regensburg)

Sprach die Regensburger Polizei vom ersten Terrorangriff auf die Stadt, wurde von militärischer Seite die Lage als Angriff auf Verkehrsanlagen gewertet. Auch auf den Anflug- und Abflugrouten fielen Bomben vom Himmel. Bei Hohengebraching gingen 100 m nördlich der Ortschaft neun Sprengbomben nieder. Südlich von Leoprechting schlugen 51 Bomben ein und elf waren es nördlich von Unterlichtenwald. In allen Fällen entstand geringer Flurschaden. Am Südausgang von Oberisling zählte man 50 Sprengbomben, dadurch wurde eine Scheune total zerstört und eine mittelschwer beschädigt. 100 Ztr. Getreide und 150 Ztr. Stroh verbrannten.

Bombentreffer auf die Getreideförderanlage im Hafen am 20.10.1944. (Sammlung Sack)

Auch benachbarte Landkreise waren betroffen. Im Landkreis Landshut fiel eine Sprengbombe bei der Einöde Reit, Gemeinde Frauenberg, und verursachte Flurschaden. Waldschaden entstand durch eine Sprengbombe in der Gemeinde Stallwang. Im Landkreis Dingolfing explodierten vier Bomben bei Frauenbiburg, dadurch wurde eine Frau verletzt, und es entstand Flur- und Waldschaden. In der Ortschaft Haid, Gemeinde Thürnding fielen zwei Sprengbomben und verletzten eine Frau. Ein Wohnhaus wurde leicht beschädigt, und es entstanden Dachschäden an benachbarten Gebäuden. Im Landkreis Vilsbiburg fielen zwei Sprengbomben auf Seyboldsdorf, drei Bomben auf die Ortschaft Holzen in der Gemeinde Wolferding und eine Bombe auf Oberhaselbach, Gemeinde Holzhausen. Im Landkreis Waldmünchen verursachten sieben Sprengbomben bei Neuhütte in der Gemeinde Herzogau einiges an Glas-, Dach- und Flurschaden. Es entstanden Sprengtrichter von drei Meter Tiefe und zehn Metern im Durchmesser. Aus fast allen Landkreisen wurde der Abwurf von Flugblättern gemeldet.

Das am 20. Oktober 1944 durch Bombenvolltreffer und Feuer total zerstörte Stadtlagerhaus an der Donaulände. (Foto: bayernhafen Regensburg)

Der Luftangriff vom 23. Oktober 1944

Nachdem der Angriff vom 20. Oktober sein eigentliches Ziel, den Ölhafen, nicht getroffen hatte, wurde Regensburg am 23. Oktober erneut von einem Bomberverband der 15. USAAF angegriffen. Insgesamt starteten rund 500 B-17 und B-24 zu Angriffen auf die Skoda Panzerfabrik in Pilsen, das Stadtgebiet von Rosenheim, das Industriegelände in Plauen, auf das Flugzeugmotorenwerk von BMW in München, auf das Dieselmotorenwerk der MAN in Augsburg und auf die Tanklager im Regensburger Ölhafen.
Gegen 10.50 Uhr flogen die feindlichen Fliegerverbände, aus dem Raum Udine – Bozen kommend, in das Reichsgebiet ein. In mehreren Wellen flogen die Verbände über Berchtesgaden, Bad Reichenhall, Traunstein und Mühldorf am Inn nach Norden. Um ca. 11.39 Uhr trennte sich im Großraum Landshut ein Bomberverband in zwei Kampfgruppen. Die eine Kampfgruppe flog mit Kurs Straubing, Cham, Waldmünchen, Eger in Richtung Gera. Der andere Teilverband flog mit Generalkurs in Richtung Regensburg. Die ersten Flugzeuge der 15. USAAF erschienen um 12.15 Uhr über der Stadt. Es handelte sich dabei um 64 P-38 der 2. FG, die den Luftraum über Regensburg für den anfliegenden Bomberverband gegen deutsche Jäger absicherten. Da keine deutschen Jäger über Regensburg erschienen, ging ein Teil der P-38 zu Tiefangriffen über. War es am 20.10. ein reiner B-17 Kampfverband, so bestand der heutige Kampfverband nur aus B-24 der 455., 456. und 459. BG. Als erster Angriffsverband erreichte die 456. BG mit 23 B-24 aus Richtung Landshut kommend das Stadtgebiet um 12.25 Uhr. Diese Bombergruppe warf insgesamt 222 Bomben des Kalibers 227 kg ab, was einer Gesamtlast von 50 t entspricht. Der ersten Bomberwelle folgte wenig später um 12.27 Uhr die zweite Welle mit 18 B-24 der 455. BG. Diese Einheit lud 174 Bomben des Kalibers 227 kg über der Stadt ab. Beide Kampfverbände flogen mit Westkurs in 5.000 – 7.000 m Höhe von Regensburg ab. Ein dritter Kampfverband, es waren dies 22 B-24 der 459. BG, war mit Kurs über Kelheim-Parsberg nach Norden vorgestoßen und drehte im Raum Amberg-Sulzbach/Rosenberg auf Südkurs. Es war 12.33 Uhr, als dieser Verband mit dem Bombenabwurf begann. Weitere 216 Sprengbomben vom Kaliber (500 lbs) 227 kg hagelten auf das Stadtgebiet. Bei diesem Angriff auf Regensburg wurden von 63 B-24 insgesamt 612 Sprengbomben mit einem Gewicht von rund 139 t abgeworfen. Darunter waren sechs Blindgänger, aber auch Bomben mit dem heimtückischen Langzeitzünder. Um 15.00 Uhr erschien eine P-38 der 82. FG zur Fotoaufklärung über der Stadt. In Regensburg wurde um 11.38 Uhr Fliegeralarm ausgelöst. Der Angriff auf die Stadt begann um 12.29 Uhr und endete um 12.38 Uhr. Um 14.22 Uhr heulten die Sirenen in Regensburg zur Entwarnung. Der Schwerpunkt des Angriffes lag auf den Stadtteilen Eisbuckel (südlich des Bahnhofes) und Gries (bei der Einmündung des Regens in die Donau) sowie auf dem Gebiet östlich der Eisenbahnbrücken bei Prüfening und Sinzing.

Bericht des Zeitzeugen Alfons Schwander Jahrgang 1931: *„Meine Eltern wohnten damals in der Frauendorferstraße (Eisbuckel). Die Wohnblöcke 9-11-11a mit Erdgeschoss und zwei Stockwerken ergaben insgesamt 18 Wohnungen. Die Häuser mit Ziegeldach und Geschossdecken aus Holz (Fehlböden) wurden 1934 bezugsfertig. Als die Luftangriffe auf die Stadt begannen, wurde für je sechs Wohnungen ein Luftschutzraum geschaffen. Die Kellerdecken waren durch mehrere Holzbalken zusätzlich abgestützt worden. In den Luftschutzräumen waren Sitzgelegenheiten vorhanden und die Kellerfenster zum Innenhof durch Betonhalbringe abgeschirmt. Mauerdurchbrüche zu den benachbarten Kellerräumen sicherten einen Fluchtweg für den Fall, dass der eigene Ausgang verschüttet werden sollte. Nachdem am 23. Oktober 1944 schon wieder Luftalarm ausgelöst wurde, saßen wir, das waren sechs Kinder und zehn Erwachsene, in unserem Luftschutzraum. Wir saßen schon eine ganze Zeitlang auf*

den Bänken. Kann nicht mehr sagen, wie lange wir da schon waren, als urplötzlich mehrere gewaltige Detonationen das Haus erschütterten. Soweit ich mich erinnern kann, saßen wir nicht mehr auf den Bänken und ich meine, auch kurzzeitig bewusstlos gewesen zu sein. Herr Johann von Markreither, er war Soldat und als Fronturlauber an seinem ersten Urlaubstag hier, verließ kurz den Kellerraum und berichtete uns anschließend, dass die Gegend draußen ganz übel aussähe. In unserem Luftschutzraum waren die Kamintüren herausgesprengt worden, und als wir nach draußen ans Tageslicht kamen, mussten wir feststellen, dass wir alle mit rußgeschwärzten Gesichtern herumliefen.
In unserer Wohnung im 2. Stockwerk waren die auf der Vorderkante vom Küchenschrank gelagerten Tomaten nicht mehr da. Durch eine Druckwelle waren sie an die Wand gedonnert worden und hingen da total zermatscht. Zum großen Glück hatten wir keinen Toten oder Verletzten zu beklagen. Im Innenhof waren zwei große Bombenkrater vorhanden, und die Dächer waren teilweise abgedeckt.“

An Personenverlusten waren zu beklagen: 52 Tote, davon 14 außerhalb von Luftschutzräumen. 46 Verletzte, davon 25 außerhalb von Luftschutzräumen. Zwei Personen wurden in Luftschutzräumen verschüttet.
Drei Personen wurden als vermisst gemeldet. Den größten Teil der Toten fand man in einem Deckungsgraben, der einen Volltreffer erhalten hatte, und zum Teil in Wohnhäusern, die keinen Keller hatten und in denen Brandwachen zurückgeblieben waren. 18 Wohngebäude waren total zerstört, 25 schwer-, 25 mittel- und 230 leichtbeschädigt. Sieben Wirtschaftsgebäude waren total zerstört. Eine größere Anzahl von Treffern hatte die Strom- und Wasserversorgung beschädigt. Eine Bahnunter- und eine Bahnüberführung an den Schnittstellen der Bahnlinien Regensburg-Nürnberg und Regensburg-Ingolstadt wurden mittelschwer beschädigt. Die Bahnlinie Regensburg-Nürnberg war ab dem 25.10. wieder eingleisig und zwei Tage später wieder zweigleisig befahrbar. Die Bahnstrecke nach Ingolstadt war seit dem 25.10. um 24.00 Uhr wieder befahrbar.
Die neue Regenbrücke wurde durch Bombentreffer schwer beschädigt, ferner wurde die Brücke im Tiefangriff von Jagdflugzeugen beschossen. Zahlreiche Schäden entstanden an Anlagen der Reichspost. Ein Fernkabel bei Schloss Prüfening wurde schwer beschädigt und dadurch der Fernschreibverkehr teilweise gestört. Die Telefonverbindung nach Ingolstadt war für längere Zeit unterbrochen. Größere Schäden entstanden auch am Ortsnetz, sodass ein großer Teil von privaten Anschlüssen ausgefallen war. Kriegswichtige Anschlüsse sowie Orts- und Fernmeldeamt waren jedoch voll einsatzbereit. In der Landwirtschaft entstanden nur geringfügige Schäden. Vier Scheunen wurden total vernichtet, eine schwer, 13 Schuppen mittelschwer beschädigt. Wehrmachtsanlagen erlitten nur leichte Schäden, so wurden bei einem Reservelazarett 50 Fensterscheiben zerstört. Bei den Polizeianlagen in Regensburg wurde die Rettungsstelle 4a, die in einer Volksschule untergebracht war, mittelschwer beschädigt. Durch den Volltreffer in das Hauptkabel beim Schloss Prüfening war der Fernschreibverkehr für den Polizei- und Regierungsfernschreiber nach Nürnberg unterbrochen. Durch Ausfall der Starkstromversorgung waren in den Außenbezirken der Stadt einige Luftschutzsirenen ausgefallen. Durch entsprechende Reparaturen konnten jedoch die Ausfälle bis zum 24.10. stark- und schwachstromseitig behoben werden. Während des Ausfalles der Großalarmanlage waren fünf Sirenenwagen in den Außenbezirken eingesetzt. Ein erhalten gebliebener Erfahrungsbericht der Regensburger Kriminalpolizei vom 26.10.1944 lässt das ganze Grauen des Bombenkrieges erahnen:
„... Auch bei diesem zweiten Terrorangriff auf Regensburg konnte die unverzüglich ausgelöste ringförmige Großfahndung bereits am 24.10.44 wieder aufgehoben werden, da Fluchten oder Widersetzlichkeiten von ausländischen Arbeitskräften sowie Fälle von Plünderungen nicht in Erscheinung getreten sind. Der kriminalpolizeiliche Einsatz musste bei der Bearbeitung des 2. Terrorangriffes diesmal erhebliche Schwierigkeiten überwinden, die sich aus folgenden Tatsachen erklären:
1. weit auseinanderliegende Schadenstellen,
2. Störungen der Telefonverbindungen durch teilweise Unterbrechung der Kabelstränge, sodass Meldungen über die genaue Lage der

Schadenstellen zunächst nur unvollkommen einlangen konnten,
3. keine Kraftfahrmöglichkeit infolge Fehlens eines eigenen Treibstoffkontingents der hiesigen Kripostelle,
4. totale Zerreißung zahlreicher Leichen,
5. Mangel eines geeigneten Raumes zur Auslegung der gesicherten Kleiderfetzen, Utensilien, Sparkassenbücher usw. der unter Punkt 4 genannten Gefallenen.
Bis zur Stunde wurden 52 Gefallene des neuen Angriffes geborgen, davon sind 49 identifiziert; 3 weitere Personen werden noch vermisst.
Besondere Beachtung musste der Schadenstelle Am Gries/Stadtamhof zugewendet werden:
Ein schwerer Bombenvolltreffer war mitten in einem betonierten Luftschutzbunker explodiert und hatte etwa 30 Personen, in der Mehrzahl Frauen und Jugendliche, total zerrissen. Die Explosionswirkung war so gewaltig, dass kleine und kleinste Leichenteile im weiten Umkreis verstreut wurden und erst in mühseliger Arbeit geborgen werden konnten. Da der getroffene Bunker unmittelbar am Ufer eines Donauarmes gelegen ist, ist mit großer Wahrscheinlichkeit anzunehmen, dass Leichenteile in die Donau geschleudert und vom Wasser abgetrieben worden sind. Ein Frauenkopf konnte noch aus dem trüben Wasser geborgen werden. An dieser Stelle konnte auch ein Fall von Leichengeburt festgestellt werden.
… Ebenso konnte bei der Bergung verschütteter, lebender Volksgenossen erfolgreich mitgeholfen werden.
… Der Vollständigkeit halber wird ergänzend mitgeteilt, dass sich die Opfer des ersten Terrorangriffes auf Regensburg vom 20.10.44 auf insgesamt 87 Tote (davon 86 identifiziert) und sechs Vermisste erhöht haben.“

Zur Beseitigung der Bombenschäden an den verschiedensten Gebäuden wurden Baumaterialien in größerem Umfang benötigt. In einem Schreiben vom 25.10.44 meldete der Oberbauamtmann Pfennig folgende Lage:
„Fensterglas ist noch genügend vorhanden. Vorsorglich ist von der Glaserinnung ein weiterer Waggon bestellt.
Dachziegel werden seit gestern Nachmittag mit Lastzügen angeliefert. Seit heute wird mit vier Lastzügen gefahren, die täglich höchstens drei Fahrten nach Hagelstadt hin und zurück machen. Die Zahl der auf diese Weise täglich angelieferten Dachziegel beträgt 50.000 Stück.

Eine F-5, die Aufklärerversion des Jagdflugzeuges P-38. In der Rumpfspitze sind die Fenster der verschiedenen Kamerasysteme zu erkennen. Flugzeuge dieses Typs flogen während der Jahre 1944 – 45 regelmäßig Aufklärung über Regensburg. (Foto: Peter Schmoll)

Außerdem werden von geschädigten Privaten und Betrieben im Wege der Selbsthilfe Dachziegel angefahren. Die Anlieferung mittels Reichsbahnwaggons ist wegen des großen Waggonmangels zurzeit nicht möglich. 3.000 m² Dachpappe mit Klebstoff und Nägel sind bereits beschafft, weitere 3.000 m² sind genehmigt. Ziegelsteine, die augenblicklich im größeren Umfange noch nicht benötigt werden, sind nur in beschränkter Zahl vorhanden. Es steht aber genügend Altmaterial zur Verfügung. Die Anlieferung von Zement ist beantragt. An Eisen stehen zurzeit 10 t zur Verfügung. Holz für Verschalungen von zerbrochenen Schaufenstern und für Notabschlüsse ist zunächst ausreichend vorhanden."

Auch die angrenzenden Landkreise und Gemeinden bekamen die Auswirkungen des Angriffes zu spüren:

Im Landkreis Regensburg wurde in der Gemeinde Regenstauf durch ein Flakgeschoss, das am Boden explodierte, ein Mann verletzt und Glasschaden verursacht. In Donnersdorf, Gemeinde Karlstein, verursachten 41 Sprengbomben Dach- und Glasschäden. In der Gemeinde Schneitweg fielen 15 Sprengbomben in freies Feld und hinterließen Flurschäden. In der Gemeinde Regendorf wurde weidendes Vieh mit Bordwaffen beschossen, es entstand jedoch kein Schaden. In Leoprechting, Gemeinde Graß, fielen acht Sprengbomben auf freies Feld. In Bruckdorf, Gemeinde Sinzing, entstanden durch acht Sprengbomben in Bahnhofsnähe Glasschäden, zwei Kriegsgefangene wurden verletzt. Durch 25 Sprengbomben wurden in Vogelsand, Gemeinde Sinzing, ein Wohnhaus mittelschwer und fünf leicht beschädigt, ein Stall total zerstört und drei Scheunen beschädigt. In Sinzing entstanden durch 27 Sprengbomben Flurschäden, die Bahnlinie in Richtung Bruckdorf wurde im Tiefangriff beschossen, dabei entstanden keine Schäden. In den Gemeinden Grünthal und Zeitlarn verursachten 51 bzw. acht Sprengbomben Flurschäden. Im Landkreis Rottenburg stürzte zwischen Wölflkofen und Kläham, Gemeinde Oberergoldsbach, ein US-Jagdflugzeug vom P-38 der 1. Fighter Group wegen Triebwerkproblemen ab. Der Pilot wurde nach Fallschirmabsprung mit Beinbruch gefangengenommen. Im Landkreis Mainburg wurde der

Am Gries wurde beim Luftangriff vom 23.10.1944 ein betonierter Luftschutzbunker nahe eines Donauarmes durch Volltreffer vernichtet. Mindestens 30 Tote waren hier zu beklagen. (MZ-Archiv)

Schwere Bombenschäden im Stadtteil Stadtamhof. Am Gries. (MZ-Archiv)

Abwurf von Flugblättern in tschechischer Sprache aus der Gemeinde Volkenschwand gemeldet. Im Landkreis Kelheim entstand durch eine Sprengbombe ein Waldschaden in der Gemeinde Oberndorf. Die Landkreise Amberg und Deggendorf meldeten den Abwurf von Flugblättern. Der Landkreis Griesbach meldete in der Ortschaft Schildorn, Gemeinde Wenig, den Fund eines US-Funkgerätes. Dieses Funkgerät wurde offensichtlich zur Gewichtserleichterung abgeworfen und stammte vermutlich aus einem der angeschossenen Bomber. Die Gemeinden Birnbach, Pocking und Kößlarn meldeten ebenfalls den Abwurf von Flugblättern, desgleichen im Landkreis Kemnath. Im Landkreis Kötzting wurden in der Gemeinde Geigenwiesen ein MG und Motorteile eines angeschossenen Flugzeuges gefunden. In der Gemeinde Rimbach wurde ein Gurt mit MG-Munition gefunden. In der Gemeinde Hillstett im Landkreis Neunburg v. Wald verursachten zehn Sprengbomben Flurschaden. Fenster- und Flurschäden entstanden in der Einöde Schachten, Gemeinde Seyboldsdorf im Landkreis Vilsbiburg, durch zwei Sprengbomben. In Schwanham, Gemeinde Aunkirchen im Landkreis Vilshofen, wurde eine Flugzeugkanzel mit überschwerem MG gefunden. Der Landkreis Parsberg meldete in den Gemeinden Badelhütten, Haid und Wolfsquiga den Abwurf von 22 Sprengbomben, wodurch fünf Wohnhäuser leicht beschädigt und fünf Scheunen sowie vier Schuppen zerstört wurden.

Durch die Luftaufklärung der 15. USAAF wurde sehr schnell festgestellt, dass die vorangegangenen Angriffe vom 20.10. und 23.10. das eigentliche Ziel, den Ölhafen, nicht getroffen hatten.

Ein Angriff, der nicht stattfand:

Am 29.10.1944 starteten von den süditalienischen Flugbasen rund um Foggia die 451., 461. und 484. BG mit 114 B-24 zu einem erneuten Luftangriff auf Regensburg. Um 11.10 Uhr erschienen zwei P-38 der 154. WS über Regensburg, denen um 12.10 Uhr 53 P-51 der 31. FG folgten. Infolge des schlechten Wetters über dem Zielgebiet entschloss sich die 15. USAAF, den Einsatz abzubrechen. Alle Angriffsverbände flogen zu ihren Flugplätzen zurück.

4. November 1944: Der dritte schwere Luftangriff innerhalb von 2 Wochen

Der Ölhafen mit seinen kleinen Hydrierwerken wirkte wie ein Magnet auf die USAAF, und dieses Mal wurde der bisher größte Bomberverband gegen dieses Ziel eingesetzt. Um es vorwegzunehmen, der Ölhafen wurde an diesem Tag wieder nicht entscheidend getroffen, jedoch entstanden schwere Schäden im restlichen Hafenbereich, im östlichen Industriegebiet und bei den Reichsbahnanlagen.
715 Bomber starteten von ihren Flugbasen um Foggia zum Angriffsflug nach Norden. Zahlreiche Jäger begleiteten die Bomberverbände. Ihre Ziele waren: der Ölhafen von Regensburg, die Stadtgebiete von München und Augsburg, ein Hydrierwerk bei Linz. Nebenziele für Bomber, die den Angriff aus technischen Gründen abbrechen mussten, waren Wels, Kufstein, Erding, Mühldorf, Strass, Rosenheim, und hier waren Flugplätze und Eisenbahnanlagen das Ziel.
Der Angriffsverband Regensburg setzte sich aus der 2., 97., 99., 301., 463. und 483. BG zusammen. Die 199 B-17 führten 2.613 Bomben mit einem Gewicht von 435,50 t in ihren Bombenschächten mit. Nach Angaben der 15. USAAF wurde diese Bombenlast innerhalb von 15 Minuten (11.59 – 12.14 Uhr) auf Regensburg abgeworfen.
Die Bomber waren ab 8.10 Uhr von ihren Flugbasen gestartet, und nach dem Sammeln der Gruppen flog der Verband mit Nordkurs über die Adria in Richtung Regensburg. In der Stadt herrschte seit 11.07 Uhr Fliegeralarm. Beim Anflug auf Regensburg flogen die Bomberverbände wieder mit wechselnden Kursen, um das Angriffsziel zu verschleiern. Mehrere Wellen flogen östlich von Regensburg in Richtung Norden. Die nach Norden vorgestoßenen Bomber drehten auf Kurs Südsüdwest und griffen Regensburg aus 6.000 – 8.000 m Höhe fliegend an. Als erster Bomberverband traf um 11.59 Uhr die 99. BG über Regensburg mit 35 B-17 ein. 668 Bomben mit einem Gewicht von 74,50 t rauschten in die Tiefe. Drei Minuten später folgte die nächste Welle mit 37 B-17 der 301. BG. Weitere 736 Bomben wurden über der Stadt ausgeklinkt, und 83 t Sprengstoff gingen zur Erde nieder und detonierten mit schmetternden Schlägen, dass der Boden bebte. Um 12.04 Uhr erfolgte der 3. Angriff durch die 483. BG mit 33 B-17, die 639 Bomben mit einem Gewicht von 72 t abwarfen. Nur eine Minute später waren die 97. BG mit 32 B-17 und die 463. BG mit 27 B-17 über dem Ziel. Dieser Bomberpulk mit 59 Maschinen trug 1.166 Bomben mit einem Gewicht von 131 t ins Ziel.
Man kann es sich heute nur sehr schwer vorstellen, was es bedeutete, einen solchen Bombenhagel über sich ergehen zu lassen. Diese konzentrierten Bombenteppiche hatten die Wirkung eines Erdbebens. Für Regensburg war es jedoch an diesem Tage noch nicht überstanden. Die 5. Bomberwelle kam aus Richtung Südost zum Bombenwurf auf die Stadt. Die 2. BG mit 35 B-17 erschien um 12.14 Uhr über dem Ziel und warf 664 Bomben mit einem Gewicht von 75 t über dem östlichen Teil von Regensburg ab. Die Bombenabwürfe endeten um 12.18 Uhr. Entwarnung konnte um 13.03 Uhr gegeben werden. Das Gesamtgewicht der abgeworfenen Bomben betrug 435,5 t. Rund 1.200 Sprengbomben, darunter 40 Blindgänger, waren im Bereich der Eisenbahnlinie Regensburg-Hof, dem Ostbahnhof und dem Gleisdreieck eingeschlagen, wie bereits erwähnt, wurde das eigentliche Angriffsziel, der Ölhafen, nicht getroffen. Die Regensburger Flak eröffnete um 12.06 Uhr mit drei schweren Flakbatterien das Abwehrfeuer auf die Bomber. Bis 12.25 Uhr verfeuerten 16 Flakgeschütze 465 Schuss, davon 195 Schuss als Sperrfeuer. Als Erfolg wurden zwei rauchende Bomber im Abflug in Richtung Bad Abbach um 12.07 Uhr stark fallend beobachtet. Das Funkmessgerät (Radar) der Flak war durch Metallfolien stark gestört. Diese Störungen konnten auch durch Frequenzwechsel nicht beseitigt werden.

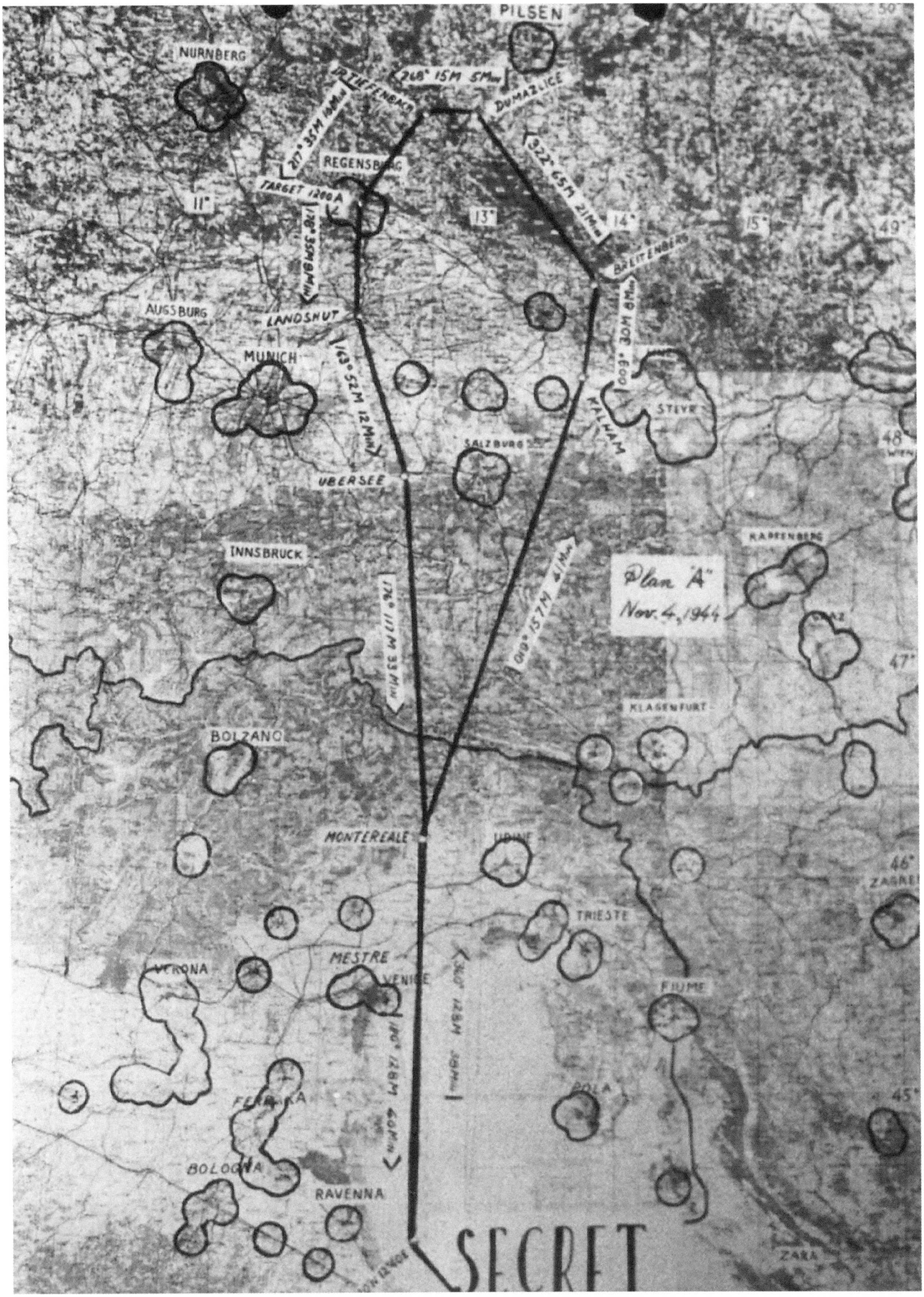

An- und Abflugweg der Bomber am 4. November 1944. (USAF)

Der Bombenteppich reichte vom Vorort Keilberg, über das Hafengebiet und Kasernenviertel, bis zum Ostbahnhof. Weithin sichtbar explodierte ein im Ostbahnhof abgestellter Munitionszug.
Der Schwerpunkt des Angriffes lag ganz eindeutig auf dem Osten der Stadt. An Gefallenen waren 60 Personen zu beklagen, davon 57 in Luftschutzräumen. Drei Soldaten wurden während einer Übung vom Bombenangriff überrascht und getötet. Zwölf Soldaten dieser Einheit wurden verletzt. Die Gesamtzahl der Verletzten betrug 35 Personen. 21 Wohngebäude wurden total zerstört, 19 schwer, 13 mittel und ca. 170 leicht beschädigt. An Wirtschaftsgebäuden (Lagerhallen usw.) wurde eine schwer, zwei mittel und eine leicht beschädigt. Ca. 300 Personen waren durch den Bombenangriff obdachlos geworden. Infolge von Bombentreffern in die Strom- und Gleiszuführung musste die Produktion in der Süddeutschen Holzverzuckerung (Südholag) für 14 Tage eingestellt werden. Die benachbarte Werkssiedlung war zu 50% zerstört. In der Zuckerfabrik waren durch Sprengbomben leichte Schäden im Schnitzellager, im Zuckerlager und am Pförtnergebäude entstanden. Die Gleisanlage des Kohlenkranes war im Bereich des Kesselhauses durch Sprengbomben zerstört worden. Der Produktionsausfall belief sich auch hier auf mindestens zwei Tage. Bei den Reichswerken Hermann Göring, im Kalkwerk-Walhallastraße waren zwei Wohnbaracken mit Nebenbaracken vollständig ausgebrannt und eine weitere Wohnbaracke durch Volltreffer zu 50% zerstört. Die Kleinbahnanlage, das Industriegleis, die Betriebswasserleitung, die Stromzufuhr und die Pressluftleitungen waren durch mehrere Volltreffer unterbrochen. Im Steinbruch wurde ein großer Bagger mittelschwer beschädigt. Auch hier war ein Produktionsausfall von 50% auf unbestimmte Dauer die Folge. Bei der DEMAG im Hafen-West war der Kohlenhofbunker an der Nordseite in mittlerer Höhe durch Volltreffer schwer beschädigt. Ein Umschlag von der Westseite her bis zur Schadensstelle war noch möglich. Durch Gleisschaden war ein Umschlag in Eisenbahnwaggons für einige Tage nicht möglich. Ein Unterkunftsraum war durch Volltreffer total zerstört, und vier beladene Güterwaggons waren schwer beschädigt. Die Reichsmonopolverwaltung meldete ein leicht beschädigtes Wohngebäude, Pförtnergebäude und Kantine waren total zerstört, Materialschuppen mittelschwer beschädigt. Die Splitterschutzmauer um den Tank 2 mit 4.800 m³ wurde mehrfach durchschlagen, der Tank jedoch nicht beschädigt. Die Firma Nitag meldete die totale Zerstörung einer Lagerhalle mit Büroräumen.
Bei Beton Geyer waren zwei Werkhallen schwer und zwei mittelschwer beschädigt. Mit einem Ausfall von 50% für 14 Tage war zu rechnen. Ein Deckungsgraben erhielt einen Volltreffer, desgleichen die Gleisanlage. Die DDSG meldete an der Donaulände 15 die totale Zerstörung einer Güterhalle in Holzbauweise von 17 m Länge durch einen Volltreffer. Die Getreideumschlaganlage mit zwei Einlauftrichtern und den automatischen Wiegeeinrichtungen war zerstört. Der Ausfall der Anlage belief sich auf 100% für zwei Tage und 50% für weitere 14 Tage. An der Donaulände 18 waren 25% der 60 m langen Güterhalle an der Westseite durch Volltreffer schwer beschädigt. Glas- und Dachschäden in dem erhaltenen Teil der Güterhalle und Dach- und Fensterschäden im Verwaltungsgebäude waren zu verzeichnen. Bei der Fa. Frank & Kathreiner war an der Versandhalle das Dach leicht beschädigt. Die Firma OLEX im Hafen-Nord meldete leichte Sprengschäden an einem Wohngebäude. Ein Luftschutzkeller wurde seitlich eingedrückt, es entstanden jedoch keine Personalverluste. Bei der Firma Kirschenhofer war ein Wohngebäude total zerstört worden, und eine Lagerhalle wurde mittelschwer beschädigt. Bei Standard-Öl wurde ein leerer Tank von 4.800 m³ total zerstört. Die Stadtwerke meldeten Leitungsschäden im Gas-, Wasser- und Elektrizitätsnetz. Die Hauptwasserleitung (Donau-Düker-Leitung) war getroffen, dadurch war die Wasserversorgung im Stadtbereich für mehrere Wochen wegen eines Druckabfalls im Osten der Stadt beeinträchtigt. Zum Teil wurden Trinkwasserwagen eingesetzt. Auch die Löschwasserversorgung im Ostteil der Stadt musste reduziert werden. Diverse Beschädi-

gungen an Hochspannungsleitungen waren zu verzeichnen.
Schwerste Schäden entstanden an Betriebseinrichtungen der Reichsbahn. Das Zufahrtsgleis Regensburg/Hauptbahnhof-Regensburg/Hafen wurde zweimal getroffen. Das Verbindungsgleis zum Petrolhafen Regensburg-Ost wurde viermal unterbrochen. Das Gleis an der Donaulände zur Bergstelle war verschoben und unbefahrbar, das Gleis bei der Kreuzungsweiche 112-113 durch Volltreffer unterbrochen. Die Zufahrt zur Fa. Nitag bei Weiche 128 war zweimal unterbrochen. Das Hinterstellgleis für die Reichsmonopol war an zwei Stellen durch Volltreffer beschädigt. Vier Güterwagen sind schwer beschädigt.
Am Betriebsbahnhof-Ost waren folgende Schäden zu verzeichnen: das Gleis Regensburg-Hauptbahnhof bis Regensburg-Ost und Gleis Regensburg-Ost bis zur Abzweigung Hafenbrücke war schwer beschädigt. An der Wehrmachtsrampe waren die Gleise 1 – 4 unbefahrbar. Im Behelfsbetriebswerk waren die Hinterstellgleise 1 und 2 und das Kohleanschlussgleis nicht mehr befahrbar. Eine Rangierlok und eine kalte Lok wurden im Betriebswerk-Ost schwer beschädigt.
Die Gleisanlagen waren zum Teil bis auf 100 m Länge total zerstört. Vom Lazarettzug 835 war ein Personenwagen entgleist, zwei Personenwagen und der Gepäckwagen waren ausgebrannt und entgleist, sämtliche Waggons des Lazarettzuges 2.130 leicht beschädigt.
Personenverluste waren glücklicherweise keine aufgetreten. Drei beladene Munitionswaggons wurden leicht beschädigt. Keinerlei Schäden entstanden im Bereich des Personenbahnhofs, des Güterbahnhofs und des Einfahrtbahnhofs im Regensburger Hauptbahnhof.
Folgende Bahnstrecken waren in beiden Richtungen unterbrochen: Regensburg-Hof für zwei Tage, Regensburg-Straubing für fünf Tage, Regensburg-München für zwei Tage. Die Weiterfahrt konnte vom nächsten Vorortbahnhof angetreten werden. Das Zufahrtsgleis der Hafenbahn zum Hafen war für 14 Tage unterbrochen.
Die Reichspost meldete den Ausfall der Fernsprechverbindung nach Straubing für einen Tag. Im Stadtbereich traten kleinere Störungen auf. Im landwirtschaftlichen Bereich wurden zwei Scheunen und zwölf Schuppen total zerstört. Geringfügige Erntevorräte wurden vernichtet und eine Anzahl von Kleinvieh getötet. Die Schäden an Wiesen- und Kulturland umfassten zwei Quadratkilometer. Die Polizeiunterkunft und der Schuppen für das Feuerlöschboot wurden leicht beschädigt. Auch einige Sirenen waren durch Stromausfall außer Betrieb, die Alarmierung der Bevölkerung in den betroffenen Stadtteilen wurde durch Sirenenwagen sichergestellt.
An Wehrmachtsanlagen entstanden folgende Schäden:
In der Dostler-Kaserne wurden durch Volltreffer zwei Mannschaftsgebäude mittelschwer beschädigt. Die Ritter-von-Speck-Kaserne meldete einen Volltreffer auf ein Stallgebäude, das zu 30% zerstört wurde. Volltreffer auf zwei Baracken, die total zerstört wurden, zwei weitere Baracken wurden zu 25% zerstört. Ein Volltreffer beschädigte ein Reithaus zu 50%. In der Raffler-Kaserne entstanden durch einen Treffer am rückwärtigen Tor Dach- und Fensterschäden.
Im Heeresnebenzeugamt wurden durch Sprengbombentreffer eine Lagerhalle und die Gesenkschmiede zu 50% zerstört. Ein Stallgebäude wurde durch Volltreffer total zerstört und dabei wurden 9 Pferde getötet. Die Flakkaserne meldete einen Treffer auf die Küchenbaracke, die zu 30% zerstört wurde. Der Heeres-Vierlings-Flakzug meldete einen Volltreffer in einen Luftschutz-Deckungsgraben und die Zerstörung von zwei Baracken zu 50%. Ein Munitionszug, der zu zwei Teilen im Ostbahnhof abgestellt war, wurde total zerstört.
Beim Reichsarbeitsdienst meldete die Wachabteilung 29 einen leichten Barackenschaden.
Durch den Angriff entstanden ein Mittel- und ein Kleinbrand, die jedoch schnell abgelöscht werden konnten.
Große Probleme bereitete die Schadenstelle an der Donau-Düker-Leitung, deren Ausfall die Trinkwasserversorgung im Stadtbereich gefährdete. Am 9.11. um 9.45 Uhr wurde durch einen Taucher aus Ingolstadt ein erster

Kriminalpolizeistelle Regensburg
Fernsprecher: 5251

(13a) Regensburg, den 7. 11. 1944.

118

Geschäftszeichen: Tgb.Nr.852/44
(In Eingaben angeben)

An den
Herrn Oberbürgermeister
ϟϟ-Brigadeführer Dr. S c h o t t e n h e i m

(13a) R e g e n s b u r g .

Leiter und Berichterstatter:
Dr. T e i c h m a n n
ϟϟ-Hauptsturmführer
und Kriminalrat

Vertraulich!

Betrifft: Neuerlicher Luftangriff auf Regensburg (Erfahrungsbericht).

Am 4.11.44 führten etwa 200 USA-Bomber zwischen 11 Uhr und 13,03 Uhr in 6 – 8 Wellen aus 6000 – 8000 m Höhe durch eine dichte Wolkendecke einen 12-Minuten-Angriff auf Regensburg, mit Terrorwirkung im Stadtteil Regensburg-Schwabelweis. Abgeworfen wurden etwa 1200 Sprengbomben mittleren und schweren Kalibers, sowie feindliche Flugblätter. Kein Brandbombenabwurf.

Durch diesen Angriff wurden abermals eine größere Anzahl von meist kleineren Wohnhäusern zerstört, bezw. schwer beschädigt. Der Eisenbahnverkehr in den Richtungen nach München, Passau, Schwandorf und Wörth a.D. ist auf einige Tage unterbrochen. Die Belieferung des Städt. Schlachtviehmarktes, sowie die Wasserversorgung der unteren Stadt sind beeinträchtigt. Die Mannschaft der Kriminalpolizeistelle Regensburg wurde planmäßig als Identifizierungskommandos und P-Streifen eingesetzt. Abermals sind dem letzten Angriff auf Regensburg 60 Menschen (50 Zivilisten, meist Frauen und Kinder und 10 Wehrmachtsangehörige) zum Opfer gefallen. Sämtliche Gefallenen konnten einwandfrei identifiziert werden!

Bemerkenswert ist der Umstand, daß ebenso wie bei jedem der bisherigen Luftangriffe auch bei dem Angriff vom 4.11.44 durch einen schweren Zufallsvolltreffer wieder ein luftschutzmäßig ausgebauter Splitterbunker getroffen wurde (Werksiedlung Holzverzuckerung). Fast alle Insassen wurden getötet. 30 Gefallene wurden allein an dieser Schadenstelle ausgegraben. Besonders tragisch ist, daß durch diesen Treffer 6 Familien mit je 3 – 4 Kindern auf einen Schlag ausgerottet worden sind. Lediglich einige Familienväter, die sich zufällig in anderen Schutzräumen befanden, sind mit dem Leben davongekommen.

Bisher sind allein im Stadtgebiet Regensburg über 720 Todesopfer des feindlichen Luftkrieges zu beklagen.

Allgemein beachtet wurde das disziplinierte, rücksichtsvolle

Auch der Luftkrieg wird verwaltet: Deckblatt eines Berichtes der Kriminalpolizei an den Oberbürgermeister. (StAR)

Tauchgang zur Untersuchung des Schadenumfangs durchgeführt. Infolge der vorangegangenen Regenfälle war der Donaupegel über Nacht um 1 m angestiegen. Das Flusswasser war schmutzig gelb und auf 20 cm undurchsichtig. Damit wurden die Taucharbeiten erschwert, und der Taucher konnte nur auf der Flusssohle mit den Händen greifen, aber nichts sehen. Die Flusstiefe lag hier bei 3 m. Es stellte sich heraus, dass außer der bekannten Einschlagstelle an der Uferböschung noch ein zweiter Einschlag hart unterhalb der Dükerleitung vorhanden war, in dessen Trichter der Taucher nichtsahnend hineinstürzte. Die Betonummantelung der Dükerleitung war bis auf eine Länge von 5 m von der Böschung entfernt freigelegt, große Stücke der Ummantelung waren herausgesprengt worden. Die Einschlagstelle an der Böschung hatte sich zum großen Teil wieder aufgefüllt. Das Druckrohr mit einem Durchmesser von 500 mm war nicht freigelegt. Das Vorhandensein eines Blindgängers, wie ursprünglich vermutet wurde, konnte nicht nachgewiesen werden. Zur Reparatur war ein Spundwandkasten mit einer Breite von 2,65 m und einer Länge von 11 m erforderlich. Die benötigten Spundwände waren in Regensburg nicht verfügbar und mussten erst herantransportiert werden. Am 10.11. wurde ein Bagger zur Schadensstelle gefahren, der jedoch wegen des ansteigenden Hochwassers vorerst nicht zum Einsatz gelangte (Wasserstand am 12.11.44 von 4,86 m über dem Nullpegel). Der für die Baustelle vorgesehene Dipl. Ing. Hugo Riepl wurde von der Einziehung zum Wehrdienst zurückgestellt und übernahm die Bauleitung. Die erforderlichen Spundwände wurden von der Einsatzgruppe der Organisation Todt beschafft. Die benötigten Holzmengen von 127 m^3 lagerten im fürstlichen Thiergarten. Das Langholzfahrzeug der Firma Zimmerei Scheid übernahm den Transport zur Schadenstelle. Trotz der anlaufenden Reparaturarbeiten wurden entsprechende Vorbereitungen zur Verlegung einer neuen Trinkwasserleitung über die Adolf-Hitler-Brücke begonnen. Dazu wurde in die bestehende 500-mm-Leitung am Unteren Wöhrd ein Abzweigstück eingebaut. Die Beschaffung von Sauerstoff, Acetylen zum Schweißen und der notwendigen Leitungsrohre bereitete angesichts der Kriegslage erhebliche Probleme.

Beim Angriff am 4.11. wurde wieder durch einen schweren Zufallstreffer ein luftschutzmäßig ausgebauter Splitterbunker zerstört. Der Bunker in der Werksiedlung Holzverzuckerung war voll besetzt. 30 Tote wurden allein hier ausgegraben. Besonders tragisch war, dass durch diesen Treffer sechs Familien mit 3 – 4 Kindern auf einen Schlag ausgelöscht wurden. Lediglich einige Familienväter, die sich zufällig in anderen Schutzräumen aufhielten, überlebten den Luftangriff. Von der Regensburger Kriminalpolizei wurden in Landshut, Amberg und Passau Lichtbildervorträge zur Identifizierung von Gefallenen nach Luftangriffen für Kripo-Außenposten, Schutzpolizei, Luftschutzpolizei, DRK und Bestattungsämter durchgeführt.

Aus dem Landkreis Regensburg wurden folgende Schäden gemeldet:
Auf den Fliegerhorst in Obertraubling fielen sieben Sprengbomben, darunter ein Blindgänger. Ein Soldat wurde getötet und ein Gebäude schwer beschädigt. Durch acht Sprengbomben, davon drei Blindgänger, wurde am Südwestrand von Luckenpaint eine Frau leicht verletzt, zwei Wohngebäude wurden leicht, eine Scheune total und zwei Scheunen mittelschwer beschädigt. Fünf Sprengbomben und zwei Splitterbomben beschädigten in Piesenkofen zwei Wohngebäude leicht. Östlich von Oberhinkofen entstand durch 17 Sprengbomben, darunter zwei Langzeitzünder, die erst nach einer halben Stunde explodierten, geringer Flurschaden. Ca. 100 Sprengbomben explodierten am Südwestrand von Gebelkofen und beschädigten ein Wohnhaus mittelschwer, in zahlreichen Häusern gingen die Fensterscheiben zu Bruch, drei Blindgänger wurden gefunden, und eine Hochspannungsleitung wurde beschädigt. Vier Sprengbomben, darunter ein Blindgänger, verursachten südlich von Wolkering leichten Waldschaden. Östlich von Oberisling beschädigten 50 Sprengbomben zwei Baracken der Reichsbahn. 200 Sprengbomben verursachten südlich von Tegernheim glücklicherweise nur Flurschaden, auch hier wurden drei

Blindgänger gefunden. Unvorstellbar, wenn diese Bombenladung in die Ortschaft gefallen wäre. Ebenfalls Flurschaden entstand durch 30 Sprengbomben bei Sarching und durch sieben Bomben bei Niedertraubling. Auch die benachbarten Landkreise waren durch den Angriff auf Regensburg betroffen. Ein äußerst bemerkenswerter Angriff wurde auf den Flugplatz Micheldorf bei Cham geflogen. Am Rande des Flugplatzes wurde seit Anfang Oktober 1944 in zwei Fertigungshallen mit Nebengebäuden auf ca. 5.000 m^2 Fläche die Endmontage der Bf 109 bis März 1945 durchgeführt. Der Einflugbetrieb und die Übergabe der Maschinen an die Luftwaffe wurden auf dem Flugplatz durchgeführt. Der Flugplatz in Micheldorf diente vor Beginn der Messerschmitt-Flugzeugproduktion einer Flugschule der Luftwaffe zur Pilotenausbildung. Dies lässt die Vermutung zu, dass die US-Luftwaffe durch Agentenberichte oder Luftaufklärung über die Produktion der Bf 109 im Chamer Raum aufmerksam wurde. Der Angriff auf den Flugplatz begann um 12.05 Uhr, und 300 Sprengbomben fielen im Raum Ried-Penting-Stadl-Haidhäuser auf freies Feld. Der Flugplatz wurde nicht getroffen, jedoch erhielt das Ausweichrevier in Stadl einen Volltreffer, wobei das Gebäude mit den bevorrateten Medikamenten total vernichtet wurde. In Stadl wurden insgesamt zwei Wohnhäuser total beschädigt und ein weiteres leicht. Ein Fremdarbeiter wurde vermisst. Durch 15 Sprengbomben, die südlich von Grafenkirchen einschlugen, wurde ein Wohnhaus leicht beschädigt. Weitere Sprengbomben bei Englsdorf, Hötzing, Haidhäuser, Schmiedsdorf verursachten Flur- und Waldschäden. Die Hochspannungsleitung bei Altenmarkt wurde beschädigt und konnte erst nach Entfernung eines Blindgängers repariert werden.

Aus einer Meldung der 7. Jagddivision vom 5.11.1944 geht hervor, dass im Bereich der Bahnanlagen von Straubing ca. 130 Sprengbomben eingeschlagen hatten. Dadurch wurden siebzehn Personen getötet, vier verletzt, und acht Personen wurden als vermisst gemeldet. Fünfzehn Wohnhäuser wurden total zerstört.

Geringer Flurschaden entstand im Landkreis Straubing in den Gemeinden Oberschnaiting (vier Sprengbomben, davon zwei Blindgänger), Oberpriebing (18 Sprengbomben) und Geltolfing (fünf Sprengbomben).

Im Landkreis Kelheim schlugen drei Kilometer südlich von Dünzling elf Sprengbomben (darunter zwei Blindgänger) ein, die Flurschaden verursachten, und bei Gattersberg wurden durch sechs Bomben ein Wohnhaus und eine Scheune schwer beschädigt.

Bei Wölflkofen im Landkreis Rottenburg verursachte eine Sprengbombe Flurschaden.

Im Landkreis Vilsbiburg fielen sechs Sprengbomben bei Wolferding auf freies Feld. Im Landkreis Mallersdorf fielen zwei Sprengbomben bei Winklas und zwei Bomben bei Schierling in die freie Flur. Ein Blindgänger fiel in den Pfarrhof von Schierling, worauf das Pfarrhaus geräumt und die Kirche gesperrt werden musste.

Im Landkreis Landshut schlugen vier Sprengbomben bei Essenbach ein und verursachten Flurschaden. Bei Steinberg im Landkreis Dingolfing explodierten zwei Sprengbomben. Dabei traten Fensterschäden an drei Wohnhäusern auf. Flurschaden und Fensterschäden traten durch jeweils eine Sprengbombe nordwestlich von Waldmünchen und bei Altpossigkau ein.

22. November 1944: Ein Verlegenheits-Luftangriff auf Regensburg

Die 15. US-Luftflotte setzte an diesem Tage 419 Bomber gegen den Südteil des Deutschen Reiches ein. Zahlreiche Jagdverbände begleiteten die Bomber. Der Angriffsverband auf München umfasste 205 Bomber, die das östliche und westliche Stadtgebiet zum Ziel hatten. Die restliche Bomberarmada konnte ihre Hauptangriffsziele wegen Wetterverschlechterung nicht erreichen. Für solche Fälle wurden in die Angriffspläne sogenannte Ausweichziele aufgenommen, und eines dieser Ziele war an diesem Tage die Stadt Regensburg. Als die Bomber die Alpen in Richtung Norden überflogen, wurde in Regensburg um 11.49 Uhr Fliegeralarm ausgelöst. Aus nordnordwestlicher Richtung kommend, griff ein kleiner, aus 34 Bombern bestehender Kampfverband an. Von 13.14 – 13.17 Uhr wurden aus ca. 6.000 m Höhe 408 Sprengbomben zu je 227 kg auf den Güterbahnhof im Bereich von Kumpfmühl abgeworfen, darunter waren auch fünf Blindgänger. Das Ziel wurde von den Bombern mit sieben Rauchbomben markiert.
In südsüdöstlicher Richtung verließ der Angriffsverband unter starkem Jagdschutz den Raum von Regensburg. Irgendwelche Tiefangriffe wurden an diesem Tag nicht gemeldet, jedoch wurde Regensburg auch nach dem Angriff noch von mehreren hundert Flugzeugen überflogen, sodass erst um 13.40 Uhr Entwarnung gegeben werden konnte.
Der Angriff aus Sicht der 15. USAAF: „Es war 8.10 Uhr, als die 301. BG zum Feindflug startete, und um 13.09 Uhr erreichten 34 Bomber dieser Bombergruppe Regensburg. 408 Bomben vom Kaliber 227 kg, mit einem Gesamtgewicht von 92 t, trafen die Bahnhofsanlagen im westlichen Teil. Mit einer relativ kleinen Streitmacht wurde ein Maximum an Schaden im Stadtbereich erzielt."
An Toten waren 54 zu beklagen, alle außerhalb von Luftschutzräumen, 78 Personen wurden verletzt, 20 verschüttet und 20 wurden als vermisst gemeldet (dies war Stand der Dinge am 25.11.44). Besonders schwer war die Heil- und Pflegeanstalt des Bezirksverbandes Regensburg getroffen worden. Allein hier waren 17 Pfleglinge, eine Pflegerin und ein Pfleger ums Leben gekommen. Ca. 700 Personen waren, wenn auch nur vorübergehend, obdachlos. Im Angriffsgebiet wurden sechs Wohnhäuser und vier Gebäude der Heil- und Pflegeanstalt total zerstört. Ein Wohnhaus wurde schwer, zwei mittelschwer und rund 92 leicht beschädigt. Zwei Wirtschaftsgebäude waren mittelschwer beschädigt, und zwei Wohnbaracken wurden total zerstört.
An Industrie-, Versorgungsbetrieben und Verkehrsanlagen entstanden folgende Schäden:
Im Gauverlag des „Regensburger Kuriers" entstanden geringe Dach- und Fensterschäden. Bei der Brauerei Bischofshof wurde das Kesselhaus durch Volltreffer zerstört. Im Stadtteil Eisbuckel waren zahlreiche Stromkabel unterbrochen und ein Umspanner total zerstört worden. Bis zum 26.11. konnte die Stromversorgung teilweise wieder sichergestellt werden. Im Bereich der Kumpfmühler Brücke war die Gasleitung total zerstört. Zwölf Wasserleitungsrohrbrüche wurden aus Kumpfmühl gemeldet, hier waren drei Trinkwasserwagen zur Versorgung der Bevölkerung im Einsatz. Vier weitere Tankwagen und Fahrzeuge mit Brauereifässern übernahmen die Trinkwasserversorgung im Bereich Eisbuckel, Göringheim und Hofgartensiedlung.
Der größte Schaden war durch den Einsturz der Kumpfmühler Straßenbrücke über die Gleisanlagen der Reichsbahn entstanden. Die Brücke war nicht mehr reparaturfähig und musste abgerissen werden. Mit dem Bau einer Notbrücke wurde umgehend begonnen. Auch die Anlagen der Reichsbahn erlitten schwere

Kriminalpolizeistelle
Regensburg

Regensburg, den 5. Dezember 1944.

Tgb.Nr.852/44

Betrifft: Luftangriff am 22.November 1944 auf den LS-Ort Regensburg.

Am 22.November 1944 erfolgte in der Zeit von 13,14 bis 13,17 Uhr auf Regensburg ein Luftangriff durch Feindbomber. Es wurden von etwa 40 bis 50 Maschinen aus 6 000 m Höhe mittlere Sprengbomben geworfen, wobei insbesondere in der Heil-und Pflegeanstalt Regensburg Menschenverluste entstanden sind. Geborgen wurden 84 Personen, davon konnten 7 weibliche Personen bisher nicht identifiziert werden. Da von der Heil-u.Pflegeanstalt 7 weibliche Personen als noch vermißt gemeldet wurden, dürfte es sich bei den 7 Unbekannten um die Vermißten handeln.

Die 84 Personen setzen sich wie folgt zusammen:
2 Pflegepersonen,
65 Geisteskranke, (einschließlich der Unbekannten)
5 Evakuierte,
5 Gefallene in der Stadt,
7 Ausländer vom Hilfskrankenhaus für Ostarbeiter.

1 Ausländer vom Hilfskrankenhaus wird noch vermißt. Auf das beigegebene Gefallenenverzeichnis wird Bezug genommen.

Die Beerdigungsgenehmigung gemäß § 39 des Personenstandsgesetzes wurde von der Ortspolizeibehörde vorsorglich erteilt. Die Beurkundung der festgestellten Toten erfolgte beim Standesamt Regensburg. Bezüglich der Vermißten erfolgt nach Ablauf einer gewissen Frist gesonderte Anzeige.

Krim.Obersekretär.

Mit 1 Anlage
an den Herrn Oberstaatsanwalt bei dem Landgerichte
R e g e n s b u r g
zum weiteren Verfahren übermittelt.

SS-Hauptsturmführer
u.Kriminalrat.

Die Kriminalpolizei meldet in amtlichem Ton und mitleidslos den Tod von 84 Personen des Luftangriffs vom 22. November 1944 an die Staatsanwaltschaft. (StAR)

Schäden. Die Bahnstrecken Regensburg-Nürnberg und Regensburg-Ingolstadt waren bis zum 24.11.44, 15.50 Uhr, gesperrt. Die Güterzuggleise 8 – 13 konnten bis zum 24.11. wieder in Betrieb genommen werden. Im Bereich der Kumpfmühler Brücke waren die Gleise durch Volltreffer mehrfach unterbrochen. Im Bereich des Nordbahnhofes waren die Gleise 30 – 33 durch Bombenvolltreffer aufgerissen und teilweise mit Erdreich überworfen. Ein Rangier- und Ablaufbetrieb war für die nächsten drei Tage nicht möglich. Die Oberleitungen im gesamten Güterbahnhof waren abgerissen. Zahlreiche Güter- und Personenwagen waren aus den Gleisen geworfen worden, teilweise total zerstört oder schwer beschädigt. Im Bereich des Güterbahnhofes wurden 30 Bombenvolltreffer gezählt. Die Güterabfertigung wurde durch mehrere Bombentreffer in den westlichen Teil der Halle und der Querbühne schwer beschädigt. Schwere Fenster- und Wandschäden entstanden am Verwaltungsgebäude des Kraftwagenbetriebswerkes. Hier wurde auch der Luftschutzkeller zerstört, Personenverluste waren glücklicherweise nicht zu beklagen. Das neue Bahnbetriebswerk fiel durch die Zerstörung der Kumpfmühler Brücke und des mehrfach unterbrochenen Zufahrtsgleises total aus. Im alten Bahnbetriebswerk war ein Bombenvolltreffer in den Lokhinterstellgleisen und in die Wasserleitung für die Lokspeisung zu verzeichnen. Durch Wasserversorgung aus Tiefbrunnen konnte die Wasserspeisung für die Dampfloks jedoch aufrechterhalten werden. Bei den Reichspostanlagen war das Ortskabel Nr. 17 mit den Leitungen nach Kumpfmühl, Eisbuckel, Abensberg, Siegenburg und Kelheim durch Einsturz der Kumpfmühler Brücke unterbrochen worden. Bis zum 24.11. konnte nur ein Teil der Schäden behoben werden, da es an geeignetem Kabelmaterial für die Reparatur fehlte.

Die Straßenbahnlinie 4 war im Bereich der Kumpfmühler Brücke sowohl gleis- als auch oberleitungsmäßig unterbrochen. Eine Wiederaufnahme des Betriebes war vom Aufbau der Behelfsbrücke abhängig.

An Luftschutzsirenen wurde ein Gerät total zerstört, sechs weitere Geräte waren starkstrom- und schwachstromseitig nicht einsatzbereit. Drei dieser Sirenen konnten bis zum 24.11. wieder als einsatzbereit gemeldet werden. In der Flakkaserne wurden fünf Gebäude leicht beschädigt und eine Wohnbaracke total zerstört. Durch den Luftangriff entstand ein Kleinbrand, der aber sofort gelöscht werden konnte.

Durch die neu entstandenen Schäden wurden die Aufräumungsarbeiten im alten Schadensgebiet eingestellt und alle Kräfte im Bereich Friedenstraße, Eisbuckelstraße und Kumpfmühler Straße eingesetzt. Die Arbeiten wurden durch das nasse Wetter und den lehmigen Boden sehr erschwert. Die Friedenstraße blieb wegen eines großen Bombentrichters für mehrere Tage total gesperrt. Der Abwasserkanal für die Ortsteile Kumpfmühl, Karthaus und Göringheim war in diesem Bereich nicht nur zerschlagen, sondern durch eingespülte Erdmassen und Trümmer verstopft, sodass das Kanalwasser in die Keller der umliegenden Häuser gedrückt wurde. In Göringheim waren weitere fünf Kanalschadensstellen angefallen.

Im Landkreis Regensburg wurde der Abwurf von 12 Sprengbomben bei Kruckenberg gemeldet, die aber nur Waldschaden verursachten. Nachdem bereits am 4.11. bei Luckenpaint durch Bomben mehrere Gebäude beschädigt wurden, ging auch an diesem Tage eine Sprengbombe nahe der Ortschaft nieder und beschädigte ein Wohnhaus leicht. Auch die benachbarten Landkreise, die in der An- und Abflugschneise der verschiedenen Bomberverbände lagen, bekamen einen Teil des Bombensegens ab.

Aus dem Landkreis Kelheim wurde der Abwurf von vier Sprengbomben bei Daisenhofen, einer Bombe bei Neustadt a.d. Donau, fünf Sprengbomben bei Mauern, drei bei Umbertshausen und neun Sprengbomben bei Hausen gemeldet, die alle glücklicherweise nur Flurschäden verursachten. Ein Mädchen wurde leicht verletzt und eine Hochspannungsleitung beschädigt, als elf Sprengbomben bei Frauenwahl explodierten.

Vier Blindgänger fielen bei Marching auf freies Feld. Ein Blindgänger lag nur 50 m von der Reichsstraße 299 entfernt, die daraufhin gesperrt werden musste. Im Stadtgebiet von Kelheim wurde der Abwurf von vier Treibstoffzusatzbehältern, die von US-Jagdmaschinen stammten, gemeldet. Im Landkreis Mainburg fielen bei Neuhausen fünf Sprengbomben auf freies Feld.

Aus dem Landkreis Landshut wurde der Abwurf einer Sprengbombe bei Oberköllnbach registriert, die ein Wohnhaus schwer beschädigte. Am Stadtrand von Landshut beschädigten zwei Sprengbomben ein landwirtschaftliches Anwesen schwer, ein weiteres wurde mittelschwer beschädigt. Eine Frau, ein Junge und ein Fremdarbeiter wurden bei der Bombenexplosion verletzt.
Im Landkreis Mallersdorf fielen neun Sprengbomben auf Neuburg, dabei wurde eine Scheune mit Erntevorräten total vernichtet und ein Wohnhaus schwer beschädigt. Fünf Sprengbomben fielen bei Holzen auf freies Feld, zwei Bomben in den Wald bei Steinrain und sieben auf freies Feld bei Kleinzaitzkofen. Eine Sprengbombe bei Burghausen verursachte Flur- und Gebäudeschaden und beschädigte eine Überlandleitung.
Aus dem Landkreis Landau a.d. Isar wurde der Abwurf von je zwei Bomben bei Pilsting und Haidlfing gemeldet, hier wurde ein Zuckerrübenwagen total zerstört und ein ausländischer Arbeiter verletzt. Eine Sprengbombe explodierte in Rottersdorf und beschädigte zwei Wohnhäuser, zwei Scheunen und ein landwirtschaftliches Nebengebäude mittelschwer. Bei Niederhausen und Rahmöd entstand durch je eine Sprengbombe geringer Flurschaden. Im Südteil von Straubing beschädigte eine Bombe die dort gelegene Ziegelei. Bei Bayerhof im Landkreis Straubing fielen zwei Sprengbomben auf freies Feld.
Zwei Sprengbomben südwestlich von Vilsbiburg verursachten einen geringen Waldschaden.
Bei Bildsberg im Landkreis Pfarrkirchen verursachten sechs Sprengbomben geringen Flur- und Fensterschaden.
Wesentlich schlimmer traf es den Landkreis Eggenfelden. Durch 34 Sprengbomben wurden bei Geratskirchen zwei Bauernhöfe vernichtet und elf Personen verschüttet, von denen sieben Männer und zwei Frauen nur noch tot geborgen werden konnten. Ein Mädchen und ein Junge wurden verletzt aus den Trümmern gerettet. Zwölf Bomben bei Arnstorf, vier Bomben bei Ruhstorf, vier Sprengbomben bei Simbach und drei Bomben bei Rimbach verursachten nur geringe Flurschäden. Diese Aufzählung macht deutlich, dass die Bomber bei geringsten technischen Störungen die Bomben zu jeder Zeit und an jedem beliebigen Ort ausklinkten. Für die Bevölkerung war es jedoch der reinste Terror.

Der Abwurf von Flugblättern wurde zwischen Bildsberg, Obertürken und Wittibreut im Landkreis Pfarrkirchen und bei Wurmannsquick und Eggenfelden im Landkreis Eggenfelden gemeldet. Inhalt der Flugblätter war: „Hitlers Kriegsindustrie in Österreich wird vernichtet“ und „Luftpost Ausgabe Süd Nr. 50“ und „51“.

9. Dezember 1944: Ein schwarzer Tag für Tegernheim

Nachdem die 15. US-Luftflotte am 20.10., 23.10. und 04.11.44 versucht hatte, den Ölhafen und die Tanklager in Regensburg zu zerstören, nahm sie am 09.12. den 4. Anlauf, ihr Ziel zu erreichen. Auf Grund der aufgeweichten Flugplätze um Foggia, ein großer Teil der Abstellplätze stand unter Wasser, gelangten an diesem Tage nur 170 B-17 und B-24 zum Einsatz, die aber von starken Jagdkräften mit P-38 und P-51 geschützt wurden. Zahlreiche Maschinen waren zu Aufklärungsflügen in den süddeutschen Raum gestartet.
Angriffsziele waren das Industriegebiet von Linz, das Stadtgebiet von Villach, der Ölhafen und die Tanklager von Regensburg, und ein kleinerer Kampfverband griff die Panzerfabrik von Skoda in Pilsen an.
Aus dem Kriegstagebuch des Luftgaukommandos VII ist über diesen Angriff auf Regensburg folgendes zu entnehmen:
„Um 10.15 Uhr erfolgte der Einflug einer

einzelnen Lightning über Kitzbühler Alpen - Kufstein - Rosenheim - Burghausen - Simbach - Altötting - Traunstein mit Ausflug über Salzburg um 10.50 Uhr. Die Flughöhe der P-38 lag zwischen 5.000 und 8.000 m, die Geschwindigkeit wurde mit 500 km/h gemessen.
Um 10.36 Uhr erfolgte der Einflug von sieben P-38 „Lightning" über Kitzbühler Alpen - Rosenheim in den Raum München. Hier kreisten die Maschinen einige Minuten und flogen über Miesbach ab, um sich um 11.10 Uhr mit dem Hauptverband zu vereinigen. Flughöhe wechselnd zwischen 5.000 und 8.000 m mit einer Geschwindigkeit von 450 km/h. Um 10.54 Uhr begann der Einflug des Hauptverbandes von ca. 150 Bombern mit mittelstarkem Jagdschutz in drei Wellen zwischen Bischofshofen und Zillertaler Alpen mit Weiterflug über Tegernsee - Chiemsee bis hart an die Südostgrenze der Flakzone in München. Von dort mit Nordostkurs über Raum Mühldorf und Landshut in den Raum Regensburg aus süd- und südöstlicher Richtung. Ein Verband flog südlich an Regensburg vorbei in den Raum Ingolstadt und von dort mit Ost- und Nordostkurs in den Raum Regensburg. Ab 11.37 Uhr erfolgte der Einflug von weiteren Kampfflugzeugen mit Jagdschutz zwischen Passau und Pocking über Straubing in den Raum Regensburg. Jagdverbände stießen bis in die Räume Amberg und Neumarkt vor. Ab 11.48 Uhr wurden die ersten Rückflüge registriert, die dann in breiter Front über Landshut - Plattling in südöstliche Richtung erfolgten. Über die Kitzbühler Alpen, Berchtesgaden, Brenner und Zillertaler Alpen verließen um 13.09 Uhr die letzten Kampfverbände des Regensburger Angriffsverbandes das Gebiet des Luftgaues VII.
Um 12.07 Uhr erfolgte der Durchflug eines kleineren Kampfverbandes, der, aus Osten kommend (Pilsen), zwischen Weiden und Schüttenhofen nach Süden über Passau und die Kitzbühler Alpen, um 14.05 Uhr den Raum des Luftgaues VII verließ. Jagdmaschinen dieses Verbandes waren kurzfristig bis in die Räume Marktredwitz, Bayreuth und Hof vorgedrungen. Von deutscher Seite wurden zur Abwehr keine Jagdmaschinen eingesetzt. Gefechtstätigkeit meldeten die Flakbatterien von Regensburg, München, Salzburg und auf dem Obersalzberg."
Angriffsablauf nach Unterlagen der 15. USAAF:
Zwischen 7.54 und 7.59 Uhr starten die 2., 97. und 463. BG in Italien zum Einsatz gegen Regensburg. Die Angriffsspitze bildet die 463. BG mit 34 B-17, die um 11.46 Uhr aus südsüdöstlicher Richtung Regensburg anfliegt und 396 Bomben mit einem Gewicht von 89,1 t auf das Stadtgebiet abwirft. Die Bombergruppen 2 und 97 fliegen mit Ost- und Nordostkurs auf Regensburg, und um 11.55 Uhr erreicht die 97. BG den Zielraum. 28 B-17 lösen 270 Bomben mit einem Gesamtgewicht von 60,75 t aus. Als 3. Welle folgt nur 1 Minute später die 2. BG mit 17 B-17, die nochmals 202 Bomben mit einem Gewicht von 46,45 t auf die Stadt abregnen lässt.
Das Gesamtgewicht der abgeworfenen Bomben bei diesem Angriff betrug 195,3 t. Vier P-38 „Lightning" der 27. Fighter Squadron (1. Fighter Group) starteten um 10.21 Uhr zu einem Begleitschutzauftrag für eine F-5 (Aufklärerversion der P-38) nach Regensburg. In 300 m Höhe über dem Lesinasee trafen sich um 10.30 Uhr die Jäger mit dem Aufklärer. Es war 12.20 Uhr, als die fünf Flugzeuge in 10.000 m Höhe über Regensburg eintrafen. Dabei kam es zu einer Begegnung mit einer Me 262, die jedoch nicht angriff. Die P-38 konnten die Me 262 nicht erreichen, da sie rund 1.000 m höher und schneller als die „Lightnings" flog.
Der Bombenabwurf auf Regensburg erfolgte über einer fast geschlossenen Wolkendecke von 11. 47 – 11. 59 Uhr aus 6.000 – 9.000 m Höhe. Die Regensburger Flak feuerte mit drei schweren Flakbatterien, die zusammen über elf Geschütze verfügten, nur 95 Schuss zur Abwehr ab. Die Funkmessgeräte (Radar) der Flak wurden dieses Mal sowohl aktiv als auch passiv gestört. Infolge der Sichtbehinderung schlug der Angriff fehl und musste als wirkungslos eingereiht werden. Für die Stadt Regensburg war es ein unwahrscheinlicher Glücksfall, dass die Bomben nicht in die Altstadt gefallen waren, denn dies hätte ohne weiteres passieren können, da das Ziel visuell nicht erfasst werden konnte und nur nach Radarerfassung gebombt wurde. In

Regensburg gab es um 11.09 Uhr Fliegeralarm, der bis um 13.08 Uhr andauerte. Wegen eines Bomberverbandes östlich von Regensburg wurde um 13.22 Uhr erneut Alarm ausgelöst. Dieser Verband befand sich jedoch auf dem Rückflug nach Italien, sodass um 14 .09 Uhr endgültig Entwarnung gegeben werden konnte.
Im Osten von Regensburg schlugen ca. 40 Sprengbomben ein, davon vier Langzeitzünder. Sieben Blindgänger sowie zwei Zielmarkierungsbomben wurden gefunden. 12 Personen wurden verletzt. Die Anzahl der Obdachlosen betrug neun Personen. Die Sachschäden hielten sich in Grenzen: Drei Wohngebäude wurden mittelschwer beschädigt. Die Gasleitung zur Süddeutschen Holzverzuckerung war beschädigt. Die Hochspannungsleitung zwischen Regensburg und Bernhardswald war total zerstört. Leichte Schäden entstanden an den Gleisanlagen der Walhallabahn.
Der größte Teil der Bombenladung ging im Landkreis Regensburg nieder.
Auf Tegernheim fielen 420 Sprengbomben, davon 40 Langzeitzünder, die innerhalb von 10 Stunden detonierten. An Blindgängern wurden acht Stück gefunden. Ein Mann und sechs Frauen wurden getötet, zwei Männer waren verletzt, 150 Personen verloren Hab und Gut, ihre Wohnungen und Häuser wurden zerstört. Elf Wohnhäuser waren total zerstört, 33 schwer, 27 mittel und 93 leicht beschädigt. Das Schulgebäude von Tegernheim war mittelschwer und die Kirche leicht beschädigt. An landwirtschaftlichen Gebäuden waren fünf Scheunen total, 44 mittelschwer und 20 leicht beschädigt. Fünf Stallungen erlitten leichte Schäden. Dass sich die Personenverluste im Rahmen hielten, lag daran, dass sich ein großer Teil der Bewohner von Tegernheim in den Tegernheimer Keller und die im Bau befindlichen Tunnels am Kalkwerk zurückzogen. Auf die Ortschaften Lorenzen und Stettwies in der Gemeinde Hainsacker fielen 110 Sprengbomben, darunter acht Langzeitzünder und zwei Blindgänger. Sieben Frauen erlitten bei diesem Angriff Verletzungen. An Gebäuden wurden beschädigt: drei Wohngebäude total, zwei schwer, vier mittelschwer und 14 leicht. Eine Kirche erlitt leichte Schäden. Eine Stallung wurde schwer beschädigt und zehn Rinder getötet. Zwei Scheunen wurden total zerstört, drei mittel und elf leicht beschädigt.
In der Gemeinde Oppersdorf fielen vier Minenbomben, 180 Sprengbomben, davon vier Langzeitzünder. In den Ortschaften Rodau und Schwertnermühle wurden sechs Männer und sieben Frauen getötet, weitere vier Männer und vier Frauen erlitten Verletzungen. An Wohngebäuden wurden eins total zerstört, drei schwer und drei leicht beschädigt. Zahlreiche landwirtschaftliche Gebäude wurden zerstört und Vieh wurde getötet.
Eine Sprengbombe fiel bei Diefenbach, sechs bei Edelhausen, elf bei Grub, davon waren drei Langzeitzünder, fünf bei Niedertraubling, zwei bei Köfering und eine bei Eichelbrunn. Alle Bomben verursachten zum Glück nur Flurschäden. Nördlich des Fliegerhorstes Obertraubling und zwischen Unterisling und Burgweinting befanden sich Scheinanlagen, die einen Flugplatz vortäuschen sollten. Auf diese Anlagen wurden bei diesem Angriff insgesamt 298 Sprengbomben abgeworfen. Auch die im An- und Abflugbereich liegenden Landkreise erhielten Bombentreffer. Im Landkreis Kelheim verursachten fünf Sprengbomben im Hammerthal, Gemeinde Ihrlerstein, geringen Flurschaden. Bei Gronsdorf schlugen sieben Sprengbomben, davon zwei Langzeitzünder, entlang der Altmühl ein und zerstörten eine Telefonleitung. Bei Wipfelsfurt in der Gemeinde Stausacker verursachten neun Sprengbomben Flurschaden. Im Landkreis Pfarrkirchen verursachten vier Sprengbomben in Kronwinkel, Gemeinde Nöham, leichten Glas-, Dach- und Flurschaden. Aus dem Landkreis Burglengenfeld, Gemeinde Maxhütte, wurde Bordwaffenbeschuss auf Wohngebäude gemeldet.

Führungsbomber mit ausgefahrenem Bordradargerät an der Rumpfunterseite. (USAF)

20. Dezember 1944: Es regnet 1.489 Sprengbomben

Am 12.12. startete um 10.00 Uhr in Italien eine P-38 der 32. PS zu einem Aufklärungsflug, der die Maschine um 12.45 Uhr über Regensburg führte. Ein weiterer Aufklärer vom Typ P-38 startete am 17.12. um 9.50 Uhr zu einem Flug über Regensburg, das er um 11.00 Uhr erreichte. Diese Aufklärertätigkeit war ein sicheres Zeichen für einen unmittelbar bevorstehenden Angriff, und am 20.12.1944 war es wieder soweit. Die 15. US-Luftflotte brachte an diesem Tag 454 Bomber B-17 und B-24 an den Start. Die Bomber wurden von 300 Jagdflugzeugen der Typen P-38 und P-51 begleitet. Dieser Armada hatte die Deutsche Luftwaffe nichts mehr entgegenzusetzen, zumal die Treibstoffversorgung kurz vor dem Zusammenbruch stand. Die Ziele der US-Bomber waren: der Ölhafen und die Tanklager sowie die Bahnanlagen in Regensburg, die Stadtgebiete von Linz, Salzburg und Villach sowie die Panzerfabrik von Skoda in Pilsen.

Rund ein Drittel der eingesetzten Bomber griff Regensburg mit verschiedenen Zielen an. Eine Angriffswelle bombte die Messerschmitt GmbH in Prüfening und traf das Flugzeugreparaturwerk für die Bf 109.

Nachdem bereits um 10.36 Uhr, 10.49 Uhr und 11.02 Uhr Jagdflugzeuge und Aufklärer über die Alpen nach Norden in die Räume Passau, Pocking, Deggendorf und Braunau vorstießen, kam um 11.24 Uhr der erste

Das am 20. Dezember 1944 durch einen Bombenvolltreffer vernichtete Zollamtsgebäude. (Foto: bayernhafen Regensburg)

Bomberverband über die Kitzbühler Alpen. Der ca. 80 Bomber starke Verband trennte sich ostwärts von Rosenheim. 20 Maschinen drehten zum Angriff auf Salzburg ab, die restlichen Bomber schlossen sich dem Angriffsverband Regensburg an. Von 11.30 – 11.43 Uhr befanden sich ca. 200 Bomber in vier Wellen zwischen Braunau und Passau im Anflug auf Regensburg. Nach Bombenabwurf von 12.01 – 12.13 Uhr auf Regensburg erfolgte der Rückflug über Deggendorf und Passau in Richtung Italien. Ein Jagdverband drang bis nach Schwandorf vor und flog über Regensburg-Landshut-Mühldorf nach Salzburg, um sich hier mit einem Bomberverband zu vereinigen (12.40 Uhr). Ein 2. Jagdverband stieß bis in den Raum Ingolstadt vor und trat seinen Rückflug über Freising, Rosenheim und die Kitzbühler Alpen (13.05 Uhr) an. Zwischen 12.13 Uhr und 12.19 Uhr erfolgte der Einflug von ca. 50 Bombern ostwärts von Passau zum Angriff auf Pilsen. Rückflug dieser

Flakstellung Napoleonstein

Durch Volltreffer am 20. Dezember 44 zerstörtes Gebäude

Eine sehr eindrucksvolle Luftaufnahme der Flakkaserne (spätere Nibelungen-Kaserne) vom Februar 1945. Das Gelände weist zahlreiche Bombentrichter auf. Deutlich ist unten links die Stellung von der Flakbatterie am Napoleonstein zu erkennen. (USAF)

Formation war zwischen 12.34 Uhr und 13.01 Uhr im Raum Braunau. Um 12.47 Uhr erfolgte Anflug eines Jagdverbandes über Straubing mit Kurs nach Norden bis in den Raum von Weiden. Auf dem Rückflug erfolgte die Vereinigung mit dem Bomberverband, der sich auf dem Rückweg von Pilsen nach Italien befand. In den Zielräumen herrschte eine geschlossene Hochnebeldecke mit einer Untergrenze von 300 – 500 m und einer Obergrenze von 1.000 – 1.200 m über Grund. In Regensburg war von 11.15 – 14.10 Uhr Fliegeralarm.
Der Angriff aus Sicht der 15. USAAF: Zwischen 6.53 und 7.10 Uhr starteten die Bomber der 2., 97., 301., 463. und 483. BG zu ihrem Einsatzflug gegen Regensburg. Die gestarteten Maschinen werden 335 t Bomben ins Ziel tragen. Als erste Einheit erreichte die 97. BG das Ziel, und 31 B-17 luden 290 Bomben mit einem Gewicht von 65,25 t über der Stadt ab. Als 2. Welle folgte die 2. BG mit 30 B-17, die 300 Bomben mit einem Gewicht von 67,5 t um 11.58 Uhr abwarf. Die 3. Angriffsformation bildete die 483. BG mit 18 B-17, die um 12.02 Uhr mit dem Abwurf von 213 Bomben (47,90 t) begann. Es war 12.15 Uhr, als Regensburg von einem schweren, konzentrierten Bombenteppich getroffen wurde. Die 301. BG mit 35 B-17 und die 463. BG mit 34 B-17 lösten zusammen 680 Bomben mit einem Gewicht von 153 t über der Stadt aus. Eine verirrte B-24 der 455. BG bombardierte die Stadt mit 6 x 227-kg-Bomben. Das Gewicht aller abgeworfenen Bomben betrug an diesem Tag 335 t.

Die ganze Dramatik dieses Luftangriffs geht aus einem Bericht des NS - Ortsgruppenleiters Spangler hervor. Er notierte am 20.12.1944 von seiner Beobachtungsstelle auf dem Ziegetsberg aus:
„12.04 Uhr, in östlicher Richtung in Gegend Hafen, Schwabelweis, Holzverzuckerung sind zwei Wellen angeflogen, die Bomben abgeworfen haben. 12.06 Uhr, neue Welle aus dem Osten im Anflug. Die ersten beiden Wellen fliegen in nordwestlicher Richtung ab. Abwurf dieser beiden Wellen in Gegend Kasernen und Schwabelweis. 12.09 Uhr, dritte Welle hat ebenfalls in östlicher Richtung abgeworfen. 12.10 Uhr, vierte Welle hat eben abgeworfen. 12.14 Uhr, eine fünfte Welle hat näher an der Stadt in Gegend Galgenberg abgeworfen. 12.14 Uhr, die sechste Welle hat in gleicher Richtung abgeworfen. 12.15 Uhr, die Abwurfrichtung der sechsten Welle liegt in Richtung Galgenberg, Bahnhof und Eisbuckel. 12.16 Uhr, die siebente Welle hat in Richtung Dechbetten abgeworfen. Achte Welle im Anflug. 12.16 Uhr, die achte Welle hat in Richtung Graß - Neuprüll, Leoprechting abgeworfen. 12.18 Uhr neue Welle im Anflug. Starke Rauch- und Staubentwicklung vom Stadtosten bis nach Dechbetten.“

Dieser kurze Bericht schildert eindringlich, welchen Belastungen und Gefahren die Bevölkerung fast schutz- und wehrlos ausgesetzt war. Nach diesem Angriff explodierten auch noch Bomben, als sich die Flugzeuge schon lange auf dem Rückflug befanden. Teuflische Bomben mit Langzeitzünder (LZZ) terrorisierten die Bevölkerung und die Rettungsmannschaften auch noch die nächsten 72 Stunden. Die Bomben mit einem LZZ konnten auch nicht entschärft werden, da die Zünder über eine Ausbausperre verfügten. Wurde der Zünder trotzdem herausgedreht, aktivierte sich die Ausbausperre und der Schlagbolzen des Zünders wurde freigesetzt. Der Schlagbolzen schlug auf den Detonator und die Bombe explodierte. Bis zum heutigen Tage können Blindgänger mit einem LZZ nicht entschärft werden, sondern müssen am Fundort gesprengt werden.

Die Auswirkungen des Luftangriffs:

Schwerpunkt des Angriffes waren das Hafengebiet und die Bahnstrecke Ostbahnhof-Hauptbahnhof-Güterbahnhof und das Gebiet südlich davon. Der Ölhafen, das eigentliche Ziel, wurde nicht getroffen. Es wurden ca. 1.489 Sprengbomben, darunter Bomben schwersten Kalibers, abgeworfen. Davon waren vier Langzeitzünder und 19 Blindgänger. Tiefangriffe wurden keine registriert. An Toten waren 12 Personen zu verzeichnen, davon sieben Wehrmachtsangehörige, die alle in Luftschutzräumen ums Leben kamen. Die Zahl der Verletzten betrug 16 Personen, davon 12 Wehrmachtsangehörige. 250 Personen waren obdachlos, davon wiederum 60 Personen längerfristig. An Wohngebäuden

wurden acht total zerstört, acht schwer, 31 mittelschwer und 215 leicht beschädigt. An Wirtschaftsgebäuden wurden drei total zerstört, zwei mittel und zehn leicht beschädigt. Ein öffentliches Verwaltungsgebäude wurde total zerstört und drei leicht beschädigt. An Kulturbauten wurde ein Bau schwer beschädigt, und drei Gebäude von gemeinnützigen Anstalten wurden leicht beschädigt.
Bei den Industriewerken, Versorgungsbetrieben und Verkehrsanlagen ergab sich nach dem Angriff folgendes Bild:
Im Messerschmitt-Werk an der Prüfeninger Straße war das Verwaltungsgebäude erneut mittelschwer getroffen worden. Das Hollerithgebäude mit der Werkküche hatte einen schweren Bombentreffer abbekommen, ebenso war die Halle 12 und die Güterannahme schwer getroffen worden. Das Industriegleis war unterbrochen. In der Flugzeugreparatur war ein Ausfall von ca. 30 Tagen zu verzeichnen. Sieben am südwestlichen Rand des Flugplatzes abgestellte Bf 109 wurden beschädigt. Eine Maschine war zu 70% und die anderen sechs waren zu jeweils 5 – 20% beschädigt. Bei der Fa. Karl Richtberg AG wurde die Schälhalle für Holzmasten mittelschwer beschädigt.

Die Fa. OLEX im Bereich des Ölhafens meldete schwere Gleisschäden und die Zerstörung des Kesselhauses und einer Rohrleitung. Der Ausfall der Anlagen wurde mit 30 Tagen angesetzt. Schwere Schäden entstanden an den Hafenanlagen. Die Zufahrtsgleise der Hafenbahn wurden zweimal getroffen. Die Ladegleise an den Kaimauern wurden durch 20 Bombentreffer aufgerissen. Das Zufahrtsgleis zur Hitzler Werft war zerstört. Die nördliche Kaimauer war durch vier Volltreffer schwer beschädigt. Zwei Portalkräne waren total zerstört, vier weitere Kräne an der Hafensüdseite beschädigt, ein Kran an der Hafennordseite war schwer und einer leicht beschädigt. Die Stromzuführung zu den Krananlagen war unterbrochen. Die Versorgungsleitungen für Gas, Strom und Wasser für den Ölhafen und die Hafensüdseite waren ausgefallen. Telefon und Stromversorgung konnten bis zum 23.12. wieder hergestellt werden. Ein Schleppkahn mit Kohlebriketts war gesunken. Ein leerer Kahn wurde schwer und zwei weitere Kähne wurden leicht beschädigt. Das Zolldienstgebäude, die Donaulände Nr. 23, ein Wohnhaus des Bayer. Lloyd und die Gastwirtschaft zur Hafensäge wurden zerstört, eine Lagerhalle wurde schwer beschädigt. In der Gastwirtschaft wurden vier Personen verschüttet, die nur noch tot geborgen werden konnten.
Am Westflügelanbau des Neuen Lagerhauses in der Budapester Straße 8 entstand durch einen Volltreffer Totalschaden an diesem Gebäudeteil bis zum Kellergeschoss. Total bombengeschädigt waren die Familien Lederer, Stanglmeier, Schürer und Müller (letztere zum zweiten Male).
Die Elektrizitätsversorgung war durch Zerstörung von zwei Hauptverteilern ausgefallen. Bis zum 23.12. konnte auch hier die Stromversorgung wieder sichergestellt werden. Kleinere Schäden entstanden an den Gasrohrleitungen des Stadtgebietes. Die Gasversorgung war für einige Tage gestört. Im Wasserleitungsnetz waren drei Rohrbrüche zu verzeichnen. Über eine Notversorgung wurde das Lazarett „Englische Fräulein“ mit Trinkwasser gespeist. An der Margaretenstraße wurde eine Zisterne, in der Löschwasser gespeichert wurde, zerstört. Ein Hauptabwasserkanal wurde 100 m oberhalb seines Auslaufes in die Donau durch einen Volltreffer unterbrochen.
Schwerste Schäden meldete die Reichsbahn in ihrem Bereich. Im Ostbahnhof waren die durchgehenden Hauptgleise von und nach München durch direkte Bombentreffer zehnmal unterbrochen. Das Gleis München-Regensburg konnte am 21.12. um 20.45 Uhr, das Gleis Regensburg-München am 22.12. um 17.00 Uhr wieder in Betrieb genommen werden. Der Ablaufbetrieb im Ostbahnhof war durch Volltreffer zerstört. Nach Reparatur konnte der Betrieb am 21.12. um 20.45 Uhr zu 50% wieder aufgenommen werden. Im Stellwerk 1 waren die Schäden so groß, dass es als baufällig für den weiteren Betrieb ausfiel. Starke Fahrleitungsschäden im gesamten Bahnhofsbereich waren zu verzeichnen. Vier Güterwagen waren total zerstört, fünf schwer und 20 leicht beschädigt. Eine Rangierlokomotive war schwer beschädigt. Zwei Waggons mit Feldpäckchen waren vernichtet worden.
Im Hauptbahnhof wurden die Gleise der Strecke von und nach Nürnberg dreimal

unterbrochen. Der Fahrbetrieb auf dem Gleis Nürnberg-Regensburg wurde am 20.12. um 19.00 Uhr, der des Gleises Regensburg-Nürnberg am 21.12. um 17.00 Uhr wieder aufgenommen. Die Hauptgütergleise 11-13 und im Güterbahnhof die Gleise 11-17 wurden mehrmals getroffen, konnten jedoch bis zum 23.12. wieder befahr gemacht werden. Im Einfahrtsbahnhof wurden vier Hauptgleise durch Volltreffer unterbrochen. Das Oberbaulager erhielt einige Bombenvolltreffer, dadurch entstand ein großer Materialschaden. Die Werkgleisanlagen wurden schwer getroffen, großer Schaden entstand am Gleismaterial. Sechs Zuggarnituren und mindestens 30 Personenwagen sowie eine große Anzahl an Güterwagen wurden beschädigt. Ein Volltreffer ging in die Irlbacher Wasserleitung, die damit für die Lokspeisung ausfiel. Im neuen Bahnbetriebswerk ging ein Volltreffer in den Ostteil der Bekohlungsanlage.
Schäden an Wehrmachts- und Polizeianlagen entstanden folgende:
Das Heeresnebenzeugamt geriet in Brand. Eine Baracke wurde durch Brandeinwirkung total zerstört, und ein Gebäude sowie die Gleisanlagen wurden schwer beschädigt. Auch die Regensburger Kasernen vermeldeten schwere Schäden. In der Flak-Kaserne war ein Gebäude total zerstört, eines mittelschwer beschädigt. zwei Wohnbaracken hatten Totalschaden, zwei waren schwer und vier mittelschwer beschädigt.

Der Flaksoldat Erich Wollner, Jahrgang 1927, aus Hof, berichtet dazu: „*Am 16.12.1944 wurde ich in Regensburg in die Flak-Kaserne eingezogen. Es war ein schneereicher Winter und sehr kalt. In der Kaserne angekommen, wurden wir auf die einzelnen Zimmer verteilt und dann in den nächsten Tagen eingekleidet. Wir waren fast alle vom Lande und hatten noch keinen Luftangriff erlebt. Am 20.12.1944 mussten wir den Luftangriff auf Regensburg hautnah miterleben, und er gab uns einen ersten vernichtenden Eindruck vom Kriegsgeschehen. Als die Sirenen Fliegeralarm verkündeten, mussten alle in die Luftschutzkeller, und die Türen wurden verriegelt. Er waren mehrere Räume, und ich hatte Angst und fragte mich, wie man da wieder rauskommen sollte, wenn das Gebäude getroffen und einstürzen würde. Entlang der Mauern waren Bänke angebracht, auf denen wir saßen. Gesprochen wurde nicht, alle beschlich ein beklemmendes Gefühl. Dann hörten wir das Motorengeräusch der Bomber immer näherkommen. Wie ein Gewitter hörte man auch die immer näherkommenden Bombeneinschläge. Plötzlich eine gewaltige Explosion, dass die Bänke und Wände schaukelten und ich schon dachte, es ist alles aus. Aber wenige Minuten später wurde es draußen ruhiger, und schon kurze Zeit später wurden die Türen wieder geöffnet, und wir konnten zurück in die Freiheit. Oben angekommen, sahen wir dann die Folge der heftigen Explosion. Die Kasernengebäude waren in U-Form angelegt, und das erste Gebäude links vom Haupteingang war durch einen Volltreffer zusammengefallen wie ein Kartenhaus. Wir waren im Keller gegenüber gesessen. Da im zerstörten Gebäude die Zentrale für die gesamte Versorgung der Kaserne untergebracht war, hatten wir nun keine Heizung mehr. Die Strom- und Wasserversorgung waren ebenfalls ausgefallen. Die Fenster in unserem Block waren alle zerstört und die Türstöcke herausgerissen. Der Türstock in meinem Zimmer stand an der gegenüberliegenden Wand, so eine Wucht hatte die Explosion. Das ganze Kasernengelände sah nach wenigen Tagen furchtbar aus. Die Toiletten konnten nicht mehr benutzt werden, da sie eingefroren und alle Heizkörper aufgefroren waren.*
Am 23.12. wurde meine Gruppe nach Landau/Isar auf den Flugplatz Ganacker in ein Barackenlager verlegt. Dort gehörten wir zur leichten Heimatflakbatterie 42/VII, die mit sechs 3,7cm-Flakgeschützen für den Schutz des Flugplatzes zuständig war.“

Des Weiteren waren zwei Verwaltungsgebäude beschädigt, darunter die Kommandantur der Raffler-Kaserne. Ein Wirtschaftsgebäude war mittelschwer, zwei Exerzierhäuser waren total (davon eines der Raffler-Kaserne), drei Wagenhallen und Stallungen schwer beschädigt. Davon war eine Kfz-Halle in der Flakkaserne beschädigt. Im Lager des Reichsarbeitsdienstes an der Straubinger Straße wurden zwei Baracken mittelschwer beschädigt, ebenso die Werkstatt der Motorsportschule. Ein Behelfsfeuerlöschboot wurde mittelschwer und ein Feuerlöschboot leicht beschä-

digt. Ein Gebäudebrand (Heeresnebenzeugamt) wurde ohne große Probleme gelöscht. Bis zum 23.12. waren 2/3 aller Luftschutzsirenen wieder einsatzfähig, denn der nächste Angriff ließ nicht lange auf sich warten. Große Sorgen bereiteten der Stadtverwaltung die schweren Schäden an den Abwasserkanälen. In der Linzer Straße erhielt der Hauptsammelkanal zwei sich berührende Volltreffer, wodurch der parabolische Betonkanal (2,25 x 2,30 m) auf einer Länge von 25 m zerstört wurde. Die Trümmer sperrten den Abfluss des Abwassers, und das Kanalnetz lag im Rückstau. Ein Bagger der Firma Almer und zehn Pioniere wurden zur Trümmerbeseitigung eingesetzt, um den Wasserlauf frei zu machen. Immer öfter tauchte in amtlichen Schreiben die Formulierung auf: *„Ob der Schaden während des Krieges noch behoben werden kann, konnte abschließend noch nicht beurteilt werden." In einem Schreiben des Tiefbauamtes vom 30.12.44 heißt es: „... da an eine volle Wiederherstellung des Kanals jetzt leider nicht zu denken ist."*
Weitere Schäden am Kanalnetz entstanden: im Auweg, An der Iselrinne, im Unterislinger Weg vor der Flakkaserne, in der Helenenstraße an der Alleekreuzung, in der Margaretenau und in der Yorkstraße.
Zahlreiche Straßen waren durch Überschüttungen, die von Treffern neben den Straßen herrührten, unpassierbar, so der Unterislinger Weg auf der Strecke vom Mitterweg zur Flakkaserne, in der Reiterstraße westlich der Prinz-Rupprecht-Straße, in der Friedenstraße westlich der Schadenstelle vom letzten Monat, im westlichen Teil der Margaretenstraße, in der Dechbettener Straße westlich der Bischofshof-Brauerei, im westlichen Teil des Königwiesenweges, am Radweg bei Dechbetten, in der Scharnhorststraße und in der Prüfeninger Straße vor den Messerschmitt-Werken. Auf allen Straßen waren die Aufräumungsarbeiten in vollem Gang, die jedoch durch den starken Frost sehr erschwert wurden.
Bombenteppich auf Burgweinting:
Schwere Schäden wurden aus Burgweinting gemeldet, und ein großer Teil der Regensburger Hilfskräfte war hier im Einsatz. Zwischen 12 .04 Uhr und 12.30 Uhr fielen hier 350 Sprengbomben, darunter ein Blindgänger. Getötet wurden insgesamt 62 Personen, davon 49 ausländischer Herkunft, darunter 16 Kinder, zwölf Soldaten, zwei Frauen und ein Mann. 18 Einwohner von Burgweinting waren vorübergehend obdachlos. Der Bahnhof von Burgweinting wurde vollkommen zerstört. Ein Wohnhaus wurde total, eines schwer, drei wurden mittel und 15 leicht beschädigt. Ein Güterzug mit Postinhalt und Auslagerungsmaterial von Messerschmitt wurde getroffen.
Die Bahnstrecken Regensburg-München und Regensburg-Passau waren schwer beschädigt. Die Ziegelei in Burgweinting, ein Auslagerungsbetrieb der Messerschmitt GmbH Regensburg, wurde zu 80% zerstört. Einige Stallungen und Nebengebäude wurden zerstört oder beschädigt. Die Schäden in Burgweinting wurden durch ca. 50 Sprengbomben verursacht. Scheinanlagen, die einen

Ein weiterer zerstörter Portalkran am Nordkai nach dem Luftangriff vom 20. Dezember 1944. (Foto: bayernhafen Regensburg)

Beim Luftangriff am 20. Dezember wurde dieser Portalkran am Südkai total zerstört. (Foto: bayernhafen Regensburg)

Flugplatz vortäuschen sollten, befanden sich bei Obertraubling und zwischen Burgweinting und Unterisling, sie wurden mit ca. 300 Sprengbomben belegt.
Weitere Schäden entstanden im Landkreis Regensburg:
Durch 24 Sprengbomben bei Hölkering wurde ein Wohnhaus total zerstört und zwei wurden leicht beschädigt. 98 Sprengbomben wurden im Bereich der Gemeinde Graß gezählt, wovon zwei in Leoprechting ein Wohnhaus zerstörten und eine Scheune mittelschwer beschädigten. 100 Sprengbomben westlich der Einöde Artmann beschädigten ein Wohnhaus und eine Scheune leicht. Durch eine Bombe auf Brennberg wurden zehn Wohn- und neun Nebengebäude leicht beschädigt. Fünf Sprengbomben östlich von Karlstein und eine Sprengbombe bei Lappersdorf verursachten Flurschaden. Durch fünf Bomben südlich von Oberhof, drei bei der Einöde Feldhof und neun südlich von Grub wurde Glasschaden und leichter Flurschaden verursacht.
Schwer getroffen wurde an diesem Tage auch die Stadt Straubing, obwohl sie nicht als Angriffsziel vorgesehen war:
Um 12.24 Uhr warf ein Bomberpulk ca. 200 Sprengbomben auf den südlichen Stadtbereich und die Kasernen ab. 13 Tote, davon acht Soldaten, und zwölf Verletzte forderte dieser Angriff. An Wohngebäuden waren zwei total, zwei schwer, fünf mittel und 77 leicht beschädigt. 30 Personen wurden obdachlos. Ein Verwaltungsgebäude und eine Kirche wurden leicht beschädigt. Die Schäden an Wirtschaftsgebäuden betrugen einen Totalschaden, zwei schwer und zwei leicht beschädigte Bauten. In der Ziegelei Jungmeier wurden ein Trockenschuppen schwer und vier andere Gebäude leicht beschädigt. In der Kaserne der Panzerjäger-Ersatzabteilung 10 wurden ein Werkstattgebäude, ein Lagergebäude und ein Lagerschuppen total sowie ein Lagergebäude schwer bzw. leicht beschädigt.
Im Landkreis Straubing wurde die Gemeinde Hankofen von 25 Sprengbomben schwer getroffen. Fünf Tote, vier Verletzte und drei Obdachlose waren zu beklagen. Ein Wohngebäude wurde total, vier wurden mittelschwer und zehn leicht beschädigt. Fünf Scheunen, zehn Kornspeicher, vier Ställe und drei Schuppen waren total zerstört. Zahlreiches Vieh wurde getötet. Die Heuvorräte der getroffenen Anwesen wurden durch Brand vernichtet.
Im Landkreis Cham verursachte eine Sprengbombe bei Döttling in der Gemeinde Niederrunding geringen Flurschaden, dgl. im Landkreis Landshut bei Ergolding. Im Landkreis Vilsbiburg entstand durch eine Sprengbombe bei Holzhausen Glas- und Flurschaden und bei Eberspoint durch eine Bombe Flurschaden.

28. Dezember 1944: 1.537 Bomben treffen das Hafen- und Stadtgebiet

Schwere Beschädigungen im Luitpoldhafen am Nordkai. Versenkte und beschädigte Schiffe sowie zerstörte Gleisanlagen zeigen die Wirkung des Luftangriffs vom 28. Dezember 1944. Im Hintergrund das Stadtlagerhaus. (Foto: bayernhafen Regensburg)

Am 28. Dezember 1944 holte die 15. US-Luftflotte zum nächsten Schlag gegen Regensburg aus. Die Besatzungen der Bomber wurden bereits um 4.00 Uhr früh geweckt. Nach dem Frühstück erfolgten die Einsatzbesprechungen. Mit den Flugzeugführern, Navigatoren und Bombenschützen wurde getrennt von der restlichen Besatzung eine besondere Unterweisung durchgeführt. In dieser Besprechung wurden das Angriffsziel und eventuelle Ausweichziele bekannt gegeben. Die An- und Abflugkurse zum Ziel mussten genauso festgelegt werden wie die Uhrzeit für das Anlassen der Motoren, bis hin zur Reihenfolge am Start. Mit den Funkern wurden die Funkfrequenzen festgelegt und welcher Code verwendet werden sollte. Nach den Einsatzbesprechungen erhielten die Besatzungen ihre beheizbaren Fliegerkombinationen. Anschließend wurden sie mit Jeeps und LKWs zu den Flugzeugen transportiert. Vor dem Anlassen der Motoren wurde der Bomber nochmals eingehend von der Besatzung innen und außen überprüft. Erst wenn alle Bereiche ihre Klarmeldungen an den Piloten durchgaben, wurde das Anlassen der Triebwerke vorbereitet. Zwischen 7.45 und 8.00 Uhr erhob sich dann von den Flughäfen um Foggia und Tarent eine gewaltige Bomberarmada in den Himmel. Für die Besatzungen der Bomber begann ein 8-Stundenflug, der weitgehend über Feindgebiet führte. Stetig steigend, ging es in den Versammlungsraum über der Adria. Über der Adria ging in der Regel der Heckschütze in den Bombenraum und löste die Sicherungen von kleinen Windrädern. Diese Windräder wurden beim Abwurf der Bomben aktiviert und drehten eine Gewindespindel aus der Bombe und gaben damit den Schlagbolzen für den Zünder frei. Die Bombe

war damit scharf. Beim Aufschlag der Bombe auf der Erde schlug der Bolzen auf den Detonator des Zünders, und die Bombe explodierte. Die bereits erwähnten Windräder bedeckten während des Krieges zu tausenden die Felder um Regensburg. Landwirte mussten diese einsammeln und abliefern.
An Bord der Bomber herrschte angestrengte Konzentration. Vor allem die auf Volllast laufenden Triebwerke wurden ständig auf Öltemperatur und Öldruck überwacht. Motoren, welche über 30 Betriebsstunden hatten, wurden besonders argwöhnisch überwacht. Alarmstimmung herrschte bei den Bomberbesatzungen, seit die ersten Düsenjäger vom Typ Me 262 von den Deutschen eingesetzt wurden. Es gab gegen diese schnellen Flugzeuge kaum eine Abwehrmöglichkeit. Die Annäherungsgeschwindigkeit des Düsenjägers war derart groß, dass die Geschütztürme nicht schnell genug geschwenkt werden konnten. Aber noch traten diese Flugzeuge nur vereinzelt auf.
480 schwere Bomber traten ihren Flug nach Norden an, zu Angriffen auf die Orte Zwettl, Amstetten, Kallwang und Salzburg, des Weiteren auf die Ölraffinerien von Kralupy, Vltava, die Öllager von Pardubice und Kolin. An erster Stelle der Zielliste stand jedoch der Ölhafen von Regensburg, und im sechsten Anlauf gelang der US-Luftwaffe ein schwerer Schlag gegen die Öltanklager. Zum Schutz der Bomber setzte die US-Luftwaffe über 350 Jagdmaschinen der Typen P-38 und P-51 ein. Dieser zahlenmäßigen Überlegenheit hatte die Deutsche Luftwaffe schon lange nichts mehr entgegenzusetzen, und die Städte sahen sich schutzlos den Luftangriffen preisgegeben.

Der Angriffsverband Regensburg setzte sich aus der 2., 97., 99., 301., 463 und 483. BG zusammen. Insgesamt schleppten 135 B-17 rund 1.537 Bomben = 346 t Sprengstoff nach Regensburg. Die Speerspitze des Angriffsverbandes bildete die 2. und 483. BG, die um 11.59 Uhr über Regensburg eintrafen und zusammen 621 Bomben mit einem Gewicht von rund 140 t über der Stadt ausklinkten. Eine Minute später war auch der Begleitschutz der Bomber über Regensburg. Die 14. FG war an diesem Tag um 8.34 Uhr gestartet und erschien mit 47 P-38 über dem Zielraum.

Während eine Bombenstaffel der 301. BG ihre Bomben am 28.12.1944 auf das Hafengebiet bereits abgeworfen hat, beginnt eine höherfliegende Formation derselben Bombergruppe gerade mit dem Abwurf weiterer Bomben. Ziel ist der Ölhafen und sind die Lagertanks an der Donaulände. (USAF)

Vier Minuten nach dem ersten Bombenabwurf folgte um 12.03 die 97. BG mit 29 B-17, die 320 Bomben mit einem Gewicht von 72 t abwarf. Die dritte Welle bildete die 463. BG mit 16 B-17. Diese Einheit trug 186 Bomben mit einem Gewicht von 41.85 t ins Ziel. Es folgte als vierte Angriffswelle die 99. BG. 14 B-17 luden 136 Bomben mit 30,6 t über Regensburg ab, und den Schlusspunkt setzte die 301. BG mit 23 B-1, die 274 Bomben mit einem Gewicht von 61,65 t abwarfen. Eine P-38 der 32. PS startete um 11.00 Uhr zum Aufklärungsflug nach Regensburg und überflog die Stadt um 13.00 Uhr. Um 11.20 Uhr heulten die Sirenen in Regensburg Fliegeralarm. Der Anflug der Bomberformationen erfolgte von Nord nach Süd in 5.900 –

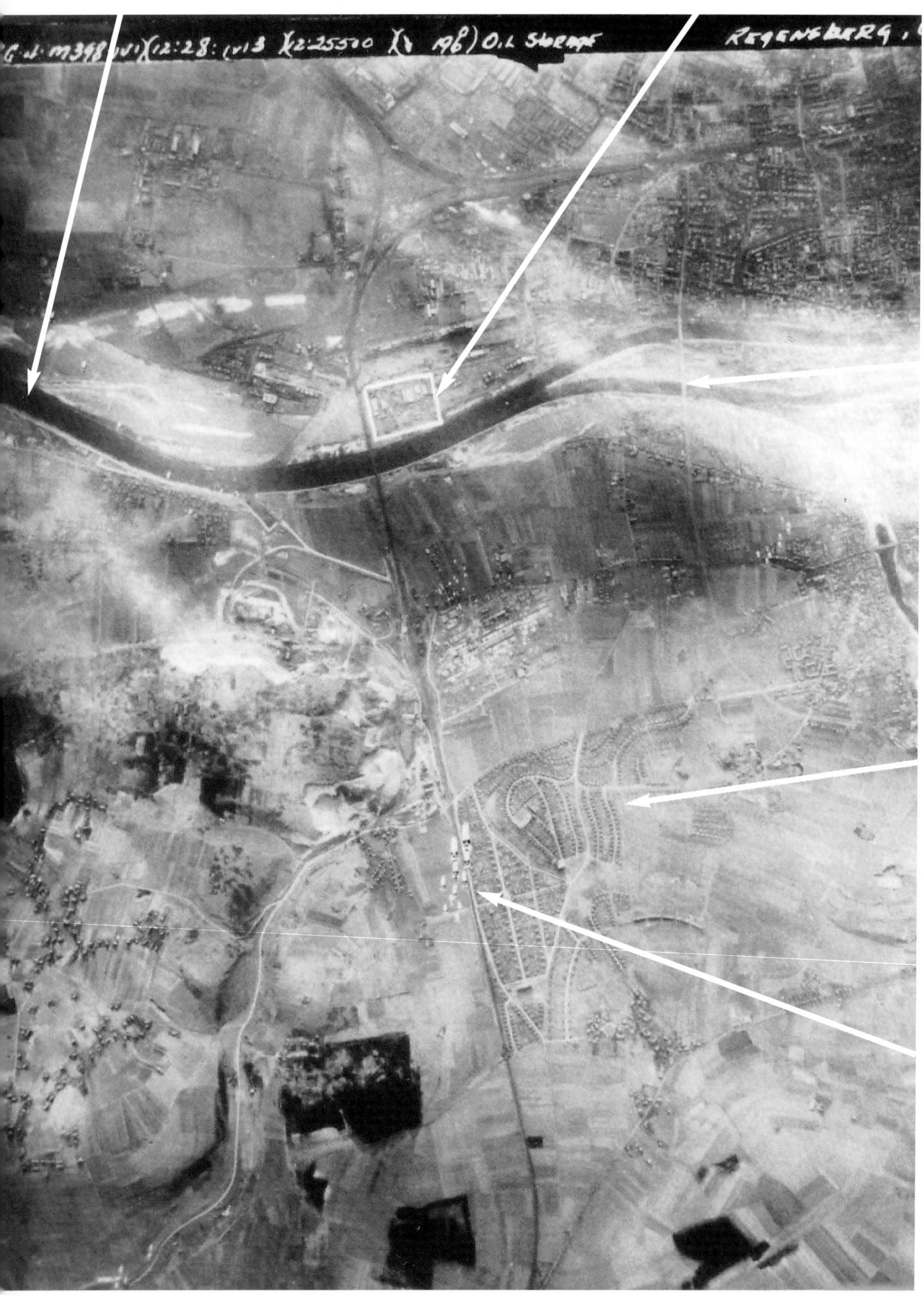

Deutlich erkennbar fallen Bomben über der Schottenheimsiedlung auf das Ziel, die beiden Werften von Hitzler und Übigau. (USAF)

7.400 m Höhe. In fünf Wellen warfen 135 Bomber von 12.03 – 12.17 Uhr rund 1.600 Bomben bei sehr dunstigem Wetter auf die Stadt. Weitere 100 Flugzeuge überflogen das Gebiet von Regensburg, ohne jedoch Bomben abzuwerfen.
Die Regensburger Flak war mittlerweile auf nur noch zwei schwere Flakbatterien reduziert worden und feuerte mit 12 Geschützen von 12.01 Uhr – 12.12 Uhr und von 13.05 – 13.15 Uhr rund 618 Schuss. Starke aktive und passive Störungen der Radargeräte in Regensburg wurden gemeldet. Der Gefechtsstand der Flakgruppe Regensburg erhielt einen Volltreffer, ebenso die Mannschaftsunterkünfte in der Flakkaserne. Um 13.38 Uhr konnte in Regensburg Entwarnung gegeben werden, da sich alle Bomberverbände auf dem Rückflug nach Italien befanden. An diesem Tag stürzte ein Bomber B-17 der US-Luftwaffe ab. Es handelte sich um eine B-17G mit der Werknummer AF 44-8107 mit dem Kennzeichen schwarzes Y in weißem Quadrat und eine schwarze arabische 4 in einem

Die Bomben explodieren auf dem Gelände der Werften und im Hafenbereich. (USAF)

Werften

weißen Kreis. Die Maschine stürzte 10 km südlich von Straubing bei Leiblfing ab. Zehn Besatzungsmitglieder wurden gefangen genommen. Der Bomber gehörte zur 301. BG und war in Lucera/Italien gestartet. Nach dem Bombenabwurf über Regensburg meldete der Pilot Oberleutnant Donald J. Hillyer eine Störung am Motor Nr. 3. Die B-17 scherte aus dem Verband aus und ging in den Sinkflug über. Ursache der Motorstörung war vermutlich ein Flaksplitter. Bereits am 27.12.1944 war eine P-51 Mustang mit dem Kennzeichen D15-NAW, Serial-Nr. 44-15536, um 11.58 Uhr in Oberlindhart abgestürzt. Die Maschine gehörte zur 52. FG und war in Madna/Italien mit weiteren Maschinen dieser Fighter Group zu einem Tiefflugeinsatz in den Regensburger Raum gestartet. Durch Bodenberührung kam es zum Absturz, wobei der Pilot Leutnant Daniel E. Adams getötet wurde.
Dieser Angriff auf Regensburg forderte insgesamt 47 Todesopfer und 18 Verletzte. Seit Eröffnung der Luftangriffe auf Regensburg am 17.8.1943 waren 625 tote und 593 verletzte Personen zu verzeichnen (Stand 31.12.1944). 2.200 Obdachlose, davon rund 1.000 längerfristig, waren nach dem Bombardement einzuquartieren.
52 Wohngebäude waren total vernichtet, 84 schwer, 43 mittel und rund 460 leicht beschädigt worden. An Wirtschaftsgebäuden wurden zehn zerstört, fünf schwer, 23 mittel und 34 leicht beschädigt. Auch die Wohnung des Regierungspräsidenten wurde schwer beschädigt und war unbewohnbar.

Weiteres Bild vom Angriff auf das Hafengelände am 28.12.1944. (USAF)

Das Betriebsgebäude der Buchdruckerei Habbel in der Gutenbergstraße wurde mittelschwer beschädigt.
Die Süddeutsche Zuckerfabrik in Regensburg war schwer getroffen worden: Rohbetrieb und Prozentwäsche waren total zerstört, drei Zuckerlager durch Brand beschädigt. 30.000 – 40.000 Doppelzentner Zucker waren durch den Brand vernichtet worden. Das Schnitzellager war durch Brand zerstört und die Rübenwäsche schwer beschädigt.
Aus dem Ölhafen wurden folgende Schäden gemeldet:
Im Mineralöllager der Runo-Evert an der Donaulände wurden im Tanklager die Tanks 1 bis 4 durch Sprengbomben und Brand total zerstört. Hier verbrannten rund 850.000 l des dringend benötigten Benzins. Alle Splitterschutzwände in diesem Bereich waren eingestürzt. Der leere Tank 7 war durch Volltreffer zerstört und die westliche Schutzmauer beschädigt, die Abfüllhalle mit mehreren Rohrleitungen total vernichtet. Eine Garage war schwer beschädigt.
Bei der Deutsch-Amerikanischen Petroleum-Gesellschaft wurde der leere Tank Nr. 1 mit einem Fassungsvermögen von 2.400 m^3 durch einen Volltreffer zerstört, das Wohn- und Bürogebäude mittelschwer beschädigt. Die Rhenania-Ossag Mineröl AG meldete die teilweise Zerstörung einer Splitterschutzmauer und die mittelschwere Beschädigung des Wohn- und Bürogebäudes. Im Bereich der Olex an der Donaulände war das Pumpenhaus mit der Abfüllhalle total zerstört, und ca. 6.000 Liter Benzin waren ausgelaufen. Die Gleisanlagen wurden durch Volltreffer wieder schwer beschädigt. Auf der Schiffswerft Hitzler wurden die Schreinerei, das Öllager, zwei Wirtschaftsbaracken und die Kantine zum Teil durch Brand schwer beschädigt. Die Trafostation mit der Luftverdichteranlage erlitt einen Totalschaden. Die IG-Farben meldete die totale Zerstörung von vier Versandhallen und die schwere Beschädigung von drei weiteren. Eine schwer beschädigte Fabrikationshalle und ein total zerstörtes Bürogebäude verzeichnete die Bauschlosserei Gothard Myrtha im Auweg. Hier wurde auch die Fabrikationshalle der Faßfabrik Grosser mittelschwer beschädigt.

Zerstörter Kran 10 auf der Hafensüdseite nach dem Luftangriff am 28.12.44. Im Bild der Wehrmacht-Tankschlepp WT 174 (Sammlung Sack)

Im Luitpoldhafen das schwer beschädigte Verwaltungsgebäude des Bayerischen Lloyd nach dem Luftangriff vom 28. Dezember 1944. (Foto: bayernhafen Regensburg)

Schwerste Schäden entstanden auch an den Hafenanlagen: Im Hafen-Süd wurden zwei Halbportalkräne schwer beschädigt und die Südkaimauer an fünf Stellen getroffen. An der Hafen-Nordseite waren zwei Vollportalkräne schwer und zwei Hafenkräne mittelschwer beschädigt. Der Ölumschlag war völlig lahmgelegt. Der Güterumschlag im Hafenbecken musste auf Grund der zahlreichen schweren Schäden eingestellt werden. Die Trafostation an der Hafen-Nordseite wurde schwer beschädigt. Ein Schleppkahn wurde total vernichtet, einer schwer und drei wurden leicht beschädigt.

Die Reichsbahn hatte katastrophale Schäden an ihren Anlagen zu vermelden: Die Hauptgleise Regensburg-Nürnberg waren zwischen dem Hauptbahnhof und dem Bahnhof Prüfening durch vier Volltreffer unterbrochen. Das Gleis Regensburg-Nürnberg konnte am 29.12. um 14.00 Uhr und das Gleis Nürnberg-Regensburg am 30.12. ebenfalls um 14.00 Uhr wieder in Betrieb genommen werden.

In 15 Einfahrts-, Ausfahrts- und Abstellgleisen im Rangierbahnhof waren Bombenvolltreffer zu verzeichnen. Ein Vollbetrieb war erst wieder zum 3.1.45 wahrscheinlich. Fünf Wagen waren vollständig vernichtet und 16 beschädigt. Schwere Schäden entstanden auch im Bereich der Fahrleitungen.

Im Hafenbahnhof war das Zufahrtsgleis zum Hauptbahnhof unterbrochen. Die Hinterstellgleise zum Ölhafen waren mehrmals getroffen worden und 50 Kesselwagen, davon 40 gefüllt, total zerstört worden. Das Zufahrtsgleis zum Ölhafen wies zwei Volltreffer auf.

Nach jedem Angriff auf den Hafen hinterließen die Bomber zerstörte Lagerhallen, Verladeeinrichtungen und Gleisanlagen, wie hier am 28.12.1944. (Sammlung Sack)

Schwere Gleisschäden entstanden auch im restlichen Hafengebiet mit insgesamt 60 beschädigten Güterwaggons. Das Verwaltungsgebäude der Donauumschlagstelle wurde an der Nordseite schwer getroffen. Im Bereich der Güterabfertigung Regensburg-Hauptbahnhof schlug ein Volltreffer in den östlichen Teil der Eilguthalle. Verwaltungsgebäude, Feuerwehrgarage und Löschfahrzeug wurden beschädigt. Die Empfangs- und Versandhalle wiesen schwere Dach- und Fensterschäden auf. Vier Packwagen waren schwer und sechs leicht beschädigt. Am 31.12. konnte der Betrieb in vollem Umfang wieder aufgenommen werden.

Das neue Bahnbetriebswerk erhielt einen Volltreffer in den nordöstlichen Teil der E-Lokhalle. Die Lokdienstleitung, Gießerei und das Kesselhaus wurden total zerstört. Dreherei, Schreinerei und die Lok-Richthalle waren stark beschädigt. Schwere Dach- und Fensterschäden entstanden beim Magazin, Verwaltungsgebäude, Maschinenhaus Nr. 4 und Gefolgschaftshaus. Eine E-Lok und eine Dampflok wurden mittelschwer beschädigt. Im alten Bahnwerk brach nach einem Volltreffer im Magazin ein Brand aus, der am 28.12. um 17.00 Uhr gelöscht war. Die Dreherei und Werkstätten wurden total zerstört. Das Bekohlungsgleis erhielt zwei Volltreffer, war jedoch am 31.12. wieder in Betrieb. Die Garage im Kraftwagenbetriebswerk wurde durch Bombentreffer schwer beschädigt, der entstandene Brand konnte am 28.12. um 18.00 Uhr gelöscht werden. Ab dem 2.1.45 wurde der Betrieb im Kraftwagenpark wieder aufgenommen. Der Fußgängersteg an der Eisenbahnbrücke beim Hafen war durch fünf Bombendurchschläge unterbrochen.

In der städtischen Gasversorgung wurden 14 Gasrohrbrüche durch Volltreffer und fünf leichtere Rohrschäden gemeldet. Die Wiederinstandsetzung im Stadtbezirk Westend und die der Hauptzuleitung zur Süddeutschen Holzverzuckerung AG war ab dem 30.12.44, um 12.00 Uhr, als beendet gemeldet worden. Die restlichen Schäden sollten in den nächsten acht Tagen behoben werden. Einige Straßenbahnwagen wurden leicht beschädigt, desgleichen die elektrischen Leitungen. Bei der Stromversorgung waren eine 35 kV und fünf 20 kV-Leitungen durch Kabel-, Isolatoren- und Mastschäden ausgefallen, konnten jedoch

Nach dem Luftangriff vom 28.12.1944 waren zahlreiche Stadtteile ohne Trinkwasserversorgung. Mit Fasswagen von Regensburger und auswärtigen Brauereien konnte eine notdürftige Trinkwasserversorgung gewährleistet werden. Das größte Problem stellte in dieser Phase des Krieges die Treibstoffversorgung für die Tankwagen dar. (MZ-Archiv)

Die Stromversorgung für die Süddeutsche Holzverzuckerung AG war auf 4 – 5 Tage unterbrochen. Die Wasserversorgung der Stadt hatte wieder schwersten Schaden erlitten, und in manchen Stadtteilen musste die Bevölkerung mit Wasser aus Wasserwagen versorgt werden. Für die Reparatur der Schäden wurden mindestens drei Wochen benötigt.
Die Reichspost meldete den Ausfall der Fernsprechkabel nach Wien und Straubing. Diese konnten jedoch am 29.12. um 8.00 Uhr wieder ihren Betrieb aufnehmen. Zahlreiche Ortskabel waren beschädigt, und eine Wiederaufnahme des Telefonverkehrs in den betroffenen Stadtteilen war noch nicht absehbar.
Im Bereich der Kasernen waren ein Kasernenwohngebäude total zerstört und zwei leicht

Durch eine am 28. Dezember 1944 unmittelbar am Südkai eingeschlagene Bombe wurde die Kaimauer schwer beschädigt. Die Bombe war unmittelbar vor der Kaimauer unter Wasser detoniert. Die Druckwelle war derart hoch, dass die komplette Kaimauer in diesem Bereich ins Hafenbecken abglitt. Das Foto zeigt die Reparaturstelle mit der dafür erforderlichen Spundwand. (Foto: bayernhafen Regensburg)

beschädigt, ein Reservelazarett schwer, zwei mittelschwer und eine Wohnbaracke schwer beschädigt.
Die Unterkunft der Wasserschutzpolizei und das Polizeiboot wurden leicht beschädigt, desgleichen die Unterkunft der Krankentransportstaffel. Die Unterkunftsbaracke der 1. Bereitschaft vom 4. Löschzug war total zerstört und die Unterkunft der 2. Bereitschaft vom 2. Löschzug sowie die Fahrzeughalle mittelschwer getroffen. Ein Drittel aller Sirenen war sowohl schwachstrom- als auch starkstromseitig ausgefallen. Zahlreiche Brände, darunter ein Großtanklagerbrand, waren bis zum 31.12. gelöscht. Die Schiller- und Prüfeninger Straße waren für den Verkehr und die Straßenbahn gesperrt. Der Abwasserkanal in diesem Bereich war teilweise zerstört und mehrfach beschädigt. Alle obengenannten Straßen waren durch Schuttmassen gesperrt oder nur teilweise befahrbar. Zahlreiche weitere Abwasserkanäle waren zerstört oder schwer beschädigt. Hier alle Schäden aufzuführen, würde den Rahmen dieses Berichtes sprengen.
An der Schwabelweiser Eisenbahnbrücke wurde der Fußgängersteg an zwei Stellen getroffen und zerstört.
In der Stromversorgung traten schwere Schäden auf, die bis zum 30.12.44 noch nicht behoben waren. Das Hochspannungskabel in der Simmern- und Augsburger Straße wurde viermal unterbrochen. Verschiedene Kabelverteilerkästen wurden demoliert und das Drehstrom-Niederspannungsnetz im Bereich Kumpfmühl gestört. Die zerstörten Freileitungen im Hafengebiet konnten bis zum 30.12. noch nicht repariert werden, jedoch war die Stromversorgung des Stadtlagerhauses und der Krananlagen auf der Südseite des Hafens gesichert. Mit zwei Kränen wurde der Umschlagbetrieb wieder aufgenommen. Bei diesem Angriff wurden zwei Halbportaldrehkräne schwer und einer leicht beschädigt. Die

Blick vom Stadtlagerhaus in Richtung Osten. Deutlich sind die Bombenschäden vom 28. Dezember 1944 entlang der Wiener Straße zu erkennen; zerstörte und beschädigte Lagerhäuser und Gleisanlagen. Im Hintergrund sind die Anlagen am Ölhafen erkennbar. (Foto: bayernhafen Regensburg)

Im Bombenhagel: der Regensburger Hafen am 28. Dezember 1944. (USAF)

Kranfahrbahn an der Kaimauer wurde an fünf Stellen zerstört. Im Stadtgebiet von Regensburg wurden nach diesem Angriff 47 Rohrbrüche in der Trinkwasserleitung festgestellt, hinzu kamen weitere acht Rohrbruchstellen, die vom letzten Luftangriff am 20.12. herrührten und noch nicht abgedichtet werden konnten. Besonders erschwert wurden die Arbeiten durch den starken Frost (50-60 cm Frostdecke).

Durch die zahlreichen Rohrbrüche in den Trinkwasser- und Abwasserleitungen bestand eine sehr große Gefahr der Verseuchung des Trinkwassers mit unübersehbaren Folgen für die Bevölkerung. Eine höhere Chlordosis und das Abkochen des Wassers vor Gebrauch waren zwingend notwendig. Die Stadtteile Eisbuckel, Kumpfmühl, Karthaus-Prüll, Neuprüll, Göringheim und Hofgartensiedlung, ferner das Hafengebiet, die Schillerstraße und die Prüfeninger Straße ab Hans-Schemm-Platz bis Lohgraben waren ohne Wasser. Zur Notwasserversorgung standen nur der Sprengwagen des Tiefbauamtes und ein Fasswagen des Brauhauses Regensburg zur Verfügung. Der wasserwerkseigene, neue Tankwagen wurde beim Notwasserfahrdienst in der Budapester Straße vom Angriff überrascht und schwer beschädigt. Auf Grund dieser verzweifelten Lage wurden am 29.12.44 fünf Fahrzeuge von auswärtigen Brauereien aus Etterzhausen, Eilsbrunn, Abbach, Kelheim und Poign nach Regensburg beordert. Noch am 30.12. wurde fieberhaft versucht, mit Einsatz von Militär die Reichsstraße 16 (Augsburger Straße) und die Prüfeninger Straße wieder befahrbar zu machen.

Albert Reichl, Jahrgang 1931, berichtet über die Luftangriffe: *„Wir wohnten damals in unserem Haus im Auweg. Mein Vater war technischer Betriebsleiter des Stadtlagerhauses. Bei Fliegeralarm fanden sich die Bewohner und Beschäftigten aus dem Einzugsgebiet des Hafens im Luftschutzraum des Stadtlagerhauses ein. Dieser Luftschutzraum befand sich im Keller und galt als sehr sicher, war er doch durch die zahlreichen übereinanderliegenden Betondecken des Lagerhauses geschützt. Die schweren Stahltüren wurden bei Alarm geschlossen. Zur Belüftung des Luftschutzraums war ein Gebläse, ähnlich einer Luftpumpe, vorhanden, welches mit einem Elektromotor betrieben wurde. Bei Stromausfall konnte über einen langen Hebel die Pumpe bedient werden, damit Frischluft in den Luftschutzraum gedrückt wurde. Ich kann mich noch sehr gut erinnern, dass das eine ziemliche Anstrengung für uns bedeutete, wenn wir das Gebläse von Hand in Betrieb nehmen mussten, denn es ließ sich unwahrscheinlich schwer betreiben. Der Schweiß floss dann in Strömen. Erst nach Kriegsende wurde festgestellt, dass die Welle durch eine Schraube gesichert war. Diese Schraube diente als Transportsicherung für das Gebläse. Diese Sicherung war ganz offensichtlich nicht bekannt und auch nicht entfernt worden, sodass wir immer mit großem Kraftaufwand das Gebläse in Betrieb nahmen, wenn der Strom ausfiel. Nachdem die Schraube entfernt wurde, ließ sich das Gebläse fast mühelos bewegen.*

Am 20.12.1944 erfolgte ein schwerer Luftangriff auf den Hafen. Dabei wurde unter anderem das westlich vom Stadtlagerhaus gelegene Zollamtsgebäude durch einen Volltreffer total zerstört. Derartig nahe Bombentreffer konnten wir im Luftschutzraum sehr genau spüren, weil der Boden und die Wände bebten. Da blickten sich dann alle ängstlich und sorgenvoll an, denn man konnte ja nicht wissen, wo die nächste Bombe einschlug. Da waren die Nerven bis zum Zerreißen angespannt. Am 28.12.1944 gab es schon wieder Fliegeralarm. Mein Vater wollte in unserem Haus am Auweg den Luftangriff im Keller abwarten, um bei einem Feuer sofort eingreifen zu können. Nur durch das energische Eingreifen meiner Mutter kam er dann doch in den Luftschutzraum des Stadtlagerhauses. Als der Angriff vorüber war, sah es im Hafen sehr schlimm aus. Kräne waren umgestürzt, Lagerhallen verwüstet, Häuser beschädigt und die Kaimauern mehrmals getroffen. Die oberflächlichen Treffer auf den Kais waren weniger problematisch, die konnten rasch verfüllt werden. Schlimmer waren die Bombentreffer, welche im Hafenbecken unmittelbar an der Kaimauer eingeschlagen hatten. Durch die Druckwelle der Explosion wurde die Kaimauer von unten her angehoben und sackte dann ins Hafenbecken ab. Die Reparatur solcher Schäden war äußerst aufwendig, da erst eine neue Spundwand eingebracht werden musste.

Als wir nach dem Angriff vom 28.12. zu unserem Haus zurückkamen, fanden wir nur noch einen Trümmerhaufen vor. Eine schwere Sprengbombe hatte es getroffen. Wäre mein Vater während des Luftangriffs im Keller verblieben, hätte er das nicht überlebt. So hatten wir durch glückliche Umstände alles unverletzt überstanden, wenn auch unsere Existenz in Trümmern lag und meine Eltern wieder ganz von vorne anfangen mussten. Aus dem Trümmerberg suchten wir alles heraus, was noch irgendwie zu gebrauchen war. Man konnte ja nichts kaufen, denn es gab in den Geschäften kaum etwas und wenn, dann nur auf Bezugschein oder mit einer Zuteilung für Ausgebombte. Die folgenden Wochen verbrachten wir verteilt bei Bekannten und Freunden, bis wir dann eine Wohnung im Auweg 24a zugewiesen bekamen.
Nach den Luftangriffen vom Dezember 1944 erschienen im Hafengebiet zum ersten Male Männer in graublau gestreiften Anzügen. Diese Anzüge hielten wir aus der Entfernung betrachtet sogar für Uniformen. Uns war nicht gleich bewusst, dass es sich hier um KZ-Häftlinge handelte. Erst als wir die Wachposten sahen, wurde uns klar, dass das irgendwelche Häftlinge sein mussten. Mein Vater klärte uns aber sehr schnell auf, dass das Leute aus einem KZ sind. Die Häftlinge mussten im Hafen Bombenblindgänger ausgraben. Wir waren natürlich neugierig, was da ablief, und erkannten dann, wie abgemagert und elend die Leute aus der Nähe auf uns wirkten. Helfen konnte man da aber kaum, denn die Wachposten hätten dies sofort unterbunden. Die ausgegrabenen Blindgänger wurden entschärft und entlang dem Augraben und der Wiener Straße auf dem Bürgersteig oder am Fahrbahnrand aufgereiht. Tage später kam dann ein Kommando, wieder mit KZ-Häftlingen, um mit einem LKW die Bomben abzutransportieren.“

Bombenkrater am Nordkai.
(Foto: bayernhafen Regensburg)

20. Januar 1945: 3.699 Bomben, Langzeitzünder und Blindgänger

Am 02.01.45 war eine P-38 der 32. PS um 10.45 Uhr zu einem Aufklärungsflug nach Regensburg gestartet und erreichte um 12.15 Uhr ihr Ziel. Am 12.01.45 folgte eine weitere P-38 der 15. PS und überflog Regensburg um 12.00 Uhr. Nach Auswertung der Aufnahmen ergab sich, dass der Ölhafen in einigen Teilen immer noch funktionsfähig war. Die 15. US-Luftflotte hatte durch die jahreszeitlich bedingte Schlechtwetterperiode jedoch große Schwierigkeiten, auf den völlig aufgeweichten Flugplätzen in Italien die Bomber für den Einsatz vorzubereiten.

Am 20.01.1945 brachte die 15. USAAF „nur“ 345 Bomber vom Typ B-17 und B-24 auf ihren Flugbasen in Süditalien an den Start. Mit 125 Bombern wurde Regensburg angegriffen, ca. 50 bombardierten Salzburg und 80 Maschinen flogen nach Linz. Seit 7.05 Uhr herrschte bereits eine rege Aufklärertätigkeit von ca. 30 Flugzeugen in den Räumen Kärnten, Steiermark und Niederdonau, die bis 15.04 Uhr andauerte. Um 11.35 Uhr flogen dann die Bomberverbände mit Jagdschutz in den süddeutschen Raum ein. Nach Bombenabwurf auf die einzelnen Ziele

Ziel am 20. Januar 1945 ist der zugefrorene Ölhafen. (USAF)

verließen sie um 13.29 Uhr den Bereich des Luftgaues VII.
Der Angriffsverband Regensburg flog über das östliche Ober- und Niederbayern bis in den Raum von Marienbad und Pilsen, drehte dann mit Teilen um 11.40 Uhr auf Südsüdwest und flog mit fünf Wellen in 6.000 – 7.000 m Höhe von 12.48 – 13.12 Uhr, aus nördlicher Richtung kommend, einen Angriff auf den Ostteil der Stadt.
Der Angriffsverband Regensburg setzte sich aus der 2., 97., 99., 301., 463. und 483. BG zusammen. Bereits am 20.12. und 28.12.44 hatten dieselben Bombergruppen Regensburg bombardiert. Die Maschinen starteten zwischen 8.15 Uhr und 8.40 Uhr von den Flugbasen in Mittelitalien. Als erste Einheit traf die 2. BG um 12.43 Uhr über dem Ziel mit 15 B-17 ein. 551 Bomben = 25 t verließen die Bombenschächte und rauschten in die Tiefe. Von der 99. BG mit 24 B-17 folgten um 12.46 Uhr 833 Bomben mit einem Gewicht von 38 t. Die dritte Welle bildete die 483. BG. Aus deren 23 B-17 fielen 748 Bomben mit einem Gewicht von 34 t auf das Hafengebiet (12.51 Uhr). Als nächste Welle dröhnte die 301. BG mit 19 B-17 ins Zielgebiet, die um 13.01 Uhr 610 Bomben mit einem Gewicht von 28 t abwarf. 249 Bomben vom Kaliber 227 kg wurden von 21 B-17 der 463. BG um 13.06 Uhr ausgeklinkt. Den Schlusspunkt bildete die 97. BG mit 24 B-17, die um 13.09 Uhr 711 Brandbomben vom Kaliber 22,5 kg ins Ziel regnen ließ. Die Bombertaktik bestand darin, mit schweren Sprengbomben die Lagertanks und Ölleitungen zu zerstören und das ausgelaufene Produkt mit den Brandbomben, die in der Regel mit einem kleinen Sprengsatz versehen waren, zu entzünden. 126 B-17 luden 3.702 Bomben = 212 t über Regensburg ab. Der Ölhafen wurde nur zu einem sehr geringen Teil getroffen, sodass der nächste Bombenangriff bereits vorprogrammiert war.
Am 20. Januar.1945 wurden zahlreiche Sprengbomben mit Langzeitzünder abgeworfen, welche die Lösch- und Aufräumungsarbeiten behindern sollten. Am 20.1. explodierten bis 16.00 Uhr vier Bomben und bis 18.00 Uhr zehn Bomben. Am 21.1. wurden bis 11.00 Uhr vier Bombenexplosionen gezählt. Der 22.1. brachte bis 8.15 Uhr sechs weitere Explosionen, denen bis 11.00 Uhr drei Bombendetonationen folgten, und bis 16.05 Uhr zündeten nochmals fünf Sprengbomben. Noch am 23.1. erfolgten bis 7.15 Uhr drei weitere dieser heimtückischen Bombenexplosionen. Ca. 1.500 meist kleinere Sprengbomben, davon 35 mit Langzeitzünder, fielen verstreut in den Bereich des Hafens und des Ostbahnhofes.
An Personenverlusten waren ein russischer Kriegsgefangener und zwei Verletzte sowie 140 Obdachlose zu beklagen. Die Gebäude- und Sachschäden hielten sich in Grenzen. Ein Wohngebäude wurde total zerstört, zwei wurden schwer, und 25 leicht beschädigt. Zwei Unterkunftsbaracken für russische Kriegsgefangene wurden total zerstört. Ein Wirtschaftsgebäude war schwer beschädigt. Die Industriebetriebe in diesem Raum meldeten folgende Schäden: Bei der Süddeutschen Zuckerfabrik war die Verladebrücke mit der Stromverteilerstation schwer beschädigt. Sämtliche Kabelleitungen waren hier zerstört worden. Bei der Rhenania-Mineralöl AG erhielt das Kesselhaus einen Volltreffer, und die Gleiszufahrt war unterbrochen. Die Runo-Ebert Treibstoff und Öl AG, Lager Regensburg, meldete den Ausfall der Ethyl-Anlage, einen Volltreffer in einen Tank und auf drei Kesselwagen, die in Brand geraten waren. Im Hafenbecken (Westhafen) hatte der Bayerische Lloyd den Totalverlust von Kran Nr. 6 zu vermelden. Total zerstört war das Farblager der Süddeutschen Holzverzuckerungs AG, teilweise waren Rohrleitungen, die Batterieanlage, Regenerations- und Feuerlöschteich beschädigt. Am Verwaltungsgebäude waren Fenster- und Dachschäden aufgetreten, und eine Baracke für Ausländer war schwer beschädigt. Beim Bauunternehmen Hebensberger war die Eisenbiegehalle total und das Rüstholzlager schwer beschädigt. Schwere Gebäudeschäden im Bereich Dreherei und Schlosserei traten bei der Hitzler Werft auf. Bei der Deutsch-Amerikanischen Petroleumgesellschaft war eine Tankumwallung aufgerissen worden.
Im Hafenbahnhof wurden durch einen detonierenden Langzeitzünder 25 Kesselwagen umgestürzt. Zum Teil liefen dadurch die

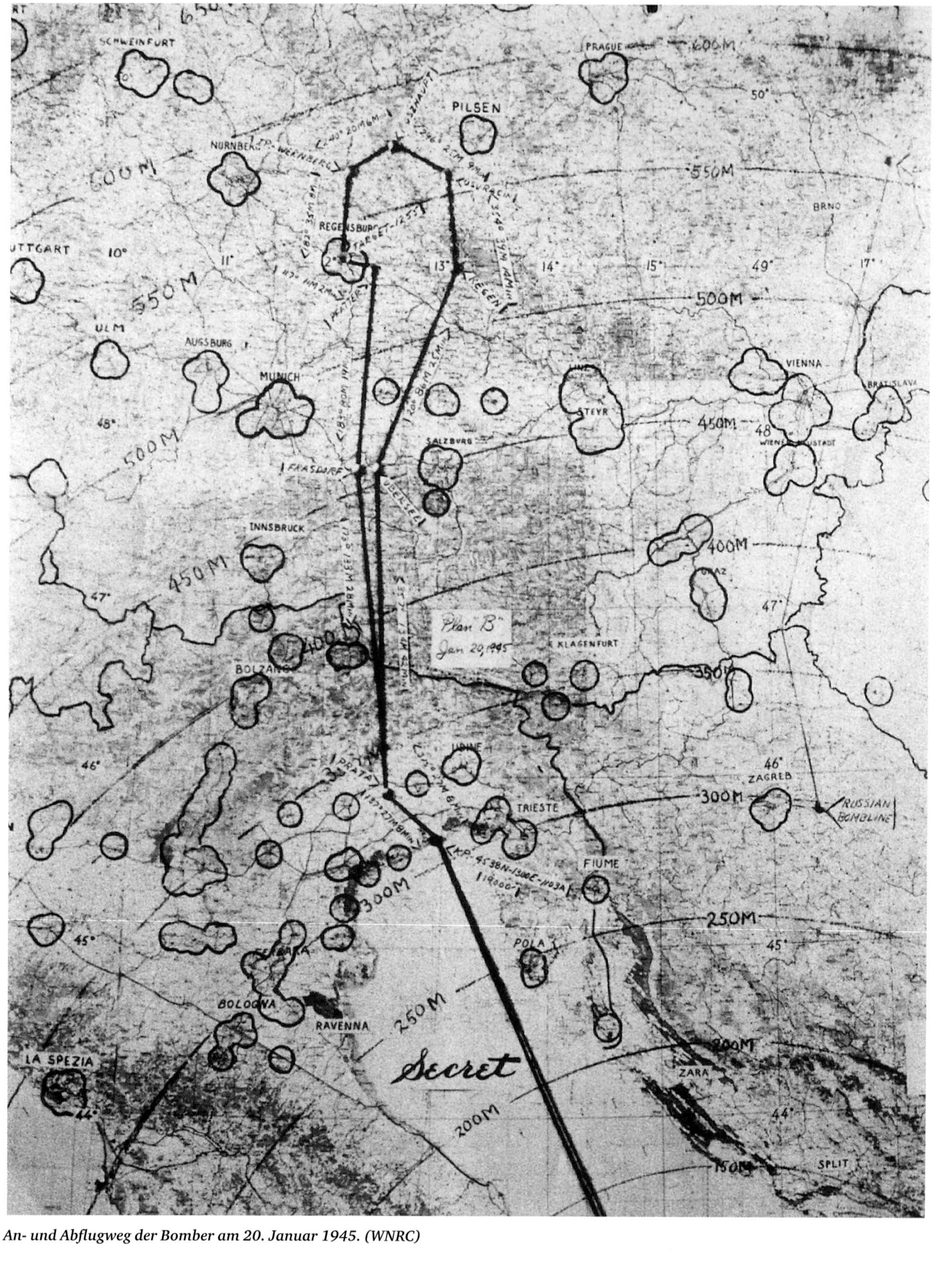

An- und Abflugweg der Bomber am 20. Januar 1945. (WNRC)

geladenen Mineralöle aus. Das Elektrizitätswerk meldete schwere Schäden am Hauptumspannwerk in Schaltwarte, im Bereich der Transformatoren und Kabelleitungen in der Straubinger Straße. Zwei Volltreffer schlugen in die Schaltwarte, ein Volltreffer ging in das Transformatorenhaus, in dem ein Brand ausbrach. Sämtliche 6 x 100.000-Volt-Stromleitungen waren unterbrochen, auch die beiden 35.000-Volt-Leitungen waren ausgefallen, und von den 9 x 20.000-Volt-Leitungen waren alleine acht zerstört. Dies führte vorübergehend zu einem totalen Stromausfall im gesamten Stadtgebiet, der jedoch um 16.45 Uhr wieder notdürftig aufgehoben werden konnte. Besonderes heldenhaftes Verhalten wurde zwei Schaltwärtern in der Schaltstation an der Straubinger Straße bestätigt, die unmittelbar nach dem Einschlag der Bomben mit Schaumlöschern den Brand im Transformatorenhaus erfolgreich löschten. Die Reichspost meldete die schwere Beschädigung des Fernkabels nach Passau sowie des Ortskabels. Die Reichsbahn hatte im Ostbahnhof geringe Gleisschäden zu verzeichnen. Die Strecke nach München und Passau war im Bahnhof Obertraubling unterbrochen, hier konnte der Verkehr am 21.1.45 um 01.00 Uhr wieder in Betrieb gehen. Fahrleitungsschäden beeinträchtigten den Zugverkehr.

Wegen eines Treffers auf die Eisenbahnbrücke im Bereich des Hafens war die Strecke nach Hof gesperrt. Am 21.1. um 17.52 Uhr konnte der Zugverkehr wieder aufgenommen werden. In der Flakkaserne war ein Geschützschuppen schwer beschädigt, und im Bereich des Heeresnebenzeugamtes waren vier Bombentreffer in die Gleisanlagen zu verzeichnen.

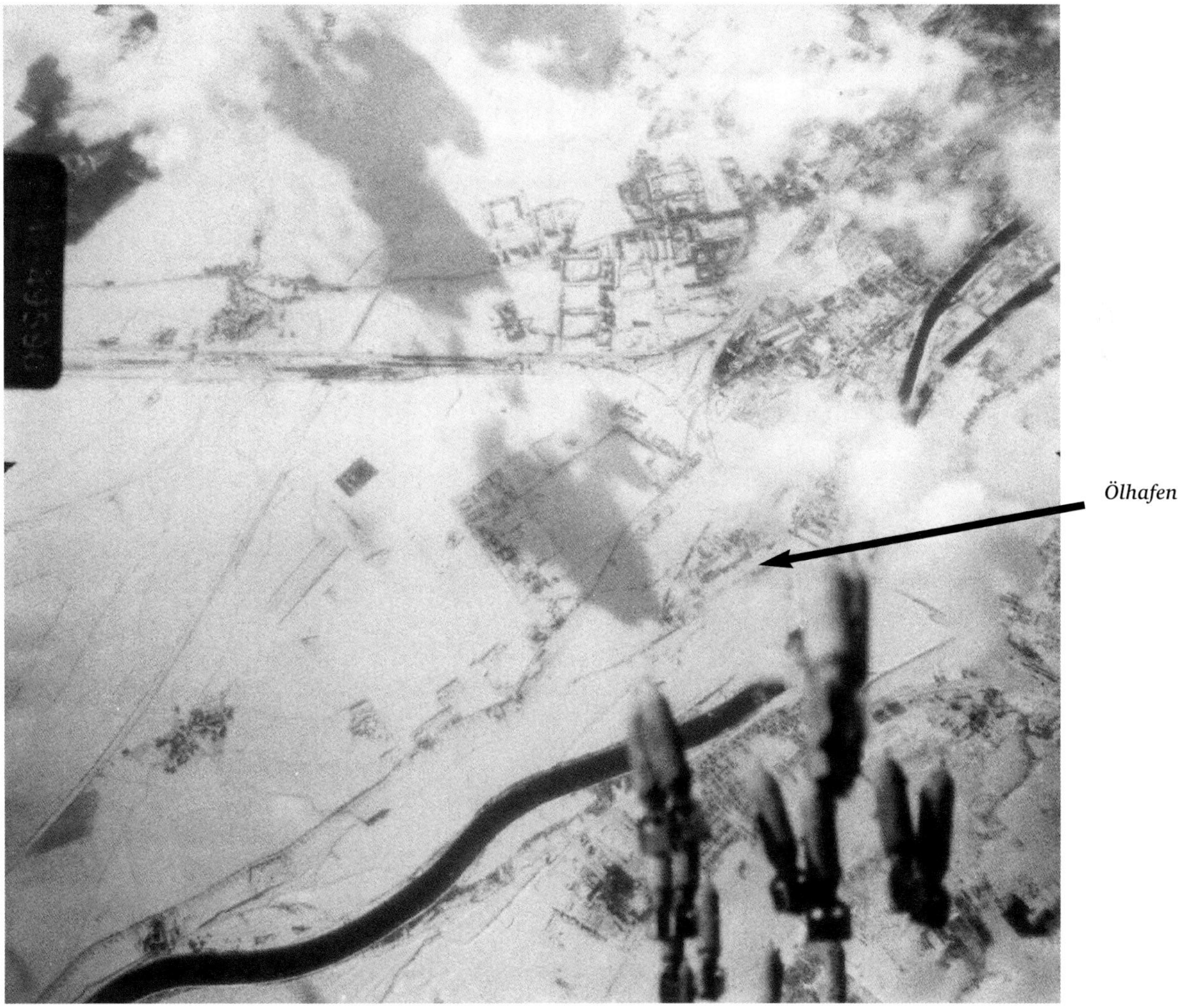

20.1.45: Die Bomben sind ausgelöst. Dieses Foto wurde von der im Bombenraum eingebauten Kamera aufgenommen, die mit Auslösung der Bomben in Funktion trat. (USAF)

Die Großalarmanlage (Luftschutzsirenen) war wegen Strommangel vorübergehend ausgefallen. Es entstanden ein Kleinbrand, ein Gebäudebrand, und drei Kesselwagen gerieten in Brand.
Aus dem Landkreis Regensburg wurden folgende Schäden gemeldet:

Flurschaden entstand in den Gemeinden:

- Deinering durch 13 Sprengbomben, davon 3 Langzeitzünder.
- Niedertraubling durch 30 Sprengbomben in freies Feld.
- Oberhinkofen durch 5 Sprengbomben in freies Feld.
- Donaustauf durch 143 Sprengbomben in freies Feld.
- Tegernheim durch 80 Sprengbomben in freies Feld.
- Bernhardswald durch 26 Bomben.
- Köfering durch 30 Bomben.

Flur- und Glasschaden entstand in den Gemeinden:

- Alteglofsheim durch 21 Sprengbomben.
- Langenerling durch 28 Sprengbomben.
- Mintraching durch 10 Sprengbomben.
- Moosham durch 8 Sprengbomben.

Flur- und Gebäudeschaden entstand:

- In Obertraubling wurde durch 50 Sprengbomben ein Wohnhaus mittelschwer und zwei wurden leicht beschädigt.
- In Harting wurde durch 50 Sprengbomben ein Wohnhaus total zerstört, eines mittelschwer und sieben wurden leicht beschädigt. Ein Schuppen wurde total, zwei Scheunen wurden mittelschwer und acht leicht beschädigt.

Bei Burgweinting fielen 250 Bomben auf freies Feld, ein ausländischer Arbeiter wurde verletzt. Bei Irl explodierten 40 Bomben auf freiem Feld, dabei wurden 40 Schafe getötet und eine Scheune wurde schwer beschädigt. Bei Irlmauth schlugen 140 Sprengbomben ein und zerstörten einen Stall und einen Schuppen, eine Scheune wurde mittelschwer beschädigt, dabei wurden acht Stück Vieh getötet. Ein in der Nähe liegendes Umspannwerk wurde schwer beschädigt. Im Landkreis Eggenfelden entstand in den Gemeinden Kollbach und Sallach durch drei bzw. zehn Sprengbomben geringer Flurschaden.
Aus dem Landkreis Straubing meldeten die Gemeinden Reithof durch sechs Sprengbomben Waldschaden, Leiblfing durch vier Bomben Flurschaden und Oberpiebing durch vier Sprengbomben die Zerstörung eines Schuppens und Flurschaden.
Im Landkreis Landshut stürzte ein US-Jagdflugzeug vom Typ P-51 der 325. FG in der Gemeinde Oberglaim wegen Motorschaden ab. Der Pilot Lt. Bartlett konnte sich mit dem Fallschirm retten und wurde gefangen genommen. In der Gemeinde Mühlhausen im Landkreis Mallersdorf ging eine Sprengbombe nieder, die jedoch keinen Schaden verursachte.

Im Landkreis Dingolfing entstand Flurschaden in den Gemeinden:

- Gottfrieding durch 11 Sprengbomben.
- Thürntenning durch 5 Sprengbomben.
- Oberviehbach durch 5 Sprengbomben.
- Mamming durch 33 Sprengbomben.

Zwischen Mühlen und Haltberg in der Gemeinde Seyboldsdorf im Landkreis Vilsbiburg zerstörten 26 Sprengbomben eine Feldkapelle total und verursachten Flurschaden.
Aus dem Landkreis Passau wurde der Abwurf von Flugblättern, Flugpost Nr. 11 gemeldet.
Eine Zusammenfassung ergab, dass bei diesen Angriffen an 30 Orten insgesamt 2.652 Bomben abgeworfen wurden. Der Luftangriff forderte einen Toten und drei Verletzte. Zwei Wohngebäude wurden total, zwei schwer, zwei mittelschwer und 34 leicht beschädigt. Eine US-Jagdmaschine stürzte ab.
In Anbetracht der Bombenmenge waren die Schäden glücklicherweise als äußerst gering zu bezeichnen.

5. Februar 1945: Der bisher mit Abstand schwerste Angriff verwüstet die Ziele.

554 Bomber laden 8.735 schwere Sprengbomben im Stadtgebiet ab.

Über 730 schwere viermotorige Bomber B-17 und B-24 der 15. USAAF starteten zwischen 7.45 Uhr und 9.03 Uhr von ihren Flugbasen in Mittelitalien zu Angriffen auf Regensburg, Straubing, Rosenheim, Salzburg und Villach. Während Salzburg, Villach, Straubing und Rosenheim nur Nebenziele darstellten, richtete sich der Hauptschlag mit insgesamt 554 Bombern (218 B-17 und 336 B-24) gegen Regensburg. Über die Adria flogen die Bomberpulks in Richtung Norden und erreichten um 11.20 Uhr die Küste östlich von Venedig. Mit Nordkurs flogen die Bomber um 11.45 Uhr zwischen Innsbruck und Linz in das Reichsgebiet ein. Die Masse der Bomber stieß in den Raum Rosenheim vor und flog über Landshut zum Angriff auf Regensburg. Zwei große Kampfverbände, bestehend aus 336 B-24, flogen Regensburg direkt an, während ein weiterer Kampfverband mit 218 B-17 bis in den Großraum von Pilsen vorstieß. Dieser Verband drehte hier auf Südkurs und flog Regensburg von Norden kommend an. Wetterlage: 9/10 Wolkenbedeckung über den Zielräumen. In Regensburg herrschte seit 12.09 Uhr Fliegeralarm. Die deutsche Luftwaffe setzte zur Abwehr keine Jagdverbände ein. Der erste Verband griff mit 149 B-24 und 2.162 Bomben mit einem Gewicht von 243,5 t den Regensburger Hafen an. Der zweite Verband mit 187 B-24 flog mit 2.886 Bomben, was einem Gewicht von ca. 330 t entspricht, das Hafen- und Werftgelände an. Der Schwerpunkt des dritten Angriffes richtete sich gegen den Bahnhof. 145 B-17 luden 2.632 Bomben mit einem Gewicht von 300 t über dem Zielraum ab. Aus diesem dritten Angriffsverband griffen 73 B-17 mit 1.055 Bomben = 156,5 t nochmals den Ölhafen an.

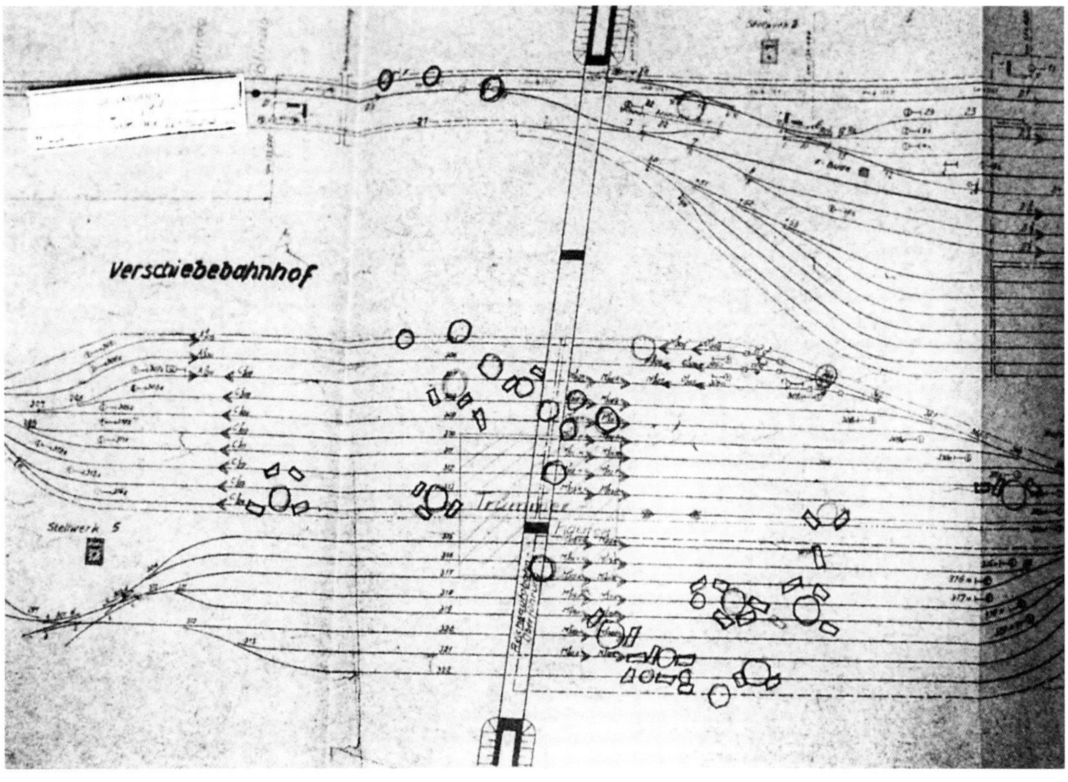

Gleisplan des Ostbahnhofes von Regensburg mit eingezeichneten Bombentrichtern und zerstörten Waggons vom 5.2.1945 (WNRC)

Eine B-24 J der 464. BG beim Abwurf von 112,5-kg-Sprengbomben auf den Hafen von Regensburg, am 5.2.45 um 12.58 Uhr. (USAF)

Über Regensburg lag eine fast geschlossene Hochnebeldecke, durch die mit Hilfe von Radargeräten die Ziele bombardiert wurden. Die Stadt lag unter einem Bombenhagel, der alle bisherigen Angriffe in den Schatten stellte. Der erste Bomberverband lud seine Bombenlast um 12.40 Uhr ab, und die letzten Verbände begannen um 13.50 Uhr mit dem Abwurf der Bomben, der um 14.20 Uhr beendet war. Während dieser 100 Minuten lagen die Zielräume unter einem kontinuierlichen Bombenhagel. Der Anflug der Angriffswellen 1 – 10 erfolgte von Südost nach Nordwest und der der Angriffswellen 11 – 14 von Nord nach Süd. Die Angriffshöhe betrug 6.500 – 7.800 m. Eine große Anzahl von Bomben ging jedoch auch außerhalb der Stadtgrenzen nieder.
Um 8.30 Uhr waren bereits zwei P-38 der 154. WS in Italien gestartet und trafen um 12.00 Uhr im Großraum Regensburg ein, um die aktuelle Wetterlage den Bomberverbänden mitzuteilen. Eine P-38 der 32. PS, in Begleitung von fünf P-38M der 82. FG, traf um 14.10 Uhr zur Fotoaufklärung über Regensburg ein. Damit konnten die katastrophalen Schäden, die dieser Angriff verursacht hatte, dokumentiert werden. Die Peripherie der Regensburger Altstadt, besonders im Osten und Süden, glich einer Kraterlandschaft. Der Luftangriff forderte insgesamt 65 Tote, davon 45 in Luftschutzräumen, darunter allein 38 Soldaten, die sich in einem Deckungsgraben befanden. Ferner gab es insgesamt 72 Verletzte, davon 39 Soldaten, die sich ebenfalls in diesem Deckungsgraben befanden. 2.000 Menschen verloren ihr Zuhause, 830 Einwohner von Regensburg waren längerfristig obdachlos.

An Wohngebäuden wurden 40 total zerstört, 31 schwer, 33 mittelschwer und 614 leicht beschädigt. Sechs Wirtschaftsgebäude waren total zerstört, fünf schwer, zwei mittelschwer und fünf leicht beschädigt. An öffentlichen Gebäuden waren zwei mittel und zwei leicht beschädigt worden. An Verwaltungsgebäuden waren drei getroffen, und bei den gemeinnützigen Anstalten hatten sieben Gebäude Bombentreffer erhalten, dabei war eines total zerstört worden.
Im Hafengebiet gelang den US-Bombern dieses Mal ein schwerer Schlag gegen den Ölhafen und die Tanklager. Bei den Rhenania-Ossag Mineralölwerken, Werk Regensburg, wurden die Kraftstoffabfüllhalle, sieben Vorlagetanks, das Schiffspumpenhaus und die Wiegehalle total zerstört. Die Kraftstoffabfüllhalle und die Vorlagetanks gerieten in Brand. Kesselhaus, Raffination, Kesselwagenabfüllhalle, Kesselwagenreparaturhalle, Gleisanlagen und Leitungsrohre wurden schwer getroffen. Mehrere Kesselwagen waren in Brand geraten, Gebäude und die Lagerhalle leicht beschädigt. Die Ethylanlage war schwer beschädigt worden. Durch die zerstörten Anlagen war ein wahrscheinlicher Ausfall von 100% auf drei Monate gegeben. Der behelfsmäßige Umschlag konnte nach drei Wochen wieder aufgenommen werden. Im Bereich der OLEX Deutsche Benzin- und Petroleum-Gesellschaft, Tanklager Regensburg, war die Splitterschutzmauer bei Tank Nr. 3 und 4 aufgerissen. 20 Tonnen Grundbenzin waren ausgelaufen, und für einige Stunden bestand erhebliche Explosionsgefahr. Die Abfüllhalle, Wiegehalle und die Gleisanlagen waren schwer getroffen worden. Wohn-, Garagen- und Nebengebäude wurden durch Bombentreffer mittelschwer beschädigt. Mit einem Ausfall der Anlagen zu 100% musste für etwa einen Monat gerechnet werden. Die Splitterschutzmauer der östlichen Tankgruppe an der Donaulände war schwer beschädigt, desgleichen wiesen drei abgestellte Kesselwagen schwere Schäden auf. Gleisanlagen und Bürogebäude waren zerstört und mit einem Ausfall von 100% auf drei Wochen war zu rechnen. Die Deutsch-Amerikanische Petroleumgesellschaft meldete die totale Zerstörung der Abfüll- und Wiegehalle. Drei Vorlagetanks, die Tanke 51 und 53 wurden schwer beschädigt. Das Schweröllager war stark getroffen und drei Kesselwagen waren ausgelaufen. Die Splitterschutzmauer und die Tankumwallung des Tankfeldes 1 – 3 waren an mehreren Stellen aufgerissen bzw. beschädigt. Wohn- und Verwaltungsgebäude, Garagen, Werkstätten und Gefolgschaftshaus wurden leicht beschädigt.
Auch das restliche Hafengebiet hatte schwerste Schäden erlitten:
Kantine, Verwaltungsgebäude, Kompressorenanlage und Trafostation der Ruthoff Werft waren durch Sprengbomben und anschließenden Brand total zerstört worden. Schiffbauhalle und Schmiede wurden schwer beschädigt. Zwei gerade fertiggestellte Motorschiffe waren durch Volltreffer gesunken. Ein weiteres Motorschiff, das sich auf Helling befand, war durch Volltreffer schwer beschädigt. Die Schreinerei und eine Wohnbaracke hatten Schäden aufzuweisen. Für die Aufräumungs- und Reparaturarbeiten wurden vier Wochen veranschlagt. Die Schiffszuganlage und ein Motorschiff wurden bei der Hitzler Werft durch Bombentreffer schwer beschädigt. Das Wirtschaftsgebäude, zahlreiche Lagerhallen und die Gleisanlagen waren leicht beschädigt worden. Ein Werftbetrieb war nicht möglich, da die Schäden der vorhergehenden Angriffe noch nicht behoben waren. Bei der Bavaria-Schifffahrts- und Speditions-Gesellschaft wurden das Bürogebäude, ein Lagerhaus und eine Lagerhalle schwer beschädigt. Ein Kran war total zerstört. Wohn- und Verwaltungsgebäude der Ungarischen Fluss- und Schifffahrts AG waren durch Volltreffer zerstört.
Die Bayerischer Lloyd Schifffahrts AG meldete: Verwaltungsgebäude, Materiallager und verschiedene Werkstätten durch Volltreffer und anschließenden Brand zerstört. Weitere Betriebsanlagen waren schwer beschädigt. Kran Nr. 7 durch Bombentreffer zerstört. Die totale Zerstörung des Bürogebäudes und die schwere Beschädigung von fünf Nebenhallen hatte die IG-Farben-Industrie AG zu verzeichnen. Beim Bauunternehmen Klug waren Wohngebäude, Schreinerei, Stallung und Lagerschuppen schwer beschädigt. Das Stadtlagerhaus auf dem Danubia-Gelände hatte den Totalverlust von drei Lagerhallen

und des Gefangenenlagers durch Volltreffer mit anschließendem Brand sowie ein schwer beschädigtes Festtreibstofflager zu vermelden. Bei der Reichsmonopol-Verwaltung wurde das Wohngebäude schwer beschädigt. Eine Umfassungsmauer war teilweise eingestürzt und die Gleisanlage schwer beschädigt. Schäden an Lagerhallen und Baumaterialien verzeichnete das Bauunternehmen Kirschenhofer an der Donaulände. Die Kaimauer am Donauufer war auf einer Länge von 35 m schwer beschädigt. Die Station der Wasserschutzpolizei war total zerstört worden. Die Gleisanlagen im Hafenbereich hatten schwere Schäden erlitten. Die Zufahrtsgleise zu den Werkanlagen und der Petroleumgruppe waren schwer beschädigt. Das Verbindungsgleis zum Ostbahnhof und die Zwischenverbindung vom Petroleumhafen zum Hafenbahnhof waren durch mehrere Volltreffer unterbrochen. Vier Gleise im Hafenbahnhof waren durch drei Volltreffer zerstört. Die Gleisanlagen an der oberen Donaulände waren schwer beschädigt worden.
Die Süddeutsche Holzverzuckerungs AG hatte Schäden in der Chlorverbrennung, Hefefa-

Durch teilweise dichte Bewölkung wird Regensburg am 5.2.45 schwer getroffen. (USAF)

brik, Verdampfung, im Batterieraum, in den Werkstätten und in der 6.000-Volt-Station zu verzeichnen. Ein Schwefelsäurebehälter war erneut aufgerissen, und sechs weitere Tanks mit einem Fassungsvermögen mit je 100 m^3 waren angeschlagen. Total zerstört wurde ein 200 m^3 Tank für Natriumlauge. Eine Splitterschutzmauer, Kesselwägen und eine Holzzerkleinerungsanlage wurden schwer beschädigt, desgleichen zahlreiche Wohn- und Lagerbaracken. Ein Produktionsausfall von mindestens vier Wochen war die Folge.

Schwer beschädigtes Verwaltungsgebäude des Bayerischen Lloyd im Hafen am Nordkai. (Foto: bayernhafen Regensburg)

Im Kalkwerk Andre Büechl wurde die Trafostation mit drei Trafos zerstört. Sortiergebäude, Magazin, alte und neue Mühle wurden schwer, Wohn- und Büro- sowie zahlreiche Nebengebäude wurden leicht beschädigt. Starkstromleitungen und Gleisanlage waren mehrfach unterbrochen. Eine Wiederaufnahme der Produktion hing von der Stromversorgung ab.
Bei der Maschinenfabrik Zorn in der Landshuter Straße war mit einem Betriebsausfall von vier Wochen zu rechnen, da die Maschinenhalle total und eine Nebenhalle schwer zerstört war. Das Kesselhaus, die Stromzentrale und die Pfannenschmiede hatten leichte Schäden. Bei den Reichswerken Hermann Göring wurde die Gleisanlage getroffen.
Schwere Schäden waren bei den städtischen Versorgungsanlagen entstanden: Aus den Schadensberichten geht hervor, dass in den Umspannwerken in der Straubinger Straße alle 19 Leitungen und Kabel zerstört wurden. Eine große Anzahl von Strommasten war gebrochen. Die Zuleitungen zu den Industriebetrieben Kalkwerk Büechl, Schiffswerft Ruthoff und Süddeutsche Holzverzuckerung waren mehrmals unterbrochen. Die Stromversorgung im Ostteil der Stadt war für einige Tage bis 9.2.45 unterbrochen. Im städtischen Netz waren insgesamt elf Hochspannungs-, zehn Niederspannungs- und fünf Freileitungskabelschäden aufgetreten. Das gesamte Straßenbahnnetz der Stadt war durch ungenügende Lieferung von Überlandstrom ausgefallen. Nach vorsichtigen Schätzungen sollte die Versorgung des Stadtgebietes mit städtischem Strom bis zum 15.2.45 wieder möglich sein.
In der Wasserversorgung waren 50 Rohrbrüche zu verzeichnen. Die Versorgung mit Trinkwasser im Ost- und Südteil der Stadt war ausgefallen. Mit einer Reparaturdauer von 10-14 Tagen musste gerechnet werden. Der von der Luftschutzleitung errichtete Feuerlöschteich in der königlichen Villa war nach einem Volltreffer ausgelaufen.
Nicht viel anders sah es bei der Gasversorgung aus. 30 Rohrbrüche, davon 15 mit besonders hohem Zerstörungsgrad, und vier Gasleitungsbrände verursachten einen Ausfall der Gasversorgung für einige Tage. Die zum Teil schwierigen Instandsetzungsarbeiten konnten erst nach Behebung der Stromschäden durchgeführt werden.
Die Galgenbergbrücke hatte einen Treffer in die Fahrbahn und auf die Südrampe erhalten, auch die Gehwege wiesen Löcher auf. Bis zum 9.2. konnte die Brücke durch Abdeckung der Löcher mit Holzbohlen provisorisch wieder befahr- und begehbar gemacht werden. 16 Bombentrichter mit acht Kanalschadenstellen in den Straßen zwischen Donau und Bahnlinie einerseits und zwischen Dr.-Martin-Luther-Straße und der Sedanstraße anderseits sowie Schuttmassen von eingestürzten Gebäuden im Minoritenweg, in der Von-der-Tann-Straße und an einigen anderen Stellen behinderten den Verkehr. In der Furtmayrstraße wurde vor dem Haus Nr. 34 der Abwasserkanal in 6 m Tiefe auf einer Länge von 12 m total zertrümmert. Die eingebrochenen Erdmassen versperrten den Abfluss der durch Schneeschmelze und Regen angeschwollenen Wassermassen. Die Folge davon war, dass bereits nach einigen Stunden zahlreiche Keller im westlichen Einzugsgebiet des Kanals

Führungsbomber mit ausgefahrenem Bordradargerät an der Rumpfunterseite. (USAF)

überflutet waren. Dieselbe Lage ergab sich im Bereich der Guerickestraße nahe der Kreuzung mit der Hindenburgstraße. Auch hier war der Betonkanal zerstört, und die Abwässer drangen in die Kellerräume der Ritter-von-Speck-Kaserne ein. In der Landshuter Straße im Bereich der Reiterkaserne war ebenfalls der Kanal zerstört, jedoch liefen hier die Wassermassen noch ab. Der vorhandene Bagger wurde umgehend von einer Schadenstelle in der Augsburger Straße zur Furtmayrstraße gefahren, um diesen äußerst wichtigen Kanal wieder frei zu bekommen. Durch den Sturzregen in der Nacht vom 5. auf den 6. Februar und das Tauwetter drückte das Wasser aus den aufgestauten Kanälen und floss über die anliegenden Straßen ab. Wassereinbrüche in weitere Kellerräume waren die Folge. Der einzig verfügbare Bagger war, wie bereits erwähnt, am 6.2. in der Furtmayrstraße eingesetzt, um den Wasserlauf in diesem Sammelkanal frei zu bekommen. Am 7.2. fuhr der Bagger in die Guerickestraße, da auch hier durch Erdmassen im Kanal der Ablauf des Wassers verhindert wurde. Am 8.2. wurde in der Furtmayrstraße der Trichter erweitert, um eine Reparatur zu ermöglichen, außerdem wurde in der Landshuter Straße eine zerstörte Gasleitung freigelegt. Am 9.2. rollte der Bagger zur Kumpfmühler Straße 46, um hier erneut zu versuchen, den stark beschädigten Kanal frei zu bekommen. Eine Abteilung Kriegsgefangener der Zuckerfabrik hatte hier nur Sicherungsarbeiten durchführen können. Nach dem Auftreten der ersten Typhusfälle, bedingt durch verunreinigtes Trinkwasser, wurde in einer eigens einberufenen Sitzung, an der Regierungspräsident Dr. Sierp, Regierungsdirektor Dr. Eder und Obermedizinalrat Dr. Scharff teilnahmen, beschlossen, alle Kanalschäden mit Hochdruck zu reparieren.

Verheerende Schäden gab es in den Anlagen der Reichsbahn: Zahlreiche Bomben trafen den östlichen Flügel des Hauptbahnhofes. Sämtliche Gleise im Hauptbahnhof waren unbefahrbar und durch Bombenteppich zerstört. Etwa 65 Personenwägen waren zum Teil schwer beschädigt, ausgebrannt oder völlig zerstört. Die Bahnsteige waren durch Bombentreffer nicht mehr begehbar. Durch einen Brand im kleinen Bahnhofsbau wurden zwölf Büroräume vernichtet. Ein Bombentreffer war auf der Südseite des Hauptbahnhofes zu verzeichnen. Der Zugverkehr in Richtung München und Passau konnte am 7.2.45 um 20.00 Uhr eingleisig wieder aufgenommen werden. Am 10.2.45 sollte dann auch die Strecke nach Hof wieder in Betrieb gehen.

Im Bereich des Ostbahnhofes wurde der Verschiebebahnhof sehr stark beschädigt, dadurch trat ein längerer Betriebsausfall ein. Die Hauptstrecken München und Passau waren in beiden Richtungen durch drei Volltreffer unterbrochen. Im Bereich des Bahnhofes mussten drei Brandherde bekämpft werden. Mehrere abgestellte Munitionswagen explodierten.

Im Bereich des Bahnhofs Regensburg-Walhallastraße waren die Gleise in Richtung Hof zweimal unterbrochen. Mehrere Gütergleise waren aufgerissen und leichter Schaden war am Bahnhofsgebäude eingetreten.

Die Post meldete die Zerstörung der Fernsprechleitungen nach München und Straubing. Am 8.2. war noch kein Fernsprechverkehr nach Straubing und Wien möglich. Sehr viele oberirdische Leitungen im Osten und

Südosten der Stadt und im Hauptbahnhofsbereich waren zerstört.
In den Kasernenanlagen wurden sieben Wohngebäude, ein Lazarett, 26 Wirtschaftsgebäude (Werkstätten, Reit- und Exerzierhallen usw.) schwer getroffen. Vier Wohnbaracken wurden total zerstört und 15 Pferde getötet.Vier Kleinbrände in den Kasernen wurden abgelöscht.
Die Polizeidirektion, das Dienstgebäude des 2. Polizeireviers und die Polizeiunterkunft in der Jugendherberge waren leicht bis mittelschwer beschädigt worden. Die Unterkunft der Sanitätsbereitschaft im Landshuter Hof war leicht beschädigt, die Autogarage der Rettungsstelle II mit Fahrzeug total zerstört. Schwere Beschädigung entstand an der Garage der Krankentransportstaffel bei St. Niklas. Ein Kraftfahrzeug wurde schwer und drei wurden leicht beschädigt. Die Unterkunft der 2. Bereitschaft der Feuer- und Einsatzabteilung in Weichs hatte leichte Schäden zu melden. Eine Entwarnung war durch Stromausfall nicht möglich. Bis zum 8.2. waren immer noch 13 Luftschutzsirenen im Stadtgebiet außer Betrieb.
Fazit des Angriffes im Landkreis Regensburg und in der Umgebung:
Im Bereich von Barbing gingen 1.194 Sprengbomben nieder, einige davon auf die Ortschaft, dadurch wurden vier Frauen und zwei Kinder getötet. An Wohngebäuden wurden vier schwer, zwei mittelschwer und 15 leicht beschädigt. Die Schule und die Kirche wurden leicht beschädigt. Zahlreiche Scheunen, Stallungen und Nebengebäude erlitten Schäden. In Kreuzhof, Gemeinde Barbing, zerstörten fünf Bomben ein Wohnhaus und zwei Stallungen total und töteten 22 Stück Großvieh. In Irl wurde die Kirche durch eine Sprengbombe leicht beschädigt. Durch 300 Sprengbomben wurde in Tegernheim ein Wohnhaus total zerstört und zwei weitere wurden in Mitleidenschaft gezogen.
In Schönach wurden durch zwölf Sprengbomben drei Personen getötet und drei verletzt, neun Häuser beschädigt und ein Wohnhaus wurde zerstört. Das Schulhaus und eine Scheune erlitten schwere Schäden. In Gonnersdorf beschädigten 32 Bomben den Bahndamm. Bei der Einöde Lettenthal beschädigten zwei Bomben ein Wohnhaus leicht und zerstörten eine Scheune und einen Schuppen. Zwei Wohnhäuser wurden in der Einöde Thurnhof durch 78 Sprengbomben leicht beschädigt. 111 Sprengbomben beschädigten in Regenstauf 14 Wohnhäuser leicht. In Diesenbach verursachten 36 Bomben leichte Schäden an drei Wohngebäuden. Drei Soldaten wurden verwundet und ein Transformatorhaus wurde total zerstört, als zwischen Genghofen und Lerchenfeld 300 Bomben einschlugen. Durch 300 Sprengbomben bei Burgweinting wurden sieben ungarische Flüchtlinge und eine Fremdarbeiterin getötet und eine verletzt. Leicht beschädigt

Von den Produktionsanlagen der OLEX ist nur noch der Kamin vorhanden. (Foto: bayernhafen Regensburg)

wurden zwei Wohnhäuser, und durch Brand wurde die fürstliche Brauerei Thurn u. Taxis vernichtet. Durch 50 Sprengbomben in Niedertraubling wurden zahlreiche Gebäude (Wohnhäuser, Scheunen usw.) beschädigt. Die Bahnlinie Regensburg-München war unterbrochen und die Oberleitung durch Volltreffer heruntergerissen. Eine Person wurde in Scheuermühle getötet und ein Wohnhaus mit Garage durch zwölf Bomben total zerstört.
Im Fliegerhorst Obertraubling schlugen vier Bomben auf dem Rollfeld und eine am Eingang zum Fliegerhorst ein. Flurschaden wurde aus folgenden Gemeinden gemeldet:

- in Pfatter (2 Sprengbomben)
- in Grünthal (23 Sprengbomben)
- in Oberackerhof (35 Sprengbomben)
- in Fußenberg (15 Sprengbomben)
- in Ponholz (2 Sprengbomben)
- in Dengling (3 Sprengbomben)
- in Mintraching (200 Sprengbomben)
- in Moosham (17 Sprengbomben)
- in Mangolding (1 Sprengbombe)
- in Sengkofen (1 Sprengbombe)
- in Alteglofsheim (20 Sprengbomben)
- in Langenerling (1 Sprengbombe)

An diesem 5.2.45 wurde auch die Stadt Straubing schwer getroffen. Von 12.58 – 13.06 Uhr fielen durch eine geschlossene Wolkendecke 1.300 Sprengbomben in die Mitte und den Südteil der Stadt, darunter 57 Blindgänger und drei Langzeitzünder. Der Angriff forderte 42 Tote, 66 Verletzte und einen Vermissten (Stand 8.2.45). An Wohngebäuden wurden 34 total zerstört, 61 schwer, 48 mittel und 700 leicht beschädigt. Zahlreiche weitere Industrie- und Wirtschaftsgebäude wurden leicht beschädigt bis total zerstört. Der Bereich des Zuchthauses Straubing, in dem ein Zweigbetrieb von Messerschmitt arbeitete, wurde von 22 Sprengbomben getroffen. Zwei Dienstwohngebäude wurden total zerstört und weitere beschädigt. Zahlreiche Bomben explodierten auch im Großraum Straubing. Am schlimmsten wurde die Gemeinde Oberharthausen getroffen. Durch 74 Bomben, die zum Teil in der Ortschaft einschlugen, wurden vier Personen getötet und zwei verletzt. An Wohnhäusern wurden vier total zerstört und zwei beschädigt.

Schadensbild vom Ölhafen. Im Bereich OLEX sind alle Tanks, Rohrleitungen und Verladeeinrichtungen zerstört. (Foto: bayernhafen Regensburg)

Zahlreiche landwirtschaftliche Gebäude, darunter 5 Scheunen, wurden total zerstört oder beschädigt. In Deggendorf wurde die Bahnlinie nach Eisenstein durch Bombentreffer unterbrochen. Hier war ein gefallener Soldat zu verzeichnen. Im Landkreis Deggendorf wurde in den Gemeinden Lalling und Winsing durch jeweils drei Sprengbomben Flurschaden verursacht.
Im Landkreis Nabburg gab es Flurschaden durch 15 Bomben bei Pfreimd und 17 Bomben bei Brudersdorf. Flurschaden entstand durch fünf Sprengbomben in Andersdorf, elf Bomben bei Haiderhof, eine Bombe bei Mainsbach, vier Sprengbomben bei Roßbach und fünf bei Michelsneukirchen im Landkreis Roding. Die Gemeinde Kallmünz im Landkreis Burglengenfeld meldete Flurschaden durch drei Sprengbomben. Flurschaden verursachten zwei Bomben bei Gerzen im Landkreis Vilsbiburg. Diese Aufzählung ließe sich noch vervollständigen durch Meldungen aus den Landkreisen Parsberg, Kelheim, Mainburg, Rottenburg, Riedenburg, Neumarkt, Bogen, Vilshofen, Landau/Isar, Dingolfing, Eggenfelden, Pfarrkirchen und Mallersdorf. Eine erhaltengebliebene Aufstellung ergibt 76 angegriffene Orte und den Abwurf von 9.202 Bomben. Der Angriff forderte 130 Tote und 152 Verletzte. An Wohngebäuden wurden 81 total zerstört, 98 schwer, 92 mittel und 1.366 leicht beschädigt. 31 Industrieanlagen, zahlreiche Wirtschaftsgebäude und landwirtschaftliche Betriebe waren vom Angriff betroffen. Am schlimmsten wirkten sich Zerstörungen im Bereich der Reichsbahn und des Hafengebietes in Regensburg aus, hier vor allem die schweren Treffer im Ölhafen.

16. Februar 1945: Zielwechsel

Seit dem Angriff vom 5.2.45 waren fast täglich US-Flugzeuge über dem Stadtgebiet. Am 8.2.45 erschienen 5 P-38 der 82. FG um 11.50 Uhr über Regensburg. Am 12.2.45 um 12.00 Uhr überflog ein Fotoaufklärer vom Typ P-38 der 32. PS den Großraum Regensburg. Dem Aufklärer folgten um 13.29 Uhr vier P-38 der 14. FG. Ein weiterer Aufklärer erschien am 15.2.45 um 12.05 Uhr am Regensburger Himmel. Wieder war es eine P-38 der 32. PS. Diese rege Tätigkeit von Aufklärungsflugzeugen konnte als sicheres Zeichen für einen neuen Angriff gewertet werden. Aber welchem Ziel würde der Angriff gelten? Das Stadtgebiet von Regensburg wurde in neun aufeinanderfolgenden Luftangriffen von der 15. US-Luftflotte bombardiert. Insgesamt lag bei acht Angriffen das Primärziel im Ölhafen bei seinen Tank-, Hydrier- und Verladeanlagen. Bei einem Angriff am 22.11.44 war Regensburg nur als Ausweichziel auf der Einsatzliste. Nachdem am 5. Februar im achten Anlauf der Ölhafen schwer getroffen wurde, führte man beim nächsten geplanten Angriff (16.2.45) einen Zielwechsel durch.

Seit dem 21. Juli 1944 waren die Messerschmitt-Werke in Regensburg kaum mehr angegriffen worden. In Obertraubling lief seit dem September 1944 die Produktion der Me 262, dem ersten einsatzfähigen Düsenjäger der Welt. Das verstärkte Auftreten dieser Flugzeuge in der Reichsverteidigung bereitete den Verantwortlichen der Alliierten Luftstreitkräfte doch einiges Kopfzerbrechen. Vor allem die Fotoaufklärer im süddeutschen Raum wurden, trotz Begleitschutz, eine leichte Beute der schnellen Me 262. Selbst der hölzerne Wundervogel, die „Mosquito", kam nicht mehr ungeschoren davon. Durch Luftaufklärung und auch durch eine entsprechende nachrichtendienstliche Aufklärungstätigkeit durch Spione stellte die US-Luftwaffe sehr schnell fest, auf welchen Fliegerhorsten die Produktion, der Einflugbetrieb und die Umschulung auf die Me 262 liefen. Dazu gehörte auch der Fliegerhorst in Neuburg a.d. Donau, auf dem die Messerschmitt GmbH Regensburg ebenfalls eine Endmontagelinie für die Me 262 eingerichtet hatte und die seit Anfang Februar 1945 produzierte.

Neben schweren Sprengbomben werden am 16. Februar 1945 annähernd 20.000 Splitterbomben über dem Fliegerhorst Obertraubling abgeworfen. Es sollen möglichst viele der gefürchteten Me 262 zerstört oder zu mindestens beschädigt werden. (USAF)

Im Rahmen der Luftaufklärung vom 8.2. wurden auf dem Fliegerhorst Obertraubling 48 Me 262 festgestellt. Einen Tag vor dem Angriff wurden 36 Me 262 auf dem Fliegerhorst registriert. Ein Foto, das vor dem ersten Bombenwurf am 16.2. aufgenommen wurde, zeigte 56 einsatzbereite Düsenjäger. An diesem 16. Februar setzte die 15. US-Luftflotte insgesamt 630 B-17 und B-24 zu Angriffen auf die Flugplätze Regensburg, Landsberg, Neuburg, Neubiberg und das Stadtgebiet von Rosenheim, Hall und Innsbruck ein. Der Start der Regensburger-Angriffsformation erfolgte zwischen 8.20 Uhr und 9.00 Uhr. Um 11.25 Uhr flog ein 263 B-24 umfassender Kampfverband über die Adria bei Pola mit Nordkurs Richtung Laibach in das Reichsgebiet ein. Mit Nordwestkurs erfolgte der Weiterflug in Richtung Salzburg und östlich an Landshut vorbei in den Raum Regensburg. Die Flughöhe der Bomber wurde mit 7.000 – 8.000 m vom Radargerät der Regensburger Flak angemessen und von 12.20 – 15.20 Uhr herrschte Fliegeralarm. Die Bomberverbände wurden von zahlreichen Jagdmaschinen P-38 und P-51 begleitet. Von der Deutschen Luftwaffe erfolgte kein Einsatz zur Abwehr der Bomber. Dies führte erstmals dazu, dass die Begleitjäger der US-Luftwaffe in großem Umfang zu zahlreichen Tiefangriffen übergingen. Die Zielerfassung bereitete an diesem Tage keine Probleme, da gute Sichtverhältnisse herrschten und die Bombenschützen nicht auf die Radargeräte angewiesen waren. Von 13.05 – 13.25 Uhr regneten rund 630 Sprengbomben zu je 227 kg und 19.722 Splitterbomben zu je 9 kg auf den Fliegerhorst ab. Die Folge der im Ziel liegenden Spreng- und Splitterbomben waren schwere Gebäudeschäden und die Zerstörung zahlreicher Me 262 am Boden. Mit Südkurs flog der Bomberverband über München und Innsbruck zurück zu seinen Flugbasen in Italien. Im süddeutschen Raum waren von 6.30 – 16.30 Uhr 50 Aufklärungsmaschinen der 15. US-Luftflotte im Einsatz. Die Flakabwehr im Bereich des Luftgaues VII meldete drei sichere und zwei wahrscheinliche Abschüsse von US-Flugzeugen.

Ab 13.10 Uhr begannen die Rückflüge der Bomber, deren Flugweg an München und Innsbruck vorbeiführte. Gegen 15.00 Uhr hatten alle Feindflugzeuge das Reichsgebiet wieder verlassen.

Der Ablauf des Angriffes vom 16.2.45 nach Unterlagen der 15. USAAF: Bereits um 12.30 Uhr hing ein Fotoaufklärer P-38 der 32. PS über dem Stadtgebiet. Um 13.05 Uhr erschien dann der 1. Bomberverband im Zielraum. Ein weiterer Fotoaufklärer P-38 der 32. PS war seit 13.15 Uhr am Himmel über Regensburg, um die Wirkung des Angriffes festzuhalten. Zum Schutz der angreifenden Bomber befand sich seit 13.30 Uhr die 14. FG mit 42 P-38L im Großraum Regensburg. Da keine deutschen Jagdflugzeuge eingriffen, gingen die P-38L zu Tiefangriffen über.

Am 17.2.45 startete um 10.00 Uhr eine P-38 der 32. PS zu einem weiteren Aufklärungsflug nach Regensburg, das um 13.00 Uhr erreicht wurde. Die Auswertung der Aufnahmen ergab, dass sich auf dem Fliegerhorst in Obertraubling nur mehr 16 einsatzbereite Me 262 befanden. 23 Düsenjäger waren total zerstört und 19 schwer beschädigt. Auch zwei Bf 109 wurden beim Angriff am 16.2. zerstört. Obertraubling wurde nun ständig von Aufklärern überwacht. Am 14.3.1945 wurden vierzehn und am 16.3. insgesamt sieben einsatzbereite Me 262 registriert.

Auf das Stadtgebiet von Regensburg wurde keine Bombe abgeworfen, jedoch wurden erstmals Tieffliegerangriffe registriert. Beson-

ders betroffen waren die Stadtteile Eisbuckel, Kumpfmühl und Dreifaltigkeitsberg. Durch Beschuss wurden zehn Wohnhäuser leicht beschädigt. In der Flakkaserne geriet ein kleiner Ölschuppen durch Beschuss in Brand. Ein Personenzug zwischen Bahnhof Wutzlhofen und Walhallastraße wurde beschossen und dabei die Lokomotive schwer beschädigt.
Das Hauptziel des Angriffes, der Fliegerhorst Obertraubling, erlitt schwere Schäden. Der Angriff forderte 15 Tote, davon 13 Soldaten und 53 verwundete Wehrmachtsangehörige. Das Rollfeld war durch eine große Anzahl von Bombentrichtern nicht mehr zu benutzen. Das Kantinengebäude war total zerstört und die Kraftwagenhalle und die Reparaturhalle waren schwer sowie die Flugleitung mittelschwer beschädigt. 25 Flugzeuge waren zerstört und 30 schwer beschädigt, davon hatten 20 Me 262 Totalschaden und 20 weitere waren verschieden stark beschädigt. Bedingt durch den Angriff auf den Fliegerhorst, hatten auch die umliegenden Gemeinden Schäden zu vermelden.
In Rempelkofen bei Mintraching verursachten 500 Splitterbomben Schäden an einem Wohnhaus, zwei Scheunen und einem Stallgebäude. Durch 700 Splitterbomben wurden bei Gut Rosenhof vier Personen getötet und vier verletzt, ein Wohnhaus und vier landwirtschaftliche Gebäude leicht beschädigt. Bei Lerchenfeld, das unmittelbar an das Flugplatzgelände angrenzt, verursachten 150 Spreng- und 1.500 Splitterbomben den Tod von zwei Personen, außerdem waren fünf Verletzte zu verzeichnen. Beschädigt wurden vier Wohnhäuser, sechs Scheunen und vier Ställe. Zahlreiche Tiere mussten notgeschlachtet werden, und 82 Schafe wurden getötet. Die elektrische Oberleitung wurde in diesem Raum beschädigt. Drei Wohnhäuser, zwei Scheunen und zwei Stallungen trugen Schäden davon, als 1.500 Splitterbomben bei Oberheising in der Gemeinde Barbing explodierten. In Unterheising entstand durch 100 Splitterbomben leichter Schaden an einem Wohnhaus, zwei Stallungen und einer Scheune. Die Hochspannungsleitung wurde unterbrochen. 60 Spreng- und 500 Splitterbomben forderten in Barbing sechs Tote. An Gebäuden wurden sechs Wohnhäuser und vier Scheunen beschädigt. Drei Wohnhäuser und eine Scheune kamen in der Gemeinde Mangolding durch zehn Spreng- und neun Splitterbomben zu Schaden.
Durch 450 Splitterbomben wurden in Harting fünf Wohnhäuser und vier Scheunen leicht beschädigt, zahlreiche Tiere wurden getötet. In der Gemeinde Lichtenwald wurden durch 118 Splitterbomben zwei Rinder getötet.
Bei Sengkofen wurde durch 30 Splitterbomben die Bahnstrecke Regensburg-Straubing für zwei Stunden unterbrochen. Durch Bordwaffenbeschuss und 30 Splitterbomben ist in Gebelkofen ein Mann verletzt und vier Wohnhäuser sind beschädigt worden. Niedertraubling meldete die Beschädigung einer Scheune bei der Explosion von 300 Splitterbomben. Zwei Verwundete forderte der Tiefangriff auf einen Personenzug. Ein Wohnhaus wurde leicht beschädigt. Kein Schaden entstand durch einen Tiefangriff auf Donaustauf. Bei Kleinprüfening wurde die Mariaorter Brücke und die Marienhöhe beschossen.

Flurschaden wurde gemeldet aus den Gemeinden:

- Hellkofen (2 Spreng- und 300 Splitterbomben)
- Sarching (40 Spreng- und 300 Splitterbomben)
- Frauenzell (20 Splitterbomben)
- Frankenberg (25 Splitterbomben)
- Sulzbach/Do. (6 Splitterbomben)
- Taimering (200 Splitterbomben)
- Zeitldorn (3 Splitterbomben)
- Hungersacker (8 Splitterbomben)
- Irnkofen (3 Splitterbomben)

B-24 am 16.2.1945 über Regensburg. Deutlich ist über dem Fliegerhorst Obertraubling eine dicke Rauch- und Staubwolke zu erkennen. (USAF)

Eine Aufnahme von gebündelten Splitterbomben (Fragmentation-Bombs). Beim Luftangriff am 16. Februar 1945 regneten annähernd 20.000 dieser Splitterbomben über dem Fliegerhorst Obertraubling ab. Ziel dieses Luftangriffs war die Zerstörung der abgestellten Düsenjäger Me 262. (Foto: USAF)

Schäden aus dem Landkreis Straubing: Bei Amselfing wurde ein Güterzug beschossen. In Hierlbach bei Feldkirchen wurden durch 30 Splitterbomben drei Pferde getötet und eine Scheune zerstört sowie zwei leicht beschädigt. In den Gemeinden Ainbrach, Oberschneiding, Paitzkofen und Irlbach entstand durch Splitterbomben leichter Flurschaden. Im Landkreis Eggenfelden wurde eine Frau verletzt, als bei Unterhölz 14 Splitterbomben einschlugen. Bei Lampersdorf verursachten 44 Splitterbomben Flurschaden. Eine Person erlitt Verletzungen, als ein Güterzug zwischen Pleinting und Girching im Landkreis Vilshofen beschossen wurde. Die Lok, ein Packwagen waren schwer und mehrere Wagen leicht beschädigt. Im Landkreis Deggendorf wurden im Bahnhof von Grafling durch Tiefangriff drei Lokomotiven, das Bahnhofsgebäude und die Telefonleitung beschädigt. In Stephansposching und in Michaelsbuch verursachten Sprengbomben Flurschaden. Im Landkreis Landau/Isar gab es einen Toten und einen Verwundeten nach Beschuss des Bahnhofes in Landau. Auf der Strecke Kröhstorf-Dornbach wurden abgestellte alte Loks beschossen. Flurschäden meldeten die Ortschaften Mattenkofen, Moding und Thalham.

Aus dem Landkreis Roding wurden Tiefangriffe auf den Bahnhof von Gstetten gemeldet, zwei unbrauchbare Lokomotiven wurden dabei erneut beschossen. Auch die Gemeinden Mitterteich, Schillertswiesen und Fuchshölzl meldeten Tiefangriffe. Der Tiefangriff auf den Bahnhof von Gotteszell im Landkreis Viechtach mit 48 Splitterbomben und Bordwaffen forderte einen Toten und sieben Verletzte. Zahlreiche Gebäude, eine Lok und zwei Personenwagen wurden beschädigt. Eine Motordraisine und zwei Schuppen verbrannten. Einen Toten und eine Verletzte forderten 22 Splitterbomben in Rechertsried. Dagegen entstand in Schlatzendorf und Prackenbach nur Flurschaden. In Unterholzen, Gemeinde Dachsberg im Landkreis Bogen, stürzte ein viermotoriger Bomber ab, dabei gab es sieben Tote und zwei Besatzungsmitglieder wurden gefangen genommen. Flurschäden entstanden durch Splitterbomben in den Ortschaften Heilbronn, Dachsberg, Zinsenzell und Siegersdorf.

Aus dem Landkreis Dingolfing wurde der Absturz einer Feindmaschine bei Frauenbiburg und eines weiteren Flugzeuges bei Ottering gemeldet. Bei Ottering wurde von der Besatzung des Aufklärungsflugzeugs ein Mann getötet und einer gefangen genommen. Flurschäden wurden aus Dingolfing, Teisbach, Frauenbiburg und Lengthal gemeldet. Im Landkreis Eichstätt entstand Waldschaden, als sechs Sprengbomben bei Biesenhard niedergingen.

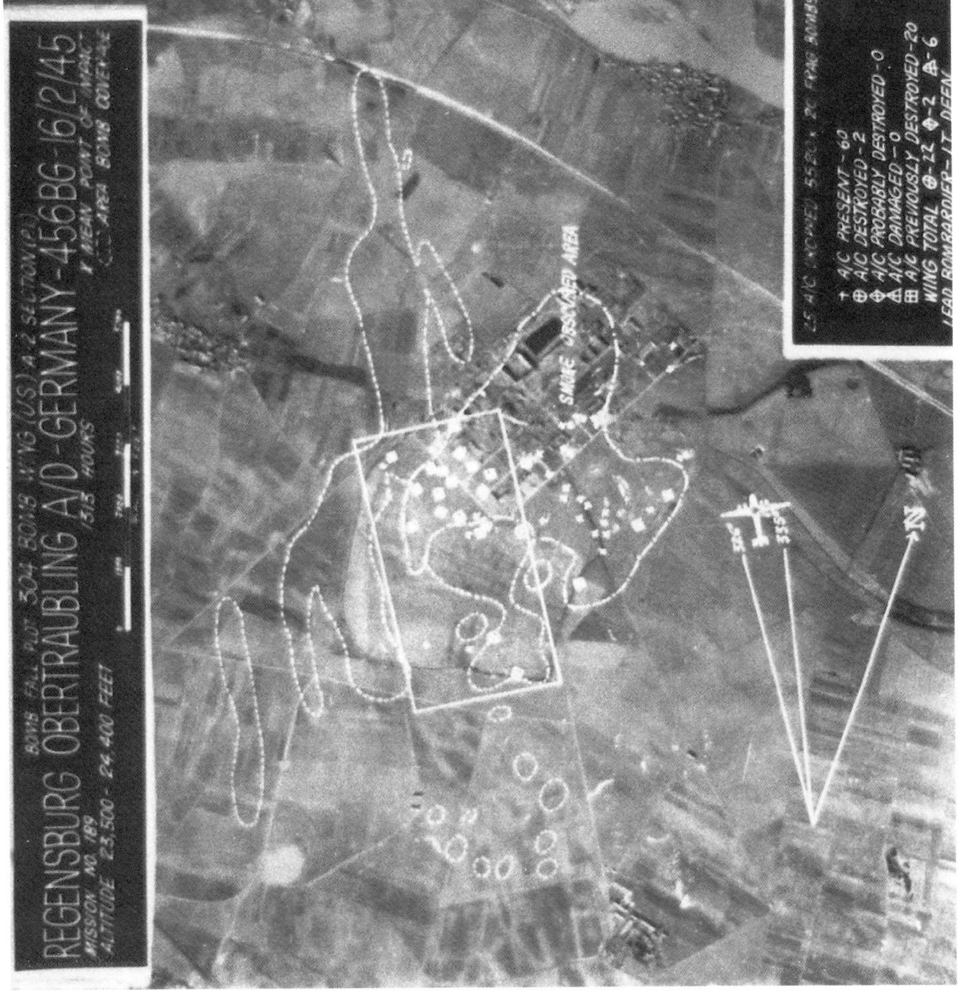

Trefferbild der 454. und 456. BG auf den Fliegerhorst Obertraubling am 16.2.1945. (USAF)

Dichte Staub- und Qualmwolken künden am 16.2.45 vom Vernichtungswerk auf dem Fliegerhorst Obertraubling. Deutlich erkennbar ist die Trasse der Reichsautobahn. Die Bevölkerung hatte nicht nur unter den Bomben zu leiden, sondern auch noch durch das Hochwasser, das bis an die Ortsgrenze von Barbing reicht (Bildmitte oben). (USAF)

Eine Gesamtaufstellung ergibt folgenden Überblick:
67 Ortschaften wurden mit 641 Spreng- und 16.912 Splitterbomben angegriffen. Es gab 16 Bordwaffenangriffe, davon acht auf Bahnanlagen und acht auf Ortschaften. 30 Tote und 79 Verletzte waren zu beklagen. 40 Wohnhäuser, acht Wirtschafts- und 43 landwirtschaftliche Gebäude waren zerstört oder beschädigt. Die Reichsbahn verzeichnete die Beschädigung von zwölf Lokomotiven. Zwei Feindbomber und ein Aufklärer wurden vermutlich von der Regensburger Flak abgeschossen.

Bericht von Oberfeldwebel Stemmler über den Angriff vom 16.2.1945

„Durch die schlechte Wetterlage war der Einflugbetrieb mit der Me 262 fast zum Erliegen gekommen. Zum einem war das Rollfeld durch die Witterung sehr aufgeweicht und zum anderen lag die Wolkenuntergrenze so niedrig, sodass ein Start mit der Me 262 nicht zu verantworten war. Auf dem Fliegerhorst waren meiner Erinnnerung nach ca. 50 – 60 Me 262 weit auseinandergezogen abgestellt worden. Ein Teil der Maschinen war mit Tarnnetzen behängt und in dem Bereich des Horstes abgestellt, der am meisten zerstört war, in der Hoffnung, dass hier keine Bomben fallen würden. Kaum hatte sich die Wetterlage gebessert, kamen auch schon die US-Bomber angeflogen. Ein starker Kampfverband griff Obertraubling an. Wir hatten nach dem ersten Alarm den Platz bereits geräumt und harrten der Dinge, die da kommen sollten. Aus sicherer Entfernung konnten wir deutlich sehen, wie ganze Bombenschauer niedergingen. Das mussten ja tausende von Splitterbomben gewesen sein, die da auf den Fliegerhorst herunterprasselten. Es war ein kurzer, aber konzentrierter Angriff. Nachdem Entwarnung gegeben wurde, fuhren wir auf den Fliegerhorst zurück. Von weitem sahen unsere Me 262 unbeschädigt aus. Als wir sie dann aus der Nähe betrachteten, sahen wir die Bescherung. Kleine Bombensplitter hatten bei vielen Maschinen die Flugzeugzelle und die Tragflächen zum Teil schwer beschädigt. Treibstoff war ausgelaufen, Turbinen waren defekt und die Reifen platt. Es war ein trostloser Anblick und trotzdem wurde weitergearbeitet, wenn man auch den Sinn des Ganzen nicht mehr verstehen konnte, es war ja sowieso alles zwecklos und kostete nur Opfer. Dieser materiellen Übermacht konnten wir nichts mehr entgegenstellen. Nach dem Angriff wurden die Me 262 noch dezentralisierter und weiter weg vom Flugplatz abgestellt. Es dauerte oft 30 Minuten und länger, bis man sie zur Startbahn geschleppt hatte. Sofern es das Wetter zuließ, wurden die Flugzeuge umgehend auf andere Flugplätze geflogen, z.B. nach Neuburg, Erding und München-Riem.“

Am 16. Februar 1945 wurden durch die Luftaufklärung der 15. US-Luftflotte insgesamt 56 einsatzbereite Düsenjäger Me 262 auf dem Fliegerhorst Obertraubling registriert. Die Flugzeuge waren zum größten Teil unter Tarnnetzen abgestellt. Der noch am selben Tag erfolgte schwere Luftangriff zerstörte und beschädigte fast alle Me 262. Diese Aufnahme zeigt die Me 262, die sich heute im Deutschen Museum in München befindet. Sie wurde im Januar 1945 in Regensburg im Waldwerk „Stauffen“ endmontiert. Am 25. April 1945 landete Oberfähnrich Muttke mit nur noch 80 Litern Treibstoff in den Tanks in der Schweiz auf dem Flugplatz Dübendorf. Es war überhaupt die erste Landung eines Düsenjägers in der Schweiz. Nach eingehender Überprüfung und Auswertung übergaben die Schweizer nach Ende des 2. Weltkriegs das Flugzeug an das Deutsche Museum. (Foto: Peter Schmoll)

13. März 1945: 1.120 Tonnen Bomben auf Regensburg

Der Luftangriff kündigte sich wieder durch eine verstärkte Aufklärertätigkeit über Regensburg an. So befanden sich am 4.3., 8.3. und 12.3. eine P-38 der 32. PS im Einsatz. War Regensburg während der Operation „Clarion" weitgehend verschont worden, traf die Stadt heute ein konzentrierter Angriff, bei dem alle eingesetzten Bomber der 15. US-Luftflotte nur ein Ziel hatten: Regensburg. Seit 8.10 Uhr versammelten sich 569 B-17 und B-24 der 15. US-Luftflotte über ihren Flugbasen in Süditalien zum größten Luftangriff auf Regensburg. Ungefähr 280 P-38 und P-51 Jagdflugzeuge begleiteten den Bomberverband. Weitere 41 P-51 flogen Tiefangriffe auf den Zugverkehr in den Räumen München, Landshut, Regensburg und Ingolstadt. Um 9.55 Uhr erfolgte der Abflug der einzelnen Kampfgruppen nach Norden. Der Kurs führte über Zara, Fiume in den Raum von Laibach. Der Einflug in das Reichsgebiet begann um ca. 12.00 Uhr mit Nordwestkurs über Villach, Zell am See und Rosenheim. Von hier begann mit Flugrichtung Nord der direkte Anflug über Landshut auf Regensburg. Ab 12.58 Uhr bis 13.40 Uhr fielen aus 5.800 – 6.000 m Höhe ca. 4.978 Bomben auf Verkehrsanlagen, das Hafengebiet, den Hauptbahnhof und Güterbahnhof. Ab 13.10 Uhr begannen auf breiter Front die Rückflüge in Richtung Süden. Drei Bomber warfen ihre Ladung über Landshut ab. Einige Begleitjäger gingen zu Tiefangriffen auf Eisenbahn und sonstige Verkehrsziele über. Durch Abwurf von Sprengbomben und Bordwaffenbeschuss in den Räumen Regensburg, Linz und Wels waren 25 Lokomotiven betriebsunfähig und ca. 30 Waggons schwer beschädigt. Zur Abwehr des Angriffes standen nur Flakgeschütze zur Verfügung. Ein Einsatz von deutschen Jagdflugzeugen fand nicht statt.
Nach jedem Bombenangriff auf die Stadt wurden die Probleme zur Schadensbehebung schwieriger und nahmen eine größere Zeitspanne in Anspruch. Die betreffenden Organisationen versuchten, mit Provisorien die ständig größer werdenden Lücken in der alltäglichen Versorgung mit allem Lebensnotwendigen zu überbrücken. Nach diesem Angriff sollte es jedoch mindestens eine Woche dauern, bis die Strom- und Wasserversorgung im gesamten Stadtbereich wieder in Betrieb genommen werden konnte. Es verging fast kein Tag mehr, an dem nicht die Luftschutzsirenen heulten, und so mancher brave Bürger konnte Voralarm, Hauptalarm und Vorentwarnung nicht mehr unterscheiden. Eine gewisse Lethargie und Hoffnungslosigkeit hatte bei der Bevölkerung Einzug gehalten. Die ständigen schweren Luftangriffe zermürbten die Bewohner mehr, als sie sich vielleicht selbst eingestanden. Der psychische Druck, schutzlos preisgegeben zu sein, war ungeheuer stark, hinzu kam die Ungewissheit über den Verbleib von Familienangehörigen an den zusammenbrechenden Fronten.
Regensburg war mittlerweile total überbevölkert, sämtliche irgendwie brauchbaren Unterkünfte waren mit Flüchtlingen, Vertriebenen, Fremdarbeitern, Soldaten und NS-Organisationen belegt. Die Not war so groß, dass man Frontsoldaten, die über Regensburg an andere Frontabschnitte verlegt wurden, in Zeltlagern unterbringen musste. Jedoch hatte Regensburg den großen Vorteil, über einen noch weitgehend erhaltenen Stadtkern zu verfügen. Auf diese schon fast in Agonie liegende Stadt flog nun die größte Bomberstreitmacht, die je am Himmel über Regensburg erschien, den schwersten Luftangriff.
Zum Schutz der Bomber waren 28 P-38 der 14. FG um 13.11 Uhr über Regensburg, denen um 13.35 Uhr 44 P-51 der 332. FG folgten. Da die Jagdmaschinen in der Luft keinen Gegner vorfanden, gingen sie zu Tiefangriffen über, die zur weiteren Lähmung des Transportwesens wesentlich beitrugen.
Auch nach dem Angriff wurde Regensburg noch regelmäßig von Aufklärern überflogen. Am 14.3. um 14.30 Uhr flog eine P-38 der 32.

Überreste der total zerstörten Obermünsterkirche nach dem Luftangriff vom 13.3.45. (MZ-Archiv)

PS, desgleichen am 16.3. um 11.10 Uhr eine P-38 der 32. PS und eine P-38 der 15. PS am 30.3. um 13.05 Uhr über Regensburg. Alle Aktivitäten und Reparaturen im Stadtgebiet, im Hafen und bei der Reichsbahn wurden argwöhnisch beäugt. Weitere Angriffe waren absehbar.

Die Auswirkungen des Luftangriffes

Von 12.58 – 13.40 Uhr fielen ca. 5.000 Sprengbomben auf die Stadt mit Schwerpunkt auf das Hafengebiet, den Haupt- und Güterbahnhof sowie die Kasernen. Der Angriff forderte 32 Tote und 27 Verwundete. 18 Personen wurden als verschüttet registriert. 96 Wohngebäude waren total zerstört, 62 schwer, 56 mittel und 500 leicht beschädigt. Fünf öffentliche Gebäude waren total, drei schwer, drei mittel und neun leicht beschädigt. Ein Wirtschaftsgebäude wurde mittelschwer getroffen. Die Anzahl der Ausgebombten, denen Ersatzunterkünfte zugewiesen werden mussten, erhöhte sich auf 5.599 Personen. Die Obermünsterkirche wurde total zerstört und die Antoniuskirche schwer beschädigt. Auf drei städtischen Friedhöfen waren schwere Verwüstungen zu verzeichnen. Das Justizgebäude und die Altdorfer-Schule waren mittelschwer beschädigt. Die Kreisschule Königswiesen wurde durch Volltreffer total zerstört und das Gut Königswiesen mit allen landwirtschaftlichen Nebengebäuden schwer beschädigt. Schwerste Schäden waren im Ölhafen zu verzeichnen. Beim Olex-Mineralölwerk in der Wiener Straße waren drei Großtanks total vernichtet worden. 300 t Spiritus, 240 t Benzol und 170 t Grundbenzin verbrannten. Die Splitterschutzmauer war fast restlos zerstört worden. Die Abfüllhalle mit 20 t technischen Ölen wurde durch mehrere Volltreffer total vernichtet, ein Eisenbahnwaggon mit 50 Fässern Benzin restlos zerstört. Die Gleisanlagen waren mehrfach durch Bombentreffer unterbrochen. Lagerhallen, Werkstätte und Garagen waren schwer und ein Wohngebäude war mittelschwer beschädigt. Bei der Rhenania-Ossag Mineralöl AG waren die Kesselwagen-Reparaturwerkstätte, Wiegehalle und ein gefüllter Kesselwagen total zerstört worden. Schwere Gleisschäden

Regensburg, den 15. März 1945.

Bauliche Fliegerschäden im Stadtgebiet Regensburg
vom 13. März 1945.

ziviler Sektor, ohne Reichsbahnanlagen, Post und wehrwichtige Bauten.

A. Totale Schäden.

1. Wienerstraße 12 (Olex Mineralölwerke)
   3 Großtank zerstört. Abfüllhalle, Lagerhallen, Werkstätten und Garagen schwer getroffen. Gleisanlagen beschädigt.
2. Wienerstraße 23 (Rhenania-Ossag Mineralöl A.G.)
   Reparatur-Werkstätten und Wiegehalle total zerstört. Gleisanlagen beschädigt.
   (Runo-Evert Mineralölwerke)
   Kesselhaus und Garagengebäude total . Splitterschutzwände von Tank 6 und 7 teilweise zerstört.

3.	Heilige Geistgasse 6	(Gitler)
4.	Heilige Geistgasse 8	(Gruber)
5.	Obermünsterstraße 16	(Land Bayern) Gewerbeaufsicht
6.	Obermünsterplatz 6	Obermünsterkirche
7.	Margaretenstraße 16	(Fürstl.Hofmarschallamt) Wohnhaus
8.	Margaretenstraße 16a	(Fürstl.Hofmarschallamt) Wohnhaus
9.	Margaretenstraße 8a	(Schenker & Co.) Lagerhalle
10.	Bahnhofstraße 3	(Reichsbahn) Wohnhaus
11.	Von der Tannstraße 26	(Ehrhadt) Wohnhaus
12.	Minoritenweg 26	(Ackermann) Wohnhaus
13.	Minoritenweg 19	(Daschner) Wohnhaus
14.	Galgenbergstraße 7	(Seefelder) Wohnhaus bis auf einige Zimmer zerstört
15.	Galgenbergstraße 26	(Ther.Höpfl) Wohnhaus
16.	Galgenbergstraße 28	(Lermann) Wohnhaus
17.	Galgenbergstraße 26 b	(Ther.Höpfl) Wohnhaus
18.	Galgenbergstraße 26 e	(unbewohntes Wohnhaus)
19.	Furtmayrstraße 2	(Meßberger) Wohnhaus mit Lager
20.	Furtmayrstraße 6 a	(Maurer) Wohnhaus
21.	Furtmayrstraße 8	(Höchstetter sen.) Wohnhaus
22.	Unterislingerweg 1a	(Stadt) Öffentl.Bedürfnisanstalt
23.	Unterislingerweg 2	(Klein) Wohnhaus, 1 Whg.
24.	Unterislingerweg 14a	(Helm) Wohnhaus
25.	Unterislingerweg 22	(Metallwarenfabrik Ratisbona) Motorenwerkstätte.
26.	Unterislingerweg 30	(Preuß) Wohnhaus

Übertr:

Ausschnitt der Schadensbilanz des Luftangriffs vom 13. März 1945. (StAR)

Bombentreffer in der St.-Wolfgangs-Straße 5a am 13.03.1945. (Stadt Regensburg, Bildstelle)

entstanden auf dem Betriebsgelände. Das Kesselhaus und das Garagengebäude wurden bei den Runo-Evert Mineralölwerken total vernichtet. Die Schutzwand von Tank 6 und 7 war teilweise eingestürzt.
Geringe Schäden gab es bei der Deutsch-Amerikanischen Petroleumgesellschaft. Hier waren das Garagengebäude schwer und das Wohn- und Verwaltungsgebäude mittelschwer beschädigt worden. Auf der Schiffswerft Ruthof waren die Schreinerei und die Schlosserei mittelschwer beschädigt worden. Die Hafengleise waren durch direkte Treffer mehrmals unterbrochen, sodass von einem Ausfall bis zu zehn Tagen gerechnet werden musste.

Im Bereich der Süddeutschen Zuckerfabrik AG, Werk Regensburg, wurde eine Baracke für Ausländer total vernichtet und zwei weitere schwer beschädigt. Mittelschwere Schäden wurden aus der Seifenfabrik F.X. Miller gemeldet, desgleichen aus den pharmazeutischen Iso-Werken. Beim Brauhaus Regensburg AG waren die Mälzerei und das Verwaltungsgebäude schwer getroffen. Die Brauerei Bischofshof meldete die totale Zerstörung der Kraftwagenhalle. Schwer beschädigt wurde das Fabrikationsgebäude der Strickwarenfabrik Rathgeber.
Das Gaswerk meldete Totalausfall durch die Beschädigung des Gasbehälters, der Benzolanlage und zahlreicher Gasrohrbrüchen. Die nach Regensburg führenden Überlandleitungen für die Stromversorgung waren zum großen Teil zerstört worden. Im Umspannwerk waren zahlreiche Transformatoren schwer beschädigt, sodass die Stromversorgung für die westlichen Stadtteile auf unbestimmte Zeit ausfiel. Einen Totalausfall für mindestens fünf Tage meldete das Wasserwerk. Hier mussten allein im Stadtgebiet 68 Rohrbrüche beseitigt werden. Schwere Schäden wurden auch aus dem städtischen Straßenbahndepot gemeldet. Verschiedene Werkstätten, das Wohlfahrtsgebäude sowie acht Motorwagen waren zum Teil schwer getroffen.
Katastrophale Schäden waren bei der Reichsbahn zu verzeichnen. Es entstand schwerer Brandschaden im Bereich des Hauptbahnhofgebäudes und im Westteil der Reichsbahndirektion durch Bombenvolltreffer. Die Eisenbahnwarnzentrale im Keller des Hauptbahnhofes wurde durch Brand total zerstört. Die letzte Personenwagenreserve und zahlreiche Lokomotiven waren total zerstört. Bahnbetriebswerk und Lagerräume wurden total zerstört. Die Gleisanlagen waren schwerstens getroffen, alle Aus- und Einfahrten aus dem Haupt- und Güterbahnhof waren zerstört. Auf den Gleisanlagen waren 221 direkte Bombentreffer zu verzeichnen. Regensburg war als Bahnknotenpunkt für längere Zeit ausgeschaltet. Der Fernverkehr wurde umgeleitet. Ein notdürftiger Nahverkehr erfolgte von den Vorort-Bahnhöfen Prüfening, Walhallastraße und Obertraubling.

Die Reichspost meldete die totale Zerstörung der Bahnpaketpostannahme, des Fernsprechamtes, des Telegrafenbauamtes und des Zeugamtes durch Bombenvolltreffer. Drei Regensburger Lazarette (Augustenschule, Helenenschule und Schule am Petersweg) wurden schwer beschädigt. Vier Kasernen, sechs Verwaltungsgebäude und Magazine waren schwer getroffen worden. Drei Baracken und ein Lagerschuppen wurden total zerstört.
Im Bereich der Landwirtschaft wurden zahlreiche Scheunen zerstört und beschädigt.
Folgende Schäden waren bei den Polizeianlagen zu verzeichnen: Die Garage der Feuerwehr-Einsatzabteilung war durch Volltreffer zerstört. Die Polizeidirektion und das 2. Polizeirevier waren leicht beschädigt. Die Fernschreiberverbindung war unterbrochen und die Großalarmanlage (Luftschutzsirenen) wegen Stromausfall außer Betrieb. Zwei Löschfahrzeuge (LF 8) und ein Krad mussten als Totalschaden abgeschrieben werden.
Der Wasserhochbehälter (500 m^3) in Neuprüll für die Ortsteile Eisbuckel, Kumpfmühl, Karthaus und Göringheim hatte einen Volltreffer erhalten und war vollständig zerstört. Die Pumpstation St. Peter am Bahnhof war durch Stromausfall außer Betrieb. Das Hochzonenpumpwerk in der Eisbuckelstraße 46 erlitt durch einen Treffer mittlere Schäden an der elektrischen Schaltanlage. Durch die Absperrung der Hauptzubringerleitung an der Brunnleite und durch die Absperrung des Rohrbruches Am Singrün gelang es, den Hochbehälter auf der Winzerer Höhe wieder zu füllen. Dadurch wurde es möglich, die Wasserversorgung des Stadtkernes am 14.3. um 14.00 Uhr aufzunehmen. Zur Notwasserversorgung im äußeren Stadtgebiet wurden sieben Lastkraftwagen eingesetzt, die in der Hauptsache die Lazarette und größeren Gaststätten mit dem nötigen Trinkwasser versorgten. Die Wasserversorgung des Göringheims konnte erst mit dem Eintreffen des Sprengwagens der Stadt Amberg aufgenommen werden. Bis zum 17.3. konnten insgesamt elf Tankfahrzeuge zur Trinkwasserversorgung eingesetzt werden, damit war zumindest der allernotwendigste Bedarf gedeckt.
Für die Weiterführung der Sofortmaßnahmen zur Beseitigung der Fliegerschäden an Gebäuden wurden zusätzliche Handwerker, wie Maurer, Zimmerer, Schreiner, Glaser, Dachdecker usw., benötigt. Bis zum 14.4. wurde jedoch kein weiterer Handwerker für Regensburg zugeteilt, ganz im Gegenteil, von den vorhandenen gab ein großer Teil seine Arbeit in Regensburg auf. Handwerker nach Regensburg dienstlich zu verpflichten, wie das städtische Bauamt vorgeschlagen hatte, dürfte auf Grund der Kriegslage kaum mehr zur Anwendung gekommen sein.
Schwere Schäden wurden auch aus dem Landkreis Regensburg gemeldet.
Aus der Gemeinde Burgweinting wurde der Abwurf von ca. 200 Sprengbomben bekannt. Ein Toter, drei Verwundete und sechs in Kellern verschüttete Personen waren zu beklagen. Fünf Wohnhäuser waren durch Volltreffer total zerstört und 20 leicht beschädigt, desgleichen mehrere landwirtschaftliche Gebäude.
500 Sprengbomben töteten bei Oberisling fünf deutsche und 20 ungarische Soldaten. Eine Scheune wurde leicht beschädigt, schwere Flurschäden entstanden. Schwer getroffen wurde die Ortschaft Irl. 250 Sprengbomben zerstörten drei Wohnhäuser, drei wurden schwer, fünf mittel und drei leicht beschädigt. Zwei Scheunen und eine Werkstatt wurden total zerstört. Unter den Trümmern fand man einen Toten. Das Umspannwerk in Irlmaut wurde leicht beschädigt. In Kreuzhof bei Barbing wurde ein LKW durch Tieflieger beschossen und beschädigt.
In der Gemeinde Pentling beschädigten 108 Sprengbomben zwei Wohngebäude und verursachten Flurschäden.
95 Bomben bei Hohengebraching verursachten Flur- und Waldschaden. Eine Person wurde tot aufgefunden.
Flurschaden entstand durch 80 Bomben in Kareth, ein Wohnhaus wurde zerstört und 20 wurden leicht beschädigt.
In Irarting, Gemeinde Matting, wurden durch 40 Sprengbomben zwei Wohnhäuser und eine Scheune leicht beschädigt. Ein Toter, ein Wohnhaus mittelschwer, das Bahnhofsgebäude und die Gleisanlagen schwer zerstört, waren die Bilanz von 30 Bomben in Sinzing. Die Bahnstrecke Regensburg-Ingolstadt war unterbrochen.
In Hammermühle bei Sulzbach an der Donau beschädigten 15 Bomben ein Wohnhaus, eine

Scheune und einen Stall, des Weiteren entstand Wald- und Flurschaden. Dach- und Flurschaden entstanden durch zwei Bomben in Leoprechting. Eine Sprengbombe explodierte in unmittelbarer Nähe einer Scheinanlage bei Oppersdorf.
Durch vier Sprengbomben entstanden in Tegernheim Glas- und Flurschäden.

Auch aus den benachbarten Landkreisen wurden Schäden gemeldet.
In Landshut wurden neun Sprengbomben auf den Bahnhofsbereich abgeworfen. Getroffen wurden der Westbau des Bahnhofgebäudes, der Rangierbahnhof und die Oberleitung. Durch Tieffliegerbeschuss wurden mehrere Waggons beschädigt. In der Gemeinde Pruckbach verursachten neun Bomben Waldschäden. Im Landkreis Burglengenfeld explodierten sechs Bomben bei Stöcklhof, dabei wurden zwei Personen verwundet. Acht Sprengbomben bei Saalhaupt im Landkreis Kelheim hatten Dach-, Glas- und Flurschäden zur Folge. Im Landkreis Mainburg wurde im Bahnhof von Enzelshausen ein Güterzug durch Tiefflieger beschossen. Zwei Wagen mit Stroh, zwei Wagen mit Flachs und ein Kesselwagen mit 4.400 Liter Benzin wurden durch Brand total zerstört. Tiefflieger beschossen den Bahnhof von Postbauer im Landkreis Neumarkt. In Meierhofen, Gemeinde Bittelsdorf im Landkreis Bogen, wurde durch eine große Sprengbombe ein Wohnhaus total zerstört, eine Person wurde verletzt und zahlreiche Tiere wurden getötet. 1.100 Zentner Stroh wurden durch Feuer vernichtet. Schwere Schäden durch Tiefflieger wurden aus dem Landkreis Nürnberg gemeldet. Bei Gauchsmühle stürzte ein Feindflugzeug ab, der Pilot wurde getötet. Am 18.3.45 ereignete sich ein schweres Unglück in der Gemeinde Taimering. In der Ortsflur lagen noch einige Blindgänger von Splitterbomben, die noch nicht gesprengt, aber durch Warntafeln gekennzeichnet waren. Neun Taimeringer Burschen im Alter von 9 – 17 Jahren gruben vier Blindgänger aus und wollten zwei davon mit nach Hause nehmen. Unterwegs explodierte ein Blindgänger und tötete vier Jungen auf der Stelle, vier weitere Buben verstarben bis zum 20.3. im Krankenhaus, ein Junge kam mit leichten Verletzungen davon.

Bericht von Alois Kötterl aus Regensburg zum Luftangriff vom 13. März 1945

„Wegen einer schweren Kriegsverwundung, die ich in Russland erlitten hatte, wurde ich aus der Wehrmacht entlassen und kam zur Reichsbahn nach Regensburg in das dortige Reichsbahn-Kraftwagenbetriebswerk in der Kirchmeierstraße. Bei Fliegeralarm, wurden alle Kraftfahrzeuge aus dem Bahnhofsbereich weggefahren, so auch am 13.3.45. An diesem Tag war wieder einmal Fliegeralarm, und so fuhren wir zu dritt mit einem PKW der Reichsbahn nach Sinzing. Es waren dies der Fahrer, der Personalbeamte der Dienststelle und ich als Lohnrechner, damals 24 Jahre alt. Nach einiger Zeit wurde Vorentwarnung gegeben, und wir fuhren nach Regensburg zurück. Kaum bei der Dienststelle angekommen, gab es erneut Vollalarm, und so fuhren wir umgehend in Richtung Sinzing zurück. Der Fahrer fuhr jedoch lediglich bis zu einem Verbindungsweg vom Messerschmitt-Werk zur Göringsiedlung (heute Ganghofersiedlung). Wir blieben ein Stück südöstlich des Stadtteils Dechbetten, und zwar in der Nähe einer Parkkapelle stehen. Diese befindet sich auch heute noch dort. Da kam auch schon die erste Bomberwelle aus Richtung Sinzing angeflogen. Die Flugzeuge waren wegen der Bewölkung nicht zu sehen. Wir liefen unschlüssig hin und her, als die ersten Bomben fielen. Es waren Dutzende an der Zahl und in unmittelbarer Umgebung. Wahrscheinlich waren die Bahnanlagen oder das Messerschmitt-Werk das Ziel der Bomber. Es folgte Welle auf Welle, Hunderte von Bomben fielen in der näheren und weiteren Umgebung. Dechbetten fiel vor unseren Augen in Trümmer. Unser Fahrer, ein Mann aus Großprüfening, der gerade im Königswiesener Park am dortigen Gutshaus kauerte, rief mir zu, dass ich mich endlich in Deckung begeben solle. Meine Entfernung zu dem Mann betrug ungefähr 20 m, als ihn ein Volltreffer tötete. Stunden später sammelte man die noch auffindbaren Leichenteile in einer Zeltplane ein. Der Personalbeamte und ich, ziellos umherhastend, liefen aus dem Park in ein neben dem Weg liegendes Feld, das wie die gesamte Umgebung mit Bombentrichtern übersät war. Der Beamte hatte eine stark blutende Verletzung erlitten, sein gesamtes

Gesicht war blutverschmiert. Meiner Zählung nach waren bisher zwölf Wellen angeflogen und hatten ihre Bomben abgeworfen. Da kam die 13. Welle schwer brummend über Sinzing angeflogen, direkt auf uns zu. In unserer Angst suchten wir Zuflucht in einem großen Bombentrichter, weil in diesem bereits zwei Soldaten in feldmarschmäßiger Ausrüstung in Deckung lagen. Es waren Wehrmachtsangehörige, die aus einem Truppentransportzug, der des drohenden Luftangriffes wegen auf den Gleisen nahe Dechbetten angehalten worden war, stammten. Inzwischen war die Wolkendecke aufgerissen, und die Sonne spiegelte sich in den anfliegenden Bombern. So lagen wir nun zu viert in diesem Krater, die Köpfe am östlichen Rand. Dann begann das nerventötende Sausen der fallenden Bomben, und es schlug um uns ein. Ein Inferno wie ein Weltuntergang. Die Erde bebte und wankte, Feuerwände hüllten uns ein, wir wurden hin und her geworfen, und plötzlich konnte ich mich nicht mehr bewegen, ich war verschüttet. Mein mir bis heute in Erinnerung gebliebener Gedanke war: ‚Nun musst du in diesem Krieg noch so verrecken!' Mein Bewusstsein setzte aus, und ich konnte mich an nichts mehr erinnern. Als ich wieder zu mir kam, zogen zwei Soldaten an meinen Händen. Man hatte mich bis zu den Hüften freigeschaufelt, die Soldaten hatten Feldspaten dabei, konnten mich jedoch noch nicht aus dem lehmig-nassen Erdreich herausziehen. Nach weiterem Freischaufeln gelang es endlich, mich aus der misslichen Lage zu befreien. Mein Mantel war total zerrissen, die Eisenbahnermütze, welche ich getragen hatte, war nicht mehr auffindbar, deren Schild hatte mir wahrscheinlich einen kleinen Luftvorrat beschert. Plötzlich kam mir zum Bewusstsein, dass ja noch der Personal-

Total zerstörtes Wohnhaus in der Frauendorferstraße Nr. 8 nach dem Luftangriff vom 13.3.1945. (MZ-Archiv)

Bombenschäden vom 13.3.1945, Am Singrün/Gerbergasse. (MZ-Archiv)

beamte fehlte, der neben mir gelegen hatte. ‚Da ist noch einer drinnen', mehr brachte ich nicht heraus. Die Soldaten gruben weiter und stießen auf einen Lodenmantel. Schließlich konnte auch der Beamte noch gerettet werden, zwar bewusstlos und mit Rippenbrüchen, aber nicht lebensgefährlich verletzt; man transportierte ihn umgehend ins Krankenhaus. Ich war mit geringen Kopfverletzungen, Prellungen und Hautabschürfungen davongekommen. Als Grund unserer Rettung erfuhr ich noch, dass einer der zwei Soldaten nur halb verschüttet worden war und um Hilfe schreien konnte. So eilten andere Soldaten herbei und halfen. Unsere Verschüttung beruhte übrigens darauf, dass eine schwere Bombe auf den Westrand des Bombentrichters aufschlug, diesen aufrollte und uns verschüttete. Die Bomberwelle, die uns getroffen hatte, war die 13. und letzte an diesem Tag. Ein weiterer Bediensteter unserer Dienststelle, der zu Fuß in diese Gegend geflüchtet war, wird seitdem vermisst. Die Überreste unseres Fahrers, ein 33-jähriger Familienvater von zwei Kindern, wurden, wie bereits erwähnt, stückweise eingesammelt und ruhen heute auf dem Friedhof von Dechbetten. Einige Tage später schaute ich mir die Unglücksstätte nochmals an. Der Bombentrichter hatte einen Durchmesser von zwölf und eine Tiefe von sechs Metern. Mittlerweile hatte sich darin Grundwasser angesammelt. Ich konnte es nicht glauben, dass man so etwas überlebt hatte. Heute befindet sich an dieser Stelle das BMW Autohaus Wagner. Als vor Jahren Königswiesen-Nord gebaut wurde, fand man bei den Ausgrabungsarbeiten noch einen sicher damals verschütteten Soldaten bzw. das, was von ihm noch übrig war. Anhand seiner Erkennungsmarke wurde dann weitergeforscht und sein Vermisstenschicksal sicherlich aufgeklärt."

11. April 1945: Das „Aus“ für den Ölhafen

Auch im April waren die Aufklärer und Jagdflugzeuge der US-Luftwaffe über der Stadt. Am 4.4. erschienen 43 P-51 der 325. FG um 14.30 Uhr zu Tiefangriffen im Großraum von Regensburg. Am 5.4.45 war es eine P-38 der 32. PS, welche um 12.30 Uhr die Stadt überflog. Am 9.4. folgte schließlich eine weitere P-38 der 32. PS, die von drei P-38M der 82. FG begleitet wurde und um 11.45 Uhr Regensburg erreichte. Diese rege Tätigkeit der Aufklärungsflugzeuge bedeutete mit Sicherheit den nächsten Angriff. Dieser erfolgte jedoch nicht durch die 15., sondern durch Verbände der 8. US-Luftflotte aus England, die seit dem 21.7.44 Regensburg nicht mehr angegriffen hatte. Am 11. April 1945 erfolgte der nächste Luftangriff auf Regensburg. An diesem Tag flogen alle drei Bomberdivisionen der 8. US-Luftflotte mit insgesamt 1.270 Bombern in den bayerischen

Eine totale Kraterlandschaft im Ölhafen nach den Luftangriffen vom 20.1. und 5.2.1945. (USAF)

Raum ein. Begleitet wurde diese Streitmacht von 871 Jagdflugzeugen. Die Ziele lagen in Kraiburg, Freiham, Landshut, Treuchtlingen, Ingolstadt, Donauwörth, Neumarkt, Amberg und Regensburg. 190 B-24 „Liberator“ der 2. Bomberdivision warfen 423,8 t Bomben auf Ziele im Regensburger Raum. Der Begleitschutz umfasste 211 Jagdmaschinen, davon 55 P-47 „Thunderbolt“ und 163 P 51 „Mustang“. Weitere 52 P 51 „Mustang“ flogen Tiefangriffe auf Ziele im Großraum Regensburg. In Regensburg herrschte seit 12.29 Uhr Fliegeralarm.

Jagdbomberangriffe wurden im Bereich Regensburg auf die Bahnlinie nach Hof geflogen, die dann auf Grund der Schäden gesperrt werden musste. Weitere Tiefangriffe mit Bordwaffenbeschuss gab es auch in Schwabelweis, auf die Hitlerbrücke und den Stadtteil Weichs. Zuerst sah es so aus, als würde dieser Bomberverband die Stadt gar nicht angreifen. Nördlich von Regensburg, im Bereich Neustadt/Waldnaab, flog der Kampfverband nach Osten in Richtung Böhmen. Über Tachau drehte er dann in südöstliche Richtung, um bei Kolovec auf Südkurs zu gehen. Im Gebiet von Ruhmannsfelden kurvte der Verband auf Angriffskurs Regensburg.

Nach dem Bombenwurf flog der Bomberverband mit Nordkurs über Regenstauf aus dem Regensburger Raum aus. Die Bombergruppen 458, 466, 467 griffen mit 80 B-24 die Öl- und Treibstofflager der Rhenania-Ossag, der Mineralöl Werke AG, der Danubia AG und der Olex im Ölhafen mit 184,4 t Bomben an. Allein von der 466. BG wurden 84 x 450-kg-Sprengbomben und 818 x 45-kg-Brandbomben abgeworfen. Zahlreiche Tanks wurden zerstört oder schwer beschädigt. Der gesamte Hafenbereich war erneut schwer getroffen. Gebäude und Verladeeinrichtungen wurden zerstört. Zahlreiche Brände wüteten im Bereich des Ölhafens (s. Luftbild). Mäßiges Flakfeuer konnte den Angriff nicht einmal behindern. Deutsche Jagdflugzeuge wurden zur Abwehr des Angriffes nicht eingesetzt. Die Deutsche Luftwaffe lag am Boden und war im wahrsten Sinne des Wortes ausgeblutet.

Durch den Flugmeldedienst waren 26 Luftlagemeldungen durchgegeben worden, sodass um 12.33 Uhr in Regensburg Fliegeralarm ausgelöst wurde. Ab 12.39 Uhr bestand für Regensburg akute Luftgefahr. Nach weiteren 38 Luftlagemeldungen folgte um 13.35 Uhr der erste Angriff auf das Hafengebiet. Um 13.38 Uhr begann das Bombardement auf

Eine Aufnahme, die nach Beendigung des Krieges durch die US-Air Force gemacht wurde, zeigt den total verwüsteten Fliegerhorst von Obertraubling. Auf der Straße im Vordergrund starteten die Me 262 entlang der zerstörten Hallen zum Einflug. (USAF)

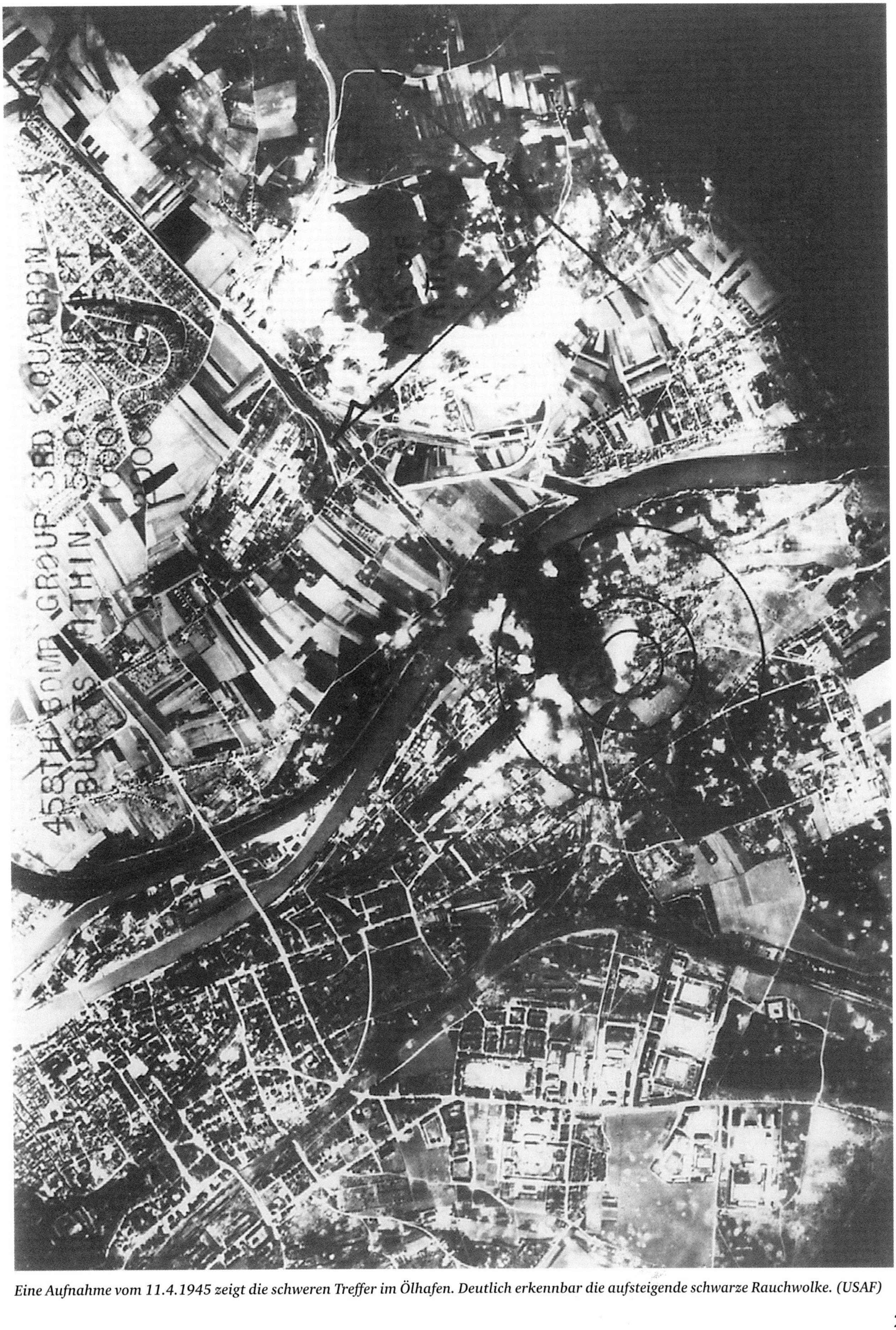

Eine Aufnahme vom 11.4.1945 zeigt die schweren Treffer im Ölhafen. Deutlich erkennbar die aufsteigende schwarze Rauchwolke. (USAF)

Obertraubling, um 13.39 Uhr fielen Bomben auf den Ostbahnhof. Weitere Angriffswellen bombten um 13.43 Uhr den Ölhafen und um 13.47 Uhr den Ostteil des Umschlaghafens. Die letzten Bomben fielen um 13.50 Uhr auf das Gleisdreieck Ostbahnhof. Ein Kampfverband mit 79 B-24 drehte auf den Fliegerhorst Obertraubling ein. Durch Luftaufklärung hatte man festgestellt, dass die Produktion der Me 262 im April 1945 immer noch lief. Mit 160 t Bomben wurde der zertrümmerte Fliegerhorst noch einmal getroffen. Bei diesem Angriff wurde die im Bau befindliche Startbahn, welche zum Teil bereits planiert und im östlichen Bereich auch betoniert war, förmlich pulverisiert. Auch die Notstartbahn (Straße im Fliegerhorst) für die Me 262 erhielt im südlichen Bereich schwere Treffer. Das Flugfeld war für mehrere Tage nicht einsatzbereit und musste von einigen hundert KZ-Häftlingen erst wieder mühsam planiert werden. Weitere 31 B-24 warfen 48,5 t Bomben auf das Heeresnebenzeugamt ab.

Bombentreffer auf das Heeresnebenzeugamt an der alten Straubinger Straße am 11.4.1945. (USAF)

Zahlreiche Gebäude erhielten Volltreffer. Bei Kriegsende glich die Umgebung der Altstadt besonders im Osten (Hafen), im Süden (Bahnhofsbereich) und im Westen (Messerschmitt-Werk) einer Kraterlandschaft, die mehrmals gründlich umgepflügt wurde. Die Altstadt blieb wie durch ein Wunder von flächendeckenden Schäden verschont. In Regensburg herrschte ab 12.34 Uhr Fliegeralarm. Das Bombardement begann um 13.34 Uhr und endete um 13.50 Uhr. Entwarnung wurde um 14.17 Uhr gegeben.
Durch Feindeinwirkung traten beim Angriffsverband auf Regensburg keine Verluste ein, jedoch stießen auf dem Rückflug zwei B-24 der 446. Bombergruppe zusammen, dabei kamen alle 22 Besatzungsmitglieder ums Leben.

Die Auswirkungen des Luftangriffes: Stand 17.00 Uhr

Angriffsschwerpunkt war der Ölhafen, der Ostbahnhof und die nähere Umgebung beider Anlagen. Ca. 1.200 Sprengbomben, ca. 220 Brandbomben und 4 Markierungsbomben (Zielanzeiger) trafen das Zielgebiet. Der Angriff forderte sieben Verletzte und 30 Obdachlose. Etwa 15 Wohngebäude wurden leicht beschädigt.
Der Ölhafen war nach diesem Präzisionsangriff weitgehend lahmgelegt, denn die Schäden waren so umfangreich, dass eine Reparatur vor Kriegsende nicht mehr erfolgen konnte. Die Schadensaufstellung im Einzelnen:

- Rhenania-Ossag, Mineralölwerke AG, Werk Regensburg: Destillation, Benzinpumpen- und Wasserpumpenhaus, Kesselwagen-Reparaturwerkstätte, Großmagazin, Ölhalle, und Werkstätte total zerstört. Kleintankhof und Vorlagetank für Abfülleinrichtung durch Brand zerstört. Dabei etwa 300.000 kg chemische Öle vernichtet. Gleisanlagen erneut schwer getroffen. Wohn- und Verwaltungsgebäude schwer beschädigt. Ausfall – bis auf die Treibstofftankanlage – total auf Kriegsdauer.
- Runo-Everth, Treibstoffe und Öl AG, Lager Regensburg: Kleintankhof, Fassabfüllhalle erneut schwer beschädigt. Etwa 150 Leihfässer mit Spezialschwerölen vernichtet. Wohn- und Verwaltungsge-

Ein vernichtender Bombenangriff am 11. April 1945 auf die im Bau befindliche zwei Kilometer lange Startbahn für die Me 262 auf dem Fliegerhorst von Obertraubling. (Foto: Peter Schmoll/USAF)

bäude schwer beschädigt. Ausfall zu 90% auf unbestimmte Zeit.

- Deutsch-Amerikanische Petroleumgesellschaft Regensburg: Fassabfüllhalle und Tank Nr. 2 zerstört. Wohn- und Verwaltungsgebäude schwer beschädigt. 50 Fässer mit technischen Ölen durch Brand vernichtet. Ausfall, bis auf Fassversand, total auf Kriegsdauer.
- Olex, Deutsche Benzin- und Petroleumgesellschaft mbH, Tankanlage Regensburg: zwei Mischbehälter mit je 200 m^3 Fassungsvermögen zerstört, ca. 100 t Mischbenzin durch Brand vernichtet. Verwaltungs- und Wohngebäude total zerstört. Ethylanlage schwer beschädigt.
- Schiffswerft Ruthof KG: Verwaltungsgebäude total zerstört, Schreinerei mittelschwer beschädigt. Ein Kahn auf Helling leicht beschädigt. Ausfall auf Kriegsdauer 100%.
- Schiffswerft Hitzler: Wohn- und Verwaltungsgebäude total zerstört. Ein Tankschiff auf Helling durch Nahtreffer vernichtet.
- IG-Farbenindustrie AG: Verwaltungsgebäude total vernichtet.
- Bayerischer Lloyd Schifffahrts AG,

Agentie: eine Trafostation und die Werkkantine schwer beschädigt.

- Hafenanlagen: Gleisanlagen im Ölhafen mehrfach unterbrochen. 30 Kesselwagen, zum Teil gefüllt, zerstört und ausgebrannt.
- Reichsbahnanlagen: Strecke Regensburg-Hof durch mehrere Treffer unterbrochen, eingleisiger Betrieb nach zwei Tagen wieder möglich. Strecke Regensburg-München und Regensburg-Passau durch Fahrleitungsschäden unbefahrbar, Unterbrechung für etwa einen Tag. Im Ostbahnhof zwei Volltreffer auf Gleisanlagen.
- Die Schwabelweiser Eisenbahnbrücke wurde viermal getroffen, jedoch waren nur Gleisschäden zu verzeichnen.
- Städtische Elektrizitätsversorgung: Vernichtung einer Trafostation im Hafen.
- Fernelektrizitätsversorgung: Hochleitungsschäden im Hafengebiet. Reparaturarbeiten dauern je nach Art und Schwere der Schäden von einem Tag bis zu einer Woche.
- Städtische Werke: Gas- und Wasserrohrschäden im Hafengebiet. Mehrfache Unterbrechung des Gasrohrstranges zur Süddeutschen Holzverzuckerung.
- Schäden an Wehrmachtsanlagen: Beim Heeresnebenzeugamt wurden mehrere Baracken mit Infantriemunition durch Brand vernichtet. Das Anschlussgleis wurde mehrfach unterbrochen. In der Ritter-von-Speck-Kaserne wurde eine Baracke leicht beschädigt.
- An Bränden wurden gemeldet: Vier Großbrände konnten bis 17.00 Uhr nur teilweise gelöscht werden. Fünf Kleinbrände wurden gelöscht, ebenso ein Gebäudebrand. 30 Kesselwagenbrände konnten bis 17.00 Uhr nur zum Teil abgelöscht werden. Die Objektschutzwache der Polizei im Ölhafen wurde durch Brand total zerstört.

Blick in eine Flugzeughalle auf dem Fliegerhorst in Obertraubling bei Kriegsende. Zahlreiche zerstörte Me 262, darunter die Werknummer 500.488, liegen als Zeichen eines verlorenen Krieges zertrümmert am Boden. (USAF)

16. April 1945: Der letzte große Luftangriff auf Regensburg

Die Peripherie der Altstadt von Regensburg glich einer Krater- und Trümmerlandschaft, und dennoch flog die 8. US-Luftflotte nochmals einen vernichtenden Großeinsatz auf den Eisenbahnverkehrsknotenpunkt Regensburg. Die alliierten Bombenlager waren noch gut gefüllt, und von amerikanischer Seite war man bemüht, den Rückzug der Wehrmacht in das Refugium der Alpen mit allen Mitteln zu verhindern. Das Gespenst der Alpenfestung mit einer vorgeschobenen Verteidigungslinie an der Donau geisterte durch die alliierten Führungsstäbe.
An diesem Tag starteten in England alle drei Bomberdivisionen mit zusammen 1.252 Bombern, von denen 1.208 ihre Ziele erreichten. Zur Abwechslung bombardierte heute die 1. Air Division Ziele in Regensburg mit 454 B-17. Die 2. Air Division griff mit 306 B-24 Landshut an, wobei 273 B-24 auf die Stadt 611,8 t an Bomben abluden. Die 3. Air Division bombardierte mit 485 B-17 Ziele bei Bordeaux, das immer noch von deutschen Truppen verteidigt wurde.
Der erste Kampfverband belegte die östliche Eisenbahnbrücke über die Donau bei Schwabelweis von 15.55 – 15.57 Uhr mit 190 t Bomben. Weitere 74 Bomber belegten von 15.58 – 16.00 Uhr die Eisenbahnbrücke bei Mariaort mit 196 t Bomben. Weitere 148 B-17 warfen über dem Hauptbahnhof 360 t Bomben ab. Der gerade wieder mühsam in Gang gebrachte Eisenbahnverkehr brach total zusammen. Das gesamte Transportsystem der Reichsbahn im Raum Regensburg war zum Stillstand gekommen. Der Bahnverkehrsknotenpunkt Regensburg existierte nach diesem Angriff nicht mehr. Der Bahnverkehr in Regensburg wurde eingestellt und bis Kriegsende auch nicht mehr aufgenommen. Die Götterdämmerung hatte begonnen.
In Plattling warfen 77 B-17 an die 237 t Bomben und 76 B-17 in Straubing 217,6 t Bomben auf Eisenbahnziele. Auch hier entstanden schwere Verwüstungen, die bis Kriegsende nicht mehr behoben werden konnten. Dazu fehlte das nötige Personal und Material, hinzu kamen Auflösungserscheinungen aller wichtigen Organisationen. Das Deutschland mit der Bezeichnung „Drittes Reich“ lag in seinen letzten Zügen, aber noch war der Opfergang der Bevölkerung nicht beendet.
Die Bomberverbände der 1. und 2. Air Division wurden von insgesamt 539 Jagdflugzeugen begleitet. Erlitten die Bomberverbände nur den Verlust einer B-24, so verloren die Jägergruppen insgesamt 20 Maschinen. Ein großer Teil dieser Verluste wurde durch die deutsche Flakabwehr verursacht, als die US-Jäger zu Tiefangriffen auf Fliegerhorste und Verkehrseinrichtungen übergingen (s. Kapitel Tiefangriffe).

Die Auswirkungen des Angriffs

Luftalarm herrschte an diesem Tag in Regensburg von 7.30 – 20.18 Uhr. Nur noch spärliche Unterlagen sind von deutscher Seite erhalten geblieben. Das Wohnungsamt meldete mit Datum vom 17. April 1945 seit Beginn der Luftangriffe auf Regensburg eine Obdachlosenzahl von 6.296 Personen, weitere 45 Familien warteten noch auf Zuteilung von Wohnraum. Nach Angaben des Stadtarchivs von Regensburg forderte dieser Angriff 112 Tote. Die Anzahl der Verletzten ließ sich nicht mehr ermitteln. Auf und in den Anlagen der Reichsbahn herrschte totale Verwüstung. Große Brände wüteten beim Hauptbahnhof und in den Werkstätten des alten und neuen Bahnbetriebswerkes. Die Kraftfahrbetriebswerkstätte, die Kraftwagenwerkstätte und die Werkstätten des Fernmeldedienstes waren total vernichtet oder zumindest schwer beschädigt. Waggons verschiedenster Art lagen kreuz und quer vom Hauptbahnhof bis zur Dechbettener Brücke auf den Gleisanlagen. Zahlreiche Lokomotiven, darunter zwei E-Loks, waren schwer beschädigt oder zerstört. Verladehof I und II wurden ebenfalls schwer beschädigt. Sämtliche wichtigen Gleise im Bereich Hauptbahnhof, Hafen und Ostbahnhof waren getroffen. Auch im Bereich von Burgweinting wurden zahlreiche Gleise getroffen und Waggons zerstört oder beschädigt. Selbst 24 Stunden nach dem Angriff standen noch Einrichtungen und Anlagen der Reichsbahn in Flammen, im Ostbahnhof brannten noch Waggons. Die Wasserversorgung im Bahnhofsbereich und zur Lokspeisung war total zerstört. Große Schäden waren am Empfangsgebäude des Hauptbahnhofes, im Bereich der Personen- und Güterabfertigung und am Gebäude der Eisenbahndirektion festzustellen. Sämtliche Gebäude aller Reichsbahndienststellen waren zerstört oder schwer beschädigt. An der Eisenbahnbrücke der Reichsbahnstrecke nach Nürnberg, bei Mariaort, wurden drei Flutöffnungen zerstört, das gesamte Brückenbauwerk war schwer beschädigt und nicht mehr befahrbar. In den Bombenhagel gerieten auch englische Kriegsgefangene, die dort die Brücke zu Fuß passierten. Zahlreiche Engländer wurden getötet und verwundet.

Auch die Eisenbahnbrücke bei Schwabelweis wurde wiederum schwer beschädigt (4 Flutöffnungen), sodass der Zugverkehr in Richtung Hof-Berlin eingestellt werden musste. Besonders die an das Bahngelände angrenzenden Stadtteile, z. B. Eisbuckel, wurden bei diesem Angriff schwer bombardiert. An Wohngebäuden wurden 63 total zerstört, 18 waren schwer, 29 mittelschwer und 25 leicht beschädigt. Die Rohrbrüche im Gasleitungsnetz vom Angriff am 13.3. waren weitgehend abgedichtet, jedoch entstanden bei der Bombardierung am 16.4. insgesamt acht neue Rohrbrüche, die bis zum 21.4. noch nicht abgedichtet werden konnten. Im Gaswerk lagerte zu diesem Zeitpunkt noch für 2,5 Wochen Braunkohle. Ein Waggon mit Steinkohle und zwei Waggons mit Braunkohle gelangten durch die Zerstörung der Gleisanlagen nicht mehr auf den Betriebshof des Gaswerkes. Die Belegschaft des Gaswerkes bestand aus zehn eigenen Kräften, hinzu kamen 16 Italiener und 20 Strafgefangene, die jedoch am 19.4. abgezogen wurden. Somit war im Gaswerk nur noch ein Notbetrieb möglich, für notwendige Reparaturen war kein Personal mehr vorhanden, zudem wirkten sich die ständigen Fliegeralarme sehr verzögernd auf alle Arbeiten aus.

Die schwerbeschädigte Brücke der Eisenbahnlinie nach Nürnberg, bei Mariaort, nach dem Luftangriff vom 16.4.1945. (Stadt Regensburg – Amt f. Stadtentwicklung)

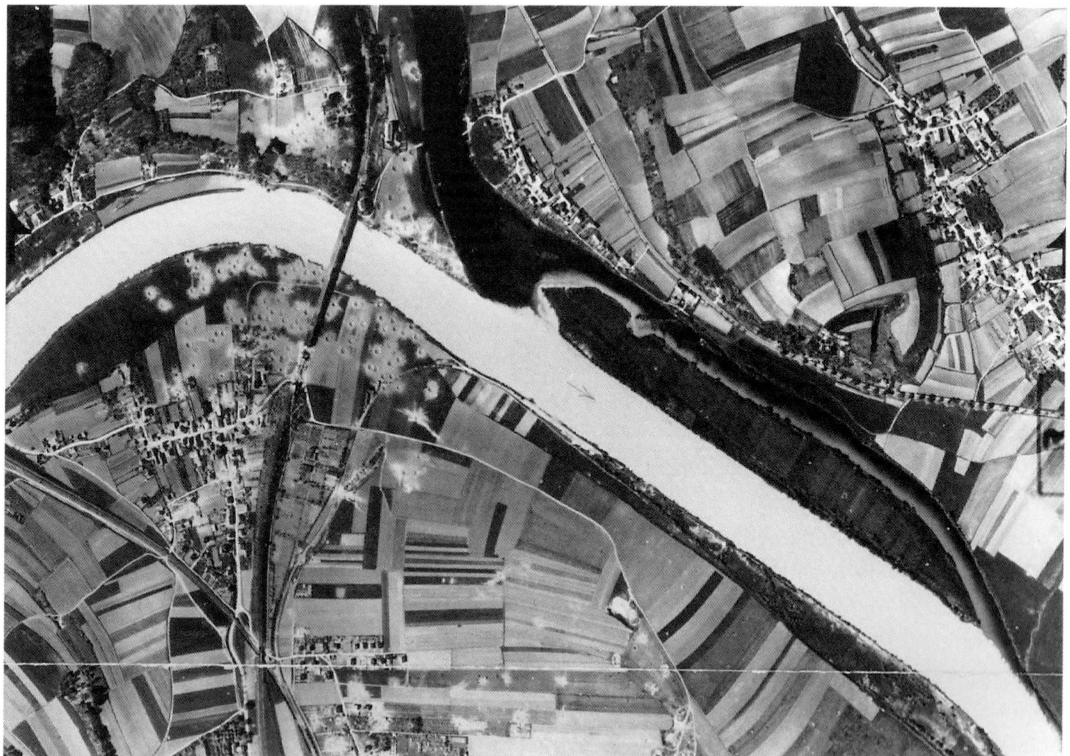

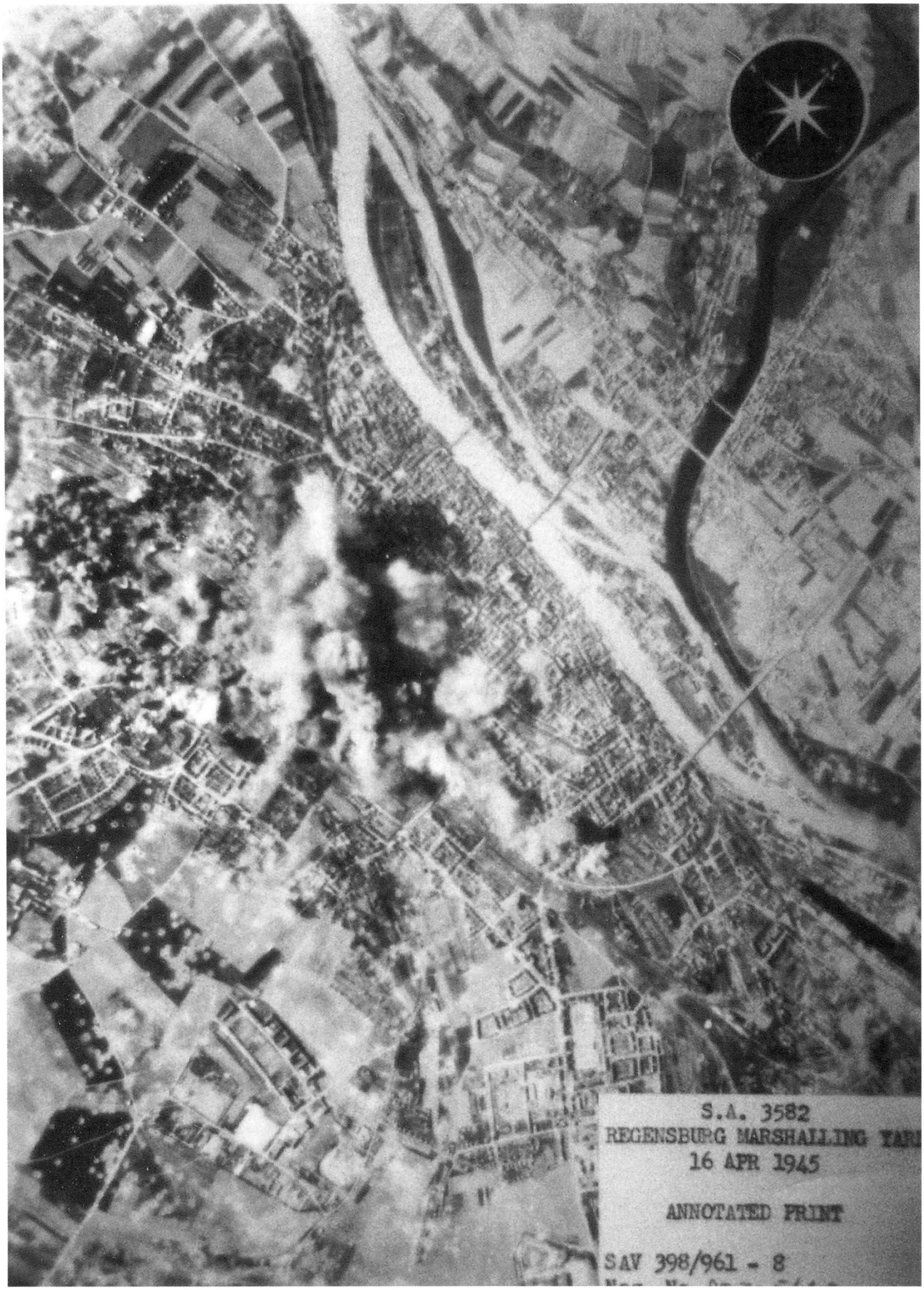

Bombardierung des Bahnhofgeländes in Regensburg durch die 8. USAAF am 16. April 1945. Ab diesem Angriff ruhte der Eisenbahnverkehr bis zum Kriegsende. (USAF)

Die Aufnahme vom 20. April 1945 zeigt zahllose Bombentrichter im Kasernenviertel zwischen der Landshuter Straße (Mitte) und dem Unterislinger Weg. (USAF)

Ein Bericht des Flaksoldaten Erich Wollner zum Luftangriff vom 16. April '45: *„Wir standen mit unserer Flakbatterie noch immer im Ostbahnhof. Ab und zu kam wieder ein Güterzug, aber keiner fuhr wieder weg. Soweit wir den Bahnhof übersehen konnten, waren alle Gleise voll mit Zügen belegt. Am 16. April '45, es war ein Sonntag, das Wetter war trocken und schön, gab es schon wieder Fliegeralarm. Schon Tage vorher mussten wir neben den Gleisanlagen in einem ca. zehn Meter breiten Geländestreifen unsere Schützenlöcher für jeweils zwei Mann ausheben. Hinter diesem Geländestreifen zog sich ein hoher Erdwall entlang, die Böschung für die spätere Autobahnbrücke über den Ostbahnhof. Beim heutigen Alarm ging alles sehr schnell. Unser Feldwebel brüllte: ‚Hochangriff volle Deckung in die Schützenlöcher!' Mein Kamerad Zawatzki aus Hof und ich sprangen sofort in unser Loch, und zwar ganz vorschriftsmäßig, wie wir es gelernt hatten. Rücken an Rücken in der Hocke, Stahlhelm auf, aber den Kinnriemen vor das Gesicht und nicht unters Kinn, Kopf nach oben. So saßen wir stumm da und hörten den monotonen Motorenlärm der anfliegenden Bomber. Kurz danach* *rauschten die ersten Bomben herunter. Sie kamen immer näher, es krachte infernalisch, es wurde finster, die Erde bebte und schaukelte, ich hörte Schreie zu Gott und um Hilfe. Ich selbst hatte mit meinem Leben abgeschlossen, weil ich glaubte, da kommst du nicht mehr raus. Vor mir sah ich meine Eltern und Angehörigen. Kurze Zeit später war alles vorbei, und als sich die Staubwolken verzogen hatten und wir wieder etwas sehen konnten, wagten wir uns wieder aus unseren Löchern. Wir konnten gar nicht glauben, noch zu leben. Als wir uns umsahen, stellten wir fest, dass wir mitten im Bombenteppich gelegen hatten. Aber es musste sofort weitergehen. Verschüttete ausgraben. Wir hatten damals vier Tote. Einer Luftwaffenhelferin war ein Bein abgerissen, denn sie war in der Aufregung beim Alarm nicht in ihr Fliegerdeckungsloch, sondern in eines, das bereits besetzt war, oben draufgesprungen. Somit hatte sie keinen ausreichenden Schutz. Ich habe zwei Kameraden mit den Händen ausgegraben, aber die Wiederbelebungsversuche blieben erfolglos. Die beiden Kameraden waren aus der Nähe von Regensburg zu Hause, hatten einen Tag vorher noch Besuch von ihren Eltern. Sie saßen im Loch mit dem Kopf nach unten, Stahlhelm auf, Kinnriemen unter dem Kinn und wurden dann durch eine detonierende Bombe mit Erde zugeschüttet. Die Folge war Erstickung durch falsches Verhalten. Sie konnten den Kopf nicht mehr herausbringen, weil der Kinnriemen dies verhinderte. Unser Zugführer Pirzer gab die ersten Kommandos, denn es sah überall furchtbar aus. Munitionszüge explodierten am laufenden Band. Aus einem Lazarettzug hörte man Hilferufe. Eine E-Lok lag in einem Bombentrichter, eine zweite oben drauf. In unserem Nahbereich waren noch einige Waggons übriggeblieben, und unser Geschütz hatte das Inferno heil überstanden. Ein Waggon mit Feldpostpäckchen und Rot-Kreuz-Paketen aus den USA stand auch noch da, von dem haben wir dann mindestens zwei Tage gut gelebt. Wir bekamen dann den Befehl unsere Geschütze kampfunfähig zu machen. Wir bauten die Verschlüsse aus und vergruben sie.“*

Aufnahme vom 7.8.1946 zeigt noch deutlich die schweren Schäden, die der Hauptbahnhof während der Luftangriffe im 2. Weltkrieg erlitten hat. (MZ-Archiv)

20. April 1945: Die Royal Air Force greift Regensburg an.

Es war kurz vor 12.00 Uhr, als die Sirenen Fliegeralarm verkündeten, und kurze Zeit später dröhnten bereits Bomber der Royal Air Force über das Stadtgebiet hinweg. Nach Aufzeichnungen der Kriminalpolizei Regensburg starben bei diesem Tagesangriff am 20. April 1945 nochmals 33 Menschen, als ein Luftschutzraum in der Werksiedlung der Süddeutschen-Holzverzuckerung schwer getroffen wurde. Der Angriffsverband bestand aus 100 viermotorigen Bombern vom Typ Lancaster der Royal Air Force. Es war dies der einzige schwere Luftangriff, der von der englischen Luftwaffe auf Regensburg geflogen wurde. Einer der Bomber wurde vom Flakfeuer getroffen. Der Bomber brach in der Luft brennend auseinander. Große Teile sowie Motore lösten sich vom Flugzeug und schlugen zwischen Burgweinting und dem Ostbahnhof auf.

100 Bomber vom Typ Lancaster der 3. Bombergroup von der Royal Air Force griffen am 20. April 1945, im Rahmen eines total überflüssigen Tagangriffs den Ölhafen von Regensburg an. Die Tanklager rund um den Ölhafen galten seit der Bombardierung vom 11. April 1945 als total zerstört. Eine Lancaster wurde von der Regensburger Flak abgeschossen. Der Bomber brach brennend in der Luft auseinander. Die Trümmer schlugen zwischen Burgweinting, dem Ostbahnhof und der Autobahn am Boden auf. Von den sieben Mann der Besatzung überlebte nur einer. Im Oktober 2000 wurde bei der Erschließung eines Baugebietes in Burgweinting ein Motor mit Luftschraube der abgeschossenen Lancaster gefunden. Sie befindet sich heute im Depot des Stadtmuseums. (Foto: Peter Schmoll/ Royal Air Force)

Foto der B-24 „Black Cat“, welche am 21. April 1945 von der Flakbatterie Napoleonstein abgeschossen wurde und bei Scharmassing auf einem Acker aufschlug. Es war der letzte Bomberverlust der USAAF über deutschem Gebiet während des Zweiten Weltkriegs. Foto: Peter Schmoll)

Kumpfmühl und der Güterbahnhof nach dem Luftangriff vom 16. April 1945. Deutlich sind hunderte Bombentreffer zu erkennen. (USAF)

Vier Besatzungsmitglieder kamen im Bomber ums Leben. Drei Mann konnten sich mit dem Fallschirm aus dem brennenden Flugzeug retten. Aber nur einer kam lebend auf dem Boden auf. Der Pilot der Lancaster trieb mit seinem Fallschirm in eine Hochspannungsleitung und kam dabei ums Leben.

Die Bomber der 15. US-Luftflotte hatten ihren letzten strategischen Einsatz bereits am 25. März 1945 geflogen.
Aber am 21. April 1945 flogen nochmals viermotorige Bomber der 8. USAAF auf ihrem Weg zum Angriff auf eine Eisenbahnbrücke in Salzburg an Regensburg vorbei. Als der vorausfliegende Wetteraufklärer über Salzburg eine geschlossene Wolkendecke meldete, wurde der Angriff abgebrochen. Die Bomber bekamen über Funk aus England den Befehl, in einer Rechtskurve auf ihre Flugplätze zurückzufliegen. Der „Commanding Pilot" (Verbandsführer) flog jedoch eine Linkskurve, und dadurch gelangte der Verband in die Reichweite der Regensburger Flak. Die B-24 „Black Cat" wurde in die Tragfläche getroffen, zerbrach in der Luft und stürzte bei Scharmassing ab. Dies war der letzte Bomberverlust der 8. USAAF bei einem Einsatzflug über dem Deutschen Reich während des 2. Weltkriegs.

Während das westliche, südliche und östliche Stadtgebiet von Bombentrichtern förmlich übersät war, waren die nördlichen Stadtteile von den Luftangriffen kaum betroffen. Die Aufnahme vom 17. April 1945 zeigt den Stadtteil Steinweg. In der Bildmitte ist die Flakstellung „Winzerer Höhe" erkennbar. Die Geschütze wurden Ende 1943 nach Oppersdorf verlegt, allerdings blieb die Batterie als Scheinstellung erhalten. Die Geschütze wurden durch Baumstämme ersetzt, sodass die alliierte Luftaufklärung immer von einer regulär besetzten Flakstellung ausgehen musste. (Foto: Peter Schmoll/USAF)

Flakstellung Winzerer Höhe

Eine weitere Luftaufnahme vom 17. April 1945 zeigt aus ca. 7.000 Meter Höhe die Stadtteile Steinweg, Reinhausen und Stadtamhof. Es sind nur wenige Bombentrichter zu sehen. (Foto: Peter Schmoll/ USAF)

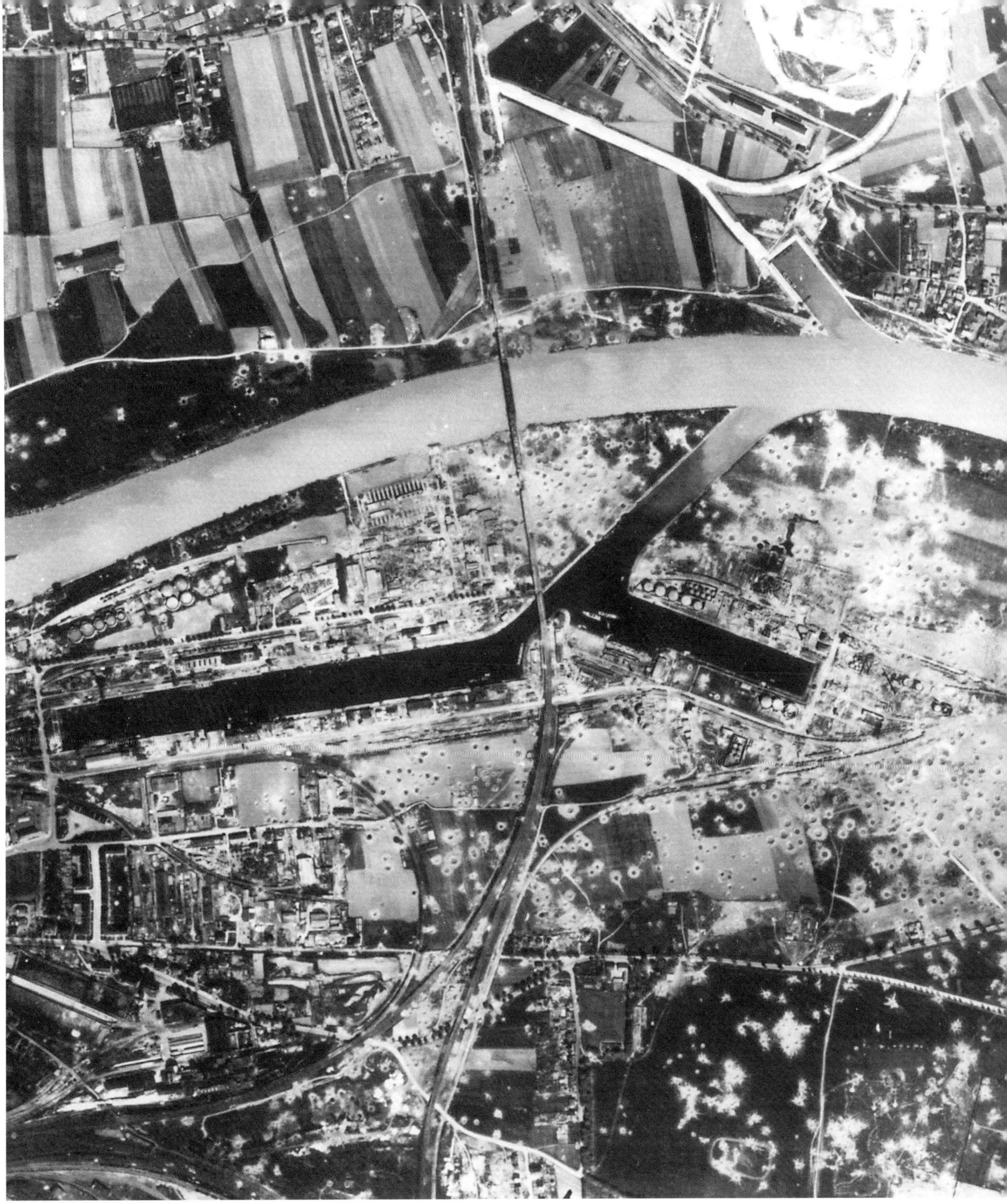

Diese Luftaufnahme vom 20. April 1945 lässt das Ausmaß der Zerstörungen im Hafenbereich erkennen. (USAF)

Tieffliegerangriffe 1944/45

Die dezimierten und ausgebluteten deutschen Jagdgeschwader waren Ende 1944 nicht mehr in der Lage, gegen die zahlenmäßige Überlegenheit der US-Luftwaffe anzukämpfen. Da im Luftraum über dem Deutschen Reich außer der Flak fast keine Abwehr gegen die alliierten Jagd- und Bomberverbände vorhanden war, begannen die mehr oder weniger beschäftigungslosen US-Jäger mit Tiefangriffen. Bevor die Bomberströme zu diesem Zeitpunkt ins Reichsgebiet einflogen, war bereits die Vorausjagd der US-Luftwaffe unterwegs und bekämpfte die wenigen noch zum Start bereitstehenden deutschen Jäger am Boden bzw. zerschlug die sich sammelnden Staffeln und Gruppen kurz nach dem Start. Da keine Jagdabwehr mehr vorhanden war, wurden auch andere Ziele beschossen. Angegriffen wurden nicht nur Züge und Bahnhöfe, sondern alles, was sich auf Straßen und Flüssen bewegte: LKWs, Pferdefuhrwerke, Fußgänger, Bauern und Schleppzüge auf der Donau.
Immer mehr Jagdgruppen der USAAF flogen nur noch Tiefangriffe und nicht mehr Begleitschutz für die viermotorigen Bomber. Der Himmel über Deutschland wurde von den alliierten Luftwaffen beherrscht, und auch im ostbayerischen Raum wirkten sich die von Tag zu Tag zunehmenden Tiefangriffe negativ auf das Transport- und Versorgungssystem aus.
Die Flugzeugtypen der US-Luftwaffe, P-38 „Lightning“, P-47 „Thunderbolt“ oder P-51 „Mustang“, sind noch heute den älteren Bewohnern unserer Heimat ein Begriff und viele erzählten, sie könnten sich noch heute an das Motorengeräusch und die Geräusche des MG-Feuers erinnern.
Die Anzahl der Tiefangriffe auf Regensburg konnte bisher noch nicht genau ermittelt werden. Vor allem kurz vor Kriegsende waren fast täglich Jagdbomber der 8., 9. und 15. US-Luftflotte im Großraum von Regensburg unterwegs.

Bericht von Werner Fleischmann

„Während des 2. Weltkrieges wohnte ich in Regensburg, Brandlberger Straße 25 (heute Brennesstraße). Von unserer Wohnung aus hatte man ungehinderte Sichtverbindung zu einer 8,8 cm-Flakstellung, die sich damals etwa auf Höhe des heutigen Landratsamtes Regensburg, Altmühlstraße, befand.
An einem Sommervormittag – meiner Erinnerung nach muss es während der Sommerferien 1944 gewesen sein – beobachtete ich einen Tiefangriff von zwei Lightning-Maschinen auf die 8,8 cm-Flakstellung. Ich war an diesem Tag alleine in der Wohnung – meine Mutter war kurz beim Einkaufen – als so gegen 10.00 Uhr plötzlich die Luftschutzsirenen Voralarm verkündeten, und zugleich die 8,8-cm-Flakgeschütze zu feuern begannen. Entgegen der Weisung meiner Mutter, mich bei Fliegeralarm mit den Wohnungsnachbarn in den Keller zu begeben, lief ich in das Schlafzimmer unserer Wohnung (Südseite des Wohnhauses).
Von hier aus sah ich, wie zwei Lightnings von Süden kommend (aus Richtung Nibelungenbrücke) im Tiefflug die Flak angriffen. Sie feuerten mit ihren Bordwaffen, während sie die Stellungen der Geschütze in nördlicher Richtung überflogen. Die Bedienungsmannschaften versuchten zwar, ihre Geschütze in Richtung Flugzeuge zu drehen, diese waren aber zu schnell und flogen über den Sandberg davon. Während die P-38, bevor sie die höchste Stelle des Sandberges erreichten, nach Osten abdrehten, wurden sie von der Vierlingsflak, die damals auf dem heutigen Gewerbeparkgelände in Stellung lag, beschossen, jedoch nicht getroffen. Beim zweiten Anflug kamen die Flugzeuge dann aus mehr südöstlicher Richtung – etwa über das Gebiet des heutigen Donaueinkaufszentrums – angeflogen. Als sie wiederum im Tiefflug über die Flakstellung flogen, sah ich, wie jede der Maschinen eine Bombe auf die Flakstellungen

fallen ließ. Eine dieser Bomben fiel genau in die meiner Erinnerung nach südlichste Geschützstellung und explodierte dort. Ich sah deutlich, wie das Flakgeschütz etwa 2-3 m durch den Explosionsdruck hochgehoben wurde und dann wieder in die Stellung zurückfiel. Zugleich flogen zwei oder drei Flak-Soldaten in hohem Bogen aus der Stellung. Sie fielen seitlich davon zu Boden und blieben dort liegen. Ob sie tot waren, weiß ich nicht. Die Flugzeuge zogen nordwestlich über unserem Wohngebiet hoch und entfernten sich in Richtung Kareth."

P-38 „Lightning" der 1. FG kippen zum Tiefangriff ab. (USAF)

Die US-Tieffliegerangriffe

Folgender Bericht aus US-Unterlagen zeigt die Einsatztaktik der USAAF bei Tieffliegerangriffen:

„Am 29.12.44 war das Ziel der 1. Fighter Group die Bekämpfung des Eisenbahnverkehrs auf den Strecken Ingolstadt-Regensburg und Regensburg-Landshut. 16 P-38 der 27. FS starteten um 9.17 Uhr in Falconara bei Ancona. Zwei P-38 mussten den Einsatz wegen technischer Störungen abbrechen. 55 km östlich von Venedig überflogen die P-38 die Küste mit Kurs auf Ingolstadt. Der Zielraum in Ingolstadt wurde um 11.20 Uhr in 4.500 m Höhe erreicht. Der Staffelführer erteilte den Angriffsbefehl auf alle erkennbaren Ziele. Die Sicht betrug ungefähr 15 km, und es war sehr dunstig. Zwischen Ingolstadt und Regensburg wurden zwei Züge beschossen und die Lokomotiven zerstört. Die Angriffe wurden im 45° Winkel zur Bahnstrecke geflogen. Vier weitere Lokomotiven wurden zwischen Regensburg und Landshut als zerstört gemeldet. Eine dieser Lokomotiven wurde in einem Bahnhof zerstört, und die anderen drei fuhren in Richtung Landshut. Bei Landshut wurden auf einem Flugplatz 15 abgestellte ein- und zweimotorige Flugzeuge entdeckt und angegriffen.
Um 12.05 Uhr traten die „Lightnings" ihren Rückflug nach Falconara an, wo sie um 14.15 Uhr landeten. Erfolge: 6 Lokomotiven, 6 Flugzeuge, 1 Trafostation und 2 Bahnhofsgebäude zerstört sowie 17 Waggons beschädigt. Verluste: keine."

Am 20.2.45 flog die 8. US-Luftflotte mit 859 B-17 einen schweren Angriff auf Nürnberg und Umgebung. Von den begleitenden 438

Jagdflugzeug P-38 „Lightning". Die P-38 war ein gefürchteter Jagdbomber und hatte in der Rumpfspitze eine Bewaffnung mit vier MG Kaliber 12,7 mm und einer Kanone mit Kaliber 20 mm. (Foto: Peter Schmoll)

Jagdmaschinen führten über die Hälfte Tiefangriffe durch. Vier weitere Jagdgruppen mit 194 Maschinen hatten den Auftrag, den Bahn- und Straßenverkehr im Großraum Regensburg, Straubing, Weiden und Amberg zu bekämpfen. In Regensburg herrschte an diesem Tag von 11.45 – 14.50 Uhr Fliegeralarm.
Im Stadtgebiet von Regensburg wurden einige Tieffliegerangriffe durchgeführt, die zum Glück nur leichte Fenster- und Mauerschäden verursachten. Die Bahnhöfe Sinzing und Sünching wurden mit Bordwaffen angegriffen, ein Kesselwagen und eine Lokomotive schwer beschädigt.
Der im Bahnhof von Beratzhausen stehende Schnellzug Regensburg-Nürnberg wurde von Tieffliegern beschossen. Eine Frau erlitt schwere Verletzungen und zwei Lokomotiven wurden schwer beschädigt. Am Bahnhofsgebäude gingen die Fensterscheiben zu Bruch. Besonders heftig wurde Kelheim und Umgebung angegriffen. In der Südchemie war die Schwefelsäureanlage das Ziel. Bei der Süddeutschen Zellwolle entstand nur geringer Sachschaden. Im Bahnhof Saal waren acht Kesselwagen mit Oleum (konzentrierte Schwefelsäure) das Angriffsziel. Die Wagen wurden so lange beschossen, bis der Inhalt ausgelaufen war. Auf einer Baustelle bei Saal wurden durch die Tiefflieger zwei KZ-Häftlinge getötet und vier verletzt. In Herrnsaal wurde eine Frau schwer verletzt und eine Scheune in Brand geschossen. Ein LKW, der auf der Straße Saal-Hausen unterwegs war, wurde durch Bordwaffenbeschuss beschädigt.
Im Bahnhof von Thaldorf wurden zwei Güterwagen eines Viehtransportes beschossen. Im Bahnhof von Bad Abbach stand ein Güterzug mit 16 Kesselwagen, die Dieselöl geladen hatten. Der Zug wirkte wie ein Magnet auf die US-Jagdmaschinen. Nach glaubhaften Berichten von Zeitzeugen soll es sich bei den Maschinen um P-38 gehandelt haben, die in höchstens 10 m Höhe anflogen und den Zug so lange beschossen, bis alle Waggons in Flammen gehüllt waren. Bei einem ebenfalls im Bahnhof stehenden leeren Lazarettzug brannten vier Wagen aus, fünf waren schwer und 13 leicht beschädigt. Einen schweren Schaden hatten auch die Loks zu verzeichnen. Ein Bahnwärterhaus war total abgebrannt. Die alarmierten Feuerwehren aus der Umgebung und aus Regensburg konnten nichts mehr retten. Aus dem Landkreis Straubing wurde ein Tiefangriff auf einen LKW, der sich auf der Reichsstraße 8 zwischen Aiterhofen und Straßkirchen befand, gemeldet. Dabei wurden eine Frau und ein Kind schwer verletzt. Auf den Industrieflugplatz Puchhof wurde von 12.32 – 12.47 Uhr ein Tiefangriff von drei P-51 „Mustang" geflogen. Dabei wurden eine Bücker 181, ein Fieseler Storch, zwei Klemm 35 und eine Coudron zerstört sowie drei Bf 109 beschädigt. Eine Flugzeughalle wurde zerstört. Ein Schulflugzeug, das sich auf einen Übungsflug befand, wurde abgeschossen, der Pilot kam ums Leben. Von 12.45 – 13.08 Uhr erfolgte ein Tiefangriff von acht P-51 auf den Fliegerhorst Mitterharthausen. Drei Bücker 181 wurden zerstört und eine Ju 88, zwei He 177, eine He 111, sechs Bf 109 und sieben Bücker 181 beschädigt. Bei einem Luftkampf über Straubing wurden zwei deutsche Jagdflugzeuge abgeschossen. Einer der Piloten konnte sich mit dem Fallschirm retten, der andere verbrannte in den Trümmern seiner Maschine (20.02.45). Eine Arado 96, die vom Fliegerhorst in Ganacker gestartet war, stürzte in Folge eines Rammstoßes ab. Der Pilot, ein Fähnrich, wurde getötet, die Maschine total zerstört. Auf der Landstraße von Grafenwöhr nach Eschenbach wurde ein LKW von Tieffliegern beschossen und schwer beschädigt. Der Fahrer erlitt tödliche und der Beifahrer, ein Franzose, schwere Verletzungen. Bei Trabitz im Landkreis Kemnath erfolgte ein Tiefangriff auf eine einzelne Lokomotive, wobei der Lokführer getötet wurde. Im südlichen Stadtgebiet von Weiden erfolgte auf unbebautem Gelände ein Bordwaffenangriff auf Fußgänger und eine Gruppe von Kriegsgefangenen. Glücklicherweise gab es keine Toten oder Verletzten. Um 13.20 Uhr erfolgte ein Tiefangriff von 20 P-51 auf den Flugplatz bei Weiden. Der Schaden: Zwei Siebel 204, zwei Me 410 wurden zerstört und eine Me 410 war schwer beschädigt. Im Landkreis Neustadt a.d. Waldnaab wurde ein Flüchtlingszug beim Bahnhof Luhe beschossen. Zwei Männer und eine Frau wurden

getötet und der Lokführer, der Heizer (ein Ukrainer), vier Männer und zwei Frauen schwer verletzt. Zwischen Weiden und Parksteinhütten erfolgte ein Tiefangriff auf einen Personenzug. Ein Lokführer und eine Schaffnerin waren tot, ein Lokführer und ein Heizer schwer verletzt. Bei Rothenstadt wurden bei einem Tieffliegerangriff auf Passanten zwei Männer getötet und ein Haus wurde leicht beschädigt. Am Flugplatz Meierhof verbrannten fünf deutsche Flugzeuge und eines wurde beschädigt, als US-Jäger in mehreren Anflügen die Abstellplätze unter Bordwaffenfeuer nahmen. Bei Weiherhammer fielen sechs Sprengbomben in freies Feld. Der Personenzug Amberg-Lauterhofen wurde bei der Station Ursensollen von Feindfliegern beschossen. Dabei wurden acht Personen getötet und zwölf verletzt, darunter vier polnische Strafgefangene. Die Lok war so schwer beschädigt, dass der Zug abgeschleppt werden musste. Im Bahnhof von Kubitzen im Landkreis Waldmünchen wurde ein Güterzug beschossen, eine Lokomotive und ein Güterwaggon wurden schwer beschädigt. Bei Furth im Wald griffen vier Tiefflieger einen Personenzug an. Das Resultat: Ein Soldat gefallen, drei Männer und eine Frau verletzt. Zwei Lokomotiven, ein Packwagen und ein Personenwagen schwer beschädigt.

Im gesamten Angriffsgebiet wurden auch wieder Flugblätter abgeworfen.

Bei Kleinschwand im Landkreis Vohenstrauß fand man ein Schlauchboot mit Mast und Segeln, eine Pressluftflasche, einem Beutel mit Konserven und Medikamenten sowie einem Marschkompass. Im Landkreis Amberg wurde ein Funkgerät aus einem Bomber gefunden. Die Auswirkungen der konzentrierten Tiefangriffe auf das deutsche Transport- und Verkehrswesen waren verheerend. Allein im Großraum Regensburg, Nürnberg und Augsburg waren 62 Lokomotiven betriebsunfähig, vier beschädigt, und dies war erst der Anfang. Von nun an war auch hier in der Mitte des Deutschen Reiches bis zum Kriegsende kein Zug, kein Kraftfahrzeug und kein Fußgänger vor den Tieffliegern sicher. Zum Teil hatten die Züge Wag-

P-51 „Mustang" erkämpfte die Luftherrschaft über dem Deutschen Reich. Die P-51 war der langersehnte Langstreckenjäger, der die Bomber von England bis nach Berlin und zurück begleiten konnte. Die „Mustang" wurde zum Schreckgespenst der deutschen Jagdflieger, weil sie es im Luftkampf mit jedem deutschen Jagdflugzeugtyp aufnehmen konnte. (Foto: Peter Schmoll)

gons mit aufmontierten leichten Flakgeschützen angehängt, aber nur die 2-cm-Vierlingsflak wurde von den US-Piloten wegen ihrer enormen Feuerkraft gefürchtet. Wie Zeitzeugen berichteten, fuhren derart geschützte Züge relativ sicher, aber das waren nur sehr wenige wichtige Transporte.
Am 21.2.45 herrschte in Regensburg und den umliegenden Landkreisen in der Zeit von 11.07 bis 13.52 Uhr Fliegeralarm. Im Landkreis Neumarkt wurden bei Sondersfeld etwa 100 Stabbrandbomben und zwei kleine Sprengbomben abgeworfen. Bei Sandmühle, Gemeinde Mühlhausen, fiel eine Sprengbombe, und in Tannhausen gerieten die Dachstühle eines Wohnhauses und einer Scheune in Brand, als im Bereich des Dorfes 100 Stabbrandbomben niedergingen. Zwischen Postbauer und Polling wurde ein LKW von Tieffliegern angeschossen und der Fahrer leicht verletzt.
Am 22.2.45 um 9.55 Uhr starteten fünf P-38 der 1. FG in Salsola zu Tiefangriffen nach Regensburg. Die Maschinen trafen um 12.55 Uhr über der Stadt ein. Zur Ablösung der fünf P-38 von der 1. FG, starteten um 12.15 Uhr fünf P-38 der 82. FG in Vincenzo und gelangten um 14.45 Uhr über Regensburg an.
Am 22.2.45 wurde um 11.38 Uhr in Regensburg und den umliegenden Landkreisen Fliegeralarm ausgelöst, der bis um 14.45 Uhr andauerte. An diesem Tage begann die Operation „Clarion“. 9.000 alliierte Flugzeuge starteten zu Angriffen auf Bahnknotenpunkte, Lokdepots und Brücken. In erster Linie wurden Ziele angegriffen, die bisher von Luftangriffen verschont geblieben waren. Am 23.2.45 werden die Angriffe gegen das deutsche Transportsystem in gleicher Stärke wiederholt. Nach Abschluss der Operation waren ca. 90 Prozent aller Verkehrsknotenpunkte im Deutschen Reich zerstört. Regensburg war von dieser Angriffsserie nicht direkt betroffen, jedoch kam der Zugverkehr im Regierungsbezirk durch Tieffliegerangriffe fast zum Erliegen.
Folgende Angriffe durch Tiefflieger mit Bordwaffenbeschuss wurden am 22.2.45 gemeldet: Bei einem stehenden Güterzug in Mainshof, auf der Bahnstrecke Nürnberg-Sulzbach/Rosenberg, wurde die Lokomotive schwer beschädigt. Auf dem alten und neuen Bahnhof in Beilngries wurden eine Lokomotive, zwei Personenwagen und ein Güterwagen mit Wehrmachtspferden beschädigt, ein Pferd wurde getötet und drei wurden verletzt. Ein Wohnhaus wurde leicht beschädigt. Ein Pferdefuhrwerk, unterwegs auf der Straße von Beilngries nach Paulushofen, wurde beschossen. Ein Tieffliegerangriff auf den Bahnhof von Riedenburg beschädigte fünf Wagen eines abgestellten Personenzuges. Bei Wolfsbuch wurde ein Milchfahrzeug (Zugmaschine mit Anhänger) beschossen. Der Fahrer erlitt Verletzungen und das Fahrzeug war schwer beschädigt.
Auf dem Bahnhof von Haidhof im Landkreis Burglengenfeld erfolgte Bordwaffenbeschuss, dabei wurden der Lokomotivführer, der Heizer und drei Männer verwundet. Die Lokomotive war nicht mehr fahrbereit. Bei einem erneuten Angriff auf den Bahnhof in Saal wurden drei Loks und drei Kesselwagen der Süddeutschen Chemie AG beschädigt. Der Inhalt der Kesselwagen lief aus. Durch Tieffliegerbeschuss wurde im Bahnhof Neustadt/Donau ein leerer Güterzug und im Bahnhof von Thaldorf ein Güterwaggon beschädigt. Bei einem Militärtransportzug auf der Strecke Regensburg-Ingolstadt am Bahnposten 21 wurde ein Soldat getötet und zwei wurden schwer verwundet. Auch hier wurde die Lok schwer beschädigt und war nicht mehr fahrbereit.
Sechs Wagen eines leeren Lazarettzuges wurden beschädigt. Eine betriebsunfähige Lok und Oberleitungsschäden waren das Ergebnis eines Angriffes auf den Bahnhof

2-cm-Flakgeschütz sichert einen Transportzug gegen Tiefangriffe. (BA)

von Landshut. Im Bahnhof von Wörth a.d. Isar wurden zehn Waggons eines Proviantzuges der Wehrmacht beschädigt. Leichte Schäden waren am Bahnhofsgebäude zu verzeichnen. Leichte Gebäudeschäden gab es auch im Bahnhof von Altheim. Beschädigt wurden die Hochspannungsleitungen zwischen Blumberg-Schußrein, Obergangkofen-Götzdorf und im Bahnhof von Mirskofen. Zwölf Wagen eines leeren Transportzuges bei Ahrain wurden leicht beschädigt, außerdem entstand geringer Gebäudeschaden. Nach einem Tiefangriff auf den Bahnhof von Gottfrieding im Landkreis Dingolfing waren eine verletzte Person und geringer Gebäudeschaden zu verzeichnen. Geringe Gebäude- und Sachschäden entstanden bei einem stehenden Güterzug und einer abgestellten alten Lok im Bahnhof von Landau/Isar und an einem Zug im Bahnhof Wildthurn. Kein Schaden entstand bei einem Angriff auf ein mit fünf Personen besetztes Ochsenfuhrwerk bei Ehgarten. Im Landkreis Vilsbiburg entstand Sachschaden am Stellwerk der Bahnstation Herrnfelden. Nach einem Angriff auf einen Personenzug bei Velden waren drei Personenwagen und ein Gepäckwagen schwer beschädigt. Im Bahnhofsbereich entstanden geringe Gebäudeschäden. Im Bahnhof von Pfarrkirchen wurde die Lok eines Güterzuges schwer beschädigt. Sachschaden entstand auch am Baywa Lagerhaus und an abgestellten landwirtschaftlichen Maschinen. Bei einem Angriff auf einen haltenden Transportzug im Bahnhof von Baiersbach (Landkreis Griesbach) wurde ein Kind getötet. Ein Mann wurde schwer und fünf Personen wurden leicht verletzt. Die Lok wurde schwer beschädigt. Im Güterbahnhof von Passau explodierte nach Bordwaffenbeschuss ein Munitionszug. Im Bahnhof von Schalding im Landkreis Passau erfolgte ein Angriff auf einen leeren Ölzug, ein Kesselwagen brannte aus. Ein Pechlager im Bahnhof von Sandbach wurde in Brand geschossen. Auf einem donauaufwärts fahrenden Dampfer wurden bei Adelhof vier Personen durch Bordwaffenbeschuss verletzt. Kein Schaden entstand, als drei nebeneinanderliegende Schleppkähne bei Kellberg beschossen wurden. Im Bahnhof von Vilshofen wurden mehrere Waggons schwer und fünf Häuser leicht beschädigt. Acht Tote und 19 Verletzte forderte der überfallartige Tiefangriff auf einen Personenzug, der von Pleinting nach Passau unterwegs war. Der Beschuss von vier im Donaualtwasser bei Windorf liegenden Schleppkähnen, die mit Heeresgut beladen waren, forderte sieben leicht Verletzte.

Im Landkreis Wolfstein, auf dem Bahnhof Haidmühle, wurde eine Lokomotive schwer beschädigt.

Um 22.15 Uhr erfolgte ein Tiefangriff auf Feuerlöschfahrzeuge aus Regensburg und Burglengenfeld, die von einem Einsatz aus Nürnberg zurückkehrten und auf der Reichsstraße 85 in der Nähe des Flugplatzes Schafhof unterwegs waren. Ein Fahrzeug aus Regenstauf wurde schwer beschädigt, ein Fahrer schwer und einer leicht verletzt. Die Tiefflieger kreisten über 45 Minuten in der Umgebung des Flugplatzes.

Eine Me 262, im Jahr 1945 in Regensburg gebaut, landete bei Kriegsende in der Schweiz. Sie steht heute im deutschen Museum in München. (Foto: Peter Schmoll)

Aber auch die Tiefflieger erlitten Verluste. So stürzte ein US-Jagdflugzeug auf die Straße Rechenbach-Hohenfels bei Pilmannsricht im Landkreis Parsberg ab. Der Pilot konnte sich mit dem Fallschirm retten.
Bombenabwurf wurde am 22.2.1945 auf folgende Ortschaften gemeldet:
Sechs Sprengbomben im Landkreis Eschenbach bei Frankental, sechs Sprengbomben bei Aiglsbach und zwei Sprengbomben bei Ödenhausen im Landkreis Mainburg, eine Sprengbombe bei Kolgering Landkreis Landau, 30 Sprengbomben bei Birnbach im Landkreis Pfarrkirchen, 36 Bomben bei Luderbach im Landkreis Griesbach, 70 Sprengbomben bei Otting und 12 bei Michaelsbuch im Landkreis Deggendorf. In allen Fällen entstand geringer Flurschaden. Durch 50 Sprengbomben wurde ein Umspannwerk der Bayernwerke in Altdorf bei Landshut zu 80% zerstört. Eine Sprengbombe fiel jeweils auf die Bahnstrecke Landshut-München und Landshut-Rottenburg.
Am 23.2.45 herrschte in Regensburg und Umgebung von 11.06 – 12.55 Uhr Fliegeralarm. Regensburg wurde nicht angegriffen, aber Neumarkt schwer getroffen. 74 B-17 der 3. Air Division luden 210,7 t an Bomben im Bereich Bahnhof, Gaswerk und Industriegebiet ab. Erste Schätzungen sprachen von 150 Toten.
28 P-38 der 14. FG starteten am 13.3.45 um 10.00 Uhr in Triolo zur Eisenbahnjagd in den Räumen München-Landshut-Regensburg-Ingolstadt. Über Regensburg erschienen die Jagdflugzeuge um 13.11 Uhr. Eine P-38 wurde nach diesem Einsatz als vermisst gemeldet. Um 13.35 Uhr erreichten 44 P-51 der 332. FG, die um 10.50 Uhr in Ramitelli gestartet waren, den Großraum von Regensburg. Diese Jäger lösten die vor ihnen über Regensburg eingetroffenen P-38 bei ihrem Vernichtungswerk ab. Am 14.3.45 waren im Raum Regensburg-Passau vier Aufklärer vom Typ P-38 (F-5) unterwegs. Am 16.3.45 waren 52 P-51 zur Bekämpfung des Eisenbahnverkehrs im Raum Wien-Linz-Passau-Regensburg unterwegs. Die Langstreckenjäger gehörten zur 15. USAAF und waren in Italien gestartet. Nähere Einzelheiten zu diesem Einsatz aus dem Raum Regensburg sind nicht bekannt. Um 13.13 Uhr erfolgte ein Angriff mit Bordwaffen und Sprengbomben auf den Flugplatz von Landau/Isar, ohne Schaden anzurichten. Bei einem Angriff auf den Fliegerhorst Mühldorf/Inn um 13.32 Uhr mit Bordwaffen und Sprengbomben durch acht P-51 wurden eine Bf 109, eine Bücker 181, eine W 34 zerstört und vier Bf 109 beschädigt. Am 19.3.45 wurden Landshut, Passau, Mühldorf und Plattling durch die 15. USAAF bombardiert. Die an der nördlichen Flanke des Bomberstromes eingesetzten Jagdflugzeuge drangen bis zur Linie Straubing-Regensburg vor, und 54 P-51 flogen Tiefangriffe auf den Eisenbahnverkehr. Im Landkreis Kelheim griffen Tiefflieger einen im Bahnhof Arnhofen haltenden Wehrmachtstransportzug an, dabei wurden zwei Soldaten leicht verletzt.
Im Landkreis Deggendorf griffen Tiefflieger einen zwischen den Bahnhöfen Plattling und Otzing (Bahnstrecke Plattling-Landshut) stehenden Munitionszug an. Sechs Waggons des Zuges wurden zerstört und einer schwer beschädigt. Die gesamte geladene Munition detonierte.
Am 25.3.45 starteten um 10.15 Uhr 45 P-38 der 1. FG in Salsola zu Tiefangriffen im Großraum Regensburg. Die Maschinen erreichten um 13.05 Uhr Regensburg und griffen den Hauptbahnhof mit Bordwaffen an. Dabei kam es zu einem Luftkampf mit einer Me 262, die von Flugkapitän Trenkle geflogen wurde. Die 1. FG meldete danach den Verlust einer P-38.

Dazu der Bericht von Flugkapitän Trenkle:

„Die ständigen Tieffliegerangriffe waren eine weitere Behinderung im Einflugbetrieb, und sobald das Wetter einen Flugbetrieb Anfang 1945 zuließ, herrschte auch schon „myo" der Code für Feindflieger im Luftraum. Bei „myo" war normalerweise für uns Einflieger Startverbot, aber am 25.03.1945 startete ich trotz „myo" in Obertraubling und griff mehrere P-38 „Lightning" über Regensburg an, die ständig Tiefangriffe auf das Stadtgebiet flogen. Die „Lightnings" waren so auf ihre Anflüge im Bahnhofsbereich konzentriert, dass sie meinen Angriff erst relativ spät bemerkten. Aber ich hatte alle Vorteile auf meiner Seite. Höhere Geschwindigkeit, größere Feuerkraft, und ich hatte die bessere taktische Position als sie, da ich von hinten oben auf die P-38 zuflog. Die Annäherungsgeschwindigkeit war mit der Me 262 unheimlich hoch. Eine P-38 hatte ich

jedoch kurz voll im Visier, als ich die Bordkanonen auslöste. Die P-38 verlor Teile und begann, ganz erheblich zu qualmen, als sie nach Süden abflog. Einen Absturz konnte ich aber wegen des nun folgenden Luftkampfes nicht beobachten. Ich zog meine Me 262 nach links oben weg und drehte wieder auf die Lightnings ein. Meine Angriffe wirkten wie ein Stich ins Wespennest, und an den hektischen Flugbewegungen der amerikanischen Piloten konnte ich deutlich erkennen, wie überrascht sie von den Angriffen einer einzelnen Me 262 waren. Nach zwei weiteren Angriffen auf den P-38-Verband zog sich dieser immer weiter in Richtung Süden zurück, sodass ich den Luftkampf abbrach. Die Me 262 hatte hier deutlich ihre Überlegenheit gezeigt. Trotz einiger Versuche war keine P-38 in eine Abschussposition gelangt. Der Abflug in Richtung Süden sah schon eher wie eine Flucht aus. Offenbar waren auch keine anderen US-Jäger in der Nähe, die helfen hätten können. Nach der Landung kam dann das Gerücht auf, dass ich wegen des unerlaubten Starts bestraft worden wäre, was aber definitiv nicht stimmte. Schließlich hatte ich ja gegen einen Befehl verstoßen. Es war vielmehr so, dass Hitler von diesem Luftkampf erfahren hatte und umgehend über seinen Luftwaffen-Adjudanten von Below anordnete, dass wir bei Messerschmitt in Regensburg eine Industrieschutzstaffel zur Tieffliegerbekämpfung aufstellen sollten. Wir waren aber weder personal- noch ausrüstungsmäßig dazu in der Lage."

Am 30.3.45 erschien um 13.05 Uhr ein F-5 Fotoaufklärer der 15. PRS über Regensburg. Am 4.4.45 erreichten 43 P-51 „Mustang" der 325. FG um 13.15 Uhr Regensburg und flogen bis 14.30 Uhr Tiefangriffe auf den Straßen- und Eisenbahnverkehr sowie auf Anlagen der Wehrmacht. Am 5.4.45 erreichte um 12.00 Uhr ein Fotoaufklärer der 32. PRS vom Typ F-5 das Gebiet von Regensburg.

Südwestlich von Regensburg ereignete sich am 5. Arpil 1945 ein bemerkenswerter Luftkampf zwischen zwei Me 262 des JV 44 aus München-Riem und US-Flugzeugen. Um 10.27 Uhr waren in München zwei Me 262 des Jagdverbandes 44 zu einem Abwehreinsatz gegen eine Übermacht von 397 viermotorigen Bombern mit 280 Begleitjägern gestartet. Oberst Steinhoff und Leutnant Fährmann flogen in nördliche Richtung und trafen um 10.40 Uhr im Großraum von Regensburg auf die US-Bomber, die in Richtung Bayreuth, Grafenwöhr und Weiden vorstießen. Vermutlich durch Beschuss fiel beim zweiten Angriff auf die Bomber, der „weißen 2" von Leutnant Fährmann, ein Triebwerk aus. Fährmann drehte unter Höhenaufgabe nach Süden ab, wurde aber sofort von feindlichen Jägern vom Typ P-47 „Thunderbolt" verfolgt. Leutnant Fährmann hatte in dem nun folgenden Luftkampf südwestlich von Regensburg keine Chance. Mehrere Treffer in Rumpf und Tragflächen verursachten einen Triebwerksbrand, und die Me 262 ging in den Sturzflug über. In ca. 1.000 m Höhe gelang es dem Piloten, mit dem Fallschirm abzuspringen. Da Leutnant Fährmann bei sehr hoher Geschwindigkeit ausgestiegen war, war der Aufprall auf die Luft dem gegen eine Mauer gleichzusetzen. In einer Schilderung gegenüber dem Verfasser berichtete Leutnant Fährmann 1989: *„Nach dem Start in Riem bekamen wir vom Gefechtsstand die Anweisung in nördliche Richtung auf ca. 8.000 m zu steigen, da ein Bomberverband in Richtung Regensburg gemeldet war. Schon von weitem konnte ich die Bomberpulks an ihren Kondensstreifen erkennen. Steinhoff gab über Funk das Angriffszeichen. Wir näherten uns von hinten im Schutz der Kondensstreifen und tauchten dann urplötzlich hinter dem Bomberverband auf. Beim Durchfliegen beschoss ich zwei B-24 mit guter Wirkung. Von den total überraschten Bombern kam kaum Abwehrfeuer. Wir drehten mit unserer überlegenen Geschwindigkeit in einer weiten Linkskurve erneut auf die Bomber ein, aber bei diesem zweiten Angriff flog uns die Leuchtspur nur so um die Ohren. Steinhoff und ich eröffneten ebenfalls das Feuer mit unseren 30mm-Kanonen. Bei den Bombern blitzten mehrmals Treffer auf. Plötzlich schlugen Treffer in meine 262, und das rechte Triebwerk fiel aus, was auch gleich einen deutlichen Geschwindigkeitsverlust verursachte. Das Triebwerk stellte ich sofort ab, zog jedoch eine Rauchspur hinter mir her, was sofort die amerikanischen Begleitjäger anlockte. Ich ging auf Südkurs, um München-Riem zu erreichen. Trotz Sinkflug holten mich die „Thunderbolts" relativ schnell ein. Nun geriet ich in einen Geschosshagel, wie ich ihn noch nicht erlebt hatte. Zahlreiche Treffer prasselten mit einem grässlichen Geräusch in meine Maschine. Mir* *blieb nur noch der rettende Fallschirmabsprung. Ich warf die Kabinenhaube ab, stemmte mich hoch und wurde förmlich aus der Kabine gesogen. Der Aufprall auf die Luft war derart heftig, dass ich fast das Bewusstsein verloren hätte. Mein ganzer Körper schmerzte, und ich dachte schon, mir wären Arme und Beine ausgerissen worden. Noch heute leide ich unter Gelenkschmerzen als Folge des Absturzes vom April '45. Durch die hohe Fallgeschwindigkeit waren einige Bahnen im Fallschirm eingerissen, und es ging unwahrscheinlich schnell abwärts. Meine 262 verschwand bei Gundelshausen unter einer turmhohen braunen Wassersäule in der hochwasserführenden Donau. Zum Glück landete ich oberhalb von Lohstadt in einem hohen Baum, der den Landestoß abfederte. Aber nun konnte ich nicht aus eigener Kraft den Boden erreichen. Ein Landwirt, der den Absturz beobachtet hatte, kam mit einer Leiter samt einigen Helfern und befreite mich aus meiner misslichen Lage. Am Boden angekommen, konnte ich nicht alleine stehen. Vor lauter Schmerzen war ich kaum mehr bewegungsfähig und musste beim Gehen gestützt werden. Im nächsten Bauernhof konnte ich mich hinlegen, um mich von den Strapazen des Absprungs zu erholen. Die Leute waren rührend um mich besorgt, aber auch die gute Verpflegung konnte meine Schmerzen kaum betäuben. Der Bürgermeister verständigte den Gefechtsstand in Feldkirchen von meiner Fallschirmlandung bei Lohstadt. Nach stundenlanger Wartezeit kam eine Beiwagenmaschine und transportierte mich nach München/Riem. Die Fahrt dorthin war eine absolute Tortur, und in Riem angekommen wurde ich erst mal im Lazarett behandelt. Dies war mein letzter Einsatzflug im Krieg."*

Die Absturzstelle der Me 262 befindet sich ca. 150 – 200 m unterhalb der Einmündung der heutigen Schifffahrtsschleuse gegenüber der Steinbrüche von Oberndorf. Leutnant Fährmann landete oberhalb von Lohstadt in einem Waldstück mit der Flurbezeichnung Rosengarten. Den Luftsieg erzielte der US Captain John C. Fahringer von der 63. Fighter Squadron (56. Fighter Group). Laut Kriegstagebuch der 8. US-Luftflotte wurden fünf Bomber B-24 der 2. Air Division abgeschossen und fünf weitere beschädigt.

Am 9.4.45 überflog eine F-5 der 32. PRS unter Begleitschutz von drei P-38 der 82. FG zwischen 11.37 – 11.45 Uhr den Raum Regensburg.

Am 15.4.45 starteten 12 P-38 der 27. FS zu einem Tiefflugeinsatz nach Regensburg. Ziel

Die P-47 „Thunderbolt" war das schwerste einmotorige Jagdflugzeug im Zweiten Weltkrieg. Die hier abgebildete Maschine trägt den Namen „Stinky". P-47 warfen bei Angriffen auf Neustadt/Donau und Kelheim nachweislich Napalmbomben ab. (Foto: Peter Schmoll)

Links Johannes Steinhoff mit Leutnant Gottfried Fährmann beim Jagdverband 44 im April 1945 in München-Riem. Steinhoff und Fährmann flogen mit ihren Me 262, am 5. April 1945, einen Angriff auf einen Bomberverband, bestehend aus B-24. Beim zweiten Angriff wurde die Me 262 von Fährmann beschädigt. Im folgenden Luftkampf mit den Begleitjägern wurde Fährmann abgeschossen. Die Me 262 stürzte bei Gundelshausen in die Donau. Fährmann konnte sich mit dem Fallschirm retten und landete in einem Waldstück bei Lohstadt. (Foto: Peter Schmoll)

war die Bekämpfung des Eisenbahnverkehrs zwischen Regensburg und Linz. Die P-38 starteten um 8.13 Uhr und erreichten Regensburg um 10.50 Uhr. Um 10.53 Uhr begannen die P-38 mit den Tiefangriffen. Die Angriffstaktik sah folgendermaßen aus: Sechs Maschinen bekämpfen erkannte Ziele mit Bomben und Bordwaffen und die anderen sechs Flugzeuge fliegen etwas erhöht Deckung für die Angreifer. Haben sich die angreifenden Maschinen fast verschossen, wird gewechselt, und nun greifen die vorher als Deckung fliegenden P-38 mit ihren vollen Munitionsmagazinen jedes sich bietende Ziel an. Um 11.00 Uhr meldeten die Maschinen die Vernichtung von einem PKW und einem LKW ca. 18 km östlich von Regensburg. Eine Fw 190, die mit ausgefahrenem Fahrwerk vermutlich in Puchhof landen wollte, wurde brennend abgeschossen. Im gleichen Raum wurden drei Frachtkähne auf der Donau und um 11. 05 Uhr drei Züge zwischen Regensburg und Straubing beschossen. Weitere vier westwärts fahrende Güterzüge wurden zwischen Straubing und Passau angegriffen. Im Großraum westlich von Passau wurden zwei P-38 durch die deutsche Flak abgeschossen. Ein Pilot konnte sich mit dem Fallschirm retten. Der zweite stürzte um 11.20 Uhr brennend ab, und es wurde kein Fallschirm beobachtet. Die verbliebenen zehn Maschinen traten daraufhin den Rückflug an und landeten um 13.35 Uhr auf ihrem Flugplatz in Italien. Das Fazit dieser Tiefangriffe war: Sieben Lokomotiven, ein Flugzeug Fw 190, ein LKW und ein PKW waren zerstört. Beschädigt wurden mindestens sechs Güterwaggons und drei Frachtkähne. Verluste: zwei P-38 „Lightning" mit ihren Piloten.

Als am 16.4.45 Regensburg nochmals schwer bombardiert wurde, gingen ganze Schwärme der Begleitjäger zu Tiefangriffen auf Flugplätze der Luftwaffe über. Wegen Kraftstoffmangel standen Hunderte von Flugzeugen der Deutschen Luftwaffe, zum Teil nur notdürftig getarnt, auf allen Flugplätzen, auch im ostbayerischen Raum.

Hier eine Auflistung der Maschinenverluste auf den einzelnen Flugplätzen:

- Landau a.d. Isar (Ganacker): 14 Fw 190, 16 Bf 109, je eine He 111, Ju 88 und Me 410 sowie acht Schulmaschinen verschiedener Typen.
- Landshut (Ergolding): elf Fw 190, eine Fw 200, acht He 111 und vier Bf 109 .
- Manching: eine Ju 88.
- Plattling: drei Bf 109.
- Pocking: je eine Ar 96, Do 217, HS 126, Ju 52, Ju 188, zwei Fi 156, zwei He 111, vier Ju 87, fünf Bf 109, sieben Schulmaschinen und 14 Fw 190.
- Straubing (Fliegerhorst): vier Fw 190, eine Ju 88 und eine Bf 110.

Von Tag zu Tag glichen die Flugplätze der Luftwaffe immer mehr Schrottplätzen, übersät mit Flugzeugwracks. Die US-Luftwaffe verlor an diesem Tage 20 Jagdflugzeuge durch Flakabwehr.
Bereits am nächsten Tag, dem 17.4.45, waren wieder US-Jäger im ostbayerischen Raum unterwegs und griffen erneut die Abstellplätze auf den Fliegerhorsten und Feldflugplätzen an und zerstörten in:

- Landau a.d. Isar (Ganacker: je zwei Fi 156, zwei He 111, zwei Ju 88, zwei Me 262, zwei Me 410 und ein Schulflugzeug sowie vier Fw 190 und zwölf Bf 109.
- Plattling: ein Fi 156 „Storch", eine Ju 52, eine Me 262, zwei Schulflugzeuge, 15 Bf 109 und 14 Fw 190.
- Auf Abstellplätzen südöstlich von Pocking wurden vier Do 217, vier He 111, elf Ju 88, eine Ju 188, zehn Bf 109, eine Bf 110 und drei Schulmaschinen zerstört.
- Straubing (Puchhof): sechs Fw 190, sechs Bf 109 und zwei weitere einmotorige Maschinen.

Allein bei diesen Tiefangriffen verlor die 8. US-Luftflotte mindestens 17 Jagdflugzeuge durch die deutsche Flakabwehr. Als Konsequenz dieser Verluste verbot die USAAF Tiefangriffe auf deutsche Flugplätze ab dem 20.04.45. Dadurch wurden unnötige Verluste vermieden, denn wenige Tage später waren die Fliegerhorste der Luftwaffe im Besitz der US-Streitkräfte.

Die Tiefflieger bekämpften daraufhin wieder verstärkt Verkehrsziele und versuchten, die Absetzbewegungen der deutschen Truppen zu behindern bzw. zu lähmen. Zur Verteidigung der Donaulinie und zur Aufrechterhaltung der Verbindung nach Böhmen und Mähren setzte die deutsche Luftwaffe in einem letzten Aufbäumen nochmals nennenswerte Luftwaffenverbände in Tages- und Nachteinsätzen gegen die vorrückenden US-Truppen ein. Auf Feldflugplätzen, versteckt in Wäldern, standen südlich der Donau die letzten einsatzbereiten Jäger vom Typ Fw 190 sowie Bf 109 bereit, für die jedoch kaum noch Treibstoff vorhanden war. In München/Riem hatten sich die noch verfügbaren Düsenjäger Me 262 und Aufklärer Ar 234 gesammelt. Es wurden nochmals Abschüsse erzielt, aber es waren auch bittere Verluste zu beklagen. Nachts flogen Reste der Nachtjagdgeschwader 2 und 6, ausgerüstet mit Ju 88, sowie die Nachtschlachtgruppe 2-Süd mit Ju 87 zahlreiche Nachtschlachteinsätze mit Bomben und Bordwaffen gegen die vorrückenden US-Truppen nördlich der Donau. Dabei durften die amerikanischen Verbände nicht in Ortschaften angegriffen werden. So wurden in der Nacht des 25. April '45 nördlich von Regensburg bei Zeitlarn und Regenstauf zahlreiche Fahrzeuge der US-Armee in Brand geschossen und mehrere Explosionen beobachtet. Schulflugzeuge vom Typ Bücker 181, die mit Panzerfäusten unter den Tragflächen ausgerüstet waren, flogen Einsätze in der Dämmerung gegen Panzer- und Nachschubkolonnen. Die Einsatzzahlen der Deutschen Luftwaffe gegen Kriegsende standen aber in keiner Relation zur erdrückenden Luftüberlegenheit der USAAF.

Vom 17.4. – 25.4.45 wurden jeden Tag Tiefflieger über Regensburg registriert. Hier ein Bericht des Flaksoldaten Erich Wollner zu Tieffliegerangriffen im April 1945: *„In Landau erreichte die Flakbatterie 42/VII Anfang April '45 ein Befehl zur Verlegung nach Memmingen. Dort war ein Verband mit Me 262 stationiert, und wir sollten mit unseren 3,7cm-Flakgeschützen den Platzschutz übernehmen. Wir verluden unsere Geschütze und alles, was dazu gehörte, auf Eisenbahnwaggons. Die Geschütze standen mit ihren Fahrgestellen auf Flachwagen, und die Mannschaften waren in gedeckten Güterwaggons* *untergebracht. Die Reichsbahn verlangte aber, dass während des Transports wenigstens zwei Geschütze feuerbereit sein mussten. Vor Zügen mit Flakgeschützen hatten die feindlichen Jagdbomber doch einigen Respekt, denn die schossen in der Regel auch zurück. So wurde je ein Geschütz vom 1. und 2. Zug auf einem Flachwagen mit seiner Lafette fest verankert. Wir konnten jedoch während der Fahrt nur nach hinten oder vorne schießen. Unsere ganze Batterie bestand aus 55 Mann und einer Luftwaffenhelferin. Am 10. April fuhren wir von Landau ab in Richtung Regensburg. Die Fahrt verlief ohne Zwischenfälle und dort angekommen wurden wir erstmal auf dem Ostbahnhof abgestellt. Täglich waren Aufklärer und Tiefflieger in der Gegend unterwegs. Wir konnten nur abwarten, wie sich die weitere Lage entwickeln würde. Einen Tag später wurde unser Zug in den Hauptbahnhof verlegt. Kaum waren wir dort eingetroffen, gab es auch schon Fliegeralarm. Wir hatten keine Zeit mehr, die Geschütze zu besetzen, und konnten gerade noch unter den Waggons in Deckung gehen, als auch schon „Lightnings" den Bahnhof angriffen. Eine davon flog genau über meinen Standort hinweg, und ich konnte sehen, wie sie zwei Bomben abwarf. Im nächsten Moment gab es zwei dröhnende Explosionen, und als ich unter meinem Waggon hervorsah, flogen Pakete durch die Luft. Es waren Rot-Kreuz-Pakete aus der Schweiz von einem Waggon, der von den Bomben voll getroffen wurde. Wir wollten uns einige der Pakete holen, aber unser Leutnant ließ uns antreten, und wir mussten zu einer Geländeübung ausrücken. Als wir zurückkamen, war von den ganzen Paketen nichts mehr vorhanden, alles geplündert. Was hatten wir da für eine Wut im Bauch. Wir mussten weiter Kohldampf schieben, da die Verpflegung sehr dürftig ausfiel. Hatten wir jungen Männer doch ständig Hunger. Am nächsten Tag ging es wieder zurück zum Ostbahnhof, der vollgestopft mit Zügen war. Am 15. April war wieder sehr reger Flugbetrieb, und wir hatten Bereitschaft an unseren beiden Geschützen, ich war als Richtschütze eingeteilt. Ständig trieben sich Tiefflieger in der Gegend herum, waren aber außer Schussweite. Und dann kam da eine „Mustang" im Tiefflug aus östlicher Richtung direkt auf uns zu. Die Maschine kam tiefer angeflogen als der in einiger Entfernung stehende Starkstrommast einer Überlandleitung. Beides hatte ich im Visier, die Maschine und den Starkstrommasten. Unser Zugführer stand neben mir und gab seine Kommandos. Der Entfernungsmesser gab laufend seine Werte für die Entfernung durch. Auf das Kommando „Feuer" drückte ich sofort auf den Auslöser. Zwei Granaten flogen ganz knapp am Rumpf vorbei, die dritte erwischte die „Mustang" an der Tragfläche nahe beim Rumpf. Die Maschine zog sofort hoch und flog über uns hinweg. Wir rissen unser Geschütz herum, aber sie kam nicht zurück und flog in nordwestlicher Richtung ab. Wir konnten beobachten, wie sie in ca. vier bis fünf Kilometer Entfernung plötzlich steil hochzog, abkippte und dann senkrecht nach unten stürzte. Den Aufschlag konnten wir aber von unserem Standort aus nicht beobachten. Dann haben wir erstmal unser Geschütz kontrolliert, denn die „Mustang" hatte uns ja auch beschossen. Aber glücklicherweise gingen alle Geschosse unten in den Waggon rein. Wir hatten keine Verluste, nur unser Leutnant kam angehumpelt, weil ihm ein Treffer den Absatz eines Stiefels weggerissen hatte. Bei der Inspektion unseres Geschützes stellten wir fest, dass wir wegen einer Ladehemmung gar nicht mehr hätten schießen können. Die Vorholfeder vom Verschluss war lahm, und die Ersatzfeder war auch schon lange defekt. So sorgte eine simple Stahlfeder dafür, dass das Geschütz nicht mehr feuerbereit war."*

Am 18.04.45 startete Oberfeldwebel Windhövel von der 8./F 100 zu einem Aufklärungsflug in Lechfeld. Die Ar 234 wurde über Regensburg von P-51 der 339. FG um 12.25 Uhr angegriffen. Nach Treffern in Rumpf und Tragflächen warf Windhövel das Kabinendach ab, sprang jedoch erst in ca. 1.000 m Höhe mit dem Fallschirm ab, nachdem ein Triebwerk in Brand geraten war. Die Ar 234 schlug ca. 30 km westlich von Regensburg bei Dietfurt in einem Waldstück explodierend auf. Jetzt zeigte sich, dass auch die neuen deutschen Düsenjäger nicht mehr gegen die zahlenmäßige Überlegenheit im Verhältnis 1:50 bestehen konnten. Am 20.4.45 flogen nochmals fünf P-38 M Jagdbomberangriffe auf Regensburg (11.55 Uhr). In der Prüfeninger Straße und am Steiglehnerweg entstanden Dach- und Fensterschäden. Weitere Jagdbomber dürften mit Sicherheit über der Stadt im Einsatz gewesen sein, da die Hauptkampflinie unaufhaltsam auf Regensburg vorrückte.

Am 21.4.45 erfolgten weitere Tiefangriffe auf das Stadtgebiet. In Großprüfening werden 266 Schadensstellen (Dach-, Fenster- und Mauerschäden) registriert.
Jagdbomber hatten um 9.00 Uhr mit Sprengbomben und Bordwaffen das Wohnhaus Nr. 92 in Großprüfening getroffen. Dabei kamen sechs Personen ums Leben. Eine 60 Jahre alte Frau wurde beim Bahnhof in Prüfening tot aufgefunden. Sie hatte sich vor den heranrasenden Tieffliegern nicht mehr in Sicherheit bringen können.
Am 22.4.45 wurde der Einsatz von Tieffliegern über dem Regensburger Raum wesentlich intensiviert, was sich an den erhalten gebliebenen Schadensmeldungen zeigt:

- Fischmarkt: 21 Schadensstellen (Dach-, Glas-, Mauerschäden)
- Wollwirkergasse: 27 Schadensstellen (Dach-, Glas-, Mauerschäden)
- Marschallstraße: 12 Schadensstellen (Dach-, Glas-, Mauerschäden)
- Pfarrergasse: 6 Schadensstellen (Glasschäden)
- Haidplatz: 7 Schadensstellen (Glasschäden)
- Petersweg: 5 Schadensstellen (Dach-, Glas-, Mauerschäden)
- Obere Bachgasse: 16 Schadensstellen (Glasschäden)
- 3 Personen wurden im Stadtgebiet getötet.

Auch am 23.4.45 kreisten Tiefflieger über der Stadt und griffen im gesamten Stadtgebiet einzelne Ziele an. Während des ganzen Tages war das typische Motorengeräusch von Tieffliegern zu hören.
Am 24.4.45 griffen vier P-47 der 9. US-Luftflotte Kelheim an. Dabei warfen die Jagdbomber Spreng- und Napalmbomben auf die Stadt ab und beschossen die Straßen und Brücken mit Bordwaffen. Eine P-47 D wurde von einer 2 cm-Vierlingsflak getroffen und stürzte auf einem Höhenzug bei Afecking senkrecht in ein Waldstück und explodierte. Der Pilot wurde völlig zerfetzt. Die sterblichen Überreste verblieben an der Absturzstelle und wurden nicht beerdigt. Ein weiterer Einsatz von Napalmbomben ist bei den Luftangriffen auf Neustadt/Donau belegbar. Am 25.4.45 schirmten zahlreiche Jagdbomber die Übersetzbewegungen über die Donau ab und griffen deutsche Widerstandslinien an. Im Stadtgebiet von Regensburg wurde eine tote Person durch Tieffliegerbeschuss registriert.

Diese Aufnahme zeigt ein 3,7 cm-Flakgeschütz, wie es im April 1945 auf einem Waggon montiert im Ostbahnhof von Regensburg stand. Ganz links im Bild ist der Sitz des Richtschützen zu sehen. (Foto: Peter Schmoll)

Kriegsende und Übergabe der Stadt an die US-Arme

Am 18. April 1945 schlossen US-Truppen Nürnberg ein, und in Nürnberg tobten schwere Kämpfe. Artilleriefeuer lag auf der Stadt. Am 19. April 1945 hielten die heftigen Kämpfe in Nürnberg am nördlichen Burgwall und auf dem Reichsparteitagsgelände an. Nordostwärts von Nürnberg und bei Neumarkt waren Gegenangriffe der Wehrmacht im Gang. Am 20. April 1945 dauerten die Kämpfe um Nürnberg an. Die US-Armee eroberte Neumarkt. Südlich von Ansbach stießen sie bis zur Altmühl vor. Am 21. April 1945 tobten weiter schwere Kämpfe um Neumarkt, die deutschen Truppen leisteten starken Widerstand. Am 22. April 1945 erfolgte die Einnahme von Weiden durch US-Truppen und die Eroberung der unbeschädigten Donaubrücke in Dillingen. Neumarkt wurde von deutschen Truppen zurückerobert. Am 23. April 1945 stieß die US-Armee bis in den Großraum von Regensburg vor. Als die ersten Artilleriegeschosse in Regensburg einschlugen, ertönten um 3.00 Uhr die Sirenen und verkündeten „Panzeralarm". Daraufhin wurden die Donaubrücken, mit Ausnahme der Steinernen Brücke, gesprengt. Aber wenige Stunden später wurden dennoch aus der weltberühmten Brücke die beiden südlichen Brückenjoche in die Luft gejagt. Wenig später stellte sich heraus, dass die Brücken voreilig gesprengt worden sind. Es ist müßig, heute darüber zu diskutieren, ob zivile oder militärische Dienststellen den Panzeralarm ausgelöst haben und dadurch die Brückensprengungen erfolgt sind. Wieder sind es glückliche Umstände oder Zufälle, die verhinderten, dass weitere deutsche Truppen auf direktem Wege nach Regensburg gelangten.

Bei Kriegsende überfliegt ein Bomber vom Typ B-17 im Tiefflug das Stadtgebiet, um Foto- und Filmaufnahmen aufzunehmen. Im Bild das zerstörte Messerschmitt-Gelände in Prüfening. In der Bildmitte ist der Luftschutzbunker – das einzige unbeschädigte Bauwerk auf dem gesamten Werkgelände – zu erkennen. (Foto: Peter Schmoll/USAF)

Die zurückgehenden abgekämpften deutschen Soldaten mussten auf Brücken oder Fähren westlich und östlich von Regensburg ausweichen, schwere Waffen blieben wegen Spritmangel stehen. Die deutschen Einheiten wurden zum Teil von vollmotorisierten und schnell vorstoßenden US-Truppen überrollt und gefangen genommen. Die voreiligen Brückensprengungen im Großraum von Regensburg wirkten sich somit nachteilig auf die Verteidigungskraft der deutschen Divisionen aus, da ein einigermaßen geordneter Rückzug nicht mehr möglich war. Dazu trugen auch noch die starken feindlichen Tieffliegerverbände bei. Fahrzeugbewegungen waren auf deutscher Seite weitgehend nur noch nachts möglich.
Mit dem Näherrücken der US-Armee wurde auch in Regensburg mit dem Bau von Panzersperren begonnen (z.B. an der Galgenbergbrücke, in der Sternbergunterführung, in der Landshuter Unterführung usw.). Das dazu benötigte Material (Eisenträger) wurde aus dem zerbombten Messerschmitt-Werk in Prüfening mit Ochsenfuhrwerken angefahren. In der Sternbergunterführung kam es zu einem schweren Unfall, als Doppel-T-Träger von der Ladefläche fielen und einen Mann einquetschten, der schwer verletzt wurde. Bei Messerschmitt wurden alle Werkzeugmaschinen durch Ausbau von wichtigen Teilen lahmgelegt. Die ausgebauten Teile (E-Motore, Messeinrichtungen, Spezialwerkzeuge, Getriebe usw.) wurden in Kisten verpackt und an bestimmten Sammelstellen gelagert. Damit sollte eine sofortige Weiterproduktion durch die Amerikaner verhindert werden, bzw. hoffte man, nach Verhandlungen die Teile aus ihren Verstecken abzuholen und die Produktion wieder aufzunehmen. Dazu ist es nach Aussagen von ehemaligen Messerschmitt-Mitarbeitern, die diese Maßnahmen zur Lähmung der Kriegsindustrie durchführen mussten, nie gekommen. Dafür verfügte so mancher Landwirt nach Beendigung des Krieges in seiner Scheune über äußerst wertvolle und seltene Messgeräte aus dem Flugzeugbau.
Am 23. April '45 kam es zu einer Demonstration der Regensburger Bevölkerung auf dem Moltkeplatz, heutiger Dachauplatz, die eine kampflose Übergabe der Stadt an die US-Armee forderte, um weitere Zerstörungen zu verhindern. Dies entsprach natürlich in keinster Weise den Vorstellungen der fanatischen Nazis, welche einen Kampf bis zur letzten Patrone forderten. Bei der Demonstration trat Domprediger Dr. Johann Maier als Redner auf. Unterstützt wurde er von Josef Zirkl, einem Arbeiter. Regensburg sollte zur offenen Stadt erklärt werden. Beide wurden verhaftet und im Rahmen eines Standgerichtsverfahrens zum Tode verurteilt und hingerichtet. Das Todesurteil soll der damalige Gauleiter Ruckdeschel unterzeichnet haben. Vertreter der NSDAP gaben bekannt, dass die Demonstration zu beenden sei. Als ein Flugzeug über die Stadt flog, forderten sie nochmals alle Personen auf, den Platz zu verlassen, denn die Luftwaffe stünde bereit, die Demonstration zu zerschlagen. (Anmerkung des Verfassers: Die Luftwaffe stand aber definitiv für einen solchen Einsatz nicht bereit.)

Dazu ein Bericht von Oberfeldwebel Heinz Lohmann:

„Seit 1943 war ich vom Luftwaffenkommando in Jüterbog als Einflieger und Abnahmepilot für die Bf 109 und später für die Me 262 nach Regensburg abkommandiert worden. Grund hierfür war mein Studium im Flugzeugbau vor dem Krieg. Am 23. April 1945 erhielt ich den Befehl, eine Me 262 von Obertraubling nach München-Riem zu überführen. Aus der Endmontage von Messerschmitt rollten immer noch Me 262, und die mussten schnellstmöglich auf andere Flugplätze abgeflogen werden, sonst drohte ein weiterer Luftangriff. Die US-Armee war ja auch schon bedrohlich nahe an die Donau herangerückt und stieß in Richtung Regensburg vor. Da meine Maschine erst am späten Nachmittag flugbereit war, fuhr ich in die Stadt, verabschiedete mich von meiner Frau und übergab ihr auch noch gleich meine Fliegeruhr, weil ich nicht wusste, ob ich noch vor dem Einmarsch der Amerikaner in Regensburg zurücksein würde. Im Falle einer Gefangenschaft wäre die Uhr sofort weg gewesen, da waren die Amerikaner wie die Russen ganz scharf drauf. Bevor ich zum Fliegerhorst rausgefahren bin, erzählte mir meine Frau noch, dass auf dem Moltkeplatz eine Versamm-

lung stattfinden sollte und sie daran teilnehmen wolle. Ich sagte ihr, dann fliege ich im Tiefflug zum Abschied über die Stadt, und du weißt, ich bin nach Riem unterwegs. Als ich in Obertraubling angekommen war, wurde mir meine 262 als startklar gemeldet. Bevor ich an den Start rollte, testete ich vor allem die Triebwerke sehr genau. Als alle Werte für die Triebwerke im grünen Bereich lagen, rollte ich an den Start. Dabei sah ich in großer Höhe feindliche Jäger, die Kondensstreifen hinter sich her zogen. Der Start verlief ohne Probleme, und ich flog in Richtung Walhalla, drehte dann in einer Linkskurve in Richtung Regensburg. Im Tiefflug flog ich donauaufwärts und erreichte die Winzerer Höhen. Dort wurde ich vom Boden aus beschossen, da ich aber schon Höchstgeschwindigkeit hatte, ging der ganze Segen hinterm Leitwerk vorbei. Sofort leitete ich eine Linkskurve ein und überflog dann mit Höchstgeschwindigkeit im Tiefflug donnernd die Altstadt in Höhe des heutigen Dachauplatzes. Mit Kurs München flog ich dann von Regensburg ab. Passte dabei aber höllisch auf, dass mir kein amerikanischer Jäger in die Quere kam. Ausweislich meines Flugbuchs bin ich am 23. April 1945 in Obertraubling mit einer Me 262 um 17.40 Uhr gestartet und um 18.05 Uhr in München-Riem gelandet. In Riem übergab ich die 262 an die Luftwaffe und meldete mich dazu im Gefechtsstand des Jagdverbands 44 in Feldkirchen. Es war mein letzter Flug im Krieg. In Feldkirchen sollte ich auf eine Rückfahrgelegenheit nach Regensburg warten. Züge verkehrten ja keine mehr. Statt einer Rückfahrt nach Regensburg kamen aber die Amerikaner, und so ging ich am 2. Mai '45 in Feldkirchen in Kriegsgefangenschaft, was eine weniger erfreuliche Angelegenheit war, denn die Amis nahmen mir alles ab, was ihnen als Beute wertvoll erschien. Zum Glück hatte ich meine Uhr in Regensburg gelassen. Durch einen dummen Zufall bekam ich bei der Gefangennahme auch noch einen Schuss in den Arm ab. Von den tragischen Ereignissen in Regensburg um den Domprediger Maier habe ich erst nach Kriegsende durch meine Frau erfahren. In den damaligen Zeitungsberichten war zu lesen, dass ein Flugzeug donnernd die Stadt überflogen habe, um die Demonstration zu zersprengen. Mein letzter Flug war aber nur ein Abschiedsgruß an Regensburg und meine Lieben.

Hier eine kurze Schilderung von Albert Reichl zu den Vorgängen auf dem Moltkeplatz:

„Wir erfuhren gerüchteweise von einer Demonstration, die in der Innenstadt geplant war. Mein Bruder Herrmann und ich machten uns ohne Wissen unserer Eltern auf den Weg in die Stadt. Am Moltkeplatz stand eine größere Menschenmenge. Alles redete durcheinander, und es war immer wieder die Rede von den anrückenden Amerikanern. Die Ereignisse von den schweren Kämpfen in Neumarkt hatten sich mittlerweile bis nach Regensburg herumgesprochen. Es wurde offenbar auch eine Ansprache gehalten, aber wir standen zu weit weg. Ein Flugzeug flog dröhnend über die Stadt. Die Leute fürchteten sich vor den amerikanischen Tieffliegern, aber für uns war es ganz klar eine Me 262, die da über die Stadt hinwegflog. Plötzlich fielen weiter vorne Schüsse. Es wurde mehrmals geschossen, und die Menge lief auseinander. Mein Bruder und ich liefen über die Doktor-Martin-Luther-Straße in die Von-der-Tann-Straße. Wir waren geschockt und gingen schleunigst nach Hause. Erst später erfuhren wir von den dramatischen Ereignissen um den Domprediger Maier."

Am 24. April 1945 drangen die US-Truppen in breiter Front an die Donau vor. Die Turmbeobachter auf dem Dom konnten deutlich den Aufmarsch der feindlichen Truppen verfolgen, zumal nachts die Amerikaner ihre Fahrzeuge mit aufgeblendeten Scheinwerfern bewegten. Alle Anzeichen deuteten auf eine Zangenbewegung der US-Armee hin. Da in Regensburg die Donaubrücken sehr früh gesprengt wurden, mussten die auf dem Rückzug befindlichen deutschen Truppen westlich und östlich der Stadt über die Donau gehen. In Regensburg waren die abgekämpften deutschen Truppen längst in Alarmbereitschaft. Jagdbomber überflogen die Stadt, und Artilleriefeuer beschädigte zahlreiche Häuser.

Am 25. April 1945 besetzten US-Truppen den Regensburger Stadtteil Stadtamhof. Gleichzeitig setzten die US-Truppen östlich bei Frengkofen und Donaustauf und westlich bei Lengfeld und Matting über die Donau. Im Bereich von Alkofen-Lengfeld kam es auf beiden Seiten zu verlustreichen und schweren

Eine weitere Aufnahme des zerstörten Messerschmittgeländes bei Kriegsende. Im Hintergrund das Krankenhaus der Barmherzigen Brüder. (USAF)

Kämpfen. Der Fahrplan der 65. US-Infantriedivision wurde erheblich verzögert. Die jungen SS-Soldaten der 38. SS Panzergrenadierdivision „Nibelungen" rekrutierten sich aus der Junkerschule Bad Tölz und der Adolf-Hitler-Schule in Sonthofen. Diese Jungen im Alter zwischen 16 und 18 Jahren leisteten bei Alkofen und Lengfeld einen erbitterten und fanatischen Widerstand. Sie kämpften und starben für eine verlorene Sache. Trotz starker Artillerie- und Luftunterstützung brauchten die amerikanischen Truppen über 24 Stunden, bevor ihnen mit Panzern der Durchbruch gelang und sich die SS-Einheiten zurückzogen. 32 deutsche Soldaten waren gefallen, davon waren 27 der Jahrgänge 1928/29. Die Anzahl der Verwundeten auf deutscher Seite ist nicht bekannt. Die Verluste der US-Armee betrugen 56 Gefallene, neun Vermisste und 197 Verwundete.

Auch am 26. April 1945 wurde Regensburg weiterhin von Artillerie beschossen. Den US-Truppen gelang abends bei Lengfeld der Durchbruch durch die deutsche Front. Die US-Verbände drehten nach Osten ein und marschierten in Richtung Oberhinkofen. Im Osten von Regensburg bei Donaustauf gelang der US-Armee ohne größeren Widerstand ebenfalls der Sprung über die Donau. Die abgekämpften deutschen Truppen hatten weitgehend Regensburg geräumt. Der Volkssturm wurde aufgelöst, seine Gewehre verbrannt und die Männer nach Hause geschickt.

Am 27. April 1945 fuhr der pensionierte Generalmajor a.D. Leythäuser im Auftrag des Regensburger Bürgermeisters zu den US-Truppen nach Bad Abbach, nachdem der US-Verband bei Sarching sich als für nicht zuständig erklärte. Leythäuser teilte den US-Truppen mit, dass Regensburg eine offene Stadt sei und nicht verteidigt werde. Daraufhin wurde um 11.30 Uhr der Artilleriebeschuss eingestellt, und die US-Truppen marschierten in die Stadt ein.

Wäre es zu einem Kampf um Regensburg gekommen, so wäre auf Seiten der Alliierten auch der Einsatz fliegender Verbände in die Wege geleitet worden. Das 19. Tactial Air Command hätte bei einem weiteren Widerstand mit seinen vier Kampfgruppen (354th, 362th, 368th, 371th) die Stadt angreifen sollen. Die 354th FG war damals mit Jägern Typ P-51 ausgerüstet, die übrigen drei mit Jagdbombern Typ P-47. Deren Einsatz hätte zweifellos zu schweren Verlusten und Schäden in Regensburg geführt. Für die Luftangriffe standen auch Napalmbomben zur Verfügung, die in der engbebauten Altstadt sehr schnell einen Großbrand nach dem anderen ausgelöst hätten. Gegen 13.00 Uhr begannen bereits Plünderungen im Bahnhofsbereich. Waggons, Hallen und Büros wurden nach wertvollen Gütern durchsucht. Die Plünderungen hielten bis zum 3. Mai an. Noch am 27.04.1945, nach dem Einmarsch der US-Armee, wurde umgehend mit dem Abbau der Panzersperren begonnen. Zur Beseitigung der Panzersperren, der Straßenräumung von Glasscherben und Schutt und zur Verfüllung von Bombentrichtern in den Straßen, standen lediglich 25 meist überalterte städtische Arbeiter zur Verfügung. Die Bevölkerung der in der Nähe von Panzersperren gelegenen Stadtteile wurde um Mithilfe bei der Beseitigung gebeten. Dafür durften die Helfer das gewonnene Holz, sofern es sich nicht um hochwertiges Bauholz handelte, als Brennholz mitnehmen.

Am 27. April 45 wurde bei Ihrlerstein eine deutsche Jagdmaschine vom Typ Bf 109 von Flak-MG einer US-Artilleriestellung abgeschossen. Das Flugzeug stürzte in einen Wald und brannte im Bereich des Motors aus. Der Pilot wurde von den US-Truppen tot aus der Maschine geborgen. Sie nahmen ihm alle persönlichen Dinge ab, einschließlich der Erkennungsmarke. Einige Tage später wurde die Leiche vom Ortsgeistlichen auf dem Friedhof als unbekannter Soldat beerdigt. 1947 meldete die Gemeinde das Grab an die Behörden. Daraufhin wurde der unbekannte Soldat auf den Soldatenfriedhof nach Hofkirchen in Grab 20, Reihe 81 umgebettet. Bei dem Piloten handelte es sich um Hauptmann Ehrenfried Schulze vom Jagdgeschwader 53.

Noch am 28.4. starteten in Pocking zwei Schulflugzeuge (!) Bücker 181 unter Führung eines Majors mit drei Mann vom Kommando „Bienenstock“ zur Sprengung der Nibelungenbrücke in Regensburg, die, wie bereits erwähnt, aber zu diesem Zeitpunkt längst zerstört war. Über den Verbleib der beiden Flugzeuge sowie der Besatzungen ist nichts bekannt. Weitere Flugzeuge dieses Kommandos führten auch Angriffe auf Flugplätze und Eisenbahnanlagen hinter den feindlichen Linien im Raum Schwandorf am 28.04.45 durch. Bei diesem Angriff waren vier Bücker 181 eingesetzt worden. Dabei wurden ein von den Amerikanern benutzter Güterzug und Gleisanlagen gesprengt. Anschließend flogen die Maschinen nach Pocking zurück.

Am 8. Mai kapitulierte das Deutsche Reich bedingungslos.

Trotz Kriegsende ging für die Bevölkerung von Regensburg die Zeit mit Hunger und Not weiter. Aber von Tag zu Tag und von Woche zu Woche normalisierten sich die Zustände. Der Alptraum von Luftangriffen und Beschuss wich langsam einer gewissen Normalität, die zu einem friedlichen Alltag gehört. Zögernd begannen die Aufräumungsarbeiten und damit ein zuerst noch notdürftiger Wiederaufbau, der mit Unterstützung durch den Marschall-Plan in das deutsche Wirtschaftswunder führte. Angesichts der Ruinen in den Städten war dies eine unglaubliche Aufbauleistung der damaligen Generationen.

DAS ENDE! Wie diese Bf (Me) 109 G-14 liegt das gesamte Deutsche Reich zerstört am Boden. Die Rechnung bezahlte das deutsche Volk mit Not, unbeschreiblichem Elend und mit der Teilung Deutschlands. (Sammlung Schmoll)

Fundsachen oder die Hinterlassenschaften der Luftangriffe auf Regensburg

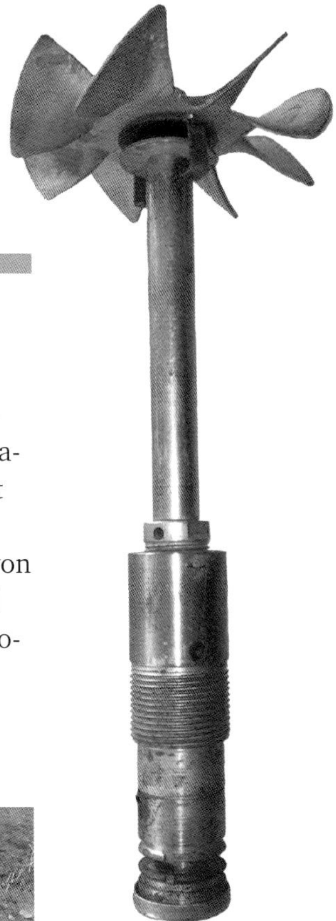

Langzeitzünder (Foto: Stefan Kuczmik/ Fa. Semmler)

70 Jahre nach Beendigung des Zweiten Weltkrieges werden im Großraum Regensburg immer noch Blindgänger von Spreng- und Splitterbomben gefunden. Angaben der USAAF zufolge sollen bis zu 20 Prozent der abgeworfenen Bomben als Blindgänger niedergegangen sein. Über 40.000 schwere Sprengbomben aller Kaliber fielen auf Regensburg. Hinzu kommen noch zehntausende kleinerer Splitter- und Stabbrandbomben. Im Regensburger Boden dürften sich immer noch einige explosive Überraschungen verbergen. Bei allen größeren Bauvorhaben ist deshalb der Kampfmittelräumdienst vor Ort und sondiert das Gelände bzw. beseitigt Blindgänger. Dass das Auffinden von Blindgängern und deren Entschärfung und Beseitigung durch die fortschreitende Korrosion immer gefährlicher wird, darf nicht unterschätzt werden.

Diese Aufnahme zeigt den rund vier Meter tiefen freigelegten Krater einer 500 lbs GP Bombe. Neutraubling im September 2014. (Foto: Peter Schmoll)

Fund einer 1.000 lbs Bombe (ca. 450 kg), am 28.10.1992, neben einem Stellwerk im Ostbahnhof. (MZ-Archiv)

Von Stefan Kuczmik (Fa. Semmler) im Jahre 2010 in Neutraubling aufgespürte 500 lbs (227 kg) Sprengbombe. Kopf- und Bodenzünder sind noch vorhanden. Bei unsachgemäßer Handhabung/Bewegung zum Beispiel durch einen Bagger besteht hier immer noch Explosionsgefahr. Bei dieser Bombe hatte der Kopfzünder angeschlagen, war aber nicht detoniert. (Foto: Fa. Semmler)

Die beiden herausgeschraubten Zünder nach der Entschärfung der 500 lbs GP-Bombe (Foto: Fa. Semmler)

Blindgänger 500 lbs (227 kg) Sprengbombe. Länge: 1.140 mm. Durchmesser: 360 mm. Der Sprengstoffanteil lag bei 120 kg. Der Sprengstoff bestand aus einer Mischung von TNT und Amatol zu je 50 Prozent. Auch Mischungen aus 75 – 80 Prozent Ammoniumnitrat und 25 Prozent TNT kamen zum Einsatz. Zum Größenvergleich wurde ein handelsüblicher Spaten auf die Bombe gelegt. (Foto: Fa. Semmler)

Fundsache: Zerschellte 500 lbs (227kg) Sprengbombe. Der Kopfzünder sowie ein Teil des nicht explodierten Sprengstoffes sind noch vorhanden. Als Zerscheller wird eine aufgeplatzte und nur teilweise explodierte Sprengbombe bezeichnet. (Foto: Semmler)

In dieser Aufnahme ist deutlich der nicht explodierte Sprengstoff des Zerschellers zu erkennen. Ursache für einen Zerscheller waren in der Regel ein nicht homogener Sprengstoff oder ein solcher von schlechter Qualität der Sprengstoffkomponenten. Da der Sprengstoff in flüssiger Form in den Bombenkörper eingebracht wurde, konnten sich dort auch Luftblasen bilden, die ebenfalls als Ursache für einen Zerscheller in Frage kommen. (Foto: Fa. Semmler)

nicht gezündeter Sprengstoff

Stabbrandbombe: Länge des Bombenkörpers 371 mm ohne Leitwerk. Durchmesser 42 mm. Form des Bombenkörpers war sechseckig. Gewicht 1,75 kg. Die Stabbrandbombe gab es mit und ohne Zerlegerladung (Sprengsatz). (Foto: Peter Schmoll)

Blindgänger einer Splitterbombe mit Leitwerk. Entdeckt und geborgen in Neutraubling im September 2014. (Foto: Peter Schmoll)

Fundstück aus einem Bombenkrater: Ein ganzer Gurt Bordwaffenmunition. (Foto:Peter Schmoll)

Entwicklung der Einwohnerzahl von Regensburg 1938-1945

1938:	86.709
1939:	97.924
1940:	98.122
1941:	99.516
1942:	101.634
1943:	101.166
1944:	102.235
1945:	130.106

Verzeichnis öffentlicher Luftschutzräume und Deckungsgräben 1945 (unvollständig)

Lage	Fassungsvermögen (Personen)
Bismarckplatz 6	90
Haidplatz 1	210
Bahnhofsallee I	100
Domplatz 7 (Heuport)	150
Obermünsterstr. 14	350
Ostengasse 13	80
Georgenplatz 4	80
Ägidienplatz 6	100
Marschallstr. 3	150
Lederergasse 5	100
Krauterermarkt 3	250
Prinzenweg 15	
Pfarrergasse 26	120
Unter den Linden	100
Hans-Schemm-Platz (Platz der Einheit)	100
Kumpfmühler-Helenenstraße	100
Maxstraße (kgl. Denkmal)	100
Landshuter Allee (Alleedreieck)	100
Landshuter Allee (Finanzamt)	100
Ostentor (kgl. Villa)	100
Luitpoldstraße 20 (2.Pol.Rev.)	100
Weinmarkt 1	200
Untere Bachgasse 6	120
Obere Regenstraße 14a	40
Amberger Straße 92	100
Bahnhof II und III	340
Landshuter-Weißenburgstraße	100
Kumpfmühler-Wittelsbacherstraße	100
Glockenstraße 7	150
Nürnberger Straße 6 und 10	449
Neupfarrplatz	320
Keplerstraße 3	100
Unterislinger Weg 29	300
Nonnenplatz	150
Herrenplatz	220
Petersweg 15-19	350
Greflingerstraße 26	
An der Klosterbreite	220
Altes Rathaus	
Am Singrün	280
Arnulfsplatz	90
Augustenstraße 6a	
Bischofshof	160
Brunnleite	50
Donaustaufer-Schwabelweiser Straße	25
Dreifaltigkeitsbergweg	150
Gesandtenstraße-Gutenbergplatz	
Hinter der Grieb	100
Im Reichen Winkel-Am Gern	250
Jesuitenplatz	
Katharinenspital	150
Neues Rathaus	
Neupfarrplatz 8-Alte Polizeiwache	
Ostengasse/Prinzenweg 15	65
Osterbergweg-Drehergasse	80
Scheugäßchen/Baumhackergasse	60
Schwarze Bärenstraße/Kassiansplatz	150
Am Weinmarkt 1	140
Unter den Schwibbögen	250
Karmelitenkloster-Kumpfmühler Str. 37	
Bürgerheim Kumpfmühl - Kumpfmühler Straße 52	
Schottenheim	
Oberer Wöhrd	
Prüfeninger Straße	
Alte Nürnberger Straße	

Luftangriffe auf Regensburg (Übersicht)

Datum	Ort der Feindeinwirkung
17.08.43	Messerschmitt in Prüfening
22.02.44	Messerschmitt in Obertraubling
25.02.44	Messerschmitt in Prüfening und Obertraubling
21.07.44	Messerschmitt in Prüfening und Obertraubling
20.10.44	Maxstraße-Ostenviertel
23.10.44	Am Gries-Eisbuckel
04.11.44	Schwabelweis-Ostbahnhof
22.11.44	Güterbahnhof
09.12.44	Tegernheim
20.12.44	Messerschmitt in Prüfening; Burgweinting-Ostbahnhof-Kasernen-Hafen
28.12.44	Kumpfmühl-Zuckerfabrik-Hafen
20.01.45	Ostbahnhof-Hafen
05.02.45	Prinzenweg-Kasernen-Landshuter Straße-Hemauerstraße-Hafen
16.02.45	Messerschmitt in Obertraubling
13.03.45	Prüfening-Dechbetten-Oberwinzer-Göringheim-Kasernen-Nonnenplatz-Schwabelweis-Hafen-Bahnanlagen
11.04.45	Ölhafen, Fliegerhorst Obertraubling
16.04.45	Bahnanlagen, Eisenbahnbrücken Mariaort und Schwabelweis
20.04.45	Ölhafen
17.04.45 -25.04.45	Tieffliegerangriffe, teils Bombenabwürfe auf Ziele im gesamten Stadtgebiet

Anzahl der über Regensburg eingesetzten Bomber

17.08.1943	126 Bomber vom Typ B-17	8. US-Luftflotte
22.02.1944	61 Bomber vom Typ B-17	15. US-Luftflotte
	94 Bomber vom Typ B-24	
25.02.1944	32 Bomber vom Typ B-17	15. US-Luftflotte
	84 Bomber vom Typ B-24	
	266 Bomber vom Typ B-17	8. US-Luftflotte
21.07.1944	134 Bomber vom Typ B-17	8. US-Luftflotte
20.10.1944	67 Bomber vom Typ B-17	15. US-Luftflotte
23.10.1944	63 Bomber vom Typ B-24	15. US-Luftflotte
04.11.1944	199 Bomber vom Typ B-17	15. US-Luftflotte
22.11.1944	34 Bomber vom Typ B-17	15. US-Luftflotte
09.12.1944	79 Bomber vom Typ B-17	15. US-Luftflotte
20.12.1944	148 Bomber vom Typ B-17	15. US-Luftflotte
	1 Bomber vom Typ B-24	
28.12.1944	135 Bomber vom Typ B-17	15. US-Luftflotte
20.01.1945	126 Bomber vom Typ B-17	15. US-Luftflotte
05.02.1945	218 Bomber vom Typ B-17	15. US-Luftflotte
	336 Bomber vom Typ B-24	
16.02.1945	263 Bomber vom Typ B-24	15. US-Luftflotte
13.03.1945	157 Bomber vom Typ B-17	15. US-Luftflotte
	412 Bomber vom Typ B-24	
11.04.1945	190 Bomber vom Typ B-24	8. US-Luftflotte
16.04.1945	294 Bomber vom Typ B-17	8. US-Luftflotte
20.04.1945	100 Bomber Typ Lancaster	Royal Air Force

Die Bombergruppen der USAAF, die Regensburg anflogen

Bombergruppen der 8. USAAF:

17.08.1943:	BG 94, 95, 96, 100, 385, 388, 390
25.02.1944:	BG 94, 95, 96, 100, 385, 388, 390, 447, 452
21.07.1944:	3. Bomberdivision
11.04.1945:	BG 93, 392, 446, 448, 458, 466, 467
16.04.1945:	1. Bomberdivision

Bombergruppen der 15. USAAF:

22.02.44:	BG 97, 98, 99, 376, 449, 450 und 451
25.02.44:	BG 2, 98, 99, 301, 376, 449, 450 und 451
20.10.44:	BG 99 und 463
23.10.44:	BG 455, 456 und 459
04.11.44:	BG 2, 97, 99, 301, 463 und 483
22.11.44:	BG 301
09.12.44:	BG 2, 97 und 463
20.12.44:	BG 2, 97, 301, 455, 463 und 483
28.12.44:	BG 2, 97, 99, 301, 463 und 483
20.01.45:	BG 2, 97, 99, 301, 463 und 483
05.02.45:	BG 2, 97, 99, 301, 451, 454, 455, 456, 459, BG 460, 463, BG 463, 464, 465, 483, 484 und 485
16.02.45:	BG 454, 455, 456, 459, 460, 464, 465 und 485
13.03.45:	BG 2, 97, 98, 99, 301, 376, 449, 450, 451, 454, 455, BG 456, 459, 460, 461, 463, 464, 465, 483, 484, 485
11.04.45:	2. Air Division
16.04.45:	1. Air Division
20.04.45:	Royal Air Force

Abgeworfene Bombenmengen auf Regensburg und Umgebung in Tonnen

Datum	Anzahl der Bomben		Ziel	Menge in t
17.08.43	971 x	227 kg	Mtt-Prüfening	270
	448 x	112,5 kg		
22.02.44	460 x	227 kg	Fehlwurf bei Bad Abbach	151
	80 x	45 kg	Brandbomben	
	741 x	227 kg	Mtt.-Obertraubling	182
	306 x	45 kg	Brandbomben	
25.02.44	1237 x	227 kg	Mtt-Prüfening	
	695 x	227 kg	Mtt-Prüfening	
	1636 x	45 kg	Mtt-Prüfening	510
	1295 x	227 kg	Mtt-Obertraubling	
	1028 x	45 kg	Mtt-Obertraubling	339

21.07.44			Mtt-Prüfening	95
			Mtt-Obertraubling	210
20.10.44	1139 x	113,5 kg	Ölhafen	129
23.10.44	612 x	227 kg	Ölhafen	139
04.11.44	3873			436
22.11.44	408 x	227 kg	Bahnhof	92
09.12.44	868		Ölhafen	195
20.12.44	1489		Ölhafen/Kasernen	335
28.12.44	1537		Ölhafen, Hafen	346
			Bahnhofsgelände	
20.01.45	3702		Ölhafen	212
05.02.45	8735		Ölhafen, Hafen	1030
			Bahnhofsgelände	
16.02.45	630 x	227 kg	Mtt-Obertraubling	515
	402 x	55 kg		
13.03.45	4978 x	227 kg	Ölhafen, Hafen, Bahnhofsgelände	1120
11.04.45	156 x	112,5 kg	Mtt-Obertraubling	
	159 x	135 kg	Mtt-Obertraubling	
	271 x	227 kg	Mtt-Obertraubling	
	264 x	227 kg	Mtt-Obertraubling	159
	88 x	450 kg	Ölhafen	
	84 x	450 kg	Ölhafen	
	102 x	450 kg	Ölhafen	
	530 x	45 kg	Ölhafen	
	828 x	45 kg	Ölhafen	184
	108 x	450 kg	Heeresnebenzeugamt	49
16.04.45	435 x	450 kg	Bahnbrücke Mariaort	196
	420 x	450 kg	Bahnbrücke Schwabelw.	190
	7327		Bahnhofsgelände	359
20.04.45			Ölhafen	300
Gesamt				**7743 t**

Tote und verletzte Personen nach Luftangriffen auf Regensburg:

		Tote	Verletzte
Regensburg			
	17.08.43	402	243
	(davon 92 Lehrlinge)		
	22.02.44		3
	25.02.44	19	28
	21.07.44		2
	20.10.44	91	114
	23.10.44	53	46
	04.11.44	60	35
	22.11.44	85	78
	09.12.44		
	20.12.44	12	16
	28.12.44	47	18
Stand 31.12.44		**769**	**583**
	20.01.45	1	2
	05.02.45	65	72
	16.02.45		
	13.03.45	122	86
	11.04.45		7
	16.04.45	112	?
	20.04.45	33	7
	21.04.45	7	?
	22.04.45	3	?
	25.04.45	1	?
Gesamt mindestens		**1139**	**750**
Fliegerhorst Obertraubling			
	22.02.44	28	48
	25.02.44	56	46
	21.07.44	4	30
	04.11.44	1	
	16.02.45	15	53
Gesamt:		**104**	**177**

Tote und Verletzte, die in Zusammenhang mit einem Luftangriff auf Regensburg stehen:

	Tote	Verletzte
Bad Abbach		
22.02.44	1	
Kelheim		
25.02.44	2	
Tegernheim		
09.12.44	7	2
Oppersdorf		
09.12.44	13	8
Burgweinting		
20.12.44	62	16
05.02.44	8	1
13.03.45	1	3
Gesamt: mind.	**71**	**20**
Barbing		
05.02.45	6	
16.02.45	6	
Schönach		
05.02.45	3	3
Scheuermühle		
05.02.45	1	
Gut Rosenhof		
16.02.45	4	4
Lerchenfeld		
16.02.45	2	5
Irl		
13.03.45	1	
Personenverluste insgesamt	**1334**	**969**

Tote und verletzte Personen nach Luftangriffen auf Regensburg

Die Anzahl der durch Luftangriffe getöteten Personen lässt sich nur äußerst schwierig rekonstruieren. Die im Text enthaltenen Angaben über Tote und Verletzte stammen aus den Abschlussberichten des Regierungspräsidenten. Die in der Übersicht angegebenen Zahlen sind einer Zusammenstellung des Stadtarchives Regensburg entnommen. Eine Nachkriegsstatistik aus dem Jahre 1954 nennt als Gesamtzahl 1.139 getötete Personen: 732 Männer, 335 Frauen und 72 Kinder.
Die Angaben für die benachbarten Gemeinden stammen ebenfalls aus den Abschlussberichten. Die genaue Anzahl der Toten und vor allem der Verletzten konnte auf Grund der lückenhaften Unterlagen gegen Kriegsende nicht genau ermittelt werden, sodass nur von einer Mindestzahl gesprochen werden kann. Bei den Verletzten ist davon auszugehen, dass nur solche Personen erfasst wurden, die ein Krankenhaus oder einen Arzt aufsuchten. Leichter Verletzte sind demnach in dieser Aufstellung nicht enthalten.

Zerstörte Wohngebäude durch Luftangriffe

	total,	schwer-,	mittelschwer-,	leichtbeschädigt
17.08.43	8	10	7	19
22.02.45				
25.02.44	15		40	100
21.07.44		2	1	4
20.10.44	20	17		630
23.10.44	18	25	25	230
04.1144	21	19	13	170
22.11.44	10	1	2	92
09.12.44			3	
20.12.44	8	8	32	215
28.12.44	52	84	43	460
20.01.45	1	2		25
05.02.45	40	31	33	614
16.02.45				
13.03.45	137	193	7	ca. 600
11.04.45				15
16.04.45	63	18	29	25
20.04.45	7			
21.04.45	1			
Gesamt:	**401**	**410**	**235**	**3199**

Weitere Wohnhäuser wurden durch Tieffliegerangriffe vom 17.04. – 25.05.45 und durch das vom 23.04. – 25.04.45 andauernde Artilleriefeuer der US-Armee beschädigt. Hinzu kommen die Wohnhäuser, die durch Brückensprengungen Schäden erlitten. Die oben genannten Zahlen für zerstörte und beschädigte Wohnhäuser sind deshalb als Mindestzahlen anzusehen. Einer Übersicht aus dem Stadtarchiv ist zu entnehmen, dass durch die Luftangriffe 2.369 Familien mit 6.078 Personen (Stand 13.03.45) als obdachlos registriert und in Behelfsunterkünften einquartiert waren.

(USAF)

Langstreckenbomber Boeing B-17 G „Flying Fortress" der 99. BG am 28.12.1944 im Anflug auf Regensburg

Technische Daten:	B-17 G
Triebwerke:	vier 1200 PS Wright GR 1820-97 Cyclone Sternmotor
Spannweite:	31,64 m
Länge:	22,26 m
Höhe:	5,80 m
Leergewicht:	14850 kg
Fluggewicht:	25000 kg
Besatzung:	10 Mann
Höchstgeschwindigkeit:	480 km/h in 9150 m Höhe
Dienstgipfelhöhe:	11400 m
Größte Reichweite:	2960 km
Bewaffnung:	13 Maschinengewehre Kaliber 12,7 mm
Bombenzuladung:	bis zu 7850 kg bei kurzer Reichweite

(USAF)

Langstreckenbomber Consolidated B-24 „Liberator J“ der 465. BG am 16.02.1945 über den Alpen auf dem Weg nach Regensburg

Technische Daten:	B-24 J
Triebwerke:	vier 1200 PS Pratt & Whitney R-1830-65 Twin Wasp Doppelsternmotore
Spannweite:	33,55 m
Länge:	21,16 m
Höhe:	5,49 m
Leergewicht:	17250 kg
Fluggewicht:	26000 kg
Besatzung:	bis zu 12 Mann
Höchstgeschwindigkeit:	480 km/h in 9150 m Höhe
Dienstgipfelhöhe:	8550 m
Reichweite:	3360 km
Bewaffnung:	zehn 12,7 mm Maschinengewehre
Bombenlast:	2275 kg (bei kurzer Reichweite 5450 kg)

Langstreckenjäger, Jagdbomber und Aufklärer Lockheed P-38 „Lightning“

Technische Daten:	P-38 L
Triebwerke:	zwei 1475 PS Allison V 1710-111/113 V-12 Motore
Spannweite:	15,88 m
Länge:	11,55 m
Höhe:	2, 99 m
Leergewicht:	5800 kg
Fluggewicht:	7950 kg
Besatzung:	1 Mann
Höchstgeschwindigkeit:	663 km/h in 7620 m Höhe
Dienstgipfelhöhe:	13390 m
Größte Reichweite:	3620 km
Bewaffnung:	eine 20-mm-Kanone und vier 12,7 mm Maschinengewehre, bis zu 1820 kg Bomben oder 12,7 cm Raketengeschosse

Zwei P-38 „Lightnings“ auf einem Abstellplatz warten auf den nächsten Einsatz. P-38 beschossen und bombardierten bei Tiefangriffen mehrmals das gesamte Bahnhofsgelände in Regensburg. (Foto: Peter Schmoll)

Jäger und Jagdbomber Republic P-47 „Thunderbolt“

Technische Daten:	P-47 D
Triebwerk:	ein 2535 PS Pratt & Whitney R-2800-59 Double Wasp Doppelsternmotor
Spannweite:	12,42 m
Länge:	11,01 m
Höhe:	4,32 m
Leergewicht:	4860 kg
Max. Fluggewicht:	7950 kg
Besatzung:	1 Mann
Höchstgeschwindigkeit:	686 km/h in 9150 m Höhe
Dienstgipfelhöhe:	12800 m
Normale Reichweite:	944 km
Bewaffnung:	6 oder 8 x 12,7 mm Maschinengewehre, bis zu 1175 kg Bomben oder 10 x 12,7 cm Raketengeschosse

Diese Aufnahme mit geparkten P-47 „Thunderbolts“ steht auch für die totale materielle Überlegenheit der Alliierten Luftstreitkräfte. (Foto: Peter Schmoll)

Langstreckenbegleitjäger und Jagdbomber North American P-51 „Mustang"

Technische Daten:	P-51 D
Triebwerk:	ein 1490 PS Rolls-Royce/Packard-Merlin V1650-7 12-Zylinder V-Motor
Spannweite:	11,28 m
Länge:	9,82 m
Höhe:	4,16 m
Leergewicht:	3450 kg
Max. Fluggewicht:	5260 kg
Besatzung:	1 Mann
Höchstgeschwindigkeit:	698 km/h
Dienstgipfelhöhe:	12500 m
Größte Reichweite:	3325 km
Bewaffnung:	4 oder 6 x 12,7 mm Maschinengewehre, bis zu 908 kg Bomben oder 10 x 12,7 cm Raketengeschosse

P-51 „Mustang" (Foto: Peter Schmoll)

Abkürzungen

Bf 109	Bezeichnung für das Jagdflugzeug Me 109. Bf steht für Bayerische Flugzeugwerke später Messerschmitt
Bf 110	Zweimotoriges Flugzeug, welches als Aufklärer, Zerstörer und Nachtjäger zum Einsatz kam
B-17	Viermotoriger Bomber, auch als „Fliegende Festung“ bezeichnet
B-24	Viermotoriger Bomber, auch „Liberator“ genannt
BG	Bomber Group
BS	Bomber Squadron
E-Messer	Entfernungsmesser
Flak	Fliegerabwehrkanone
Me 262	Messerschmitt 262 war der erste einsatzfähige Düsenjäger der Luftfahrtgeschichte.
P-38	Zweimotoriges US-Jagdflugzeug „Lightning“
F-5	Aufklärerversion der P-38 und mit Kameras bestückt
P-47	Einmotoriges US-Jagdflugzeug „Thunderbolt“
P-5	Einmotoriges US-Jagdflugzeug „Mustang“
USAAF	United States Army Air Force. Die Luftwaffe der US-Armee im 2. WK war Bestandteil der Armee und keine eigenständige Waffengattung. Die Umbenennung in USAF erfolgte erst nach dem Zweiten Weltkrieg.

Archive und Sammlungen

Bayerisches Hauptstaatsarchiv München
Bundesarchiv Koblenz (BA)
Bundesarchiv Potsdam
Bundesarchiv-Militärarchiv Freiburg i. Br. (BA-MA)
Deutsches Museum, Archiv, München
Luftfahrtsammlung Radinger, Augsburg
Luftfahrtsammlung Mohr, Neuburg/Donau
National Archives and Record Administration, Washington DC (NARA)
Smithsonian Institution (Air and Space Museum), Washington DC
Stadt Regensburg:

- Amt für Stadtentwicklung
- Bildstelle
- Stadtarchiv (StAR)

Literaturverzeichnis

Albrecht, Dieter,	Regensburg im Wandel. Studien zur Geschichte der Stadt im 19. und 20. Jahrhundert. Regensburg 1984
Bürger, Robert,	Regensburg in den letzten Kriegstagen des Jahres 1945. In: Verhandlungen des Historischen Vereins für Oberpfalz und Regensburg. 123. Bd. (1983) S. 379-394
Brückner, Johannes,	Kriegsende in Bayern 1945. Freiburg 1987
Carter, Kit. C./Mueller, Robert,	The Army Air Force in World War II. New York 1980
Currier, Donald R.,	50. Mission Crush. New York 1992
Ehm, Rainer,	Regensburg - luftwaffenbau. Studien zur Geschichte der Stadt als Luftwaffengarnison 1933/35-1945. (Manuskript, unveröffentlicht)
Freeman, Roger A.,	Mighty Eight War Diary. London 1981
Freeman, Roger A.,	The Mighty Eight. London 1989
Fegert, Hans,	Luftangriffe auf Ingolstadt. Ingolstadt 1989
Girbig, / Ring, Hans,	Chronik des Jagdgeschwaders 27. Stuttgart 1991
Girbig, Werner,	... mit Kurs auf Leuna, Motorbuchverlag Stuttgart 1980
Groehler, Olaf,	Bombenkrieg gegen Deutschland. Berlin 1990
Gunston, Bill / Wood, Tony,	Die Luftwaffe. Köln 1979
Halter, Helmut,	Stadt unterm Hakenkreuz. Regensburg 1994
Jablonski, Eduard,	Doppelschlag gegen Regensburg und Schweinfurt. Stuttgart 1975
Middlebrook, Martin,	The Schweinfurt-Regensburg Mission 17. August 1943. London 1985
Munson, Kenneth,	Die Weltkrieg II Flugzeuge. Stuttgart 1974
Obermeier, Ernst,	Die Ritterkreuzträger der Luftwaffe. Mainz 1989
Piekalkiewicz, Janusz,	Luftkrieg 1939-45. Gütersloh o.J.
Prien, Jochen,	Chronik des Jagdgeschwaders 53. Band 3. Hamburg 1991
Bust, Kenn C.,	Fifteenth Air Force Story. Terre Haute (USA) 1976
Saft, Ulrich,	Das bittere Ende der Luftwaffe. Langenhagen 1992
Schmoll, Peter,	Die Messerschmitt-Werke im Zweiten Weltkrieg (MZ-Buchverlag) 3. Auflage 2004
Späte, Wolfgang,	Der streng geheime Vogel. München 1983
United States Army Air Force	(Hrsg.), Survey of Messerschmitt Factory and Functions. Part 1-5. Oberammergau o.J. (Manuskriptdruck)
United States Strategic Bombing Survey	(USSBS)
Vilsmeier, Gabriele,	Der Flugplatz Obertraubling. In: Neutraubling. Junge Stadt im alten Donaugau. Neutraubling: Selbstverl. der Stadt 1989, S. 51-64
Washington National Record Center,	Suitland/Washington DC (WNRC)

Unveröffentlichter Bericht des Flaksoldaten Erich Wollner

In Gedanken versunken steht Alfons Pichlmaier, ehemaliger Lehrling der Messerschmitt GmbH Regensburg, im Sommer 1949 im Keller der Werkschule von Messerschmitt. Beim Luftangriff am 17. August 1943 starben in diesem Keller 91 Messerschmitt-Lehrlinge, als eine schwere Sprengbombe dort einschlug. Pichlmaier befand sich zu diesem Zeitpunkt am anderen Ende des Kellers und überlebte die Explosion nur durch glückliche Umstände. Heute erinnert hier nichts mehr an die ehemalige Katastrophe. (Foto: Peter Schmoll)

Weitere Bücher aus unserem Programm!

ab Oktober 2015 erhältlich!